新编21世纪思想政治教育专业系列教材

总主编　张耀灿

中国化马克思主义概论

第四版

主编　田克勤　李彩华

中国人民大学出版社
·北京·

内容简介

本书由东北师范大学当代中国马克思主义研究中心主任、博士生导师田克勤教授主持编写，国内部分进入国家级思想政治教育特色专业建设的高校骨干教师共同参与完成，是供全国高校思想政治教育专业本科学生使用的专业课教材。本教材以《中共中央关于党的百年奋斗重大成就和历史经验的决议》的基本精神和习近平总书记关于中国化时代化马克思主义的重要论述为指导，注意吸收近年来理论界关于中国化马克思主义研究的新观点新成果，立足中国化马克思主义理论形态的整体性，参考借鉴马克思主义理论研究和建设工程重点教材《毛泽东思想和中国特色社会主义理论体系概论》的编写框架，以 15 章的内容全景式地展现了中国共产党推进马克思主义中国化的历史进程及其理论成果，特别突出了对中国特色社会主义理论与实践的分析和阐述，对促进党的创新理论进教材、进课堂、进头脑，夯实高校思想政治教育专业本科学生的理论基础具有重要作用。

作者简介

田克勤　东北师范大学荣誉教授、马克思主义学院博士生导师，中国社会科学院兼职博士生导师，吉林省社会科学界联合会副主席。长期从事中共党史、马克思主义中国化及思想政治教育学科教育教学及研究工作。曾任马克思主义理论研究和建设工程重点教材编写组首席专家，1993年开始享受国务院政府特殊津贴，2003年获教育部第一届高等学校教学名师奖。出版学术著作20余部，主编《中国特色社会主义理论体系概论》（“面向21世纪课程教材”）等全国通用教材多部，发表学术论文300余篇，有20余项成果获国家级或省部级以上高水平奖励。

总序

“新编21世纪思想政治教育专业系列教材”出版了，它是高等教育质量工程的产物。高等教育质量工程是新世纪高等教育发展的生命工程。我国要在新时代建设学习型社会，跻身创新型国家行列，在实现全面小康的基础上，进而基本实现社会主义现代化，并朝着中华民族伟大复兴的目标迈进，作为基础和支撑、作为培育各领域专门人才的摇篮的高等教育便一定要注重质量。高等教育注重质量，就要坚持以本科为本，如果没有本科教育的质量保障，便不可能为社会主义现代化事业提供合格的人才，也不可能为研究生教育提供优质的生源。目前，全国高校设思想政治教育本科专业的有200多所，由于该专业的重要性及特殊性，又由于它是文科专业中招生人数最多的专业之一，注重和提高思想政治教育专业建设质量便有着特殊的意义。

本系列教材的组织编写和出版发行，其背景和意义是多方面的。除了是响应教育部提出和推动的高等教育质量工程的实际行动外，还应当从以下几个方面来认识：一是2005年底，国务院学位委员会、教育部发文增设了马克思主义理论一级学科，思想政治教育学科调整为它的一个二级学科，从此，思想政治教育学科定位更加明确、更加科学。在此背景下，如何更好地坚持以马克思主义为指导，特别是加强习近平新时代中国特色社会主义思想的指导，以伟大建党精神和社会主义核心价值观引领教材建设，进一步搞好思想政治教育学科建设？二是中等学校政治课改革力度加大，全国的初中“道德与法治”课、高中“思想政治”课均在实施新的课程标准，中等职业学校也在实施新的德育课教学大纲，而为中等学校政治课培养、培训师资的高校思想政治教育专业的教改（包括教材改革）却相对滞后。如何改变这一状况，开展新一轮的课程改革、教材改革，以便更好地为中等学校政治课提供理论支撑、人才支撑？三是本系列教材各位主编所在的高校专业点是国家重点马克思主义学院和一流学科或省（市）重点学科，基本上都有马克思主义理论一级学科博士点和博士后科研流动站。有的高校思想政治教育专业是教育部、财政部批准的特色专业建设点。这些博士点、重点马克思主义学院、一流学科以及特色专业，如何在学科专业建设上发挥带头、示范作用？教材建设无疑是重要方面，它是体现质量和特色的必要条件与基础。质量和特色就是生命。

本书在编写中，加强从整体上学习、研究、把握马克思主义理论的科学体系，并运用其研究成果来指导思想政治教育学科建设；坚持以人为本，以学生的成人成才发展为本，为中国特色社会主义事业培育高素质的思想政治教育专门人才服务；从抓好思想政治教育专业主干课程的教材建设做起，逐步拓展、深化，努力探索马克思主义理论体系、思想政治教育理论体系转化为课程体系、教材体系的规律；探索研究性学习的教材特点，关注思想政治教育实践的时代课题，吸取思想政治教育学科理论发展的新成果，在教材内容、编写体例、呈现方式上改革创新；打通思想政治教育专业师范性与非师范性的界限，增强教材的专业适应性。

为了体现上述指导思想，本系列教材纳入编写出版计划、分批逐步推出的有：从整体上学习、研究马克思主义的课程教材，思想政治教育学科课程教材，相关学科课程教材，以及培养应用能力的课程教材等。

本系列教材是在 2009 年起陆续出版的“21 世纪思想政治教育专业系列教材”的基础上，吸纳学科发展的最新成果，吸收更多具有长期教学经验、丰富研究成果的专家担纲，重新修订升级换版而成的新的系列教材。教材建设是一个与时俱进的长期的过程，相信“新编 21 世纪思想政治教育专业系列教材”的面世，一定能够为推进这一过程做出宝贵的贡献，为今后深化改革、发展完善思想政治教育专业教材体系积累经验。在本系列教材即将陆续推出、接受教学实践检验之时，写了上面一些话共勉之，是为序。

张耀灿

2021 年 12 月

目录

总 论

马克思主义中国化与中国化马克思主义

马克思主义是由马克思和恩格斯创立、其继承者们不断丰富与发展的观点和学说的体系。马克思主义中国化，是中国共产党人在深刻把握马克思主义理论品质、清醒认识中国国情的基础上得出的科学结论。马克思主义中国化，就是把马克思主义基本原理同中国具体实际和时代特征结合起来，运用马克思主义的基本立场、观点、方法，解决中国革命、建设和改革的实际问题，坚持和发展马克思主义；就是运用中国人民喜闻乐见的民族语言来阐述马克思主义理论，并把党在长期革命、建设和改革中所积累起来的丰富经验加以科学总结与概括，使之上升为理论；就是使马克思主义成为具有中国特色、中国风格、中国气派的马克思主义。100 多年前爆发的以彻底反帝反封建为主要特征的五四运动，促进了马克思主义在中国的传播，促进了马克思主义同中国工人运动的结合，促进了中国共产党的成立，为马克思主义中国化提供了思想理论基础与核心主体力量。

一、马克思主义中国化的历史必然性

“马克思主义中国化”与“中国化马克思主义”两个概念，都是中国共产党在坚持和发展马克思主义、推进马克思主义的理论创新和实践创新的进程中提出来的。马克思主义中国化的过程是中国化马克思主义产生的基础，离开这一过程就不能说明中国化马克思主义产生的理论渊源、历史条件和实践基础；中国化马克思主义则是马克思主义中国化的必然结果，反过来又会促进和继续推动马克思主义中国化的历史进程。“马克思主义中国化”的概念，是毛泽东在 1938 年党的扩大的六届六中全会上明确提出的。针对当时教条主义者脱离中国实际谈论马克思主义的错误态度，毛泽东指出，离开中国特点来谈马克思主义，只是抽象的空洞的马克思主义。因此，马克思主义的中国化，使之在其每一表现中带着中国的特性，也就是说，按照中国的特点去应用它，成为全党亟待了解并亟须解决的问题[①]。“中国化马克思主义”的概念，则是后来伴随着中国共产党人对毛泽东思想认识的深入而逐渐提出来的。1942 年 7 月 1 日，朱德在《纪念党的二十一周年》一文中，首次提出并使用了“中国化的马列主义的理论”这一概念。1945 年刘少奇在党的七大上所做的《关于修改党章的报告》中，明确地提出并使用了“中国化的马克思主

---

① 毛泽东．论新阶段//中共中央文献研究室．建党以来重要文献选编（1921—1949）：第 15 册．北京：中央文献出版社，2011：651.

义”这一概念。他指出，由于中国社会、历史的发展有其极大的特殊性，以及中国的科学还不发达等条件，“要使马克思主义系统地中国化”，“乃是一件特殊的、困难的事业”，而正是毛泽东“出色地成功地进行了这件特殊困难的马克思主义中国化的事业”，创立了毛泽东思想。他又说，毛泽东思想是马克思主义民族化的优秀典范，是“发展着与完善着的中国化的马克思主义”。这表明，中国共产党在致力于马克思主义中国化的伟大事业中，已经产生了自己的理论成果。马克思主义中国化与中国化马克思主义是一个统一过程的两个相互联系的方面，在这一过程中贯穿了马克思主义的基本立场、观点和方法，体现了马克思主义的思想路线。马克思主义中国化不是偶然的，而是有其深刻的历史和现实原因的。

（一）马克思主义中国化的逻辑前提：需要与满足需要的契合

马克思主义中国化的必要与可能，从理论上说是由马克思主义理论的本质特征决定的。马克思主义中国化实质上是一个民族化、本土化的问题。马克思主义具有鲜明的科学性和真理性。它代表了最广大人民的利益，把全人类解放和人的全面发展作为最高价值追求，是科学性、阶级性和实践性相统一的理论。马克思主义经典作家都强调，他们的理论不是教条而是行动的指南。毛泽东指出，马克思这些老祖宗的书，必须读，但光靠老祖宗是不行的，任何国家的共产党，任何国家的思想界，都要创造新的理论，写出新的著作。邓小平也指出，只有结合中国实际的马克思主义，才是我们所需要的真正的马克思主义。马克思主义之所以能够被中国社会和中国人民接受并使之中国化，正是由于近现代中国社会的发展有了一种运用和发展马克思主义的客观需要，而马克思主义又极大地满足了中国的这种需要。

马克思说过：“理论在一个国家实现的程度，总是取决于理论满足这个国家的需要的程度。”① 毛泽东也说过：“马克思列宁主义来到中国之所以发生这样大的作用，是因为中国的社会条件有了这种需要，是因为同中国人民革命的实践发生了联系，是因为被中国人民所掌握了。”② 马克思主义并非一诞生就传入中国并被中国先进分子所接受。当马克思主义在欧洲诞生的时候，中国因鸦片战争已沦为半殖民地半封建社会；当马克思主义在欧洲和北美工人运动中广泛传播、逐步成为思想主流的时候，先进的中国人才开始向西方国家寻求资产阶级革命的道理。这个时代落差势必造成中国共产党人在开始接受马克思主义之前，对理论的需求十分迫切，而其理论准备又严重不足。也就是说：一方面，当时中国确实迫切需要有一种像马克思主义这样能够使自己摆脱列强侵略和封建统治的思想武器；另一方面，中国还没有找到这样一种思想武器。

马克思主义具有强烈的现实性与实践性品格。实践性是马克思主义的本质特征，也是马克思主义之所以能够中国化的基本根据。马克思主义理论的实践性特质，使它既体现了西方的文化传统，又蕴含了非西方文化的价值，使它具有世界性的意义。同时，这种实践性特征，与中国文化主张“入世”、强调“经世致用”的特质在根本点上又是相似

① 马克思，恩格斯．马克思恩格斯选集：第1卷．3版．北京：人民出版社，2012：11.
② 毛泽东．毛泽东选集：第4卷．2版．北京：人民出版社，1991：1515.

和相通的。马克思认为，以往的哲学家们只是用不同的方式解释世界，问题在于改变世界，理论一经掌握群众，也会变成物质力量，光是思想力求成为现实是不够的，现实本身应当力求趋向思想。马克思主义这种实践性品格的基本含义就在于：在对客观必然性认识的基础上，通过人的能动的实践活动，使历史由可能性变为现实性。这种理论品格，非常适合当时中国救国救民的现实需要。而俄国十月革命的成功范例，又使中国人从中看到了希望，于是这种来自遥远异域的学说便在中国危机四伏的土壤上迅速发芽、开花、成长起来。

历史已经证明，中国的革命需要马克思主义的指导，中国的社会主义建设和改革同样离不开马克思主义。中国的先进分子正是在自己的国情、传统、历史条件、实践主题和变革需要等构成的历史形态中来理解、选择、接受和运用马克思主义的，并从而使马克思主义成为一种中国化的马克思主义。马克思主义理论之所以能够满足中国不同时期实践的需要，从根本上说则在于，马克思主义“提供的不是现成的教条，而是进一步研究的出发点和供这种研究使用的方法”[①]。中国化马克思主义之所以能够产生并且成为推动中国社会变革的强大力量，使中国社会发生广泛而深刻的变化，其根本原因也在于它坚持运用马克思主义的基本立场、观点和方法解决中国近代以来社会变革与发展的基本问题，最大限度地满足了中国共产党与中国人民解决中国革命、建设和改革实际问题的理论需求。

（二）马克思主义中国化的历史文化背景：近代以来先进中国人救国方案的破产

关于马克思主义中国化的必要与可能，从历史实践的层面来理解，是因为以往的向西方学习未能满足中华民族救亡图存的需求，反而在客观上提供了接受马克思主义的重要条件。从1840年鸦片战争开始的西方资本主义国家的入侵，对中国社会的发展产生了双重影响：一方面，中国由独立的封建社会逐渐成为半殖民地半封建社会，失去了国家的独立，中华民族面临着深刻的民族危机；另一方面，西方国家的坚船利炮不仅打开了中国的国门，而且催生了中国的资本主义，催生了中国先进的生产力和生产方式，促进了中国新的阶级力量的产生和发展，并促进了中国现代化进程的缓慢启动。

在上述社会历史背景下，面对来自西方先进的工业文明的冲击和挑战，沐浴着古老的、落后的农业文明的中国人，要实现国家的独立和富强，实现民族独立和人民解放，就不能不思考：如何对待中国古老的文化传统？如何对待西方的工业文明？曾经使中国在很长历史时期保持“天朝上国”地位的中国文化，能否担当民族复兴的重任？曾经使西方迅速崛起的资产阶级文明，能否使中国也迅速强大？以对这些问题的不同回答作为理论指导，围绕着“古今中西”问题，从鸦片战争到五四运动之前，先进的中国人在各种文化背景下，提出了各种形式的救国方案。

近代中国人的救国方案，从总体上说有三大类：一是为解决器物不如人的问题，搞洋务运动，“师夷长技以制夷”；二是为解决制度不如人的问题，搞维新变法，变封建专制为君主立宪，或者搞革命起义，变封建专制为民主共和；三是为解决观念不如人的问

---

① 马克思，恩格斯．马克思恩格斯选集：第4卷．3版．北京：人民出版社，2012：664.

题，搞再造中国文化的“新文化运动”。然而，所有这些努力以及后来提出的“实业救国”“科学救国”“教育救国”等主张，均无法改变中国向半殖民地半封建社会沦落的命运。1914年，第一次世界大战爆发，并随之爆发了俄国十月社会主义革命。毛泽东在《论人民民主专政》一文中曾对这一段历史有过十分精彩的描述和总结，他指出了受西方资本主义列强侵略的中国不能靠照搬西方的思想武器解决中国出路的道理，阐释了马克思主义迅速被中国人接受并在中国发挥了重大作用的道理。

历史表明，第一次世界大战给中国的现代化进程带来了双重影响：一方面是与中国接壤的俄国脱离资本主义体系，走上与之相反的对抗发展模式——社会主义现代化道路；另一方面是邻近中国的日本脱离华盛顿体系的约束，走上法西斯主义的发展道路，加紧推行独占中国的大陆政策，并由此引发全面侵华战争。这两个方面的因素都在客观上影响到了中国现代化的进程及转型。俄国十月革命的成功，使中国学习外来文化变成学习欧美资本主义和苏俄社会主义两种模式。两相比较，“俄式革命”具有更大的吸引力。日本的军国主义化特别是对中国不断扩大的侵略，不但使先进的中国人放弃了对日式现代化的效法，而且使其走资本主义道路的幻想也逐渐破灭。十月革命使马克思主义由理论变成实践，使中国的先进知识分子看到理想的“大同”社会实现的希望，于是他们纷纷把目光投向了与中国国情相近的苏俄（苏联）。年轻的中国共产党也曾由于过分地、不加分析地依赖苏联的经验而出现教条式对待马克思主义的问题。如果说全盘西化是把西方资本主义绝对化、从走欧美的路到走俄国的路的改变推进了中国人思想上的进步，那么，在20世纪20年代末30年代初照搬苏联，则是把马克思主义教条化、把俄国革命和苏联建设经验绝对化，而对这种教条的觉悟则最终使党走上了马克思主义中国化的道路。

（三）马克思主义中国化的现实背景：基于新的时代背景和实践基础的再思考

1949年中华人民共和国的成立充分表明，以马克思主义基本原理与中国革命具体实际相结合为基本特征的马克思主义中国化事业已经取得了巨大的成功。从新中国成立以来党推进马克思主义中国化的角度来讲，马克思主义中国化经历了从“第一次结合”继续取得进展，到“第二次结合”的提出并取得积极成果而又遭到严重曲折，再到“第二次结合”的重新开始并成功推进的曲折复杂的发展过程。1976年10月粉碎“四人帮”、结束“文化大革命”以后，广大干部群众强烈要求纠正“文化大革命”的错误，彻底扭转十年内乱造成的严峻局势，使党和国家从危难中重新奋起，但这一顺应时势的愿望遇到阻碍，党和国家的工作在前进中出现了徘徊。与此同时，第二次世界大战结束后特别是20世纪70年代末以来，整个世界出现大变动大调整，最显著的变化就是和平与发展逐渐成为时代主题。世界经济快速发展，科技进步日新月异，国家建设百业待兴，真理标准问题大讨论热潮涌动。国内外大势呼唤中国共产党人尽快就关系党和国家前途命运的大政方针做出政治决断与战略抉择。

1978年12月召开的党的十一届三中全会，标志着中国共产党人在新的历史条件下的伟大觉醒，显示了党顺应时代潮流和人民愿望、勇敢开辟建设社会主义新路的坚强决心。十一届三中全会毅然做出把党和国家的工作重心转移到经济建设上来、实行改革开放的历史性决策。十一届六中全会通过了《关于建国以来党的若干历史问题的决议》（简称《决议》），认真清理了重大历史是非，根本否定了“文化大革命”的错误理论和实践，同时坚持和继承了党在长期社会主义建设实践中所取得的一切积极成果，完成了党在思想路线、政治路线和组织路线上的拨乱反正。

新时期最鲜明的特点是改革开放。中国共产党带领人民进行改革开放，目的就是要解放和发展生产力，实现国家现代化，让人民富裕起来，振兴伟大的中华民族；就是要推动我国社会主义制度自我完善和发展，赋予社会主义新的生机与活力，建设和发展中国特色社会主义；就是要在引领当代中国发展进步中加强和改进党的建设，保持和发展党的先进性，确保党始终走在时代前列。

改革开放以来中国取得一切成绩和进步的根本原因，归结起来就在于：党既坚持马克思主义基本原理，又根据当代中国实际和时代特征不断推进马克思主义中国化，开辟了中国特色社会主义道路，形成了中国特色社会主义理论。在改革开放的实践中，党坚持解放思想和实事求是的统一，大力发扬求真务实精神，不断深化对共产党执政规律、社会主义建设规律、人类社会发展规律的认识，自觉把思想认识从那些不合时宜的观念、做法和体制的束缚中解放出来，从对马克思主义错误的和教条式的理解中解放出来，从主观主义和形而上学的桎梏中解放出来，以实践基础上的理论创新回答了一系列重大理论和实践问题，为改革开放提供了体现时代性、富于创造性的理论指导，开辟了马克思主义的新境界。改革开放所带来的历史性巨大变化雄辩地证明：只有社会主义才能救中国，只有改革开放才能发展中国、发展社会主义、发展马克思主义。马克思主义只有与本国国情相结合、与时代发展同进步、与人民群众共命运，才能焕发出强大的生命力、创造力、感召力。把坚持马克思主义基本原理同推进马克思主义中国化紧密结合起来，是改革开放以来中国共产党取得的最基本的经验。

推进马克思主义中国化时代化是一个追求真理、揭示真理、笃行真理的过程。中国特色社会主义进入新时代，党要在理论上跟上时代，不断认识规律，不断推进理论、实践、制度、文化创新以及其他各方面的创新，必须紧紧围绕新时代坚持和发展什么样的中国特色社会主义、怎样坚持和发展中国特色社会主义这一重大时代课题，继续推进马克思主义中国化。党的二十大报告强调，坚持和发展马克思主义，必须同中国具体实际相结合，着眼解决新时代改革开放和社会主义现代化建设的实际问题，不断回答中国之问、世界之问、人民之问、时代之问，做出符合中国实际和时代要求的正确回答，得出符合客观规律的科学认识，形成与时俱进的理论成果，更好指导中国实践；坚持和发展马克思主义，必须同中华优秀传统文化相结合，把马克思主义思想精髓同中华优秀传统文化精华贯通起来、同人民群众日用而不觉的共同价值观念融通起来，不断赋予科学理论鲜明的中国特色，不断夯实马克思主义中国化时代化的历史基础和群众基础，让马克思主义在中国牢牢扎根。“实践没有止境，理论创新也没有止境。不断谱写马克思主义中国化时代化新篇章，是当代中国共产党人的庄严历史责任。”①

---

① 习近平．高举中国特色社会主义伟大旗帜 为全面建设社会主义现代化国家而团结奋斗：在中国共产党第二十次全国代表大会上的报告．北京：人民出版社，2022：18.

二、毛泽东思想及其历史地位

马克思主义中国化的第一个历史时期，是中国共产党把马克思主义基本原理同中国革命和建设的实际相结合、产生被实践证明了的作为中国革命和建设正确理论原则与经验总结的毛泽东思想的时期。这个时期党的理论创新过程经历了早期探索——从党的创建到遵义会议以前，实现突破——从遵义会议到党的七大，成功推进——从党的七大到党的八大这样三个较大的发展阶段。这三个阶段反映了毛泽东思想在实践中逐渐创立、多方面展开而达到成熟、又继续得到发展的历史过程。

（一）毛泽东思想的创立和发展

毛泽东思想作为马克思主义中国化第一次历史性飞跃的成果，是马克思主义与近代中国社会和中国革命实际相结合的必然结果。

近代中国社会的半殖民地半封建化是毛泽东思想产生的社会基础。中国经历了长期的封建社会，形成了独特的政治、经济、文化和社会形态。虽然早在明朝末年中国就已经出现了资本主义的萌芽，但由于封建国家政权的强力控制和严重束缚以及封建经济的压制排挤，这些新的、进步的因素难以顺利发展。1840 年爆发的鸦片战争以及其后发生的多次侵华战争，使中国逐步由一个独立的封建社会成为半殖民地半封建社会。中国半殖民地半封建社会的特殊国情，复杂的阶级关系和经济、政治的不平衡性，决定了在这样一个东方大国里进行革命，必然会遇到许多特殊而又复杂的问题。中国社会的主要矛盾决定了中国革命的首要目标是推翻帝国主义的统治，完成反帝反封建的革命任务，而不是进行社会主义革命。中国特殊的国情也决定了农民是中国革命的主力军，中国革命的领导者是无产阶级而不可能是资产阶级。同时，中国共产党要领导革命取得成功，必须解决好在农村革命战争环境中建党和建军诸多问题。毛泽东思想就是中国共产党人运用马克思列宁主义基本原理，在分析与研究中国社会和中国革命具体问题的基础上创立并发展起来的。

马克思列宁主义在中国传播并逐步地被中国的共产主义者掌握和运用，是毛泽东思想创立和发展的理论基础。中国近代以来的历史表明，由农民、小资产阶级和资产阶级领导的革命之所以会失败，最主要的原因是没有无产阶级及其政党的领导，没有马克思列宁主义的指导。在帝国主义和无产阶级革命时代，只有以马克思列宁主义武装起来的中国无产阶级及其政党，才能担负起领导中国人民实现民族独立和人民解放的历史使命。马克思列宁主义是在批判地继承人类文化思想史中一切优秀成果的基础上创立的科学体系，是指导无产阶级进行革命斗争的科学理论。由农民、小资产阶级和资产阶级领导的革命之所以会失败，除了其领导者自身的阶级局限等原因，最主要的还在于这些革命在其指导思想上没有摆脱西方资产阶级文化的影响，因而使中国人在精神上始终处于被动。这种情况直到中国先进分子接受马克思主义才开始发生根本性的变化。正如毛泽东指出的那样，在从 1840 年的鸦片战争到 1919 年五四运动的前夜，共计 70 多年的时间里，中国人没有什么思想武器可以抗御帝国主义。十月革命一声炮响，给中国人民送来了马克思列宁主义，帮助中国的先进分子用无产阶级的宇宙观作为观察国家命运的工具，重新考虑自己的问题。马克思列宁主义是毛泽东思想创立的理论基础和主要来源。马克思列宁主义在中国的广泛传播，给中国带来的最深刻的影响和变化，就是以马克思列宁主义基本原理与中国革命具体实践相结合为根本特征的毛泽东思想的创立。

中国共产党对中国革命和建设实践经验的科学总结是毛泽东思想创立和发展的客观依据。理论来自实践，用于指导实践，又要在实践中得到检验和发展。中国共产党成立后，在领导中国革命的斗争中，特别是在同党内盛行的把马克思主义教条化、把共产国际决议和苏联经验神圣化的错误倾向的斗争中，对中国革命的实践经验不断做出理论概括。从毛泽东思想基本原理的形成来看，没有建立革命根据地的实践，就不会有武装斗争和革命道路理论的形成；没有两次国共合作的实践，就没有统一战线理论的系统形成；没有对于革命实践经验的系统的科学总结，就不会有对于中国革命基本特点和规律的完整认识，也就没有毛泽东思想的成熟和发展。正如毛泽东所说："在民主革命时期，经过胜利、失败，再胜利、再失败，两次比较，我们才认识了中国这个客观世界。"①

中华优秀传统文化是毛泽东思想产生的深厚底蕴。中国是一个具有悠久历史的文明古国。马克思主义在与中国革命实际相结合的过程中，不能不对中国文化的变革产生重大影响。马克思主义中国化与中国文化的现代化，实际上是一个紧密联系的过程。毛泽东十分重视对中华优秀传统文化的借鉴和吸收，十分注意学习与研究中国历史和民族文化，从中吸取有益的思想资料。他指出："今天的中国是历史的中国的一个发展；我们是马克思主义的历史主义者，我们不应当割断历史。从孔夫子到孙中山，我们应当给以总结，承继这一份珍贵的遗产。"②"马克思主义必须和我国的具体特点相结合并通过一定的民族形式才能实现。"③ 在批判地继承中华传统文化的同时，毛泽东还特别注意吸收孙中山三民主义学说中的精华。毛泽东在政治、军事、哲学、经济、文化等方面对中华传统文化的批判继承，对孙中山三民主义学说的借鉴和吸收，都说明了中华优秀传统文化对毛泽东思想创立和发展的重要影响与作用，也为实现马克思主义中国化提供了深厚的民族文化底蕴。

马克思列宁主义的基本原理同中国革命的具体实践相结合的历史过程，同时也是毛泽东思想创立和发展的过程。党的创立和大革命时期，毛泽东等党的早期领导人，在参加革命斗争实践、深入进行社会调查的基础上，科学地分析了中国社会各阶级的经济地位及其对革命的态度，阐述了无产阶级领导农民斗争的极端重要性，提出了新民主主义革命的基本思想，这标志着毛泽东思想的萌芽。大革命失败后，毛泽东在领导秋收起义、建立井冈山革命根据地、开展土地革命和游击战争的实践中，不断深化对中国革命特点和规律的认识，进而解决了在农村如何建设党和人民军队、建立和巩固政权等一系列重大问题，创立了农村包围城市、武装夺取政权的革命道路理论；在同"左"倾教条主义的斗争中，又初步形成了实事求是、群众路线、独立自主的基本思想，这标志着毛泽东思想已经基本创立。土地革命战争后期和全民族抗日战争时期，毛泽东等共产党人系统

① 中共中央文献研究室．毛泽东文集：第8卷．北京：人民出版社，1999：299.
②③ 毛泽东．毛泽东选集：第2卷．2版．北京：人民出版社，1991：534.

地总结了中国革命两次胜利和两次失败的经验教训，准确地把握住了中国的基本国情，科学揭示了中国革命的特点和规律，形成了比较系统的哲学思想、军事思想、统一战线思想和党的建设思想，特别是系统地阐述了中国新民主主义革命的基本理论、基本路线和基本纲领，制定了党在民主革命时期的基本方针、政策，毛泽东思想得到全面展开进而达到成熟。1945 年抗战胜利前夜召开的党的七大，把毛泽东思想确立为全党的指导思想。解放战争时期和新中国成立以后，毛泽东进一步提出了人民民主专政理论，提出了进行社会主义改造和建立社会主义制度的基本思想，提出了马克思列宁主义基本原理同中国具体实际进行“第二次结合”的重要任务[①]，并进行了适合中国情况的建设社会主义道路的探索，这标志着毛泽东思想在新的历史条件下得以继续发展。

（二）毛泽东思想的科学体系和主要内容

毛泽东思想是一个完整的科学体系。是否把毛泽东思想看作一个科学体系不仅是一个重要的理论问题，也是一个重大的政治问题。邓小平指出：“我们不能够只从个别词句来理解毛泽东思想，而必须从毛泽东思想的整个体系去获得正确的理解。”[②] 因为“只有这样，才不至于割裂、歪曲毛泽东思想，损害毛泽东思想”[③]。毛泽东思想作为一个完备的中国化马克思主义的理论形态，“不只是他个人的事业和思想，同时是他的战友、是党、是人民的事业和思想，是半个多世纪中国人民革命斗争经验的结晶”[④]。对毛泽东思想科学体系的理解和掌握，不能仅仅根据毛泽东个人的著述，还要联系党的领导集体的认识和概括。

1945 年 4 月，党的扩大的六届七中全会通过的《关于若干历史问题的决议》指出：“毛泽东同志代表中国无产阶级和中国人民，将人类最高智慧——马克思列宁主义的科学理论，创造地应用于中国这样的以农民为主要群众、以反帝反封建为直接任务而又地广人众、情况极复杂、斗争极困难的半封建半殖民地的大国，光辉地发展了列宁斯大林关于殖民地半殖民地问题的学说和斯大林关于中国革命问题的学说。”该决议从政治、军事、组织和思想四个方面，对“左”倾错误进行了系统的批判，而这种批判无论在哪一个方面，又都是以毛泽东的论述为指导的，这就在实际上形成了对毛泽东思想体系框架的一种共识。

同年 5 月，刘少奇在党的七大上所做的《关于修改党章的报告》第一次对毛泽东思想的科学内涵做出了比较完整、系统的概括。他指出：“毛泽东思想，就是马克思列宁主义的理论与中国革命的实践之统一的思想，就是中国的共产主义，中国的马克思主义。”[⑤]“毛泽东思想，从他的宇宙观以至他的工作作风，乃是发展着与完善着的中国化的马克思主义，乃是中国人民完整的革命建国理论。这些理论，表现在毛泽东同志的各种著作以及党的许多文献上。”[⑥] 在这里，刘少奇不仅明确地指出了毛泽东思想的根本特征，指明

---

① 中共中央文献研究室．毛泽东传（1949—1976）：上．北京：中央文献出版社，2003：506.
② 邓小平．邓小平文选：第 2 卷．2 版．北京：人民出版社，1994：43.
③ 同②42.
④ 同②172.
⑤ 刘少奇．刘少奇选集：上卷．北京：人民出版社，1981：333.
⑥ 同⑤335.

了毛泽东思想对中国革命极为重要的指导意义，而且把毛泽东思想作为一个体系，概括了其主要内容。他指出毛泽东思想包括九个方面，即关于现代世界情况及中国国情的分析，关于新民主主义的理论与政策，关于解放农民的理论与政策，关于革命统一战线的理论与政策，关于革命战争的理论与政策，关于革命根据地的理论与政策，关于建设新民主主义共和国的理论与政策，关于建设党的理论与政策，关于文化的理论与政策。这一概括，比较全面系统地回答了党所领导的中国新民主主义革命的一系列基本问题，因而为理解和掌握毛泽东思想科学体系提供了一个基本框架。

从党的七大到党的十一届六中全会，对毛泽东思想科学体系一直未能做出新的概括。党的十一届六中全会通过的《决议》，在对毛泽东思想的含义做出更为严谨、科学概括的基础上，对毛泽东思想科学体系的基本框架做出了新的概括，即把毛泽东思想科学体系框架概括为六个方面的主要内容和三个活的灵魂。并指出："以毛泽东同志为主要代表的中国共产党人，根据马克思列宁主义的基本原理，把中国长期革命实践中的一系列独创性经验作了理论概括，形成了适合中国情况的科学的指导思想，这就是马克思列宁主义普遍原理和中国革命具体实践相结合的产物——毛泽东思想。"① "毛泽东思想是马克思列宁主义在中国的运用和发展，是被实践证明了的关于中国革命的正确的理论原则和经验总结，是中国共产党集体智慧的结晶。"② 随后召开的党的十二大又在"中国革命"的后面加上了"建设"二字，形成了一个更为完整准确的提法。毛泽东思想科学体系集中回答了毛泽东思想与马克思列宁主义基本原理、与中国共产党所领导的革命和建设之间的正确关系，回答了在毛泽东思想创立和发展过程中毛泽东个人与党的领导集体的贡献之间的正确关系，集中体现了毛泽东思想作为中国化了的马克思主义的鲜明时代特征和实践特色。

根据《决议》的概括，毛泽东思想的内容主要包括六个方面：

第一，新民主主义革命理论。毛泽东从中国的历史状况和社会状况出发，深刻研究中国革命的特点和规律，坚持和发展了马克思列宁主义关于无产阶级在民主革命中的领导权的思想，创立了无产阶级领导的，工农联盟为基础的，人民大众的，反对帝国主义、封建主义和官僚资本主义的新民主主义革命理论。其基本点：一是认为中国资产阶级有两个部分，即依附于帝国主义的大资产阶级和既有革命要求又有动摇性的民族资产阶级，强调无产阶级领导的统一战线要争取民族资产阶级参加，并且在特殊条件下把一部分大资产阶级也包括在内，以求最大限度地孤立最主要的敌人。在同资产阶级结成统一战线时，要保持无产阶级的独立性，实行又团结又斗争、以斗争求团结的政策；在被迫同资产阶级、主要是同大资产阶级分裂时，要敢于并善于同大资产阶级进行坚决的武装斗争，同时要继续争取民族资产阶级的同情或中立。二是认为由于中国没有资产阶级民主，革命只能以长期的武装斗争为主要形式。中国的武装斗争，是无产阶级领导的以农民为主体的革命战争，通过建立农村根据地，长期进行革命战争，发展和壮大革命力量。毛泽东指出，统一战线、武装斗争、党的建设，是中国共产党在革命中战胜敌人的三个主要

① 中共中央文献研究室．三中全会以来重要文献选编：下．北京：人民出版社，1982：825.
② 同①826.

的法宝。

第二，社会主义革命和社会主义建设理论。新中国成立后，毛泽东依据新民主主义革命胜利所创造的向社会主义过渡的经济政治条件，采取社会主义工业化和社会主义改造同时并举的方针，实行逐步改造生产资料私有制的具体政策，从理论和实践上解决了在中国这样一个占世界人口近 1/4 的、经济文化落后的大国中建立社会主义制度的艰难任务。毛泽东提出的把对人民内部的民主方面和对反动派的专政方面互相结合起来就是人民民主专政的理论，丰富了马克思列宁主义关于无产阶级专政的学说，为我国的社会主义建设创造了重要的政治条件。社会主义制度建立以后，毛泽东又在领导全党全国人民探索中国自己建设社会主义道路的过程中，提出了一系列具有战略意义的正确思想。其中包括：关于社会主义社会基本矛盾、两类矛盾的思想；关于正确处理人民内部矛盾的一系列正确方针；关于中国工业化道路的思想；关于调动一切积极因素、化消极因素为积极因素、团结全国各族人民建设社会主义强大国家的思想；关于要造成一个又有集中又有民主，又有纪律又有自由，又有统一意志、又有个人心情舒畅、生动活泼，那样一种政治局面的主张；等等。

第三，革命军队建设和军事战略的理论。毛泽东系统地解决了如何把以农民为主要成分的革命军队建设成为一支无产阶级性质的、具有严格纪律的、同人民群众保持亲密联系的新型人民军队的问题；解决了在中国这样一个半殖民地半封建的东方大国，如何开展人民革命战争、应当实行什么样的战略战术，如何巩固国防等一系列重大方针问题。在人民军队建设上，规定了人民军队全心全意为人民服务的唯一宗旨，党对军队绝对领导的原则，以及三大纪律八项注意、三大民主等一整套军队政治工作的方针和方法。在军事战略上，提出了进行人民战争的思想和与之相适应的一系列战略战术；提出了必须加强国防，建设现代化革命武装力量和发展现代化国防技术的重要指导思想。

第四，政策和策略的理论。毛泽东精辟地论证了制定与执行政策和策略的极端重要性，强调政策和策略是党的生命，必须根据政治形势、阶级关系与实际情况及其变化制定服从及服务于党的总路线和总政策的各项具体的方针政策，并把原则性和灵活性结合起来。毛泽东在总结经验的基础上提出了许多重要的政策和策略思想。其中包括：战略上要藐视敌人，战术上要重视敌人；要掌握斗争的主要方向，不要四面出击；对敌人要区别对待、分化瓦解，实行利用矛盾、争取多数、反对少数、各个击破的策略；在反动统治地区，要把合法斗争和非法斗争结合起来，在组织上采取隐蔽精干的方针；对被打倒的反动阶级成员和反动分子，只要他们不造反、不捣乱，都要给以生活出路，让他们在劳动中改造成为自食其力的劳动者；无产阶级及其政党要实现自己对同盟者的领导，必须具备两个条件，一是率领被领导者向着共同的敌人做坚决斗争并取得胜利，二是对被领导者给以物质利益，至少不损害其利益，同时给以政治教育；等等。

第五，思想政治工作和文化工作的理论。毛泽东根据“一定的文化（当作观念形态的文化）是一定社会的政治和经济的反映，又给予伟大影响和作用于一定社会的政治和经济；而经济是基础，政治则是经济的集中的表现”[①] 这一基本观点，提出过许多具有长

① 毛泽东．毛泽东选集：第 2 卷．2 版．北京：人民出版社，1991：663－664.

远意义的重要思想。如：关于思想政治工作是经济工作和其他一切工作的生命线，要实行政治和经济的统一、政治和技术的统一的观点；关于发展民族的、科学的、大众的文化的纲领，以及实行百花齐放、百家争鸣和古为今用、洋为中用、推陈出新的方针；关于知识分子在革命和建设中具有重要作用，知识分子要同工农相结合，通过学习马克思列宁主义、学习社会和工作实践树立无产阶级世界观的思想；等等。

第六，党的建设理论。毛泽东成功地解决了在一个工人阶级人数很少而战斗力很强、农民和其他小资产阶级占人口大多数的国家，如何建设一个具有广泛群众性的、马克思主义的无产阶级政党这一极其艰巨的任务。毛泽东特别注重从思想上建党，提出党员不但要在组织上入党，而且要在思想上入党，经常注意以无产阶级思想改造和克服各种非无产阶级思想。他把党的作风问题提到世界观和方法论的高度，指出理论和实践相结合的作风、和人民群众紧密地联系在一起的作风以及自我批评的作风，是中国共产党区别于其他任何政党的显著标志。针对历史上党内斗争中存在过的“残酷斗争、无情打击”的“左”倾错误，他还提出“惩前毖后、治病救人”的正确方针，强调在党内斗争中要达到既弄清思想又团结同志的目的。他创造了全党通过批评与自我批评进行马克思列宁主义学习和思想教育的整风形式。他多次提出务必使同志们继续地保持谦虚谨慎、不骄不躁的作风，务必使同志们继续地保持艰苦奋斗的作风；要求全党警惕资产阶级思想的侵蚀，反对脱离群众的官僚主义等不良作风，发扬实事求是、群众路线、艰苦奋斗等优良传统作风。

《决议》对毛泽东思想体系的概括，还有一个重要的贡献，就是把贯穿毛泽东思想全部内容的基本立场、观点和方法，概括为毛泽东思想活的灵魂，它们有三个基本方面，即实事求是、群众路线、独立自主。实事求是，是马克思主义的根本观点，是中国共产党人认识世界、改造世界的根本要求，是党的基本思想方法、工作方法、领导方法；群众路线是党的生命线和根本工作路线，是党永葆青春活力和战斗力的重要传家宝；独立自主是党从中国实际出发、依靠党和人民力量进行革命、建设、改革的必然结论。毛泽东思想活的灵魂，是毛泽东把辩证唯物主义和历史唯物主义运用于无产阶级政党的全部工作，在中国革命的长期艰苦斗争中形成的具有中国共产党人特色的立场、观点和方法。它们不仅表现在《反对本本主义》《实践论》《矛盾论》《〈农村调查〉的序言和跋》《关于领导方法的若干问题》《人的正确思想是从哪里来的?》等重要著作中，而且表现在毛泽东的全部科学著作中，表现在中国共产党人的革命活动中。毛泽东把马克思主义哲学的基本原理与中国哲学的优良传统有机地结合起来加以运用和发挥，创立了具有中华民族特色的理论思维的内容和形式，为中国共产党人和中国人民提供了实践性及科学性相统一的世界观和方法论。

2021 年 11 月召开的党的十九届六中全会通过的《中共中央关于党的百年奋斗重大成就和历史经验的决议》，紧密结合党的奋斗实践，对毛泽东思想的创立及其主要内容做出新的概括，进一步指出：“以毛泽东同志为主要代表的中国共产党人，把马克思列宁主义基本原理同中国具体实际相结合，对经过艰苦探索、付出巨大牺牲积累的一系列独创性经验作了理论概括，开辟了农村包围城市、武装夺取政权的正确革命道路，创立了毛泽东思想，为夺取新民主主义革命胜利指明了正确方向。”① 并对毛泽东在社会主义革命和建设时期提出把马克思列宁主义基本原理同中国具体实际进行“第二次结合”所形成的关于社会主义建设的一系列重要思想做出新的概括，明确指出“社会主义社会是一个很长的历史阶段，严格区分和正确处理敌我矛盾和人民内部矛盾，正确处理我国社会主义建设的十大关系，走出一条适合我国国情的工业化道路，尊重价值规律，在党与民主党派的关系上实行‘长期共存、互相监督’的方针，在科学文化工作中实行‘百花齐放、百家争鸣’的方针等”②，充分肯定了这些独创性理论成果的重要指导意义。

（三）毛泽东思想的历史地位

毛泽东思想作为马克思主义中国化的伟大成果和中国化马克思主义的基本理论形态，是中国共产党和中华民族宝贵的精神财富。它以独创性的理论丰富和发展了马克思列宁主义。毛泽东思想教育了几代中国共产党人，它培养的大批骨干，不仅在新民主主义革命、社会主义革命、社会主义建设时期发挥了重要作用，也为新的历史时期开创和建设中国特色社会主义发挥了重要作用。

第一，毛泽东思想是马克思主义中国化第一次历史性飞跃的伟大成果。马克思主义的真理性不仅在于它的世界观和方法论是科学的，它坚持辩证唯物主义和历史唯物主义的世界观和方法论，用生产力和生产关系、经济基础和上层建筑的矛盾运动来解释人类历史的发展变化，科学分析了资本主义社会的内在矛盾，深刻揭示了历史发展的客观规律，创立了科学社会主义，为人类社会发展指明了正确方向；不仅在于它的全部理论都立足于实现和维护最广大人民群众的根本利益，把全人类解放和人的全面发展作为最高价值追求，不谋求任何私利、不抱有任何偏见，是真正关注人民群众的学说；还在于它是开放的、与时俱进的理论体系，它不是故步自封的学说，而是随着实践发展不断丰富和完善的科学体系。马克思主义创始人反复强调，他们的学说不是教条，而是行动的指南。列宁把马克思主义一般原理与俄国革命具体实际相结合的理论和实践启示了中国共产党人，只有把马克思列宁主义的基本原理同中国革命的实际相结合，走自己的革命道路，才能取得中国革命的胜利，才能在理论上丰富和发展马克思主义。中国共产党成立后，党的一些领导人虽然也曾提出过要结合中国实际运用马克思主义的思想，但是，把马克思主义基本原理同中国革命实践相结合，把马克思主义中国化作为一项系统的理论工程提出来，并为出色地完成这一艰巨历史任务做出最大贡献的是毛泽东。恰如刘少奇在党的七大上所做的《关于修改党章的报告》中所指出的那样，由于中国社会、历史的发展有其极大的特殊性，以及中国的科学还不发达等条件，要使马克思主义系统地中国化，要使马克思主义从欧洲形式变为中国形式，就是说，要用马克思主义的立场与方法来解决现代中国革命中的各种问题……这乃是一件特殊的、困难的事业。“不是别人，正是我们的毛泽东同志，出色地成功地进行了这件特殊困难的马克思主义中国化的事业。这在世界马克思主义运动的历史中，是最伟大的功绩之一”③。毛泽东在认真总结历史经

---

① 中共中央关于党的百年奋斗重大成就和历史经验的决议．北京：人民出版社，2021：7.

② 同①12－13.

③ 刘少奇．刘少奇选集：上卷．北京：人民出版社，1981：336.

验的基础上，第一次明确提出了实现马克思主义中国化的命题，深刻论证了马克思主义中国化的必要性和重要性，揭示了马克思主义中国化的本质及其实现的途径，开辟了马克思主义在中国发展的道路。毛泽东思想作为马克思主义中国化的第一个理论形态，实现了马克思主义基本原理与中国具体实际相结合的第一次历史性飞跃。毛泽东思想所确立的马克思主义中国化的奋斗方向、基本原则和方法，引导着党不断把马克思主义中国化的事业推向前进。

第二，毛泽东思想是中国革命和建设的科学指南。毛泽东思想是指导中国革命胜利的旗帜。邓小平认为，没有毛主席，至少我们中国人民还要在黑暗中摸索更长时间。毛主席最伟大的功绩是把马克思列宁主义的原理同中国革命的实践结合起来，指出了中国革命走向胜利的道路。毛泽东思想这一中国化的马克思主义一旦为中国人民所理解和接受，就转化成了对中国社会进行革命改造的伟大的物质力量。在马克思列宁主义、毛泽东思想指引下，中国共产党领导中国人民推翻了帝国主义、封建主义和官僚资本主义的反动统治，建立了中华人民共和国。而后，在由新民主主义向社会主义的转变中，又成功地开辟了一条社会主义改造的道路，通过这条道路，在中国建立了社会主义的基本制度，实现了中国历史上最深刻最伟大的社会变革，从而为当代中国的一切发展和进步奠定了根本的政治前提与制度基础。1956 年以后，毛泽东在探索适合中国国情的社会主义建设道路的过程中，又根据马克思主义基本原理与中国具体实际相结合的原则，提出了许多具有重要理论价值和实践意义的观点，制定了一系列正确的和比较正确的方针、政策。这些重要的理论观点和方针政策，对于我们今天进行的社会主义现代化建设事业仍然具有重要指导意义。正如邓小平在《对起草〈关于建国以来党的若干历史问题的决议〉的意见》中所指出的那样，“转入社会主义建设以后，毛泽东同志也有好文章、好思想”①，“我们要恢复毛泽东思想，坚持毛泽东思想，以至还要发展毛泽东思想，在这些方面，他都提供了一个基础。要把这些思想充分地表达出来。这段时间他的一些重要文章，如《论十大关系》、《关于正确处理人民内部矛盾的问题》、《一九五七年夏季的形势》等，都要写到。这都是我们今天要继续坚持和发展的”②。“毛泽东思想这个旗帜丢不得。丢掉了这个旗帜，实际上就否定了我们党的光辉历史。”③ 毛泽东思想的科学理论，特别是其基本精神，仍然为我们正在进行的事业提供着重要的理论指导。

第三，毛泽东思想是中国共产党和中国人民宝贵的精神财富。马克思指出：“人民最精致、最珍贵和看不见的精髓都集中在哲学思想里。”④“任何真正的哲学都是自己时代精神的精华……它是文明的活的灵魂”⑤。毛泽东思想是民族精神的精华，为中华民族的解放和振兴提供了强大的思想武器。实现中华民族复兴是毛泽东思想产生的一个直接动因，也是其发展过程中一直关注的重大问题。中国共产党人所进行的新民主主义革命、社会主义革命和社会主义建设的伟大实践，其根本目的就是解放生产力和发展生产力，使中

① 邓小平．邓小平文选：第 2 卷．2 版．北京：人民出版社，1994：296.
② 同①297.
③ 同①298.
④ 马克思，恩格斯．马克思恩格斯全集：第 1 卷．北京：人民出版社，1956：120.
⑤ 同④121.

华民族彻底摆脱贫穷落后的面貌，重新屹立于世界民族之林。毛泽东思想所具有的内在品质和魅力，使得它在中国已经不是一般的政治思想，而成为整个中华民族宝贵的精神财富。毛泽东思想哺育了几代中国人，它的思想精髓已经深深融入中华民族精神。在毛泽东思想旗帜下，中国共产党领导全国人民万众一心，众志成城，为争取中华民族的独立和解放、维护国家统一和民族团结，为实现民族富强而努力奋斗。如果没有毛泽东思想，没有用毛泽东思想武装起来的中国共产党人做中国人民的中流砥柱，中国的独立和解放是不可能的，中国的国家统一和民族团结、中国的社会主义现代化、中华民族的伟大复兴也是不可能的。毋庸讳言，毛泽东思想创立和发展的历史条件，与我们今天所面临的形势和任务已有很大的不同，但这丝毫不能降低毛泽东思想的科学价值。毛泽东追求和倡导的中华民族重新屹立于世界民族之林的远大理想、实事求是的思想路线、全心全意为人民服务的奋斗宗旨，自力更生、艰苦奋斗的革命精神等，依然是今天中国人民不断前进的强大精神动力，并将长期激励和鼓舞我们前进。作为毛泽东思想活的灵魂的实事求是、群众路线、独立自主，不论过去、现在和将来，都是我们要始终坚持的立场、观点和方法。新形势下，我们要坚持和运用好毛泽东思想活的灵魂，把我们党建设好，把中国特色社会主义伟大事业继续推向前进。

正确认识毛泽东思想的历史地位和指导意义，有一个怎样科学评价毛泽东和毛泽东思想历史地位的问题。这个问题的解决，关系到怎样看待党和国家过去几十年奋斗的成就，关系到党的团结、国家的安定，也关系到党和国家未来的发展前途，不仅有重要的历史意义，而且有重要的现实意义。“文化大革命”结束后，在对毛泽东和毛泽东思想的认识问题上，存在过两种错误倾向：一种是“两个凡是”的态度，认为凡是毛主席做出的决策、指示，都必须坚决维护、始终遵循；另一种则是借口毛泽东晚年犯了严重错误，企图全面否定毛泽东的历史地位、毛泽东思想的科学价值和指导作用。这两种态度都是没有把经过长期历史考验形成为科学理论的毛泽东思想，同毛泽东晚年所犯的错误区别开来。邓小平在领导全党拨乱反正的过程中，用了极大的精力来解决如何正确评价毛泽东和毛泽东思想的问题。在他的主持下，党的十一届六中全会通过的《决议》，对毛泽东和毛泽东思想的历史地位做出了科学的、实事求是的评价。《决议》指出，毛泽东晚年特别是在“文化大革命”中的确犯有严重错误；但是，就他的一生来看，他的功绩远远大于他的过失。他的功绩是第一位的，错误是第二位的。他的错误是一个伟大的革命家、一个伟大的马克思主义者所犯的错误。将毛泽东晚年所犯的错误同经过长期历史考验形成为科学理论的毛泽东思想区别开来，为我们完整准确地理解毛泽东思想、坚持和发展毛泽东思想指明了方向。

党的十九届六中全会通过的《中共中央关于党的百年奋斗重大成就和历史经验的决议》，对毛泽东思想的历史地位做出更为精准的概括，强调指出：“毛泽东思想是马克思列宁主义在中国的创造性运用和发展，是被实践证明了的关于中国革命和建设的正确的理论原则和经验总结，是马克思主义中国化的第一次历史性飞跃。”①

① 中共中央关于党的百年奋斗重大成就和历史经验的决议．北京：人民出版社，2021：13.

三、中国特色社会主义理论体系及其历史地位

中国特色社会主义理论体系，是党在改革开放和社会主义现代化建设新时期继续推进马克思主义中国化的伟大历史性创造。作为马克思主义中国化新飞跃的理论成果，中国特色社会主义理论体系是被实践证明了的关于在中国建设、巩固和发展社会主义的正确的理论原则和经验总结，是同马克思列宁主义、毛泽东思想既一脉相承又与时俱进的理论体系。

（一）邓小平理论的创立和中国特色社会主义理论体系的形成

恩格斯指出："每一个时代的理论思维，包括我们这个时代的理论思维，都是一种历史的产物，它在不同的时代具有完全不同的形式，同时具有完全不同的内容。"[①] 改革开放和社会主义现代化建设新时期，党面临的主要任务是，继续探索中国建设社会主义的正确道路，解放和发展社会生产力，使人民摆脱贫困、尽快富裕起来，为实现中华民族伟大复兴提供充满新的活力的体制保证和快速发展的物质条件。中国特色社会主义理论体系是党在和平与发展成为时代主题的条件下，总结我国社会主义建设的历史经验和新鲜经验，吸取其他社会主义国家兴衰成败的历史经验，并借鉴其他国家发展经验教训的基础上，逐步形成和发展起来的。

当代国际局势的新发展，是中国特色社会主义理论体系形成和发展的时代背景。第二次世界大战结束后，特别是20世纪70年代末以来，整个世界处于大变革大调整之中。这种变革与调整的剧烈和深刻程度远远超出人们的预料。最显著的变化，就是和平与发展成为时代主题。冷战结束后，世界上各种力量出现新的分化和组合，社会主义与资本主义之间的矛盾虽仍然存在，但其表现形式已经发生了变化；经济全球化和世界多极化趋势加速发展，全球市场、资金、资源的合作和竞争更加复杂，国与国之间经济实力的较量日趋激烈。特别是新科技革命及其带来的重大科技发明的广泛应用，推动世界范围内生产力、生产方式、生活方式和经济社会发生了前所未有的深刻变化，也引起全球经济格局、利益格局和安全格局发生了前所未有的重大变化。面对国际形势和世界发展如此深刻巨大的变化，中国共产党立志开创社会主义现代化建设的新局面，坚持用马克思主义的宽广眼界观察世界，把中国的发展放到世界大局中来思考，顺应世界发展潮流，借鉴其他国家兴衰成败经验教训，吸收人类文明一切优秀成果，以理论和实践的新创造推动事业的新开拓、新发展。中国特色社会主义理论体系的形成发展，充分体现了中国共产党人科学认识和正确应对当今世界发展变化的理论思考。

我国社会主义建设正反两方面经验的总结，是中国特色社会主义理论体系形成和发展的历史根据。中国共产党是一个特别注意总结历史经验的党。党的十一届三中全会认真总结正反两方面的经验，汲取"文化大革命"的教训，重新确立马克思主义的思想路线，毅然决然地做出把党和国家工作中心转移到经济建设上来、实行改革开放的历史性

---

① 马克思，恩格斯．马克思恩格斯选集：第3卷．3版．北京：人民出版社，2012：873.

决策。党的十一届六中全会通过了《决议》，在认真清理重大历史是非、否定“文化大革命”的同时，坚持和继承了党在长期社会主义建设实践中所取得的一切积极成果，完成了党在思想路线、政治路线、组织路线上的拨乱反正。与此同时，党还认真汲取其他国家特别是苏联、东欧等社会主义国家的经验教训，为更好地发展中国特色社会主义提供了重要借鉴。正如邓小平所说，没有对历史经验教训的深刻总结，就不可能制定党的十一届三中全会以来的思想、政治、组织路线和一系列政策。中国特色社会主义理论体系的形成和发展都是与党认真总结经验和深刻吸取教训分不开的。

我国改革开放和社会主义现代化建设的生动实践，是中国特色社会主义理论体系形成和发展的实践依据。新时期最鲜明的特点是改革开放，最显著的成就是快速发展，最突出的标志是与时俱进。改革开放以来，党坚持解放思想与实事求是的统一，大力发扬求真务实精神，不断推进实践基础上的理论创新，回答了一系列重大理论和实际问题，形成和发展了中国特色社会主义理论体系。在中国特色社会主义理论体系的指引下，中国人民的面貌、社会主义中国的面貌、中国共产党的面貌发生了历史性变化。改革开放以来，中国特色社会主义理论体系作为党的理论创新的核心概念和主题，随着实践的深化而不断丰富发展，不断被赋予新的时代内涵和实践要求。一部改革开放的历史，就是党在新时期实践探索和理论创新的历史。人民群众是历史的创造者。中国特色社会主义理论体系，是党紧紧依靠人民，最广泛地调动人民群众的积极性、主动性、创造性，从人民群众中凝聚力量、汲取智慧而形成和发展起来的。新的历史条件呼唤着新的理论，亿万人民伟大的、生动活泼的社会主义实践，为中国特色社会主义理论体系的形成和发展奠定了坚实的实践基础。

正是这样立足中国而又面向世界，总结历史而又正视现实、放眼未来，重视实践而又依靠群众，把马克思主义基本原理同中国具体实际和时代特征结合起来，在研究新情况、解决新问题的过程中进行锲而不舍的理论探索，才有了中国特色社会主义理论体系的形成和发展。

1978 年 12 月召开的党的十一届三中全会，成为中国特色社会主义道路开辟的起点。伴随中国特色社会主义事业的不断发展，党对中国特色社会主义的认识也在不断深化。

十一届三中全会决定把全党工作的着重点转移到社会主义现代化建设上来以后不久，1979 年 3 月，邓小平即在题为《坚持四项基本原则》的讲话中，最先提出了“中国式的现代化道路”的命题，为党根据中国国情确定社会主义现代化建设的具体道路指明了正确的方向，提供了科学的思路。1981 年 6 月召开的党的十一届六中全会通过的《决议》，根据邓小平此前多次讲话中所阐述的指导原则，系统地总结了新中国成立以来我国社会主义建设正反两方面的历史经验，明确指出，三中全会以来，我们党已经逐步确立了一条适合我国情况的社会主义现代化建设的正确道路，同时对其内容做了比较完整的概括。

1982 年 9 月，邓小平在党的十二大开幕词中第一次提出“建设有中国特色的社会主义”这一科学命题。党的十二大以后，邓小平又反复强调：“我们搞的现代化，是中国式的现代化。我们建设的社会主义，是有中国特色的社会主义。”① 1984 年 10 月召开的党

① 邓小平．邓小平文选：第 3 卷．北京：人民出版社，1993：29.

的十二届三中全会，通过了《中共中央关于经济体制改革的决定》，开始突破把计划经济与商品经济对立起来的传统观念，提出了我国社会主义经济是公有制基础上的有计划的商品经济的观点。这一重大突破被邓小平称为“老祖宗没有说过的话，有些新话”①，为后来社会主义市场经济理论的形成提供了正确的思路。1986 年，党的十二届六中全会通过了《中共中央关于社会主义精神文明建设指导方针的决议》，使党对社会主义建设总体布局的认识更加深化，对建设有中国特色社会主义理论的形成和发展起了重要的作用。在此基础上，1987 年 10 月召开的党的十三大，系统地提出了社会主义初级阶段的理论，阐述了党在社会主义初级阶段“一个中心、两个基本点”的基本路线，并把十一届三中全会以来党对社会主义再认识的过程中形成的一系列科学理论观点归纳为 12 条。

党的十三大以后，国际国内形势发生了很大变化，党的十一届三中全会以来形成的基本理论、基本路线、基本政策面临严峻的考验。鉴于此，1992 年邓小平在视察南方时发表了一系列重要谈话，提出了一系列新的重要观点，如：革命是解放生产力，改革也是解放生产力；判断改革开放和各方面是非的标准，应该主要看是否有利于发展社会主义社会的生产力，是否有利于增强社会主义国家的综合国力，是否有利于提高人民的生活水平；计划和市场都是经济手段；等等。随后召开的党的十四大，系统总结了十一届三中全会以来社会主义在中国的新经验，首次提出了“邓小平同志建设有中国特色社会主义的理论”这一命题，并从九个方面科学概括了建设有中国特色社会主义理论的主要内容。党的十五大正式提出了“邓小平理论”的科学概念，并把其与马克思列宁主义、毛泽东思想放在一起，作为党的指导思想写入党章。

党的十五大以后，党在坚持邓小平理论的基础上，又提出了“三个代表”重要思想、科学发展观等重大战略思想，进一步深化了党对中国特色社会主义发展规律的认识。“三个代表”重要思想用一系列紧密联系、相互贯通的新思想、新观点、新论断，进一步回答了什么是社会主义、怎样建设社会主义的问题，创造性地回答了建设什么样的党、怎样建设党的问题，抓住了中国特色社会主义理论体系的关键问题。科学发展观集中回答了新形势下实现什么样的发展、怎样发展的问题，抓住了中国特色社会主义理论体系的核心问题。

正是在这样的基础上，党的十七大第一次明确提出了“中国特色社会主义理论体系”的科学命题。党的十八大强调中国特色社会主义理论体系，就是包括邓小平理论、“三个代表”重要思想、科学发展观在内的科学理论体系，是对马克思列宁主义、毛泽东思想的坚持和发展；强调中国特色社会主义道路是实现途径，中国特色社会主义理论体系是行动指南，中国特色社会主义制度是根本保障，三者统一于中国特色社会主义伟大实践。

（二）中国特色社会主义理论体系的主要内容

改革开放和社会主义现代化建设新时期，党深刻认识到开创改革开放和社会主义现代化建设新局面，必须以理论创新引领事业发展。“党领导和支持开展真理标准问题大讨

① 邓小平．邓小平文选：第 3 卷．北京：人民出版社，1993：91.

论，从新的实践和时代特征出发坚持和发展马克思主义，科学回答了建设中国特色社会主义的发展道路、发展阶段、根本任务、发展动力、发展战略、政治保证、祖国统一、外交和国际战略、领导力量和依靠力量等一系列基本问题，形成中国特色社会主义理论体系，实现了马克思主义中国化新的飞跃。”[①] 改革开放和社会主义现代化建设新时期，我们形成了包括邓小平理论、“三个代表”重要思想、科学发展观在内的中国特色社会主义理论体系。中国特色社会主义理论体系紧紧围绕在中国这样一个人口多底子薄的东方大国建设什么样的社会主义、怎样建设社会主义这个根本问题进行不懈探索，既坚持了科学社会主义基本原则，又根据时代条件赋予其鲜明的中国特色，以全新的视野深化了对共产党执政规律、社会主义建设规律、人类社会发展规律的认识，在中国特色社会主义的思想路线、根本任务、发展阶段和发展战略、发展动力、根本目的、经济建设、政治建设、文化建设、社会建设、国防和军队建设、依靠力量、祖国和平统一、外交与国际战略、领导核心诸多方面，形成了一系列重要的理论观点。

第一，中国特色社会主义的思想路线。这是中国特色社会主义理论的精髓，是贯穿邓小平理论、“三个代表”重要思想和科学发展观的灵魂。在中国特色社会主义理论体系的形成和发展过程中，要坚持解放思想、实事求是、与时俱进，一切从实际出发，理论联系实际，在实践中检验真理和发展真理。要大力弘扬求真务实精神，大力推进实践创新和理论创新，使党的全部理论和工作始终体现时代性、把握规律性、富于创造性。要以科学的态度对待马克思主义，坚持把马克思主义基本原理同中国具体实际相结合，不断推进马克思主义中国化，善于在解放思想中统一思想，用发展中的马克思主义指导新的实践。

第二，中国特色社会主义的根本任务。这是中国特色社会主义理论体系的中心问题。社会主义的根本任务是解放生产力，发展生产力，不断改善人民生活。发展是解决中国一切问题的关键。社会主义的本质是解放生产力，发展生产力，消灭剥削，消除两极分化，最终达到共同富裕。要始终代表中国先进生产力的发展要求，不断促进先进生产力的发展。科学技术是第一生产力，是先进生产力的集中体现和主要标志，要大力促进科技进步和创新。要始终把发展作为执政兴国的第一要务，坚持以经济建设为中心，坚持四项基本原则与坚持改革开放相统一，正确处理改革发展稳定的关系，全面推进社会主义经济建设、政治建设、文化建设、社会建设和生态文明建设，促进人的全面发展。

第三，中国特色社会主义的发展阶段和发展战略。这是党立足当代中国国情提出的战略目标和宏伟蓝图。我国仍处于并将长期处于社会主义初级阶段，这是我国逐步摆脱不发达状态、基本实现现代化的特定历史阶段，是中国特色社会主义很长历史过程的初始阶段。在新的历史阶段，我国的发展呈现出一系列新的阶段性特征，这是社会主义初级阶段基本国情在新世纪新阶段的具体体现。要始终立足我国社会主义初级阶段的基本国情，牢牢把握我国发展的新的阶段性特征，坚持党的基本理论、基本路线、基本纲领、基本经验，紧紧抓住重要战略机遇期，分“三步走”有步骤地从温饱到小康，从全面建成小康社会到 21 世纪中叶基本实现现代化，努力建设社会主义现代化国家。

---

① 中共中央关于党的百年奋斗重大成就和历史经验的决议．北京：人民出版社，2021：17－18.

第四，中国特色社会主义的发展动力。这是深刻认识社会主义社会生产力和生产关系、经济基础和上层建筑矛盾运动得出的重要结论，揭示了党和国家发展进步的活力源泉。改革开放是强国之路，是决定当代中国命运的关键抉择，是党在新的历史条件下带领人民进行的新的伟大革命。必须把改革创新精神贯彻到治国理政的各个环节，毫不动摇地坚持改革的正确方向，增强改革措施的协调性，不断解放和发展社会生产力，推动我国社会主义制度的自我完善和发展。坚定不移地实行对外开放的基本国策，积极推进全方位、多层次、宽领域的对外开放，形成经济全球化条件下参与国际合作和竞争的优势。

第五，中国特色社会主义的根本目的。这反映了发展中国特色社会主义的出发点和落脚点。人民是国家的主人，全心全意为人民服务是党的根本宗旨。发展中国特色社会主义必须坚持以人为本，始终做到发展为了人民、发展依靠人民、发展成果由人民共享。必须坚持立党为公、执政为民，尊重人民主体地位，发挥人民首创精神，保障人民各项权益，不断满足人民群众日益增长的物质文化需要。要把人民拥护不拥护、人民赞成不赞成作为衡量党和国家一切工作与方针政策的根本尺度。

第六，中国特色社会主义的经济建设。坚持和完善社会主义市场经济体制，从制度上更好地发挥市场在资源配置中的基础性作用。坚持和完善公有制为主体、多种所有制经济共同发展的基本经济制度。坚持和完善按劳分配为主体、多种分配方式并存的分配制度。加快转变经济发展方式，坚持走中国特色新型工业化道路，推动产业结构优化升级。深化各项体制改革，健全现代市场体系，完善有利于科学发展的宏观调控体系。提高自主创新能力，建设创新型国家，建设社会主义新农村，推动区域协调发展，加强能源资源节约和生态环境保护，提高开放型经济发展水平，促进国民经济持续健康发展。

第七，中国特色社会主义的政治建设。人民民主是社会主义的生命，人民当家作主是社会主义民主政治的本质和核心。坚持中国特色社会主义政治发展道路，坚持党的领导、人民当家作主、依法治国有机统一，坚持和完善人民代表大会制度、中国共产党领导的多党合作和政治协商制度、民族区域自治制度以及基层群众自治制度，不断推进社会主义政治制度自我完善和发展。深化政治体制改革，扩大人民民主，发展基层民主，尊重和保障人权，全面落实依法治国基本方略，加快行政管理体制改革，完善权力制约和监督机制，发展和完善繁荣社会主义先进文化的制度，巩固全体人民团结奋斗的共同思想基础。推进社会主义民主政治制度化、规范化、程序化，建设社会主义法治国家，发展社会主义政治文明。

第八，中国特色社会主义的文化建设。坚持社会主义先进文化前进方向，建设社会主义核心价值体系和弘扬社会主义核心价值观，建设社会主义精神文明，发展面向现代化、面向世界、面向未来的，民族的科学的大众的社会主义文化。坚持为人民服务、为社会主义服务的方向，坚持百花齐放、百家争鸣的方针，坚持贴近实际、贴近生活、贴近群众，积极推进文化创新。深化文化体制改革，大力发展文化事业和文化产业，弘扬中华文化，提高国家文化软实力，推动社会主义文化大发展大繁荣，保障人民基本文化权益，提高全民族文明素质，使社会文化生活更加丰富多彩，使人民精神风貌更加昂扬向上。

第九，中国特色社会主义的社会建设。社会和谐是中国特色社会主义的本质属性。按照构建社会主义和谐社会的总要求和共同建设、共同享有的原则，坚持把保障和改善民生作为关系全局的重大任务，着力解决人民最关心、最直接、最现实的利益问题，优先发展教育，实施扩大就业的发展战略，深化收入分配制度改革，完善社会保障体系，建立基本医疗卫生体系，促进社会公平正义。深化社会体制改革，扩大公共服务，完善社会管理，妥善处理人民内部矛盾，统筹协调各方面利益关系，最大限度激发社会创造活力，最大限度增加和谐因素，最大限度减少不和谐因素，努力形成全体人民各尽其能、各得其所而又和谐相处的局面。

第十，中国特色社会主义的国防和军队建设。国防和军队建设关系国家安危与发展全局，必须统筹经济建设和国防建设，实现富国和强军的统一。坚持党对军队的绝对领导，坚持人民军队的根本宗旨，全面履行军队的历史使命，按照政治合格、军事过硬、作风优良、纪律严明、保障有力的总要求，全面推进军队革命化、现代化、正规化建设，推进中国特色军事变革和军事斗争准备，坚持科技强军，切实转变战斗力生成模式，坚定不移地走中国特色的精兵之路，提高军队应对多种安全威胁、完成多样化军事任务的能力。依靠人民建设国防、建设军队，增强全民国防观念，完善国防动员体系。

第十一，中国特色社会主义的依靠力量。人民群众是历史的创造者，是中国特色社会主义事业的主体力量。包括知识分子在内的工人阶级和广大农民是推动我国生产力发展与社会全面进步的根本力量，在社会变革中出现的新的社会阶层是中国特色社会主义事业的建设者。要尊重劳动、尊重知识、尊重人才、尊重创造，发展和壮大爱国统一战线，促进政党关系、民族关系、宗教关系、阶层关系、海内外同胞关系的和谐，最广泛最充分地调动一切积极因素，团结一切可以团结的力量，不断为中华民族的伟大复兴增添新的力量。

第十二，推进祖国和平统一大业。按照“一个国家，两种制度”的构想，争取实现祖国和平统一，符合中华民族的根本利益。坚定不移地贯彻“一国两制”、“港人治港”、“澳人治澳”、高度自治的方针，严格按照特别行政区基本法办事，促进香港、澳门长期繁荣稳定。遵循“和平统一、一国两制”的方针，牢牢把握两岸关系和平发展的主题，真诚为两岸同胞谋福祉、为台海地区谋和平，维护国家主权和领土完整，维护中华民族根本利益，最终解决台湾问题，实现祖国完全统一。

第十三，中国特色社会主义的外交与国际战略。和平与发展是时代主题，求和平、谋发展、促合作已经成为不可阻挡的时代潮流，中国的前途命运日益紧密地同世界的前途命运联系在一起。要适应世界多极化和经济全球化的发展趋势，始终坚持独立自主的和平外交政策，维护国家主权、安全、发展利益，在和平共处五项原则的基础上同所有国家发展友好合作，坚持走和平发展道路，始终不渝奉行互利共赢的开放战略，推动建设持久和平、共同繁荣的世界秩序，既通过维护世界和平发展自己，又通过自身发展维护世界和平。

第十四，中国特色社会主义的领导核心。中国共产党是中国特色社会主义的领导力量和根本保证。中国问题的关键在党。要把中国特色社会主义伟大事业同党的建设新的伟大工程贯通起来，以改革创新精神全面推进党的建设，坚持以党的执政能力建设和先进性、纯洁性建设为主线，坚持党要管党、从严治党，扎实推进党的思想建设、组织建设、作风建设、制度建设和反腐倡廉建设，不断提高党的领导水平和执政水平，提高拒腐防变和抵御风险的能力，使党始终成为中国特色社会主义事业的坚强领导核心。

改革开放和社会主义现代化建设新时期的中国特色社会主义理论体系内容贯通哲学、政治经济学、科学社会主义等学科，涵盖社会主义经济建设、政治建设、文化建设、社会建设、生态文明建设、党的建设以及国防和军队现代化建设、祖国统一、国际战略和外交工作等各个领域，涉及改革发展稳定、内政外交国防、治党治国治军等各个方面，是一个内涵丰富、思想深刻、系统完整的科学理论体系，开拓了马克思主义中国化的新境界。

（三）中国特色社会主义理论体系的历史地位

中国特色社会主义理论体系作为马克思主义中国化的重要成果，是改革开放以来党推进马克思主义中国化的伟大历史性创造，是全面建设小康社会、实现中华民族伟大复兴的根本指针，是全党全国各族人民团结奋斗的共同思想基础。

第一，中国特色社会主义理论体系是改革开放以来党推进马克思主义中国化的伟大历史性创造。

马克思主义作为我们立党立国的根本指导思想，具有与时俱进的理论品质。马克思和恩格斯曾经指出，一切划时代的体系的真正的内容都是由于产生这些体系的那个时期的需要而形成起来的。中国特色社会主义，是改革开放以来中国共产党人带领全国人民以科学社会主义为指南、立足中国国情进行的伟大历史性创造。这个创造体现在实践上，就是开辟了中国特色社会主义道路；体现在理论上，就是形成了中国特色社会主义理论体系。

中国特色社会主义理论体系，是在马克思主义基本原理与中国具体实际相结合的第一次历史性飞跃的基础上诞生的。马克思主义揭示了人类社会发展的规律，论证了社会主义代替资本主义的历史必然性，指明了工人阶级和劳动人民实现解放的道路，是人们认识世界和改造世界的科学指南。把马克思主义基本原理同中国具体实际相结合，实现马克思主义中国化，是中国共产党人在深刻把握马克思主义理论品质、清醒认识中国国情的基础上得出来的科学结论。民主革命时期，以毛泽东同志为主要代表的中国共产党人，从中国的历史状况和社会现实出发，运用马克思主义的立场、观点、方法，深刻研究中国革命的特点和规律，实现了马克思主义中国化的第一次历史性飞跃，创立了毛泽东思想，科学地回答了在中国这样一个落后的东方大国怎样开展新民主主义革命、走上社会主义道路的一系列问题。在毛泽东思想指引下，中国革命走上了胜利发展的道路，完成了民族独立和人民解放的历史任务，创建了新中国，建立了社会主义制度，为当代中国的发展奠定了政治基础和制度前提。社会主义制度建立以后，面对经济文化比较落后的国家建设、巩固和发展社会主义的全新课题，毛泽东在借鉴苏联社会主义建设经验教训的基础上，对建设什么样的社会主义、怎样建设社会主义进行了艰辛探索，形成了一些科学认识和宝贵思想成果。当然，这些积极成果有不少后来并没有很好地得到贯彻落实，党和国家工作逐渐发生的失误，特别是“文化大革命”那样全局性的错误的出现，使社会主义事业遭遇重大挫折。

中国特色社会主义理论体系是改革开放和社会主义现代化建设实践的产物。改革开放以来，党的全部理论和实践探索都是围绕建设中国特色社会主义这个主题展开的。在推进改革开放和社会主义现代化建设的伟大实践中，党遵循实践—认识—再实践的规律，坚持不懈地进行理论总结和概括，在新的历史条件下继续推进马克思主义中国化，形成、坚持和发展了中国特色社会主义理论体系。中国特色社会主义理论体系作为改革开放以后党的理论创新成果，是对毛泽东艰辛探索社会主义建设规律重要思想成果的继承和发展，是同马克思列宁主义、毛泽东思想既一脉相承又与时俱进的理论体系。

党的十一届三中全会以后，以邓小平同志为主要代表的中国共产党人，把马克思列宁主义的基本原理同当代中国实践和时代特征结合起来，提出了一系列具有开创意义的思想，创立了邓小平理论，奠定了中国特色社会主义理论体系的基础。党的十三届四中全会以后，以江泽民同志为主要代表的中国共产党人，继续推进中国特色社会主义伟大事业，提出了一系列新思想新观点新论断，形成了“三个代表”重要思想，丰富和发展了中国特色社会主义理论体系。党的十六大以来，以胡锦涛同志为主要代表的中国共产党人在领导全党全国各族人民推进中国特色社会主义事业的历史进程中，提出一系列重大理论观点、重大战略思想、重大工作部署，形成了中国特色社会主义理论体系的新成果——科学发展观。党的十七大把新时期以来党在实践中相继形成的邓小平理论、“三个代表”重要思想以及科学发展观等重大战略思想作为一个有机统一的整体，概括为“中国特色社会主义理论体系”，具有重大的政治意义、理论意义和实践意义。

中国特色社会主义理论体系既坚持了科学社会主义基本原则，又具有鲜明的实践特色、民族特色、时代特色；既破除了对马克思主义的教条式的理解，又抵制了抛弃社会主义基本制度的错误主张；既继承了前人，又创新了内容，开拓了马克思主义新境界，是深深扎根于中国大地、符合中国实际的当代中国马克思主义。

第二，中国特色社会主义理论体系是全面建设小康社会、实现中华民族伟大复兴的根本指针。

中国特色社会主义理论体系，是被改革开放以来的实践充分证明了的胜利推进社会主义现代化的正确理论。科学理论的地位和作用，归根到底是由实践决定的。回顾改革开放以来的历史进程，在中国特色社会主义理论体系指导下，我国取得了举世瞩目的发展成就，经济实力、综合国力不断增强，基础设施和城乡面貌发生了巨大变化，人民生活总体上达到小康水平。与此同时，政治建设、文化建设、社会建设、党的建设等也取得了显著成就。中国的发展，不仅使中国人民稳定地走上了富裕安康的广阔道路，而且为世界经济发展和人类文明进步做出了重大贡献。事实雄辩地证明，中国特色社会主义理论体系，是指导中国人民在改革开放和社会主义现代化建设中胜利推进社会主义现代化的正确理论。

中国特色社会主义理论体系，为实现全面建设小康社会宏伟目标提供了根本指针。进入新世纪，全国各族人民在党的领导下为夺取全面建设小康社会新胜利、开创中国特色社会主义事业新局面做出了巨大努力。在前进的道路上，我们既面临着重要的发展机遇，也面临着诸多矛盾和问题：生产力水平总体不高，人均国内生产总值偏低，自主创新能力不强；长期形成的结构性矛盾没有解决，粗放型增长方式尚未根本改变，环境资源压力加大，影响发展的体制机制障碍依然存在；收入分配差距拉大趋势还未根本扭转，城乡贫困人口和低收入人口还有相当数量，农业基础薄弱、农村发展滞后的局面依然存在，促进经济社会协调发展任务艰巨；民主法治建设与扩大人民民主和经济社会发展的要求还不完全适应；人民精神文化需求日趋旺盛，对发展社会主义先进文化提出了更高的要求；伴随社会结构、社会组织形式、社会利益格局的深刻变化，社会建设和管理面临诸多新课题；国际竞争日趋激烈，发达国家在经济科技上占优势的压力长期存在。只有坚持以中国特色社会主义理论体系为指导，我们才能对这一系列问题做出科学回答，才能顺利推进全面建设小康社会进程、不断发展中国特色社会主义。

第三，中国特色社会主义理论体系是全党全国各族人民团结奋斗的共同思想基础。

中国特色社会主义理论体系是扎根于当代中国的科学社会主义，是马克思主义中国化新飞跃的成果，是继续推进党和国家事业发展的锐利思想武器，是引领全党全国各族人民团结奋斗的共同思想基础。

共同思想基础，是一个政党、一个国家、一个民族赖以存在和发展的根本前提。没有共同的思想基础，党就要瓦解、国家就要解体、民族就要分裂。毛泽东同志曾指出，党要有“共同语言”，社会主义国家要有“统一意志”。邓小平同志强调，推进我们的事业最重要的是人的团结，要团结就要有共同的理想和坚定的信念。江泽民同志指出，一个民族、一个国家，如果没有自己的精神支柱，就等于没有灵魂，就会失去凝聚力和生命力。胡锦涛同志指出，崇高理想、坚定信念，是凝聚人心、催人奋进的伟大旗帜，是战胜困难、赢得胜利的力量源泉。社会主义既是一种崭新的社会制度和社会运动，也是一种理想和价值追求，必然要用共同的思想和意志来凝聚与统一人民的思想。一些社会主义国家的执政党走向垮台的教训告诉我们，不坚持马克思主义不行，不发展马克思主义、不用发展着的马克思主义统一思想和指导实践也不行。党只有坚持用马克思主义中国化最新成果武装全党、教育人民，用中国特色社会主义共同理想凝聚力量，才能真正统一全党全国各族人民的思想，才能最大限度地团结和凝聚不同社会阶层、不同利益群体的人民，为实现我们的目标而共同奋斗。

中国特色社会主义理论体系，也是我们应对各种困难、风险和挑战的强大精神支柱。中国特色社会主义理论体系把社会主义发展与民族复兴的历史任务紧密联系在一起，把实现社会主义现代化与人民共同富裕紧密联系在一起，把国家的兴盛和个人的幸福紧密联系在一起，是引领、激励全党全国各族人民的强大精神力量。改革开放以来，我们之所以能够经受住 20 世纪 80 年代末 90 年代初国内政治风波以及国际上苏联解体、东欧剧变的严峻考验，之所以能够从容应对关系我国主权和安全的国际突发事件，战胜来自政治、经济、社会领域和自然界的各种困难与挑战，取得一个又一个重大胜利，从根本上说，就是因为我们有党中央的坚强领导，有社会主义的制度优势，有中国特色社会主义理论体系提供的信念力量和指导作用。事实充分证明，中国特色社会主义道路和中国特色社会主义理论体系，是能够把全党全国各族人民紧密团结在一起的共同思想基础，是我们战胜一切风险和挑战的主心骨。

四、习近平新时代中国特色社会主义思想及其历史地位

党的十八大以来，以习近平同志为主要代表的中国共产党人，坚持把马克思主义基本原理同中国具体实际相结合、同中华优秀传统文化相结合，创立了习近平新时代中国特色社会主义思想，实现了马克思主义中国化新的飞跃，为新时代党和国家事业发展提供了根本遵循。

（一）习近平新时代中国特色社会主义思想的创立

习近平新时代中国特色社会主义思想，是在中国特色社会主义进入新时代、科学社会主义迈向新阶段、当今世界经历新变局、中国共产党面临执政新考验的历史条件下创立的。

第一，习近平新时代中国特色社会主义思想创立的时代条件。

中国特色社会主义进入新时代，世界百年未有之大变局加速演进。世界之变、时代之变、历史之变正以前所未有的方式展开，新一轮科技革命和产业变革深入发展，国际体系和国际秩序深度调整，和平、发展、合作、共赢的历史潮流不可阻挡，“东升西降”的发展趋势日益显著。与此同时，世界进入新的动荡变革期，冷战思维和集团政治回潮，单边主义、保护主义抬头，经济全球化遭遇逆流，和平赤字、发展赤字、安全赤字、治理赤字加重，人类社会又一次站在历史的十字路口。如何认识当代世界发展趋势，准确阐述时代的主题和基本特征，始终是马克思主义不断向前发展的一个基本条件，也是推进马克思主义中国化时代化的一个重要维度。党的十八大以来，习近平总书记反复强调，走和平发展道路，是党依据时代发展潮流和我国根本利益做出的战略抉择，一再说明，中华民族是爱好和平的民族，走和平发展道路，是对中华民族优秀文化传统的传承和发展，也是中国人民从近代的苦难遭遇中得出的必然结论。他还提出要“加强对当代资本主义的研究，分析把握其出现的各种变化及其本质，深化对资本主义和国际政治经济关系深刻复杂变化的规律性认识”①。中国坚持走和平发展道路，倡导构建人类命运共同体，主张各国人民同心协力，变压力为动力，化危机为生机，以合作取代对抗，以共赢取代独占，反对冷战思维和零和博弈，积极参与全球治理体系建设，努力为完善全球治理贡献中国智慧，同世界各国人民一道，推动国际秩序和全球治理体系朝着更加公正合理的方向发展。这就准确地认识和把握了当代世界发展的大势和时代变化的基本特征，为新时代中国特色社会主义思想的创立提供了重要的世情基础和时代依据。

第二，习近平新时代中国特色社会主义思想创立的国情基础。

党的百余年历史反复证明，正确认识中国发展大势，准确把握我国基本国情，是马克思主义理论创新的根本依据。“一切划时代的体系的真正内容都是由于产生这些体系的那个时期的需要而形成起来的。所有这些体系都是以本国过去的整个发展为基础的”②。

① 深刻认识马克思主义时代意义和现实意义 继续推进马克思主义中国化时代化大众化．人民日报，2017－09－30.

② 马克思，恩格斯．马克思恩格斯全集：第3卷．北京：人民出版社，1965：544.

推进马克思主义中国化时代化，既要紧密联系当代世界的深刻变化，把握时代主题和基本特征，更要紧密联系中国国情的深刻变化，把握本国发展的历史方位及其本质，回答和解决时代和历史发展提出的、人民群众普遍关心的重大问题。建设中国特色社会主义，总依据是社会主义初级阶段。这是对我国发展历史方位的一个极为重要的判断。改革开放以来，经过几十年的持续努力，我国社会生产力水平总体上显著提高，社会生产能力已经在很多方面进入世界前列，我国已经跃升为世界第二大经济体，我们已经实现全面建成小康社会的目标，并开启中国式现代化建设的新征程。但是，当前我国正处于改革攻坚期、社会转型期与矛盾凸显期叠加的特殊历史阶段，又使我们面临着许多前所未有的困难和问题。这就要求我们在新时代仍然既要牢牢把握社会主义初级阶段这个总的历史方位，又要科学判断和准确把握新时代新阶段的新情况和新问题，坚持党在社会主义初级阶段的基本路线不动摇，坚定中国特色社会主义道路自信、理论自信、制度自信、文化自信，不断地把中国特色社会主义伟大事业推向前进。中国特色社会主义进入新时代，科学社会主义在中国焕发出新的蓬勃生机，成为振兴世界社会主义的中流砥柱。党的二十大着重指出："从现在起，中国共产党的中心任务就是团结带领全国各族人民全面建成社会主义现代化强国、实现第二个百年奋斗目标，以中国式现代化全面推进中华民族伟大复兴。"① 习近平新时代中国特色社会主义思想正是在成功推进和拓展中国式现代化、推动人类文明发展的历史进程中创立并不断得到丰富发展的。

第三，习近平新时代中国特色社会主义思想创立的党情依据。

中国共产党是在科学社会主义旗帜的引领下、在马克思主义同中国工人运动相结合的进程中应运而生，并伴随着马克思主义与中国革命、建设、改革实践相结合而不断发展壮大起来的。党对自身发展基本状况及其规律的清醒认识，是党持续推进马克思主义中国化时代化的重要前提。党的十八大以来，以习近平同志为主要代表的中国共产党人在推动党和国家事业发展取得举世瞩目伟大成就、发生历史性变革的同时，通过坚定不移推进全面从严治党、深入推进新时代党的建设新的伟大工程，使党自身的状况发生巨大变化。党以顽强意志品质正风肃纪、反腐惩恶，消除了党和国家内部存在的严重隐患，党内政治生活气象更新，党内政治生态明显好转，党的创造力、凝聚力、战斗力显著增强，党的团结统一更加巩固，党群关系明显改善，党在革命性锻造中更加坚强，焕发出新的强大生机活力。党"找到了自我革命这一跳出治乱兴衰历史周期率的第二个答案"②。中国共产党这个世界上最大的马克思主义执政党更加团结统一和坚强有力。但"一些党员、干部缺乏担当精神，斗争本领不强，实干精神不足，形式主义、官僚主义现象仍较突出；铲除腐败滋生土壤任务依然艰巨"③。习近平新时代中国特色社会主义思想正是在深刻认识中国共产党自身状况的新变化，努力把握共产党执政的基本规律，以自我革命推进伟大社会革命的过程中创立并不断得到丰富发展的。

习近平新时代中国特色社会主义思想，是党在新时代坚持马克思主义基本原理同中国具体实际相结合、同中华优秀传统文化相结合取得的重大理论成果，是党和人民实践

---

① 习近平．高举中国特色社会主义伟大旗帜 为全面建设社会主义现代化国家而团结奋斗：在中国共产党第二十次全国代表大会上的报告．北京：人民出版社，2022：21.

②③ 同①14.

经验和集体智慧的结晶，反映了全党全军全国各族人民共同心愿，对新时代党和国家事业发展、对推进强国建设和民族复兴具有决定性意义。党的十九届六中全会通过的《中共中央关于党的百年奋斗重大成就和历史经验的决议》指出："习近平同志对关系新时代党和国家事业发展的一系列重大理论和实践问题进行了深邃思考和科学判断，就新时代坚持和发展什么样的中国特色社会主义、怎样坚持和发展中国特色社会主义，建设什么样的社会主义现代化强国、怎样建设社会主义现代化强国，建设什么样的长期执政的马克思主义政党、怎样建设长期执政的马克思主义政党等重大时代课题，提出一系列原创性的治国理政新理念新思想新战略，是习近平新时代中国特色社会主义思想的主要创立者。习近平新时代中国特色社会主义思想是当代中国马克思主义、二十一世纪马克思主义，是中华文化和中国精神的时代精华，实现了马克思主义中国化新的飞跃。"①

（二）习近平新时代中国特色社会主义思想的主要内容

习近平新时代中国特色社会主义思想的形成有一个过程，人们对其内容的认识和概括也有一个过程。先是以"坚持和发展中国特色社会主义"为聚焦点，概括了贯穿党的十八大的主线，鲜明提出了实现中国梦与"两个一百年"奋斗目标。接着，逐渐形成了全面建成小康社会、全面深化改革、全面依法治国、全面从严治党"四个全面"战略布局。稍后，又提出了以人民为中心的发展思想及创新、协调、绿色、开放、共享的新发展理念，提出了八个"不忘初心、继续前进"，提出了要牢固树立"四个意识"。再后，是以治国理政的新理念新思想新战略为核心命题对其所做出的概括。党的十九大用"八个明确"和"十四个坚持"概括了习近平新时代中国特色社会主义思想和基本方略。党的十九届六中全会通过的《中共中央关于党的百年奋斗重大成就和历史经验的决议》（又称"第三个历史决议"）对习近平新时代中国特色社会主义思想的主要内容又做出了"十个明确""十三个方面成就"的概括。

党的十九大提出习近平新时代中国特色社会主义思想这一科学命题，并对其核心内容进行了系统概括，进而确立了这一思想在全党的指导地位。这一思想紧紧围绕"新时代坚持和发展什么样的中国特色社会主义"的问题，明确了坚持和发展中国特色社会主义的总任务、总目标及其基本依据，凸显的是新时代的中国特色社会主义，是一个"什么样"的社会主义的时代定位；紧紧围绕"新时代怎样坚持和发展中国特色社会主义"的问题，明确了新时代坚持和发展中国特色社会主义的"发展思想""总体布局""战略布局"等问题，凸显的是新时代应该"怎么样"坚持和发展中国特色社会主义的战略遵循；紧紧围绕必须坚持和加强党的领导的问题，明确了党是最高政治领导力量，党的领导是中国特色社会主义最本质的特征和制度的最大优势，凸显的则是对中国特色社会主义实践主体的认识和概括。

"八个明确"。一是明确坚持和发展中国特色社会主义，总任务是实现社会主义现代化和中华民族伟大复兴，在全面建成小康社会的基础上，分两步走在 21 世纪中叶建成富

① 中共中央关于党的百年奋斗重大成就和历史经验的决议．北京：人民出版社，2021：25-26.

强民主文明和谐美丽的社会主义现代化强国。二是明确新时代我国社会主要矛盾是人民日益增长的美好生活需要和不平衡不充分的发展之间的矛盾，必须坚持以人民为中心的发展思想，不断促进人的全面发展、全体人民共同富裕。三是明确中国特色社会主义事业总体布局是“五位一体”、战略布局是“四个全面”，强调坚定道路自信、理论自信、制度自信、文化自信。四是明确全面深化改革总目标是完善和发展中国特色社会主义制度、推进国家治理体系和治理能力现代化。五是明确全面推进依法治国总目标是建设中国特色社会主义法治体系、建设社会主义法治国家。六是明确党在新时代的强军目标是建设一支听党指挥、能打胜仗、作风优良的人民军队，把人民军队建设成为世界一流军队。七是明确中国特色大国外交要推动构建新型国际关系，推动构建人类命运共同体。八是明确中国特色社会主义最本质的特征是中国共产党领导，中国特色社会主义制度的最大优势是中国共产党领导，党是最高政治领导力量，提出新时代党的建设总要求，突出政治建设在党的建设中的重要地位。“八个明确”是对中国特色社会主义总任务和总目标、新时代我国社会的主要矛盾、中国特色社会主义事业总体布局和战略布局，以及全面深化改革、全面推进依法治国、党在新时代的强军目标、中国特色大国外交、中国特色社会主义本质特征和最高政治领导力量等主要内容进行的精辟概括，是习近平新时代中国特色社会主义思想最为核心关键的组成部分，是支撑这一思想的四梁八柱。

“十四个坚持”。坚持党对一切工作的领导、坚持以人民为中心、坚持全面深化改革、坚持新发展理念、坚持人民当家作主、坚持全面依法治国、坚持社会主义核心价值体系、坚持在发展中保障和改善民生、坚持人与自然和谐共生、坚持总体国家安全观、坚持党对人民军队的绝对领导、坚持“一国两制”和推进祖国统一、坚持推动构建人类命运共同体、坚持全面从严治党。“十四个坚持”是从党对各方面工作的领导及党在各方面的顶层战略设计的角度，对怎样坚持和发展、如何贯彻落实习近平新时代中国特色社会主义思想，即此前所讲的党的基本理论、基本路线、基本纲领、基本经验和基本要求的进一步概括与凝练。“十四个坚持”侧重于实践层面的展开，从第一条“坚持党对一切工作的领导”到最后一条“坚持全面从严治党”，贯穿其中的是坚持和加强党的领导这一当代中国最高政治原则，体现了以自我革命引领社会革命的内在逻辑。

“十个明确”。是在“八个明确”基础上的一个新的概括：一是明确中国特色社会主义最本质的特征是中国共产党领导，中国特色社会主义制度的最大优势是中国共产党领导，中国共产党是最高政治领导力量，全党必须增强“四个意识”、坚定“四个自信”、做到“两个维护”；二是明确坚持和发展中国特色社会主义，总任务是实现社会主义现代化和中华民族伟大复兴，在全面建成小康社会的基础上，分两步走在21世纪中叶建成富强民主文明和谐美丽的社会主义现代化强国，以中国式现代化推进中华民族伟大复兴；三是明确新时代我国社会主要矛盾是人民日益增长的美好生活需要和不平衡不充分的发展之间的矛盾，必须坚持以人民为中心的发展思想，发展全过程人民民主，推动人的全面发展，全体人民共同富裕取得更为明显的实质性进展；四是明确中国特色社会主义事业总体布局是经济建设、政治建设、文化建设、社会建设、生态文明建设“五位一体”，战略布局是全面建成小康社会（全面建设社会主义现代化国家）、全面深化改革、全面依法治国、全面从严治党“四个全面”；五是明确全面深化改革总目标是完善和发展中国特色社会主义制度、推进国家治理体系和治理能力现代化；六是明确全面推进依法治国总目标是建设中国特色社会主义法治体系、建设社会主义法治国家；七是明确必须坚持和完善社会主义基本经济制度，使市场在资源配置中起决定性作用，更好发挥政府作用，把握新发展阶段，贯彻创新、协调、绿色、开放、共享的新发展理念，加快构建以国内大循环为主体、国内国际双循环相互促进的新发展格局，推动高质量发展，统筹发展和安全；八是明确党在新时代的强军目标是建设一支听党指挥、能打胜仗、作风优良的人民军队，把人民军队建设成为世界一流军队；九是明确中国特色大国外交要服务民族复兴、促进人类进步，推动建设新型国际关系，推动构建人类命运共同体；十是明确全面从严治党的战略方针，提出新时代党的建设总要求，全面推进党的政治建设、思想建设、组织建设、作风建设、纪律建设，把制度建设贯穿其中，深入推进反腐败斗争，落实管党治党政治责任，以伟大自我革命引领伟大社会革命。从“八个明确”到“十个明确”紧紧围绕新时代坚持和发展什么样的中国特色社会主义、怎样坚持和发展中国特色社会主义，集中体现了以习近平同志为核心的党中央在新时代坚持马克思主义基本原理同中国具体实际相结合、同中华优秀传统文化相结合，开辟马克思主义中国化时代化新境界，在实践基础上推进理论创新所取得的主要成果，构成了习近平新时代中国特色社会主义思想的核心内容。

“十三个方面成就”。一是在坚持党的全面领导上，党中央权威和集中统一领导得到有力保证，党的领导制度体系不断完善，党的领导方式更加科学，全党思想上更加统一、政治上更加团结、行动上更加一致，党的政治领导力、思想引领力、群众组织力、社会号召力显著增强。二是在全面从严治党上，全面从严治党的政治引领和政治保障作用充分发挥，党的自我净化、自我完善、自我革新、自我提高能力显著增强，管党治党宽松软状况得到根本扭转，反腐败斗争取得压倒性胜利并全面巩固，消除了党、国家、军队内部存在的严重隐患，党在革命性锻造中更加坚强。三是在经济建设上，我国经济发展平衡性、协调性、可持续性明显增强，国内生产总值突破百万亿元大关，人均国内生产总值超过一万美元，国家经济实力、科技实力、综合国力跃上新台阶，我国经济迈上更高质量、更有效率、更加公平、更可持续、更为安全的发展之路。四是在全面深化改革开放上，不断推动全面深化改革向广度和深度进军，中国特色社会主义制度更加成熟更加定型，国家治理体系和治理能力现代化水平不断提高，党和国家事业焕发出新的生机活力。五是在政治建设上，我国社会主义民主政治制度化、规范化、程序化全面推进，中国特色社会主义政治制度优越性得到更好发挥，生动活泼、安定团结的政治局面得到巩固和发展。六是在全面依法治国上，中国特色社会主义法治体系不断健全，法治中国建设迈出坚实步伐，法治固根本、稳预期、利长远的保障作用进一步发挥，党运用法治方式领导和治理国家的能力显著增强。七是在文化建设上，我国意识形态领域形势发生全局性、根本性转变，全党全国各族人民文化自信明显增强，全社会凝聚力和向心力极大提升，为新时代开创党和国家事业新局面提供了坚强思想保证和强大精神力量。八是在社会建设上，我国社会建设全面加强，人民生活全方位改善，社会治理社会化、法治化、智能化、专业化水平大幅度提升，发展了人民安居乐业、社会安定有序的良好局面，续写了社会长期稳定奇迹。九是在生态文明建设上，党中央以前所未有的力度抓生态文明建设，全党全国推动绿色发展的自觉性和主动性显著增强，美丽中国建设迈出重大步伐，我国生态环境保护发生历史性、转折性、全局性变化。十是在国防和军队建设上，在党的坚强领导下，人民军队实现整体性革命性重塑、重整行装再出发，国防实力和经济实力同步提升，一体化国家战略体系和能力加快构建，建立健全退役军人管理保障体制，国防动员更加高效，军政军民团结更加巩固。人民军队坚决履行新时代使命任务，以顽强斗争精神和实际行动捍卫了国家主权、安全、发展利益。十一是在维护国家安全上，国家安全得到全面加强，经受住了来自政治、经济、意识形态、自然界等方面的风险挑战考验，为党和国家兴旺发达、长治久安提供了有力保证。十二是在坚持“一国两制”和推进祖国统一上，有中国共产党的坚强领导，有伟大祖国的坚强支撑，有全国各族人民包括香港特别行政区同胞、澳门特别行政区同胞和台湾同胞的同心协力，香港、澳门长期繁荣稳定一定能够保持，祖国完全统一一定能够实现。十三是在外交工作上，中国特色大国外交全面推进，构建人类命运共同体成为引领时代潮流和人类前进方向的鲜明旗帜，我国外交在世界大变局中开创新局、在世界乱局中化危为机，我国国际影响力、感召力、塑造力显著提升。“十三个方面成就”，充分展示了十八大以来党坚持以习近平新时代中国特色社会主义思想为引领在各实践领域取得的历史性成就、发生的历史性变革，彰显了中国特色社会主义的强大生机活力，为实现中华民族伟大复兴提供了更为完善的制度保证、更为坚实的物质基础、更为主动的精神力量。“第三个历史决议”将“十三个方面成就”与“十个明确”“十四个坚持”紧密衔接起来，使党对习近平新时代中国特色社会主义思想的内容体系的认识达到一个全新的高度。

（三）习近平新时代中国特色社会主义思想的历史地位

习近平新时代中国特色社会主义思想是当代中国马克思主义、21 世纪马克思主义，是中华文化和中国精神的时代精华，实现了马克思主义中国化新的飞跃。2017 年 10 月，党的十九大把习近平新时代中国特色社会主义思想确立为党必须长期坚持的指导思想并写入党章，实现了党的指导思想的又一次与时俱进。2018 年 3 月，十三届全国人大一次会议通过的宪法修正案，把习近平新时代中国特色社会主义思想载入宪法，实现了国家指导思想的又一次与时俱进。习近平新时代中国特色社会主义思想，是对马克思列宁主义、毛泽东思想、邓小平理论、“三个代表”重要思想、科学发展观的继承和发展，是马克思主义中国化最新成果。这一思想开辟了马克思主义中国化时代化的新境界，成为继续推进实践基础上的理论创新、谱写马克思主义中国化时代化新篇章的科学引领；这一思想是新时代中国特色社会主义思想的原创性贡献，成为推进中国式现代化、实现中华民族伟大复兴的行动指南；这一思想是中华文化和中国精神的时代精华，成为建设中华现代文明、推动构建人类现代文明新形态的根本遵循。

习近平新时代中国特色社会主义思想是谱写马克思主义中国化时代化新篇章的科学引领。马克思主义是中国共产党立党立国、兴党兴国的根本指导思想。推进马克思主义中国化时代化是一个追求真理、揭示真理、笃行真理的过程。党的百余年实践表明，“中国共产党为什么能，中国特色社会主义为什么好，归根到底是马克思主义行，是中国化时代化的马克思主义行”①。中国特色社会主义进入新时代，习近平新时代中国特色社会主义思想成为党和国家新的指导思想。新时代继续推进马克思主义中国化时代化，首先要把握好习近平新时代中国特色社会主义思想的世界观和方法论，坚持好、运用好贯穿其中的立场、观点、方法。习近平新时代中国特色社会主义思想，既坚持了马克思主义的基本立场、观点、方法，坚持人民至上、坚持自信自立、坚持守正创新、坚持问题导向、坚持系统观念、坚持胸怀天下；又立足新时代中国特色社会主义建设的具体实际，科学回答了新时代坚持和发展什么样的中国特色社会主义、怎样坚持和发展中国特色社会主义等重大时代课题，以全新的视野深化了对共产党执政规律、社会主义建设规律、人类社会发展规律的认识，对马克思主义做出了整体性、系统性的丰富发展，实现了马克思主义中国化新的飞跃。新征程上，坚持和发展马克思主义，必须继续坚持把马克思主义基本原理同中国具体实际相结合、同中华优秀传统文化相结合，正确回答时代和实践提出的重大问题，始终保持马克思主义的蓬勃生机和旺盛活力，这对习近平新时代中国特色社会主义思想具有极其重要的理论价值和意义。

习近平新时代中国特色社会主义思想是推进中国式现代化、实现中华民族伟大复兴的行动指南。党的十八大以来，以习近平同志为核心的党中央团结带领全国各族人民，统揽伟大斗争、伟大工程、伟大事业、伟大梦想，成功推进和拓展了中国式现代化。“中国式现代化，是中国共产党领导的社会主义现代化，既有各国现代化的共同特征，更有基于自己国情的中国特色。”② 中国式现代化是人口规模巨大的现代化，是全体人民共同富裕的现代化，是物质文明和精神文明相协调的现代化，是人与自然和谐共生的现代化，是走和平发展道路的现代化。其本质要求是坚持中国共产党的领导、坚持中国特色社会主义、实现高质量发展、发展全过程人民民主、丰富人民精神世界、实现全体人民共同富裕、促进人与自然和谐共生、推动构建人类命运共同体、创造人类文明新形态。全面建设社会主义现代化国家，是一项伟大而艰巨的事业，前途光明，任重道远。当前，世界进入新的动荡变革期，我国改革发展稳定面临不少深层次矛盾，党的建设特别是党风廉政建设和反腐败斗争仍然面临不少顽固性、多发性问题。我国发展进入战略机遇和风险挑战并存、不确定难预料因素增多的时期。习近平新时代中国特色社会主义思想作为全面建设社会主义现代化国家的行动指南，为我们应对各种风险挑战、战胜一切艰难险阻提供了根本遵循，为全党全国各族人民团结奋斗、勇毅前行提供了强大的思想政治基础。

习近平新时代中国特色社会主义思想是建设中华现代文明、推动构建人类现代文明新形态的根本遵循。这一思想立足改革开放伟大实践和中国式现代化建设实际，有力推动了社会主义市场经济、民主政治、先进文化、和谐社会、美丽中国全面发展，使国家的面貌、人民的面貌和中华民族的面貌发生了历史性变化，从而成为一条不同于西方的

---

① 习近平．高举中国特色社会主义伟大旗帜　为全面建设社会主义现代化国家而团结奋斗：在中国共产党第二十次全国代表大会上的报告．北京：人民出版社，2022：16.

② 同①22.

现代化之路，拓展了发展中国家走向现代化的途径。中华优秀传统文化源远流长、博大精深，是中华文明的智慧结晶，是中国人民在长期生产生活中积累的宇宙观、天下观、社会观、道德观的重要体现，同科学社会主义价值观主张具有高度契合性。一个民族的复兴，既需要强大的物质力量也需要强大的精神力量。没有中华文化的繁荣兴盛，没有人民精神世界的极大丰富，就没有中华民族伟大复兴。建设中华现代文明，推动构建人类文明新形态，必须坚定历史自信、文化自信，不断赋予科学理论鲜明的中国特色，不断夯实马克思主义中国化时代化的历史基础和群众基础。习近平新时代中国特色社会主义思想把坚守中华文化立场，植根中华文明沃土，用中华文明充实马克思主义的文化生命，同坚持马克思主义基本立场、观点、方法，推进马克思主义中国化时代化紧密结合起来，使马克思主义基本原理这一“魂脉”同中华优秀传统文化这一“根脉”内在贯通、相互融通，成为彰显中华民族文化主体性、体现中华文化和中国精神时代精华的重要标志，为建设中华现代文明、创造人类文明新形态提供了思想指引和精神动力。

阅读书目

1. 关于若干历史问题的决议//毛泽东．毛泽东选集：第3卷.2版．北京：人民出版社，1991.

2. 关于建国以来党的若干历史问题的决议//中共中央文献研究室．三中全会以来重要文献选编：下．北京：人民出版社，1982.

3. 刘少奇．论党//刘少奇．刘少奇选集：上卷．北京：人民出版社，1981.

4. 邓小平．对起草《关于建国以来党的若干历史问题的决议》的意见//邓小平．邓小平文选：第2卷.2版．北京：人民出版社，1994.

5. 胡锦涛．坚定不移沿着中国特色社会主义道路前进　为全面建成小康社会而奋斗：在中国共产党第十八次全国代表大会上的报告．北京：人民出版社，2012.

6. 习近平．在纪念毛泽东同志诞辰130周年座谈会上的讲话．北京：人民出版社，2023.

7. 习近平．在纪念邓小平同志诞辰110周年座谈会上的讲话．北京：人民出版社，2014.

8. 习近平．高举中国特色社会主义伟大旗帜　为全面建设社会主义现代化国家而团结奋斗：在中国共产党第二十次全国代表大会上的报告．北京：人民出版社，2022.

9. 中共中央关于党的百年奋斗重大成就和历史经验的决议．北京：人民出版社，2021.

思考题

1. 如何理解马克思主义中国化的历史必然性？

2. 怎样认识马克思主义中国化的历史进程及其理论成果的内在联系？

3. 如何认识毛泽东思想的历史地位和当代价值？
4. 如何认识中国特色社会主义理论体系的历史地位？
5. 如何理解和掌握习近平新时代中国特色社会主义思想的体系？

第一章

中国新民主主义革命的理论

以毛泽东同志为主要代表的中国共产党人，从中国半殖民地半封建社会的国情出发，将马克思列宁主义的基本原理同中国革命的具体实践相结合，阐述了中国社会性质以及中国革命的对象、任务、动力、性质、前途等基本问题，开辟了农村包围城市、武装夺取政权的革命道路，制定了新民主主义革命的总路线和基本纲领，总结了革命的历史经验，从而形成了完整的中国新民主主义革命的理论体系。中国新民主主义革命理论是马克思主义中国化的标志性理论成果，是中国革命胜利的正确指导思想。

第一节　新民主主义革命理论的形成和发展

一、新民主主义革命理论形成的基本条件

马克思主义认为："人们自己创造自己的历史，但是他们并不是随心所欲地创造，并不是在他们自己选定的条件下创造，而是在直接碰到的、既定的、从过去承继下来的条件下创造。"① 新民主主义革命理论的形成不是偶然的，而是有其深刻的社会背景、历史条件及思想基础。

（一）新民主主义革命理论形成的社会背景

新民主主义革命理论是近代中国国情的产物。毛泽东指出："认清中国社会的性质，就是说，认清中国的国情，乃是认清一切革命问题的基本的根据。"② 他认为，半殖民地半封建社会性质及其决定的国家贫穷落后和经济、政治、文化发展的极端不平衡，是近代中国的基本国情。鸦片战争以前，中国是一个主权独立的封建国家。帝国主义列强侵略中国，一方面促使中国封建社会解体，促使中国产生了资本主义因素，把一个封建社会变成了一个半封建的社会；但是另一方面，它们又残酷地统治了中国，把一个独立的中国变成了一个半殖民地的中国。

半殖民地半封建的中国社会，与鸦片战争前的封建社会相比，其基本特点有以下几

① 马克思，恩格斯．马克思恩格斯选集：第1卷．3版．北京：人民出版社，2012：669.
② 毛泽东．毛泽东选集：第2卷．2版．北京：人民出版社，1991：633.

方面：

第一，封建时代自给自足的自然经济基础被破坏了；但是，封建剥削制度的根基——地主阶级对农民的剥削，不但依旧保持着，而且同买办资本和高利贷资本的剥削结合在一起，在中国的社会经济生活中，占着显然的优势。

第二，民族资本主义有了某些发展，并在中国政治、文化生活中起了颇大的作用；但是，它没有成为中国社会经济的主要形式，它的力量是很软弱的，并与外国帝国主义和国内封建主义有或多或少的联系。

第三，皇帝和贵族的专制政权被推翻了，代之而起的先是地主阶级的军阀官僚的统治，接着是地主阶级和大资产阶级联盟的专政。在沦陷区，则是日本帝国主义及其傀儡的统治。

第四，帝国主义不但操纵了中国的财政和经济的命脉，并且操纵了中国的政治和军事的力量。在沦陷区，则一切被日本帝国主义所独占。

第五，由于中国处在许多帝国主义国家的统治或半统治之下，由于中国实际上处于长期的不统一状态，又由于中国的土地广大，中国的经济、政治和文化的发展，表现出极端的不平衡。

第六，由于帝国主义和封建主义的双重压迫，特别是由于日本帝国主义的大举进攻，中国的广大人民，尤其是农民，日益贫困化以至大批破产，他们过着饥寒交迫、毫无政治权利的生活。中国人民的贫困和不自由的程度，是世所少见的。

在半殖民地半封建的中国，帝国主义和封建主义是压在中国人民头上的两座大山。封建势力是帝国主义统治中国的社会基础，帝国主义是封建势力维护其反动统治的靠山。两者相互勾结，共同压迫和残酷剥削中国人民，是造成中国贫穷落后的总根源。因此，帝国主义与中华民族的矛盾、封建主义与人民大众的矛盾，是近代中国社会的主要矛盾。反对帝国主义和封建主义，便是中国民主革命的两大基本任务。“伟大的近代和现代的中国革命，是在这些基本矛盾的基础之上发生和发展起来的。”① 作为指导这场伟大革命的思想——新民主主义革命理论也就应运而生了。

（二）新民主主义革命理论形成的历史条件

新民主主义革命理论，也是总结中国旧民主主义革命失败教训的必然结果。“帝国主义和中国封建主义相结合，把中国变为半殖民地和殖民地的过程，也就是中国人民反抗帝国主义及其走狗的过程。”②

鸦片战争以后，为了拯救民族危亡，中国人民奋起反抗，仁人志士奔走呐喊，进行了可歌可泣的斗争。太平天国运动、洋务运动、戊戌变法、义和团运动接连而起，各种救国方案轮番出台，但都以失败告终。孙中山领导的辛亥革命推翻了统治中国2 000多年的封建君主专制制度，但未能改变中国半殖民地半封建的社会性质和中国人民的悲惨命运。其原因在于：从客观上看，敌人的力量过于强大。帝国主义和中国封建统治势力的结合，在政

① 毛泽东．毛泽东选集：第2卷．2版．北京：人民出版社，1991：631.
② 同①632.

治、经济、军事上的实力大大超过了革命的力量。从主观上讲，当时革命的农民阶级和民族资产阶级由于历史与阶级的局限性，都不能领导中国民主革命取得彻底的胜利。

中国旧民主主义革命的失败说明，农民阶级虽然人数众多，具有反帝反封建的强烈要求，敢于用革命暴力去推翻帝国主义和封建主义的反动统治，是中国革命的主力军，但是由于受落后的小生产方式的限制，他们看不清历史发展的方向，也不懂得社会发展的规律，甚至难以巩固内部的团结和抵制封建主义思想的影响，因此提不出彻底革命的纲领。中国的民族资产阶级虽然有一定的反帝反封建的要求，但由于其政治上和经济上的软弱性，它与帝国主义和封建主义有着千丝万缕的联系，既害怕帝国主义和封建主义，又害怕工人和农民，不可能认清帝国主义和封建主义的本质，也看不到工农群众的力量。它不但不能完成民主革命的任务，甚至没有勇气提出一个比较完整的民主革命纲领，在斗争中往往表现出动摇和妥协。

中国迫切需要新的思想引领救亡运动，迫切需要新的组织凝聚革命力量。历史证明，中国的农民阶级和民族资产阶级，都不能领导中国反帝反封建的民主主义革命取得胜利；领导这一革命的历史责任，不能不落在中国先进生产力的代表者工人阶级及其政党的肩上。由此可见，没有对旧民主主义革命失败教训的深刻总结，就不可能产生新民主主义革命理论。

（三）新民主主义革命理论形成的思想基础

1917 年俄国十月革命的胜利，第一次把马克思和恩格斯的科学社会主义理论变为现实，不仅开辟了俄国历史的新纪元，而且改变了整个世界历史的方向，开辟了世界无产阶级社会主义革命的新时代。正如毛泽东所指出的，在这之前，中国的资产阶级民主革命，是属于旧的世界资产阶级民主革命的一部分，从此以后则属于世界无产阶级社会主义革命的一部分了。因为“在这种时代，任何殖民地半殖民地国家，如果发生了反对帝国主义，即反对国际资产阶级、反对国际资本主义的革命，它就不再是属于旧的世界资产阶级民主主义革命的范畴，而属于新的范畴了；它就不再是旧的资产阶级和资本主义的世界革命的一部分，而是新的世界革命的一部分，即无产阶级社会主义世界革命的一部分了”①。这样，中国人民的反帝斗争，经过苏俄同西方的无产阶级结成了一条反对帝国主义的广泛统一战线，将中国革命与整个世界无产阶级革命联系起来。

“十月革命一声炮响，给我们送来了马克思列宁主义。十月革命帮助了全世界的也帮助了中国的先进分子，用无产阶级的宇宙观作为观察国家命运的工具，重新考虑自己的问题。走俄国人的路——这就是结论。”② 1919 年，中国发生了五四运动。五四运动，以彻底反帝反封建的革命性、追求救国强国真理的进步性、各族各界群众积极参与的广泛性，推动了中国社会进步，是中国旧民主主义革命走向新民主主义革命的转折点，在近代以来中华民族追求民族独立和发展进步的历史进程中具有里程碑意义。五四运动以后，马克思主义在中国广泛传播。具有初步共产主义思想的知识分子，经过认真比较，最终

---

① 毛泽东．毛泽东选集：第 2 卷．2 版．北京：人民出版社，1991：668.

② 毛泽东．毛泽东选集：第 4 卷．2 版．北京：人民出版社，1991：1471.

选择了马克思主义。同时，他们也认识到无产阶级的历史地位和强大力量，从而积极从事工人运动，到工人群众中去宣传马克思主义和进行组织工作，并从中锻炼提高自己，促进了马克思主义与中国工人运动相结合。这样，中国先进生产力的代表者工人阶级及其政党——中国共产党的诞生就成为历史的必然。中国共产党成立后，逐步学会把马克思主义的理论运用于中国的具体环境，使马克思主义在中国具体化，使之在其每一次表现中均带有必需的中国特性、中国作风和中国气派。

二、新民主主义革命理论的形成和发展

党对民主革命规律的认识，经历了从没有经验到有经验，从有较少经验到有较多的经验，从未被认识的必然王国经过逐步地克服盲目性，在认识上有了一个飞跃，再到达自由王国这样一个艰难曲折的发展过程。新民主主义革命理论，是党对中国革命实践经验的概括和总结，是在长期的革命斗争中形成和发展起来的。

（一）新民主主义革命理论的初步提出

党的一大通过了中国共产党第一个纲领，承认无产阶级专政，正式组建了中国共产党。但大会并没有认识到党即将领导进行的革命是新的民主主义革命。党的二大根据列宁关于民族和殖民地问题的思想，通过了《中国共产党第二次全国代表大会宣言》，制定了党在现阶段反帝反封建的民主革命纲领，明确指出中国应首先进行民主革命然后再进行社会主义革命，同时初步指出了中国革命的动力是工人、农民和小资产阶级，民族资产阶级也是革命的力量之一。但是党的二大没有提出无产阶级领导权的问题。党的三大根据京汉铁路工人大罢工失败的教训认识到，面对帝国主义和封建军阀的反动统治，单靠工人阶级的力量不可能取得中国革命的胜利，在共产国际的指导下，确立了与孙中山领导的国民党建立革命统一战线的策略。但这次大会仍然没有提出无产阶级的领导权问题。随着第一次国共合作的建立与大革命运动的兴起，统一战线内部争夺领导权的斗争日益激化，迫切需要中国共产党对无产阶级领导权问题做出明确回答。1925 年 1 月，党的四大第一次明确提出了坚持无产阶级领导权和农民同盟军的思想，指出：中国的民族革命运动，必须有最革命的无产阶级有力地参加，并且取得领导的地位，才能够得到胜利，农民天然是工人阶级之同盟者。然而，党的四大对如何实现无产阶级领导权也没有做出明确、具体的回答。

在党的四大召开前后，邓中夏、瞿秋白、李大钊、恽代英、周恩来、毛泽东等一大批共产党人相继发表论文和讲演，积极探索新民主主义革命理论问题。邓中夏指出：“中国将来的社会革命的领袖固是无产阶级，就是目前的国民革命的领袖亦是无产阶级。”①“只有无产阶级有伟大集中的群众，有革命到底的精神，只有它配做国民革命的领袖。”②瞿秋白认为，劳工阶级在国民革命的过程中“日益取得重要的地位，以至于指导权”③。

---

① 邓中夏．邓中夏文集．北京：人民出版社，1983：101.

② 同①102.

③ 瞿秋白．瞿秋白选集．北京：人民出版社，1985：85.

李大钊说，自耕农与佃农是“农民中最多数最困苦的阶级”，“‘耕地农有’便成了广众的贫农所急切要求的口号”[①]。恽代英指出：“真正与一切统治阶级利害完全相反的，只有农人与工人。所以说到革命，亦只有他们还可以有希望。”[②]“产业工人确实是革命的主要力量，只有他能做民族革命的主要军队。”[③] 周恩来强调要做武装工作，认为“工人不仅要努力工人运动，而且要努力跑入军队里去做军士运动”[④]。这些探索的思想成果，在当时都是难能可贵的。需要特别指出的是，毛泽东发表的《中国社会各阶级的分析》，对于无产阶级领导权等中国革命一系列重要问题，做了精辟独到的论述。

毛泽东首先强调分清敌友是中国革命的首要问题，接着运用马克思列宁主义的阶级分析方法，深入分析了中国社会各阶级的经济地位和政治态度，明确指出：工业无产阶级人数虽不多，却是中国新的生产力的代表者，是近代中国最进步的阶级，因为它“集中”和“经济地位低下”，失了生产手段，剩下两手，绝了发财的望，又受着帝国主义、军阀、资产阶级的极残酷的待遇，所以它特别能战斗。

毛泽东认为，小资产阶级和半无产阶级是无产阶级最接近的朋友。小资产阶级的经济地位决定了它对于革命的态度，在平时各不相同，但到了革命高涨、能够看见胜利的曙光时，是可以“参加”和“附和”革命的。在半无产阶级中，绝大部分是半自耕农、贫农。这是农村中一个数量极大的群体。所谓农民问题，主要就是他们的问题。半自耕农的革命性优于自耕农而不及贫农，贫农是农民中极艰苦者，极易接受革命的宣传。他们需要一个变更现状的革命。因此，他们是无产阶级最广大、最可靠的同盟军。

毛泽东将买办阶级和民族资产阶级明确区别开来，指出民族资产阶级代表中国城乡资本主义的生产关系。它对于中国革命具有矛盾的态度，既“需要革命”，又“怀疑革命”。民族资产阶级的这一特点决定了它不能领导中国革命。毛泽东还明确指出，在帝国主义和无产阶级革命的时代，这个阶级企图在中国建立实现民族资产阶级统治的国家，是完全行不通的，以其本阶级为主体的“独立”革命思想，仅仅是一个幻想。这就根本否定了在中国建立资产阶级专政、实现资本主义的前途。

毛泽东一针见血地指出，地主阶级和买办阶级，完全是国际资产阶级的附庸，其生存和发展，是附属于帝国主义的，代表中国最落后的和最反动的生产关系，阻碍中国生产力的发展，它们始终站在帝国主义一边，是极端的反革命派。

毛泽东的这篇文章，与他同期发表的《国民党右派分离的原因及其对于革命前途的影响》《国民革命与农民运动》等文章，在党的四大提出无产阶级领导权和农民同盟军问题的基础上，初步提出了新民主主义革命的基本思想，即无产阶级应团结占全国人口绝大多数的一切半无产阶级（主要是贫农）、小资产阶级（主要是中农），争取中产阶级（主要是民族资产阶级）的左翼，以打倒帝国主义、军阀、官僚地主、买办阶级以及中产阶级的右翼，建立各革命阶级的联合统治，反对在中国建立民族资产阶级一个阶级统治的国家。这是马克思主义中国化的重要成果，是中国共产党人坚持新民主主义革命方向

---

① 李大钊．李大钊选集．北京：人民出版社，1959：528，532.

② 恽代英．恽代英文集：上卷．北京：人民出版社，1984：500-501.

③ 恽代英．恽代英文集：下卷．北京：人民出版社，1984：636.

④ 中共中央文献研究室．周恩来年谱：1898—1949. 修订本．北京：中央文献出版社，1998：80.

的代表作，为中国革命指明了正确的方向，为党后来形成完整的新民主主义革命理论体系奠定了坚实的基础。

（二）新民主主义革命理论的基本形成和成熟

1927年大革命失败后，中国共产党人根据八七会议确立的土地革命和武装反抗国民党的总方针，走上了独立领导武装斗争、创建根据地的革命新道路。在中国这样一个半殖民地半封建的东方大国进行革命，必然会遇到许多特殊的复杂问题，这些问题在马克思主义的书本中找不到现成的答案。在20世纪20年代后期和30年代前期，党内右倾和“左”倾的错误，特别是1931年至1935年遵义会议前，以王明为代表的“左”倾教条主义，把马克思主义教条化、把共产国际决议和苏联经验神圣化，曾使中国革命几乎陷入绝境，没有也不可能提出新民主主义革命的正确理论。

以毛泽东同志为主要代表的中国共产党人，坚决反对本本主义，坚持一切从中国革命实际出发，总结了大革命失败的教训。在八七会议上，毛泽东明确提出“须知政权是由枪杆子中取得的”的著名论断。在秋收起义遇到严重挫折后，他果断地带领秋收起义的部队向国民党统治力量较弱、革命较有基础的井冈山地区进军，在那里开展游击战争，发动土地革命，建立红色政权，创立了第一个农村革命根据地。毛泽东在创建革命根据地的过程中，总结了“工农武装割据”的经验，系统地论述了中国革命为什么必须走农村包围城市、武装夺取政权的革命道路，在白色政权的四面包围中红色政权为什么能够存在等问题，从而丰富了党的新民主主义革命理论的内容。特别是遵义会议以后，随着毛泽东在红军和党中央的领导地位的逐步确立，中国革命再次打开新局面，不断走向新胜利。在这个过程中，党对中国革命的客观规律也有了比较清醒的认识。正如毛泽东所说，“在民主革命时期，经过胜利、失败，再胜利、再失败，两次比较，我们才认识了中国这个客观世界”①，“才制定了合乎情况的党的总路线和一整套具体政策”②。毛泽东这里所讲的“总路线和一整套具体政策”，就是指他在《〈共产党人〉发刊词》《中国革命和中国共产党》，特别是《新民主主义论》等著作中，对中国新民主主义革命经验进行系统总结而提出的新民主主义革命总路线和基本纲领、新民主主义革命的发展道路和基本经验，以及从新民主主义向社会主义转变等重大理论问题，标志着党的新民主主义革命理论达到了成熟。毛泽东明确指出：“所谓新民主主义的革命，就是在无产阶级领导之下的人民大众的反帝反封建的革命。中国的社会必须经过这个革命，才能进一步发展到社会主义的社会去，否则是不可能的。”③ 毛泽东在这里不仅完整地表述了新民主主义革命的总路线的思想，而且提出了从新民主主义向社会主义转变的思想。

由于抗日战争时期民族矛盾大于阶级矛盾，为了巩固和发展抗日民族统一战线，联合英美派大资产阶级集团共同抗日，新民主主义革命总路线的最初表述，没有提出反对官僚资本主义。抗日战争胜利后，新的情况和任务是国内斗争。毛泽东指出，蒋介石说要“建国”，今后就是建什么国的斗争。是建立一个无产阶级领导的人民大众的新民主主

---

① 中共中央文献研究室．毛泽东文集：第8卷．北京：人民出版社，1999：299.

② 同①300.

③ 毛泽东．毛泽东选集：第2卷．2版．北京：人民出版社，1991：647.

义的国家，还是建立一个大地主大资产阶级专政的半殖民地半封建的国家，这将是一场很复杂的斗争。围绕着这场攸关中国两种命运、两种前途的政治、军事等各方面斗争的全面展开，无产阶级和人民大众与英美派官僚资产阶级的矛盾成为主要矛盾。在解放战争节节胜利的大好形势下，毛泽东于 1948 年 4 月 1 日在晋绥干部会议上进一步阐明了新民主主义革命的总路线，正式将官僚资本主义列入了革命对象，至此，党的新民主主义革命总路线被完整地提了出来。

第二节　新民主主义革命理论的主要内容

一、新民主主义革命总路线

新民主主义革命总路线是在新民主主义革命时期指导党各方面工作的最根本的方针和原则，是新民主主义革命理论的最主要内容。它是在总结新民主主义革命实践经验的基础上制定的，反映了新民主主义革命的基本规律。其完整表述是“无产阶级领导的，人民大众的，反对帝国主义、封建主义和官僚资本主义的革命”①。这就确定了新民主主义革命的对象是帝国主义、封建主义和官僚资本主义；革命的动力是人民大众，包括工人阶级、农民阶级、城市小资产阶级和民族资产阶级以及一部分从地主阶级中分裂出来的开明绅士；革命的领导力量是无产阶级及其政党；革命的性质是新民主主义革命；革命的前途是社会主义。

（一）新民主主义革命的对象

新民主主义革命的对象是帝国主义、封建主义和官僚资本主义。这是由近代中国的社会性质和主要矛盾决定的。

帝国主义在中国横行了一个多世纪，“是中国人民的第一个和最凶恶的敌人”②。它们通过野蛮的侵略战争，使中国逐渐成为半殖民地半封建社会，并控制中国政府，操纵中国的政治、经济、外交命脉，疯狂掠夺中国的财富，直接或间接地残酷镇压中国人民的革命斗争，是封建主义和官僚资本主义的靠山，是近代中国贫穷落后、战乱频仍的总根源。因此，不打倒帝国主义、推翻帝国主义的统治，中华民族就不能独立，就不能灭绝外国的经济侵略，就不能有本国政治、经济、文化的发展。所以，对外推翻帝国主义的民族压迫，是中华民族走向独立富强的前提。

封建主义是帝国主义、官僚资本主义统治中国的社会基础，是新民主主义革命的又一个主要对象。其封建专制统治和对农民的残酷剥削，严重阻碍了中国的社会进步和发展。只有在政治上推翻封建军阀的专制统治，在经济上消灭封建制度，才能实现人民民主，解放社会生产力，为中国的经济现代化和政治民主化创造条件。

---

① 毛泽东．毛泽东选集：第 4 卷．2 版．北京：人民出版社，1991：1316 - 1317.
② 毛泽东．毛泽东选集：第 2 卷．2 版．北京：人民出版社，1991：633.

新民主主义革命，主要就是打击帝国主义和封建主义这两个敌人，“就是对外推翻帝国主义压迫的民族革命和对内推翻封建地主压迫的民主革命，而最主要的任务是推翻帝国主义的民族革命”①。这两个基本任务是相互关联的，“如果不推翻帝国主义的统治，就不能消灭封建地主阶级的统治，因为帝国主义是封建地主阶级的主要支持者。反之，因为封建地主阶级是帝国主义统治中国的主要社会基础，而农民则是中国革命的主力军，如果不帮助农民推翻封建地主阶级，就不能组成中国革命的强大的队伍而推翻帝国主义的统治”②。

官僚资本主义是利用国家政权力量、依靠帝国主义、勾结封建势力而发展起来的买办的封建的国家垄断资本主义，是帝国主义和封建主义的帮凶，也是新民主主义革命的对象。南京国民政府成立后，蒋（介石）、宋（子文）、孔（祥熙）、陈（立夫、果夫）四大家族，在其当权的20年中，已经集中了100亿～200亿美元的巨大财产，垄断了全国的经济命脉。这就是蒋介石反动政权的经济基础。毛泽东指出：“这个国家垄断资本主义，不但压迫工人农民，而且压迫城市小资产阶级，损害中等资产阶级。”③ 因此，“新民主主义的革命任务，除了取消帝国主义在中国的特权以外，在国内，就是要消灭地主阶级和官僚资产阶级（大资产阶级）的剥削和压迫，改变买办的封建的生产关系，解放被束缚的生产力”④，从而为新民主主义革命的胜利准备了充分的物质条件。

中国人民反帝反封建的两大历史任务，是与反对帝国主义、封建主义和官僚资本主义三座大山紧密联系在一起的。完成两大历史任务，必须对外推翻帝国主义的压迫，争取民族独立解放；对内推翻封建主义和官僚资本主义的统治，实现人民的民主自由。

（二）新民主主义革命的动力

新民主主义革命的动力是工人阶级、农民阶级、城市小资产阶级和民族资产阶级。其中“无产阶级、农民、知识分子和其他小资产阶级，乃是决定国家命运的基本势力”⑤。

中国无产阶级是伴随着外国资本主义入侵后产生的。它的资格和年龄比中国的资产阶级都要老一些。毛泽东指出，中国工业无产阶级“是中国新的生产力的代表者，是近代中国最进步的阶级，做了革命运动的领导力量”⑥。它身受三座大山的压迫，在世界各民族中是少见的。因此，在革命斗争中，它比任何别的阶级都来得坚决和彻底，特别能战斗，终究成为中国革命的最基本动力。

农民在全国人口中大约占80%，他们深受帝国主义、封建主义和官僚资本主义的压迫，极易接受革命的宣传，具有极大的反帝反封建的革命积极性。其中的贫农“是农村中的半无产阶级，是中国革命的最广大的动力，是无产阶级的天然的和最可靠的同盟者，是中国革命队伍的主力军”⑦。“全部中农都可以成为无产阶级的可靠的同盟者，是重要的

---

①② 毛泽东．毛泽东选集：第2卷．2版．北京：人民出版社，1991：637.
③ 毛泽东．毛泽东选集：第4卷．2版．北京：人民出版社，1991：1253-1254.
④ 同③1254.
⑤ 同①674.
⑥ 毛泽东．毛泽东选集：第1卷．2版．北京：人民出版社，1991：8.
⑦ 同①643.

革命动力的一部分。”① 因此，中国共产党领导的新民主主义革命必须发动广大农民群众参加。贫农和中农，只有在无产阶级领导下，才能得到解放；无产阶级也只有和贫农、中农结成巩固的联盟，才能领导革命取得胜利，否则是不可能的。

农民以外的小资产阶级，包括广大的知识分子、小商人、手工业者和自由职业者，“都受帝国主义、封建主义和大资产阶级的压迫，日益走向破产和没落的境地”②。因此，他们同样“是革命的动力之一，是无产阶级的可靠的同盟者”③。这些小资产阶级也只有在无产阶级的领导之下，才能得到解放。

民族资产阶级是一个具有两面性的阶级。一方面，民族资产阶级受帝国主义的压迫，又受封建主义的束缚，所以同帝国主义和封建主义、官僚资本主义有矛盾，有一定的革命要求，是革命的力量之一；另一方面，它又在经济上和政治上具有先天的妥协性与软弱性，与帝国主义、封建主义和官僚资本主义有着千丝万缕的联系，缺乏彻底的革命精神和勇气，在革命的关键时刻往往动摇不定。民族资产阶级的这种两面性，决定了它在一定时期中和在一定程度上能够参加反对帝国主义、封建主义和官僚资本主义的革命，成为革命的一种力量，而在另一时期，又跟在买办大资产阶级后面，成为反革命的助手。因此，这个阶级虽然总体上看也是新民主主义革命的动力之一，但它不是革命的主要力量，更不能充当革命的领导力量。

抗日战争时期，一部分从地主阶级中分裂出来的开明绅士，具有强烈的民族正义感，不愿当亡国奴，拥护中国共产党的抗日民族统一战线政策，积极参加抗日活动，也是新民主主义革命的动力之一。

（三）新民主主义革命的领导力量

新民主主义革命必须由无产阶级领导，而无产阶级的领导权是经过其政党——中国共产党的领导来实现的。这是中国革命的中心问题，也是新民主主义革命理论的核心，是区别新旧民主主义革命的根本标志。

新民主主义革命的领导权能否掌握在无产阶级及其政党的手里，是决定革命成败的关键，也决定着革命胜利后中国社会发展的方向。毛泽东指出：“社会的发展到了今天的时代，正确地认识世界和改造世界的责任，已经历史地落在无产阶级及其政党的肩上。”④“离开了工人阶级的领导，要完成反帝反封建的民主革命是不可能的。”⑤

新民主主义革命必须由无产阶级及其政党领导，是由其阶级性和先进性决定的。中国的无产阶级，除具有世界无产阶级的一般优点，即与最先进的生产方式相联系、没有私人占有的生产资料、富有组织纪律性等，还具有其自身的特殊优点。第一，中国工人阶级深受帝国主义、封建主义和官僚资本主义的三重压迫，其被剥削压迫的严重性和残酷性远远超过资本主义国家的工人。因此，它的斗争最坚决、最彻底。第二，中国工人阶级特别集中，便于团结战斗，易于形成强大的政治力量。第三，中国工人阶级大部分

---

① 毛泽东．毛泽东选集：第2卷．2版．北京：人民出版社，1991：643.

②③ 同①641.

④ 毛泽东．毛泽东选集：第1卷．2版．北京：人民出版社，1991：296.

⑤ 同①559.

来自破产的农民，与广大农民有着天然的联系，有着极广泛的社会基础，便于和农民结成亲密的联盟，共同团结战斗。特别是中国无产阶级开始登上政治舞台时，就在其政党——中国共产党的领导之下，因而成为最革命、最进步、最有远大前途的阶级，能够成为中国革命的领导力量。

中国无产阶级的政党即中国共产党，自成立开始，就是一个以马克思列宁主义的理论为指导的党，最没有狭隘性和自私自利性，最有远大的政治眼光，最有组织性，因此，“只有无产阶级和共产党能够领导农民、城市小资产阶级和资产阶级……而使革命和战争走上胜利的道路”[①]。如果没有或违背无产阶级和共产党的领导，那是一定要失败的。

中国无产阶级从革命斗争的实践中也深刻认识到，在中国强大的敌人面前，在毫无民主权利的情况下，单凭自己一个阶级的力量，是不能胜利的。要取得新民主主义革命的彻底胜利，必须团结一切革命的阶级和阶层，组成广泛的革命统一战线，以反对共同的敌人。而无产阶级的领导权，也正是在统一战线中，在与资产阶级争夺领导权的斗争中实现的。统一战线必须以工农联盟为基础，这是实现无产阶级领导权的关键，在统一战线中，无产阶级必须坚持独立自主的原则，保持党在思想上、政治上和组织上的独立性，与资产阶级实行又联合又斗争的方针，这是坚持无产阶级领导权的基本策略。保持无产阶级在统一战线中的领导权，必须建立一支由共产党领导的以农民为主体的人民军队，这是实现无产阶级领导权的坚强支柱。从思想上、政治上、组织上、作风上加强党的建设，这是实现无产阶级领导权的根本保证。

（四）新民主主义革命的性质和前途

近代中国半殖民地半封建的社会性质、主要矛盾和基本任务，决定了中国革命的性质不是无产阶级社会主义革命，而是资产阶级民主主义革命。

毛泽东指出：“既然中国社会还是一个殖民地、半殖民地、半封建的社会，既然中国革命的敌人主要的还是帝国主义和封建势力，既然中国革命的任务是为了推翻这两个主要敌人的民族革命和民主革命，而推翻这两个敌人的革命，有时还有资产阶级参加，即使大资产阶级背叛革命而成了革命的敌人，革命的锋芒也不是向着一般的资本主义和资本主义的私有财产，而是向着帝国主义和封建主义，既然如此，所以，现阶段中国革命的性质，不是无产阶级社会主义的，而是资产阶级民主主义的。”[②]

但是，当时中国的资产阶级民主革命，已不是旧式的一般的资产阶级民主主义的革命，而是新式的特殊的资产阶级民主主义的革命，即新民主主义革命。

新民主主义革命和历史上欧美各国的民主主义革命大不相同。它虽然为资本主义发展扫清了道路，使资本主义有了一定的发展，但不会造成资产阶级专政，相反，它造成了各革命阶级在无产阶级领导之下的统一战线的民主专政。这种新民主主义革命也不同于社会主义革命，它只推翻帝国主义、封建主义和官僚资本主义在中国的统治，而不是

① 毛泽东．毛泽东选集：第1卷．2版．北京：人民出版社，1991：184.
② 毛泽东．毛泽东选集：第2卷．2版．北京：人民出版社，1991：646-647.

一般地消灭资本主义和资产阶级，无产阶级还要在政治上争取和联合民族资产阶级去反对共同的敌人，在经济上保护民族工商业，容许有利于国计民生的私人资本主义发展，为社会主义革命创造条件。社会主义革命是无产阶级性质的革命，它的目标是消灭资本主义剥削制度和逐步实现资本主义私有制的社会主义改造。因此，“中国共产党领导的整个中国革命运动，是包括民主主义革命和社会主义革命两个阶段在内的全部革命运动；这是两个性质不同的革命过程，只有完成了前一个革命过程才有可能去完成后一个革命过程。民主主义革命是社会主义革命的必要准备，社会主义革命是民主主义革命的必然趋势”①。民主革命和社会主义革命之间不能横插一个资产阶级专政的阶段。

新民主主义革命的前途是社会主义。

第一，新民主主义革命所处的历史时代决定了它的前途必然是社会主义。中国新民主主义革命处在帝国主义与无产阶级革命的时代，它不为帝国主义所容许，而为社会主义所容许，属于世界无产阶级社会主义革命的一部分，其前途不是资本主义，而是社会主义和共产主义。

第二，中国共产党的奋斗目标决定了新民主主义革命的前途只能是社会主义。中国共产党的奋斗目标是实现社会主义和共产主义，因此她领导的新民主主义革命是要改变半殖民地半封建的社会形态，使之变成一个独立、民主的新民主主义社会，并在此基础上使革命向前发展，实行社会主义革命，建立社会主义社会。

第三，新民主主义革命的胜利为社会主义的发展开辟了道路。新民主主义革命的结果，一方面有资本主义因素的发展，另一方面有社会主义因素的发展。这种社会主义因素，就是无产阶级和中国共产党在全国政治势力中的比重的增长，就是农民、知识分子、城市小资产阶级承认无产阶级和中国共产党的领导权，就是民主共和国的国营经济和劳动人民的合作经济。这一切都是社会主义的因素，再加上有利的国际环境，便使新民主主义革命的最后结果，必然由新民主主义向社会主义过渡，避免资本主义的前途，实现社会主义的前途。

二、新民主主义的基本纲领

新民主主义的基本纲领，是贯彻落实新民主主义革命总路线的具体目标和要求，是总路线基本要求的具体展开和体现。中国共产党一贯重视革命纲领的制定，自党的二大以来，在历次代表大会通过的党纲中都要予以说明或修订。

抗日战争时期，毛泽东在《新民主主义论》中第一次用“新民主主义的政治”、“新民主主义的经济”和“新民主主义的文化”这样的文字形式表述，随后在《论联合政府》中明确指出，这就是共产党人在整个资产阶级民主革命阶段所主张的“一般纲领，或基本纲领”②。解放战争时期，毛泽东在《目前形势和我们的任务》《关于目前党的政策中的几个重要问题》《在中国共产党第七届中央委员会第二次全体会议上的报告》《论人民民

---

① 毛泽东．毛泽东选集：第2卷．2版．北京：人民出版社，1991：651.
② 毛泽东．毛泽东选集：第3卷．2版．北京：人民出版社，1991：1058.

主专政》等文章中，又分别做了具体阐述，使之更加完备。

（一）新民主主义的政治纲领

新民主主义的政治纲领是：推翻帝国主义、封建主义和官僚资本主义的统治，建立无产阶级领导的，以工农联盟为基础的，各革命阶级联合专政的新民主主义共和国。“这是一定历史时期的形式，因而是过渡的形式，但是不可移易的必要的形式。”① 新民主主义共和国的国家制度要求推翻外来的民族压迫，获得民族的独立解放，废除国内的封建主义和官僚资本主义的统治，实现人民民主。

新民主主义共和国所采取的政权组织形式，是建立在民主集中制基础上的各级人民代表大会制度。这种制度，既区别于欧美形式上三权分立、实际上由资产阶级一个阶级专政的“内阁制”或“总统制”，也不同于以消灭资本主义和资产阶级为目标的苏联的无产阶级专政的苏维埃制度。它体现了新民主主义革命中工人阶级领导的包括民族资产阶级在内的广泛统一战线的特点。它的国体是各革命阶级联合专政，政体是民主集中制。“这就是新民主主义的政治，这就是新民主主义的共和国”②。

（二）新民主主义的经济纲领

新民主主义的经济纲领是：没收官僚资本归新民主主义国家所有，没收封建地主阶级的土地归农民所有，保护民族工商业。

官僚资本垄断了全国的经济命脉，是国民党反动统治的经济基础。在《新民主主义论》中，毛泽东就指出：“大银行、大工业、大商业，归这个共和国的国家所有。”③《目前形势和我们的任务》则明确提出，没收蒋介石、宋子文、孔祥熙、陈立夫为首的垄断资本归新民主主义的国家所有。没收属于国民党政府和官僚资产阶级的一切工厂、矿山、铁路、轮船、邮电、银行和其他企业，既是新民主主义革命的历史任务，也是建立社会主义性质的国营经济，为过渡到社会主义奠定物质基础的需要。因此，它具有新民主主义革命和社会主义革命的双重性质。

废除封建土地所有制，没收封建地主阶级的土地归农民所有，是新民主主义革命的主要内容。在半殖民地半封建的中国，土地制度极不合理，占农村人口 90％的贫农、雇农和中农，只占有 20％～30％的土地，而占人口 10％的地主、富农，却占有 70％～80％的土地。这种封建土地制度，严重地阻碍了农村生产力的发展，使中国社会经济和社会生活长期停滞不前。只有彻底消灭封建土地制度，实现“耕者有其田”，才能扫除封建剥削关系，解放农村生产力。毛泽东在晋绥干部会议上还明确提出了土地改革的路线。这就是“依靠贫农，团结中农，有步骤地、有分别地消灭封建剥削制度，发展农业生产”④。同时，必须谨慎地逐步地而又积极地引导农民向集体化的方向发展。

保护民族工商业，是中国共产党在新民主主义革命时期对待民族资本主义和民族资

---

① 毛泽东．毛泽东选集：第 2 卷．2 版．北京：人民出版社，1991：675.

② 同①677.

③ 同①678.

④ 毛泽东．毛泽东选集：第 4 卷．2 版．北京：人民出版社，1991：1314.

产阶级的一项基本政策。在近代中国，民族资本主义代表先进的资本主义生产方式，因此，新民主主义共和国既不没收民族资本主义的私有财产，也不禁止“不能操纵国民生计”的资本主义生产的发展。新民主主义革命所要消灭的对象，“只是封建主义和垄断资本主义，只是地主阶级和官僚资产阶级（大资产阶级），而不是一般地消灭资本主义，不是消灭上层小资产阶级和中等资产阶级。由于中国经济的落后性，广大的上层小资产阶级和中等资产阶级所代表的资本主义经济，即使革命在全国胜利以后，在一个长时期内，还是必须允许它们存在；并且按照国民经济的分工，还需要它们中一切有益于国民经济的部分有一个发展；它们在整个国民经济中，还是不可缺少的一部分”①。

（三）新民主主义的文化纲领

新民主主义文化是在观念形态上反映新民主主义政治和经济的文化，它是为新民主主义政治经济服务的。新民主主义的文化纲领是：无产阶级领导的人民大众的反帝反封建的文化，即“民族的科学的大众的文化”②。这“就是新民主主义的文化，就是中华民族的新文化”③。

新民主主义文化是民族的。其内容“是反对帝国主义压迫，主张中华民族的尊严和独立的”④。但是对外国的进步文化，凡属我们用得着的东西，都应该吸收，作为自己文化食粮的原料。其形式是民族的，要有中国的气派和中国的风格，为中国广大民众所喜闻乐见。

新民主主义文化是科学的。“它是反对一切封建思想和迷信思想，主张实事求是，主张客观真理，主张理论和实践一致的。”⑤ 但要尊重历史，反对历史虚无主义，对中华传统文化，要给其一定的科学地位，“剔除其封建性的糟粕，吸收其民主性的精华”⑥，以发展民族新文化，提高民族自尊心。要尊重历史唯物主义，而不是颂古非今，更不是赞扬任何封建的毒素。

新民主主义文化是大众的。“它应为全民族中百分之九十以上的工农劳苦民众服务，并逐渐成为他们的文化。”⑦ 文化工作者要用革命文化教育和武装人民群众，使之成为革命的有力武器，同时要与广大人民群众相结合，用人民群众无限丰富的实践作为创作的源泉，坚持为人民服务的正确方向。

综上所述，新民主主义的政治、新民主主义的经济和新民主主义的文化相结合，就是新民主主义共和国。

三、新民主主义革命的发展道路

通过暴力革命武装夺取政权，是马克思主义的一条基本原理。在实际运用这一原理

① 毛泽东．毛泽东选集：第4卷．2版．北京：人民出版社，1991：1254-1255.
② 毛泽东．毛泽东选集：第2卷．2版．北京：人民出版社，1991：708.
③ 同②709.
④ 同②706.
⑤⑥ 同②707.
⑦ 同②.

时，各国无产阶级及其政党，随时随地都要以本国当时的历史条件为转移。在资本主义相对发达的欧洲，无论是1871年3月法国巴黎公社的建立，还是1917年俄国十月革命的胜利，都是通过中心城市工人武装暴动推翻资产阶级统治，建立起无产阶级专政的国家政权的。但是，在一个以农民为主体、落后的半殖民地半封建的东方大国，应该选择怎样的革命道路，这是大革命失败以后，中国共产党人必须回答的一个重大问题。

（一）对中国新民主主义革命道路的艰辛探索

八七会议前后，党相继领导了南昌起义、湘赣边界秋收起义、广州起义和全国各地的武装起义。受共产国际及其代表“左”倾思想及党内“左”倾情绪的影响，这些起义均以攻占中心城市为目标，因而相继遭到严重的挫折或失败。以毛泽东同志为主要代表的中国共产党人，根据当时中国革命的实际情况，总结经验，当机立断，将秋收起义部队转移到井冈山，后来又会合南昌起义剩余部队，创建井冈山及赣南闽西革命根据地，走出了一条与“城市中心论”完全相反的新民主主义革命道路，即农村包围城市、武装夺取政权的新道路。在创建革命根据地的实践中，毛泽东将马克思列宁主义的基本原理同中国革命的具体实践相结合，潜心研究中国革命特点和规律，先后撰写了《中国的红色政权为什么能够存在？》《井冈山的斗争》《星星之火，可以燎原》等文章，深刻分析了在白色政权的包围中，红色政权能够存在和发展的原因，提出了中国革命必须走农村包围城市的道路和工农武装割据的思想，回答了“红旗到底打得多久”的疑问，标志着新民主主义革命道路理论的初步形成。全国各地其他根据地的党和红军，也为新民主主义革命道路理论的形成做出了贡献。后来，毛泽东又在《中国革命战争的战略问题》《战争和战略问题》等重要论著中，精辟分析了中国革命战争的特点，明确指出：在中国，“共产党的任务，基本地不是经过长期合法斗争以进入起义和战争，也不是先占城市后取乡村，而是走相反的道路”①。这就把在农村建立革命根据地，坚持长期武装斗争，以农村包围城市，最后夺取城市作为革命道路确立下来，标志着新民主主义革命道路理论的成熟。

（二）农村包围城市、武装夺取政权道路理论的基本内容

中国革命必须走农村包围城市、武装夺取政权的道路，是由以下几方面的原因决定的。

第一，当时中国是一个半殖民地半封建的国家，不是一个独立的民主国家，内部没有民主制度，而受封建军阀的军事独裁统治；外部没有民族独立，而受帝国主义的侵略压迫。旧中国无议会可以利用，无组织工人罢工的合法权利，根本不存在经过长期的合法斗争来教育群众、组织力量、积蓄力量的可能性。在中国，只能是以武装的革命反对武装的反革命，主要的斗争形式是战争，主要的组织形式是军队。在中国，离开了武装斗争，就没有共产党的地位，就没有人民的地位，就不能完成民主革命的任务。毛泽东指出：“以农业为主要经济的中国的革命，以军事发展暴动，是一种特征。”②

---

① 毛泽东．毛泽东选集：第2卷．2版．北京：人民出版社，1991：542.
② 毛泽东．毛泽东选集：第1卷．2版．北京：人民出版社，1991：79.

第二，当时中国又是一个半殖民地半封建的农业大国，农民占全国人口的 80%以上，他们深受三座大山的压迫和剥削，具有极大的革命积极性，是反帝反封建反官僚资本主义的主力军。中国的民主革命，实质上是农民的土地革命；中国的武装斗争，实质上是无产阶级领导的以农民为主体的革命战争。毛泽东指出，红军游击队和红色区域的建立与发展，是半殖民地中国在无产阶级领导之下的农民斗争的最高形式，是半殖民地农民斗争发展的必然结果，并且无疑是促进全国革命高潮的最重要因素。无产阶级要夺取民主革命的胜利，就必须派遣自己的先锋队深入农村，向农民宣传革命思想，发动农民，组织农民，武装农民，开展土地革命，进行长期的革命战争，发展和壮大革命力量，使广大农村成为中国民主革命走向全国胜利的战略基地。

第三，在半殖民地半封建的中国，革命的发展极不平衡。中国革命的敌人异常强大，他们总是长期占据着中心城市，而广大乡村则是他们统治的薄弱环节。历史证明，革命的胜利，又总是从反革命势力统治比较薄弱的地方开始的。革命力量要求得生存和发展，就应避免在力量不足时，与敌人在城市中决战，而必须把革命的重心转移到乡村，在那里保存自己，争取群众，积蓄力量，准备反抗，把落后的农村改造成先进的、巩固的根据地，借以在长期斗争中逐步地争取革命的全部胜利。

中国革命能够走农村包围城市、武装夺取政权的道路，这是因为其具备了以下条件：

第一，当时中国是一个经济、政治发展极不平衡的半殖民地半封建国家，地方性农业经济和帝国主义划分势力范围的分裂剥削政策，造成了统治阶级内部的长期分裂和战争。这是最主要的原因。中国的经济不是统一的资本主义经济，而是微弱的资本主义经济与严重的半封建经济同时存在，近代式的若干商业都市和停滞着的广大农村同时存在。这种经济上的不平衡，造成政治上的封建割据和冲突，使得当时的中国在政治上也是不统一的。管理中央政府的大军阀和管理各省的小军阀同时存在，反动军阀中隶属蒋介石的所谓中央军和隶属各省军阀的所谓杂牌军这样两部分军队同时存在。这种封建割据和冲突，随着帝国主义在中国争夺势力范围矛盾的加深而加深，使中国统治集团之间难以统一，引起中国连年不断的军阀混战，从而使得红色政权能够在四面白色政权包围中产生和存在下来。所以毛泽东认为，只要白色政权的分裂和战争是继续不断的，则红色政权的产生、存在并且日益发展，便是无疑的了。又因为中国农村地域广大，可以不依赖城市而独立存在，所以革命力量有回旋的余地，“东方不亮西方亮，黑了南方有北方”。

第二，中国红色政权首先产生和能够长期存在的地方，是经过大革命影响的地方，例如湘、鄂、赣、粤等省。这些地方，工农群众曾起来积极参加革命斗争，建立过广大的工会和农会组织，工农群众阶级觉悟高，斗争精神强，为建立革命军队和农村革命根据地准备了良好的群众基础。所以，红色政权可以在这些地方首先产生并长期存在。

第三，全国革命形势是继续向前发展的。毛泽东指出，中国红色政权能否长期存在，还取决于全国革命形势是否向前发展。由于当时引起中国革命的矛盾一个也没有解决，全国革命形势随着国内买办豪绅阶级与国际帝国主义不断的分裂和战争而继续向前发展着。因此，全国到处像布满干柴一样，不可避免地会燃起反帝反封建的熊熊烈火，不仅小块红色区域的长期存在没有疑义，而且这些红色区域将继续发展，并日渐接近于全国政权的取得。

第四，有相当力量的正式红军的存在，这是红色政权存在的必要条件。人民军队是红色政权的支柱，是实现农村包围城市道路的关键。如果没有相当力量的正式红军，只有地方性质的赤卫队，就不能对付正式的反动军队，就不能保证根据地的土地斗争和政权建设。有了正式红军，就能够造成“工农割据”的局面。

第五，共产党组织的有力量和其政策的正确性，是农村革命根据地存在和发展的最重要的主观条件。有了党的领导，并实行有根据地的、有计划地建设政权的、深入土地革命的、扩大人民武装的路线和政策，红色政权就能够巩固和发展。

中国革命走农村包围城市、武装夺取政权的道路，必须处理好武装斗争、土地革命和农村革命根据地建设三者的关系。这是新民主主义革命道路的中心内容。

武装斗争是中国革命的主要斗争形式，没有武装斗争，土地革命就不能有效地进行。同样，没有武装斗争，也不能建立和发展农村革命根据地。因为农村革命根据地要靠武装斗争来开辟、巩固、发展和保卫。所以毛泽东强调指出，所谓割据，必须是武装的，进行土地革命，建立农村革命根据地，不能脱离武装斗争，必须依靠武装，发展革命战争。

土地革命是中国民主革命的基本内容，关系着农民的切身利益，没有土地革命，就不能充分发动农民群众、调动农民群众支援革命战争的积极性。只有进行土地革命，解决农民的土地问题，革命战争才有雄厚的群众基础，红军本身才有来源，才能建立和发展农村革命根据地。可见，进行武装斗争，建立农村革命根据地，不能离开土地革命。

农村革命根据地是武装斗争和土地革命的依托。如果没有农村革命根据地，土地革命的成果就难以巩固和发展，武装斗争也将因失去依托而归于失败。所以毛泽东强调，要坚决反对不要根据地的单纯军事观点和流寇思想。

总之，只有实现了武装斗争、土地革命和农村革命根据地建设的有机结合，才能促进革命高潮早日到来，并夺取革命的彻底胜利。

四、新民主主义革命的基本经验

毛泽东指出，“统一战线，武装斗争，党的建设，是中国共产党在中国革命中战胜敌人的三个法宝，三个主要的法宝”①，同时，也是党克敌制胜的“宝贵的经验”。“正确地理解了这三个问题及其相互关系，就等于正确地领导了全部中国革命。”②

（一）统一战线

建立革命统一战线，是马克思列宁主义的策略思想。列宁指出：“要战胜更强大的敌人，就必须尽最大的努力，同时必须极仔细、极留心、极谨慎、极巧妙地一方面利用敌人之间的一切‘裂痕’，哪怕是最小的‘裂痕’，利用各国资产阶级之间以及各个国家内资产阶级各个集团或各种类别之间利益上的一切对立，另一方面要利用一切机会，哪怕

① 毛泽东．毛泽东选集：第2卷．2版．北京：人民出版社，1991：606.
② 同①605－606.

是极小的机会，来获得大量的同盟者，尽管这些同盟者可能是暂时的、动摇的、不稳定的、不可靠的、有条件的。谁不懂得这一点，谁就是丝毫不懂得马克思主义，丝毫不懂得现代的科学社会主义。”①

毛泽东结合中国革命的特点，发展了马克思列宁主义的统一战线理论。他指出，建立最广泛的革命统一战线，是由中国革命的艰巨任务决定的。中国新民主主义革命，第一步是反对帝国主义、封建主义和官僚资本主义，改变中国半殖民地半封建社会的地位，建立独立民主的新民主主义国家。“中国新民主主义的革命要胜利，没有一个包括全民族绝大多数人口的最广泛的统一战线，是不可能的。”② 同时，建立最广泛的革命统一战线，这也是由中国社会的特点决定的。近代中国社会，两头小，中间大。无产阶级和大地主大资产阶级都只占少数，农民和其他小资产阶级占人口的绝大多数，所以，“中国无产阶级应该懂得：他们自己虽然是一个最有觉悟性和最有组织性的阶级，但是如果单凭自己一个阶级的力量，是不能胜利的。而要胜利，他们就必须在各种不同的情形下团结一切可能的革命的阶级和阶层，组织革命的统一战线”③。

中国反帝反封建反官僚资本主义的革命统一战线具有广泛的社会基础，农民阶级、城市小资产阶级是无产阶级的可靠同盟者，民族资产阶级深受帝国主义和封建主义的压迫，因而在一定时期中和在一定程度上能够参加反帝反封建的革命斗争。即使在地主买办阶级营垒中也不是完全统一的。“在革命的锋芒主要地是反对某一个帝国主义的时候，属于别的帝国主义系统的大资产阶级集团也可能在一定程度上和一定时期内参加反对某一个帝国主义的斗争。”④

中国共产党领导的革命统一战线有两个联盟：一个是工人阶级同农民、广大革命知识分子和其他劳动者的联盟，其中主要是工农联盟；另一个是全体劳动者同一切可以团结的一部分非劳动者阶级、阶层的联盟，主要是同民族资产阶级的联盟。工农联盟是统一战线的基础和依靠力量，“这两个阶级占了中国人口的百分之八十到九十。推翻帝国主义和国民党反动派，主要是这两个阶级的力量。由新民主主义到社会主义，主要依靠这两个阶级的联盟”⑤。第二个联盟是在工农联盟的基础上建立起来的。它充分体现了统一战线的广泛性，有利于巩固党在民族的革命的统一战线中的领导权，最大限度地壮大自己和孤立主要敌人，夺取革命的胜利。

革命统一战线必须坚持无产阶级的领导权。毛泽东指出：“没有中国共产党的坚强的领导，任何革命统一战线也是不能胜利的。”⑥ 实现无产阶级及其政党对统一战线的领导权，必须正确处理与同盟者的关系。首先，要坚持依靠党的正确的路线和政策、依靠共产党员的先锋模范作用、照顾同盟者的利益三条原则。其次，要坚持统一战线中的独立自主原则。我们的方针是统一战线中的独立自主，既统一，又独立。再次，要坚持发展进步势力、争取中间势力、孤立顽固势力的策略总方针。最后，在同顽固派做斗争的时

---

① 列宁．列宁选集：第4卷．3版．北京：人民出版社，1995：180.
② 毛泽东．毛泽东选集：第4卷．2版．北京：人民出版社，1991：1257.
③ 毛泽东．毛泽东选集：第2卷．2版．北京：人民出版社，1991：645.
④ 同③607.
⑤ 同②1478－1479.
⑥ 同②.

候，要坚持利用矛盾、争取多数，反对少数，各个击破和有理、有利、有节的原则。

新民主主义革命时期，民族资产阶级始终是革命与反革命争夺的主要对象。中国革命和中国共产党的发展道路，就是在同资产阶级复杂的关联中走过来的。当党正确地处理同资产阶级建立统一战线或被迫分裂统一战线的问题时，党的发展、巩固就前进一步；反之党的发展、巩固就要后退一步。党制定了一系列正确的统一战线政策和策略，因此不仅在抗日战争中团结了民族资产阶级，巩固和发展了自己的队伍，而且在解放战争时期，民族资产阶级最终抛弃了“第三条道路”的幻想，加入了反对“美蒋反动派”的人民民主统一战线，从而加速了新民主主义革命胜利的步伐。

（二）武装斗争

中国共产党领导的新民主主义革命史，就是武装斗争的历史。这是中国革命的特点之一，也是中国革命的优点之一。但是，在党成立之初的三四年中，还不懂得直接准备战争和组织军队的重要性。在1924—1927年大革命时期，党还是一个幼年的党，当时的党中央，没有将马克思主义中国化、独立解决中国实际问题的能力，盲目执行共产国际关于“共产党不应当要求一定由自己的党员担任国家和军队的一切领导职位”① 的指示，犯了右倾错误，致使党“自愿地放弃对于农民群众、城市小资产阶级和中等资产阶级的领导权，尤其是放弃对于武装力量的领导权”②，最终导致了大革命的失败。大革命失败，党得到惨痛的教训，于是有了南昌起义、秋收起义和广州起义，进入了创建红军的新时期。“这个时期是我们党彻底地认识军队的重要性的极端紧要的时期。”③ 由于王明“左”倾教条主义的错误指导，毛泽东等艰辛创建的红军和革命根据地又遭受了严重的损失。直到1935年1月遵义会议，党坚决反对战争中的机会主义，才把战争问题放在第一位。从此，在毛泽东军事思想的指引下，革命不断走向胜利。到了抗日战争时期，党经过革命实践的严峻考验，“不但锻炼出来了一条坚强的马克思主义的政治路线，而且锻炼出来了一条坚强的马克思主义的军事路线。我们不但会运用马克思主义去解决政治问题，而且会运用马克思主义去解决战争问题；不但造就了一大批会治党会治国的有力的骨干，而且造就了一大批会治军的有力的骨干”④。这就保障了抗日战争的胜利和新民主主义革命的最后胜利。由此可见，实现民族独立和人民民主，没有一支站在人民立场上的军队，那是不行的。“没有一个人民的军队，便没有人民的一切。”⑤

这支新型的人民军队，必须坚持中国共产党的绝对领导。“我们的原则是党指挥枪，而决不容许枪指挥党。”⑥ 这是保持人民军队无产阶级性质的根本保证，是区别无产阶级建军原则和资产阶级建军原则的根本标志，也是毛泽东建军思想的核心内容。

这支新型的人民军队，必须坚持全心全意为人民服务的宗旨。紧紧地和人民站在一

---

① 瓦西里耶夫给季诺维也夫的信//中共中央党史研究室第一研究部．共产国际、联共（布）与中国革命档案资料丛书：第1卷　联共（布）、共产国际与中国国民革命运动（1920～1925）．北京：北京图书馆出版社，1997：678.

② 毛泽东．毛泽东选集：第4卷．2版．北京：人民出版社，1991：1257-1258.

③④ 毛泽东．毛泽东选集：第2卷．2版．北京：人民出版社，1991：548.

⑤ 毛泽东．毛泽东选集：第3卷．2版．北京：人民出版社，1991：1074.

⑥ 同③547.

起，全心全意地为人民服务，是人民军队的唯一宗旨。这是由人民军队的阶级本质和建军宗旨决定的，是坚持正确的政治方向，使其成为执行革命的政治任务的武装集团的根本要求，是人民军队立于不败之地的力量源泉。

这支新型的人民军队，必须坚持人民战争的思想和战略战术原则。这是人民军队长期处于敌强我弱的历史条件下决定的。在深入研究中国革命战争特点和规律的基础上，毛泽东制定了一整套人民战争的思想和战略战术原则，特别是解放战争时期形成的十大军事原则，成为人民解放军打败蒋介石集团的主要方法，极大地丰富和发展了马克思列宁主义的军事理论。

（三）党的建设

加强党的思想建设、组织建设和作风建设，对保持党的无产阶级先锋队性质具有极端的重要性。中国共产党从成立的那一天起，便注重党的建设，在建设一个什么样的党等重大问题上进行了长期艰苦的探索。在大革命的初期和中期，党的路线是正确的，因此取得了北伐战争的胜利。但在这一阶段的末期，在革命的紧要关头，没有能够领导全党巩固革命的胜利，受了资产阶级的欺骗，致使革命遭到失败。

这一时期，党的组织虽然发展了，但并不巩固，党员和党的干部在思想上、政治上没有成熟起来。新党员非常之多，却没有对其进行必要的马克思列宁主义的教育。党处于敌人和国民党右派的阴谋诡计的包围中，却没有警觉性。党内涌现了很多的活动分子，没有及时塑造成中坚骨干。党有了一批革命武装，却没有掌握住。这说明，党还不善于将马克思列宁主义的理论和中国革命的实践相结合。

在土地革命战争时期，从三湾改编开始，毛泽东就确立了“支部建在连上”的原则，在 1929 年 12 月的古田会议上，他又着重强调把党的思想建设放在首位。然而，由于党内历次“左”倾错误，特别是王明的“左”倾教条主义错误，把马克思主义教条化、把共产国际决议和苏联经验神圣化，曾使中国革命几乎陷于绝境。直到遵义会议以后，党才彻底地走上了马克思主义中国化的道路。

到了抗日战争时期，凭借着党在过去的革命经验，凭借着党的组织力量和武装力量，凭借着党在全国人民中间的崇高政治信仰，凭借着党对马克思主义中国化的深切理解，党的组织已经从狭小的圈子中走了出来，变成了一个全国性的大党。然而，在无产阶级人数较少、农民及小资产阶级人数众多的农村环境和长期残酷的战争条件下，各种非无产阶级思想，特别是小资产阶级思想必然反映到党内来。有许多共产党员，他们在组织上入了党，但思想上并没有完全入党，甚至完全没有入党。这些情况表明，为了中国革命的胜利，迫切需要建设一个全国范围的、广大群众性的、思想上政治上组织上完全巩固的马克思列宁主义的革命政党。毛泽东认为，这是一项“伟大的工程”[①]，是“一个光荣而又严重的任务”[②]。在这项伟大工程的建设中，党在思想上、组织上、作风上都取得了重大进步。

---

① 毛泽东．毛泽东选集：第 2 卷．2 版．北京：人民出版社，1991：602.

② 同①603.

加强党的建设，必须把思想建设放在首位，用马克思列宁主义教育全党，不断改造和克服各种非无产阶级思想。1942 年全党开展的整风运动，反对主观主义以整顿学风，反对宗派主义以整顿党风，反对党八股以整顿文风，对于全党，特别是党的高级干部，坚持党的实事求是的思想路线，具有重大深远的历史意义，同时，通过延安整风，党在组织上也达到了空前的团结与统一，并且逐步形成了党的新的工作作风，这就是理论和实践相结合的作风、和人民群众紧密地联系在一起的作风以及自我批评的作风。这是中国共产党区别于其他任何政党的显著标志。

统一战线、武装斗争、党的建设这三者是相互联系、密不可分的。统一战线是实行武装斗争的统一战线，只有以武装斗争为主要支柱，统一战线才能存在和发展。武装斗争必须以统一战线为基础，才能发展壮大。统一战线和武装斗争则是党所掌握的两个武器，这两个武器只有在中国共产党的领导下，才能发挥作用。因此，党的建设是三大法宝的中心环节。

在长期的革命斗争中，中国共产党正是充分地认识了统一战线、武装斗争、党的建设这三者的重要地位和作用，并正确地处理了它们之间的相互关系，才取得了中国新民主主义革命的胜利。

第三节　新民主主义革命理论的历史地位

一、马克思主义中国化的标志性理论成果

在近代中国这样一个经济文化落后的半殖民地半封建的东方农业大国里进行革命，无产阶级政党如何实现对中国革命的领导？革命的对象、任务、动力、性质和前途是怎样的？中国革命应该走什么样的道路？革命胜利后应该建立一个什么样的国家？这些问题都是国际共产主义运动史上前所未有的新课题。列宁在《在全俄东部各民族共产党组织第二次代表大会上的报告》中指出：“你们面临着全世界共产党人所没有遇到过的一个任务，就是你们必须以共产主义的一般理论和实践为依据，适应欧洲各国所没有的特殊条件，善于把这种理论和实践运用于主要群众是农民、需要解决的斗争任务不是反对资本而是反对中世纪残余这样的条件。”[①] 这说明，马克思主义作为科学真理，虽然具有普遍的指导意义，但要将它具体运用于中国的革命实践，仍然是一项艰巨的任务。中国共产党面临中国的特殊国情，不仅革命的条件与西方资本主义国家不一样，而且革命发展的道路也有别于西方资本主义国家。以毛泽东同志为主要代表的中国共产党人，坚持实事求是的思想路线，冲破教条主义思想的束缚，反对本本主义，将马克思主义的基本原理与中国革命实践相结合，努力探索中国革命的特点和规律，不断总结经验教训，进行理论创新，经历了从“走俄国人的道路”到“走自己的道路”的历史过程，创立了欧洲各国所没有的、在任何一本共产主义书籍中都找不到的独具特色的中国新民主主义革命

① 列宁．列宁选集：第 4 卷．3 版．北京：人民出版社，1995：79．

理论体系。这个理论体系，既坚持了马克思主义的基本原理，又不拘泥于现成的公式，是运用马克思主义的立场、观点和方法，在深入了解中国国情的基础上所做出的科学概括，回答了近代中国革命亟待解决的种种理论和实践问题，揭示了中国革命的特点和规律，是马克思主义中国化第一次历史性飞跃的标志性理论成果，开辟了马克思主义中国化的新境界和发展道路，极大地丰富了马克思主义的理论宝库。

二、中国革命胜利的正确指导思想

新民主主义革命理论是在与国内外敌人的长期斗争中，同时又是在革命实践中反对党内右倾和“左”倾错误思想的过程中形成的。它是马克思列宁主义在中国的运用和发展，是中国化的马克思主义，是指导中国革命胜利的唯一正确的指导思想。中国革命的实践反复证明，什么时候坚持新民主主义革命理论的指导，革命就胜利，就发展；反之，革命就会遭受挫折和失败。

鉴于毛泽东是把马克思列宁主义基本原理同中国具体实际相结合的典范，因此主要由毛泽东提出的新民主主义革命等理论成果被冠以毛泽东的名字。1941 年 3 月，党的理论工作者张如心首次使用“毛泽东同志的思想”这一提法。1943 年 7 月 5 日，王稼祥在《中国共产党与中国民族解放的道路》一文中，第一次提出“毛泽东思想”这个概念，并且指出，毛泽东思想是马克思列宁主义与中国革命运动实际经验相结合的结果，是引导中国民族解放和中国共产主义到胜利前途的保证。1945 年 5 月，刘少奇在《关于修改党章的报告》中明确指出：“毛泽东思想，就是马克思列宁主义的理论与中国革命的实践之统一的思想。”① 在党的七大上，毛泽东思想正式被确立为中国共产党的指导思想。

中国新民主主义革命的伟大胜利，正是在马克思列宁主义、毛泽东思想的指导下取得的。中国新民主主义革命的胜利，实现了民族独立、人民解放，彻底结束了旧中国半殖民地半封建社会的历史，彻底结束了旧中国一盘散沙的局面，彻底废除了列强强加给中国的不平等条约和帝国主义在中国的一切特权，实现了中国从几千年封建专制向人民民主的伟大飞跃。中国新民主主义革命的胜利，是继俄国十月革命和反法西斯的第二次世界大战之后 20 世纪世界历史上最重大的政治事件。它不仅冲破了帝国主义的东方战线，彻底改变了世界政治力量的对比，而且极大地推动了世界被压迫民族和被压迫人民争取民族解放的斗争，鼓舞与增强了他们反对帝国主义、殖民主义斗争的信心和勇气，有力地维护了世界和平，增强了世界和平的力量。

阅读书目

1. 毛泽东．星星之火，可以燎原//毛泽东．毛泽东选集：第 1 卷．2 版．北京：人民出版社，1991.

2. 毛泽东．中国革命战争的战略问题//毛泽东．毛泽东选集：第 1 卷．2 版．北京：

① 刘少奇．刘少奇选集：上卷．北京：人民出版社，1981：333.

人民出版社，1991.

3. 毛泽东．中国革命和中国共产党//毛泽东．毛泽东选集：第2卷．2版．北京：人民出版社，1991.

4. 毛泽东．《共产党人》发刊词//毛泽东．毛泽东选集：第2卷．2版．北京：人民出版社，1991.

5. 毛泽东．新民主主义论//毛泽东．毛泽东选集：第2卷．2版．北京：人民出版社，1991.

6. 毛泽东．论人民民主专政//毛泽东．毛泽东选集：第4卷．2版．北京：人民出版社，1991.

思考题

1. 如何理解中国革命实践与新民主主义革命理论之间的关系？
2. 新民主主义革命总路线的主要内容是什么？
3. 如何理解新民主主义革命的领导权问题？
4. 新民主主义基本纲领的主要内容是什么？
5. 如何认识中国革命走农村包围城市、武装夺取政权道路的重大意义？
6. 如何理解新民主主义革命理论的历史地位？

第二章
中国社会主义革命的理论

中国共产党人创造性地运用马克思主义关于社会主义革命的理论，结合中国实际，系统地回答了中国这样一个人口众多、经济文化落后的国家，为什么和怎样从新民主主义转变到社会主义的一系列问题，开辟了具有中国特色的社会主义革命道路，建立了社会主义基本经济制度，实现了中国历史上伟大而深刻的变革，为当代中国进步和发展奠定了重要基础。社会主义革命理论是马克思主义中国化的典范，极大地丰富和发展了马克思列宁主义。

第一节　从新民主主义向社会主义的转变

一、党关于从新民主主义向社会主义转变认识的演变

马克思主义认为，人类社会发展的历史，就是社会形态由低级向高级不断演进的历史。从资本主义过渡到社会主义，这是人类历史发展的客观规律。马克思和恩格斯在研究资本主义国家社会矛盾的基础上得出了这一正确的结论。中国社会的发展遵循了马克思主义关于人类社会形态演进的一般规律，但也表现出了一定的特殊性。1949 年中华人民共和国成立以前的中国，虽然也属于世界资本主义体系，但由于帝国主义的入侵和封建主义的长期统治，它不是典型的资本主义社会，而是半殖民地半封建社会。资本主义的政治制度和经济制度在我国没有得到独立的发展，这与发达的资本主义国家的情况有很大区别。虽然中国共产党从成立之日起就明确了其奋斗目标是实现社会主义和共产主义，但是，在中国这样一个经济文化十分落后的半殖民地半封建的国家，如何实现这一目标，通过何种途径和步骤过渡到社会主义，确实是一件非常困难和复杂的事情。在这个问题上，新民主主义革命时期，中国共产党党内先后发生的“二次革命论”和“一次革命论”错误，给革命造成了严重的损失。直到 20 世纪 30 年代末 40 年代初，以毛泽东同志为主要代表的中国共产党人，才在正确分析国情和总结中国革命历史经验的基础上，把马克思主义基本原理与中国革命实践相结合，创造性地提出了从新民主主义向社会主义转变的设想，并随着新民主主义革命的胜利，使之得到不断丰富和发展。

毛泽东的经典论述是：“中国革命是包括资产阶级民主主义性质的革命（新民主主义的革命）和无产阶级社会主义性质的革命、现在阶段的革命和将来阶段的革命这样两重

任务的。”“民主主义革命是社会主义革命的必要准备，社会主义革命是民主主义革命的必然趋势。”“完成中国资产阶级民主主义的革命（新民主主义的革命），并准备在一切必要条件具备的时候把它转变到社会主义革命的阶段上去，这就是中国共产党光荣的伟大的全部革命任务。”① 就是说，在民主革命取得全国胜利后，实现从新民主主义向社会主义的转变。至于如何实现这一转变，新中国成立前后，党的主要领导人的认识也基本是一致的，并一直成为党的指导思想。

1948 年 9 月召开的中共中央政治局会议，把革命转变问题列入了会议议题。会上，毛泽东指出，因为新民主主义中有社会主义因素，而且是领导因素，所以我们的国民经济体系将是社会主义经济领导下的经济体系，“我们要努力发展经济，由发展新民主主义经济过渡到社会主义”②。刘少奇在《关于新民主主义的建设问题》的报告中还提出：过早地采取社会主义的政策是要不得的，过早地采取消灭资本主义的办法，则要犯“左”倾的错误。毛泽东表示赞同。

1949 年 3 月，在党的七届二中全会上，毛泽东在科学分析当时中国社会基本状况的基础上，明确提出了“使中国稳步地由农业国转变为工业国，把中国建设成一个伟大的社会主义国家”③ 的基本方向和奋斗目标。毛泽东指出：“中国的工业和农业在国民经济中的比重，就全国范围来说，在抗日战争以前，大约是现代性的工业占百分之十左右，农业和手工业占百分之九十左右。这是帝国主义制度和封建制度压迫中国的结果，这是旧中国半殖民地和半封建社会性质在经济上的表现，这也是在中国革命的时期内和在革命胜利以后一个相当长的时期内一切问题的基本出发点。从这一点出发，产生了我党一系列的战略上、策略上和政策上的问题。”④ 这就是：没收在中国现代性工业中占最主要成分的官僚垄断资本归人民共和国所有，使社会主义性质的国营经济成为整个国民经济的领导成分，使国家掌握经济命脉；对在现代工业中占第二位的私人资本主义，采取利用和限制的政策，国家尽可能利用一切有利于国计民生的城乡资本主义的积极性，促进国民经济的发展，同时采取各种恰当的有伸缩性的限制政策，通过国家和私人合作的国家资本主义经济将其纳入国家计划监管的轨道；对占国民经济 90%左右的农业和手工业经济，则要可能和必须谨慎地、逐步地而又积极地引导它们向着现代化和集体化的方向发展。这就不仅确立了以国营经济为领导的，包括合作社经济、私人资本主义经济、国家资本主义经济、个体经济在内的新民主主义经济的总格局，而且提出了在社会主义性质的国营经济领导下，通过半社会主义性质的合作社经济改造个体经济，通过国家资本主义经济改造私人资本主义经济，是中国由新民主主义转变为社会主义的主要途径。党的七届二中全会报告实际上已经包含了后来提出的党在过渡时期总路线的主要内容，毛泽东在公布过渡时期总路线时对此做了说明：这条总路线的许多方针政策，在 1949 年 3 月的党的七届二中全会的决议里就已经提出，并已做了原则性的解决⑤。

---

① 毛泽东．毛泽东选集：第 2 卷．2 版．北京：人民出版社，1991：651.
② 中共中央文献研究室．毛泽东文集：第 5 卷．北京：人民出版社，1996：146.
③ 毛泽东．毛泽东选集：第 4 卷．2 版．北京：人民出版社，1991：1437.
④ 同③1430.
⑤ 中共中央文献研究室．建国以来毛泽东文稿：第 4 册．北京：中央文献出版社，1990：301.

至于由新民主主义向社会主义过渡的时间，毛泽东在新中国成立前后，分别说过要15年、20年或20～30年。1950年6月，他在党的七届三中全会上批评了提早消灭资本主义实行社会主义的主张，指出这种思想是错误的，是不适合我们国家的情况的。在同月举行的全国政协一届二次会议上，他进一步明确指出，在全国范围内实行社会主义改造，即实行私营工业国有化和农业社会化，这种时候还在很远的将来。要在国家经济事业和文化事业大为兴盛了以后，在各种条件具备了以后，在全国人民考虑成熟并在大家同意了以后，才可以从容和妥善地走进社会主义的新时期。在此前后，刘少奇、周恩来也都提出过大体相同的思想。1949年4月，刘少奇在天津工商业家座谈会上说，搞社会主义，那是几十年以后的事情。7月，他在访苏期间给斯大林写信说：中国从现在起到实行一般的民族资本国有化，还需要经过许多步骤，需要一段相当长的时间，估计需要10年到15年。在同年的政协会议上代表中共中央回答党外人士关于为何不把社会主义前途写进《中国人民政治协商会议共同纲领》的问题时，他指出，要在中国采取相当严重的社会主义的步骤，还是相当长久的将来的事情，如在《中国人民政治协商会议共同纲领》中写上这一个目标，很容易混淆我们在今天所要采取的实际步骤。周恩来在1950年4月的全国统战工作会议上说：实现社会主义是要有一定条件的。今天条件不成熟，就要急于转变到社会主义，这说明一些同志对新民主主义缺乏切实的认识，不相信按照《中国人民政治协商会议共同纲领》不折不扣地做下去，社会主义的条件就会逐步具备和成熟。1952年10月，在同部分资本家的一次谈话中，他指出，发展新民主主义经济可能要10年、20年，中国工业化，是10年、20年的问题。欲速则不达，必须稳步前进。正是在这样的思想指导下，党中央在头绪纷繁的各项工作中，抓住恢复和发展生产这个中心环节，在继续完成民主革命遗留任务的同时，大大促进了整个国民经济的恢复和发展。

从1952年下半年，毛泽东等党的领导人在向社会主义过渡问题上产生了一些新想法，逐渐调整了原来向社会主义过渡的设想，提出了党在过渡时期的总路线。1952年9月24日，毛泽东在中共中央书记处会议上分析了当时的经济结构：在工业中，私营占32.7%，国营占67.3%，是三七开；商业零售是倒四六开。再发展5年，私营比例会更小，但绝对数字仍会有些发展，这还不是社会主义。5年以后如此，10年以后会怎么样，15年以后会怎么样，要想一想。到那时私营工商业的性质也变了，是新式的资本主义，公私合营、加工订货、工人监督、资本公开、技术公开、财务公开，它们已经挂在共产党的车头上，离不开共产党了①。基于上述认识，毛泽东提出，我们现在就要开始用10年到15年的时间基本上完成到社会主义的过渡，而不是10年或者以后才开始过渡②。同年10月，受毛泽东委托，刘少奇在出访苏联期间就中共中央讨论的从当时起10年到15年逐步过渡到社会主义的想法向斯大林征求意见。斯大林表示这种想法是对的。掌握政权以后，过渡到社会主义去应该采取逐步的办法。毛泽东在中央书记处会议上讲到了他在外出视察时同地方干部对此问题谈话的内容，他说：类似过桥，走一步算是过渡一年，两步两年，三步三年，10年到15年走完。我让他们把这话传给县委书记、县长，在10

① 薄一波．若干重大决策与事件的回顾：上．北京：中共中央党校出版社，1991：213－214.

② 同①213.

年到15年或更多一点时间内，基本上完成国家工业化及对农业、手工业、资本主义工商业的社会主义改造①。经过一段时间的酝酿，1953年6月，毛泽东在中央政治局会议上的讲话中，已经把过渡时期总路线的任务和时间都明确提出来了，但没有讲从何时算起。后来在全国财经工作会议上毛泽东又做了进一步表述，主要是增加了“从中华人民共和国成立，到社会主义改造基本完成，这是一个过渡时期”，并把过渡的时限改为“是要在一个相当长的时期内”②。12月，毛泽东在审阅中共中央宣传部起草的《为动员一切力量把我国建设成为一个伟大的社会主义国家而斗争——关于党在过渡时期总路线的学习和宣传提纲》时，对总路线的表述又做了推敲和审定，从而形成了一个完整、规范的表述，即“从中华人民共和国成立，到社会主义改造基本完成，这是一个过渡时期。党在这个过渡时期的总路线和总任务，是要在一个相当长的时期内，逐步实现国家的社会主义工业化，并逐步实现国家对农业、对手工业和对资本主义工商业的社会主义改造。这条总路线是照耀我们各项工作的灯塔，各项工作离开它，就要犯右倾或‘左’倾的错误”③。1954年2月，党的七届四中全会批准了这个总路线。9月，第一届全国人民代表大会通过的《中华人民共和国宪法》，把党在过渡时期的总路线作为国家在过渡时期的总任务写入序言。

过渡时期总路线与原来党向社会主义过渡的设想比较，在过渡的性质、过渡的目标、过渡的和平方式以及大体所需时间等方面都有共同之处，但又有明显的改变或调整。一是改变了需要经过一个相当长的新民主主义建设阶段，然后才向社会主义过渡的设想，认为新民主主义社会本身就是过渡时期，新民主主义革命胜利之日，就是社会主义革命开始之时。二是改变了先实现国家工业化，后进行社会主义改造的设想，提出了社会主义工业化与社会主义改造同时并举的方针。三是突破了骤然改变所有制、一举过渡的框框，形成了由低到高、循序渐进逐步完成向社会主义过渡的创造性思路。

二、党在过渡时期总路线提出的依据

党在过渡时期总路线的提出不是偶然的，而是有其理论依据和实践基础的。正如毛泽东在1955年3月召开的党的全国代表会议上所说的那样：中央委员会根据列宁关于过渡时期的学说，总结了中华人民共和国成立以来的经验，在我国国民经济恢复阶段将要结束的时候，即1952年，提出了党在过渡时期的总路线。

（一）过渡时期总路线提出的理论依据

马克思和恩格斯，特别是列宁关于过渡时期的理论，是党在过渡时期总路线提出的重要理论依据。

马克思主义经典作家认为，在资本主义和共产主义社会第一阶段之间必然存在一个过渡时期。从19世纪40年代末期开始，马克思和恩格斯就提出了在资本主义社会和共

① 薄一波．若干重大决策与事件的回顾：上．北京：中共中央党校出版社，1991：215.
② 同①224.
③ 中共中央文献研究室．毛泽东文集：第6卷．北京：人民出版社，1999：316.

产主义社会之间存在着一个过渡时期的设想。1875 年，马克思在《哥达纲领批判》中明确阐述了关于过渡时期的理论。他说："在资本主义社会和共产主义社会之间，有一个从前者变为后者的革命转变时期。同这个时期相适应的也有一个政治上的过渡时期，这个时期的国家只能是无产阶级的革命专政。"[①] 与此同时，在这部著作中，他还根据经济成熟程度的不同，把未来的共产主义社会区分为"第一阶段"和"高级阶段"。他指出，"我们这里所说的是这样的共产主义社会，它不是在它自身基础上已经发展了的，恰好相反，是刚刚从资本主义社会中产生出来的"[②]。这就是说，过渡时期是从资本主义社会变为共产主义社会的"革命转变时期"，而这里所讲的"共产主义社会"，则是刚刚从资本主义社会中产生出来的"低级阶段"，即社会主义社会。这一方面说明，过渡时期的思想是马克思和恩格斯的一贯思想；另一方面也说明，从资本主义向共产主义过渡，实际上就是指从资本主义向共产主义社会的第一阶段过渡。此后，对过渡时期应采取的具体政策和措施，马克思和恩格斯也都有过一些论述。马克思和恩格斯指出，无产阶级在夺取政权后，"将利用自己的政治统治，一步一步地夺取资产阶级的全部资本，把一切生产工具集中在国家即组织成为统治阶级的无产阶级手里"[③]，并同传统的所有制和传统的观念实行最彻底的决裂。恩格斯在《法德农民问题》中指出："我们对于小农的任务，首先是把他们的私人生产和私人占有变为合作社的生产和占有，不是采用暴力，而是通过示范和为此提供社会帮助。"[④] 马克思主义创始人甚至设想过，如果条件允许，可以通过"和平赎买"的方式，解决从资本主义经济向社会主义经济的具体过渡问题。

列宁坚持和发展了马克思和恩格斯关于过渡时期的理论，并使之成为一个完整的革命转变理论。1905 年，列宁在《社会民主党对农民运动的态度》一文中指出："在民主革命完全胜利的条件下，可能是实行国有化；也可能是把巨大的资本主义地产转交给工人协会，因为我们将立刻由民主革命开始向社会主义革命过渡，并且正是按照我们的力量，按照有觉悟有组织的无产阶级的力量开始向社会主义革命过渡。我们主张不断革命。我们决不半途而废。"在这里，列宁不仅强调了革命转变时期存在的必然性，即无产阶级必须经过一个相当长的从资本主义到社会主义的过渡时期；而且指明了过渡时期的首要根本任务是"剥夺剥夺者"，逐步地把创造高于资本主义的劳动生产力的根本任务提到首位，以建立和发展社会主义的经济基础。列宁还提出，过渡时期有宗法式、小商品生产、私人资本主义、国家资本主义和社会主义五种基本经济形态。列宁领导的布尔什维克党从俄国的具体实际出发，经过艰辛的探索成功地找到了一条落后国家向社会主义过渡的道路，创造性地丰富和发展了马克思主义的过渡时期理论。十月革命后苏俄政府曾一度实行"战时共产主义"政策，这对当时集中全国的人力、物力和财力进行战争发挥了作用，但同时也引发了一系列的危机。列宁说："我们计划（说我们计划欠周地设想也许较确切）用无产阶级国家直接下命令的办法在一个小农国家里按共产主义原则来调整国家

① 马克思，恩格斯．马克思恩格斯选集：第 3 卷．3 版．北京：人民出版社，2012：373.

② 同①363.

③ 马克思，恩格斯．马克思恩格斯选集：第 1 卷．3 版．北京：人民出版社，2012：421.

④ 马克思，恩格斯．马克思恩格斯选集：第 4 卷．3 版．北京：人民出版社，2012：370.

的产品生产和分配。现实生活说明我们错了。”[1] 列宁在对“战时共产主义”政策进行反思的基础上，认识到小农经济占优势的苏俄不能直接过渡到社会主义，而只能采取迂回过渡的办法，实行新经济政策。列宁认为，由于历史进程的曲折而不得不开始社会主义革命的那个国家愈落后，它由旧的资本主义关系过渡到社会主义关系就愈困难。“既然我们还不能实现从小生产到社会主义的直接过渡，所以作为小生产和交换的自发产物的资本主义，在一定程度上是不可避免的，所以我们应该利用资本主义（特别是要把它纳入国家资本主义的轨道）作为小生产和社会主义之间的中间环节，作为提高生产力的手段、途径、方法和方式。”[2] 马克思主义经典作家关于过渡时期的理论及俄国革命后向社会主义过渡的经验教训，成为中国共产党提出过渡时期总路线的重要理论依据。

（二）过渡时期总路线提出的实践基础

过渡时期总路线的提出，是中国共产党对我国新民主主义向社会主义转变实践再认识的结果，是适应中国当时客观实际发展变化做出的战略抉择。

第一，实现国家工业化不能脱离社会主义改造孤立地进行。实现国家工业化，是中国近代以来贤人志士的强国梦。新中国成立不久，中国共产党就做出了“三年准备、十年计划经济建设”的部署，并从 1951 年着手编制第一个五年计划。鉴于世界各国工业化发展道路的经验，党分析了我国当时的经济发展状况，特别是考虑到朝鲜战争爆发后的国际环境，慎重确立了优先发展重工业的方针。在我国，实现国家工业化的主要依靠力量，是社会主义性质的国营经济，主要方法和途径是进行有计划的工业建设，而这在当时不能不同私人资本主义经济和分散落后的个体农业的发展状况产生矛盾。在三年国民经济的恢复中，不法资本家同工人阶级和国营经济进行的较量，特别是“五反”运动中揭露出大量不法资本家破坏国营经济的“五毒”行为，使人们对资本主义的本质有了进一步的认识。在大规模经济建设即将开始之际，党中央不能不考虑采取改造私人资本主义经济的办法，从根本上解决这一矛盾。另外，分散落后的个体农业与国家工业化必须对农业提供大量商品粮、工业原料和资金的需求产生了矛盾，农村中的贫富分化也开始出现，共产党人必须现实地考虑个体经济究竟向哪个方向发展的问题，选择通过何种方式解决农业增产以适应工业发展需要的问题。

第二，社会主义经济成分占国民经济比重的逐步增长，表明新民主主义可以逐步过渡到社会主义。1953 年 6 月，毛泽东在中共中央政治局会议上说，社会主义因素是逐年增长的，不是说到第 16 个年头上突然没收资本主义工商业。资本主义企业中社会主义因素是逐年增长的，不要总把资本主义经济看成一块铁板，看成是不变化的。由于没收官僚资本，旧中国工矿业和交通运输业的固定资产的 80％成为国营资产，全国银行也基本上由国家经营，国家掌握了巨大的经济力量。随着国民经济的恢复和发展，国营经济的力量又有了很大的增长，在国民经济中占有越来越重要的地位。到 1952 年，国营工业产值在全国现代工业总产值中的比重已经增加到 56％，国营批发商业的营业额占全国批发

---

① 列宁．列宁全集：第 42 卷．2 版．北京：人民出版社，1987：176.
② 列宁．列宁全集：第 41 卷．2 版．北京：人民出版社，1986：217.

商业营业总额的60%。当时刘少奇在给斯大林的信中预计，再经过5年，即在执行了第一个五年经济计划之后，工业中国营经济的比重将会有更大的增加，私人资本主义经济的比重则会降到20%以下。10年以后，中国工业将有90%以上是公有制的，私人工业不到10%。国营经济在我国社会经济生活中比重的相对增大，成为党提出向社会主义逐步过渡的总路线的现实因素。

第三，经过开展互助合作，特别是利用和限制资本主义工商业，党已经为进行社会主义改造积累了初步的经验。在农村，土地改革完成后，为解决个体农业与工业化对粮食和工业原料迅速增长需要的矛盾以及避免两极分化，许多地区已经建立了各种生产互助合作组织，土地入股的初级合作社开始涌现，生产资料集体所有的高级合作社（集体农庄）也有了若干典型试验。这些组织不但能帮助贫苦农民克服困难、发展生产、改善生活，而且是防止农村资本主义自发势力产生，引导农民向社会主义方向发展的适当形式。实践表明，不一定必须先机械化再合作化。正如工场手工业初期的时候，没有大机器，主要靠协作，也能提高生产力一样。一般规模较小的农业互助合作组织，没有大机器，主要靠统一经营和协作，也可以增产。这实际上成为对个体农业进行社会主义改造的最初步骤。在城市，在同资本主义经济反抗国家限制的不法行为的斗争中以及合理调整工商业的过程中，创造了加工订货、经销代销、统购包销、公私合营等一系列由低级到高级的国家资本主义形式。这不但有利于帮助私营工商业克服困难，扶持其生存和发展，而且必然加深它们同社会主义国营经济的联系，引起它们在生产关系方面不同程度的变化，实际上开始了对私营工商业的社会主义改造。所有这些，都对改变过去先建设、然后一举宣布实行国有化，进而消灭资本主义私有制的原有观念具有重要的影响。总之，国营经济因素的不断增长，低级形式的农业合作化和国家资本主义的初步实践，是毛泽东改变原来设想而提出总路线的重要因素。

第四，国际环境的变化，对党中央提出过渡时期总路线产生了重要影响。新中国成立前夕，中国共产党就宣布未来新中国的对外政策是实行政治上的“一边倒”，即坚决站在以苏联为首的世界民主阵营一方；但同时又宣布在经济上采取灵活政策，在平等互利的基础上与世界各国发展经济关系。1950年6月爆发的朝鲜战争，以及随后美国出兵朝鲜、中国人民抗美援朝，使中国与以美国为首的资本主义世界严重对立，在西方军事威胁和经济封锁之下，中国与苏联及东欧民主国家的关系更为密切。世界两大阵营的对峙和中国别无选择地站在苏联一方，自然要影响到国内社会制度的选择和变化。同时，当时资本主义阵营很不景气，而苏联及其他社会主义国家充满活力，显示出对资本主义的优越性。这样的国际背景也必然会从外部催促着我国由新民主主义向社会主义过渡。在当时的社会主义阵营，斯大林领导的社会主义模式被认为是社会主义唯一正确的选择，这从总路线宣传提纲中对列宁、斯大林有关论述和苏联经验的引述与介绍就能看出。我们不但在社会主义改造的目标模式上学习苏联，提出要使社会主义所有制成为我国唯一的经济基础，而且连实现过渡所需要的大体时间，也基本是参照苏联的实践经验确定的。

综上所述，中国共产党在顺利完成土地改革和恢复国民经济的任务以后，即明确提出向社会主义过渡，并提出了党在过渡时期的总路线，这既是必要的，又是正确的。

三、过渡时期总路线的主要内容和实质

过渡时期总路线的主要内容被概括为“一化三改”。“一化”即社会主义工业化，“三改”即对个体农业、手工业的社会主义改造，对资本主义工商业的社会主义改造。如果把过渡时期总路线比作展翅高飞的大鸟，那么“一化”是“主体”，“三改”是“两翼”，两者相互促进、相辅相成。这是一条社会主义建设和社会主义改造同时并举的总路线，体现了社会主义工业化和社会主义改造的紧密结合，体现了解放生产力与发展生产力的有机统一。

第一，实现社会主义工业化，就是建立一个独立的比较完整的社会主义工业体系，把我国国民经济从落后的技术基础上转移到现代化技术基础上来，奠定社会主义制度的物质基础。从历史上看，实现工业化有两条道路：一条是资本主义工业化的道路，这是西欧、北美、日本等走过的道路；一条是社会主义工业化的道路，这是苏联走过的道路。西方资本主义工业化是从16世纪开始的，经过一两百年的发展，依靠殖民掠夺，以及对农民、工人的掠夺和压榨，到18世纪下半叶才进入确立时期，在工业革命以后，又经过200年才达到高度发达的水准。中国从19世纪60年代末开始发展资本主义，由于帝国主义侵略和封建买办势力的束缚，到新中国成立前夕，经济仍处于极其低下的水准，我国已经丧失了通过资本主义工业化进入强国行列的机遇。同时，即使中国走资本主义道路，也不可能像西方资本主义国家那样靠原始积累来获得资金。中国的资本家拥有的资本额有限，富农经济更是薄弱，依靠力量弱小的资本主义经济是不能够实现国家工业化的。官僚资本已被没收，中国的民族资本主要是商业资本和金融资本。民族工业资本在1949年也只有20亿零800万元（按1952年人民币计算）。民族资本主义工业主要是轻纺工业和食品工业。据解放初期的统计，雇工在500人以上的工厂在民族资本主义的工厂中只占0.1%，69.7%的工厂只有不到10个工人，79.1%的工厂是工场手工业。能不能设想，在这个基础上，通过一个时期的资本主义自身的独立发展，中国就可以成为高度发展的工业国呢？显然，这是根本不可能的。新中国成立初期，毛泽东在谈到我国工业的情况时说，现在我们能造什么？能造桌子椅子，能造茶碗茶壶，能种粮食，还能磨成面粉，还能造纸，但是，一辆汽车、一架飞机、一辆坦克、一辆拖拉机都不能造。“资本主义道路，也可增产，但时间要长，而且是痛苦的道路。我们不搞资本主义，这是定了的。”[①] 历史和现实都表明，实现社会主义工业化，是国家独立和富强的必然要求。只有建立强大的工业基础和完备的工业体系，用先进的技术装备农业和国民经济的各部门，才能保证国家对非社会主义经济成分改造的逐步完成，创造社会主义在我国发展的物质基础。

第二，对个体农业和手工业进行社会主义改造，就是把农民和手工业者的个体私有制改造成为社会主义劳动群众的集体所有制。其必要性主要表现在：首先，对个体农业进行社会主义改造，是我国农村生产力自身发展的客观要求。土地改革的完成，彻底废除了封建土地所有制，使广大农民获得了土地。但是，分散落后的小农经济的生产方式

① 中共中央文献研究室．毛泽东文集：第6卷．北京：人民出版社，1999：299.

在整个农业中还占据着绝对的优势。由于小农经济本身的分散落后和发展缓慢，不便于也无力使用农业机械和其他新技术，不便于也无力兴修水利和进行农田基本建设，更无力抵御较大的自然灾害。同时，个体农民，特别是贫下中农，由于缺少土地以外的其他生产资料和资金，为了生产和生活就必然重新借高利贷和出卖土地，因而会随时产生两极分化。为了采用农业机械和其他新技术，兴修水利，发展生产，抵御自然灾害和避免两极分化，就必须对个体农业进行社会主义改造。其次，对个体农业进行社会主义改造，是我国社会主义工业化建设的需要。个体农业和手工业的发展与工业化建设的步伐是不相适应的。一方面，工业的发展对农产品的需求量增大，而生产率低下的个体农业经济满足不了工业方面不断增长的对商品粮食和工业原料的需求；另一方面，工业对农业和手工业技术改造的援助增强，而农业和手工业只有在形成合作经营的基础上，才有可能广泛地使用农业机械。同时，社会主义工业化与农业和手工业技术改造所需大量资金的相当部分要从农业和轻工业的积累方面获得，轻工业的发展，也需要农业的支持，而这一切只有在农业合作化的基础上才能变成现实。再次，对个体农业进行社会主义改造，是资本主义工商业改造的必要条件。实现农业的合作化，建立巩固的工农联盟，就割断了农业和资本主义工商业之间的联系，国家就可以依靠巩固的工农联盟去限制和改造资本主义，断绝其取得商品粮食和工业原料的来源，在农村这个广阔的土地上根绝资本主义，从而迫使资本主义经济不得不纳入国家资本主义的轨道，并接受社会主义改造。最后，对个体手工业进行社会主义改造，是生产关系一定要适应生产力状况规律的要求。个体手工业，以一家一户为经营单位，工具简陋，生产规模较小，技术落后，劳动生产率低，限制生产力的发展。个体手工业是小商品经济，生产不稳定，具有盲目性，如果任其自发发展就会走向两极分化，大多数手工业者难以摆脱贫困的处境。为了解放生产力，克服个体生产的自发性和落后状态，必须对手工业进行社会主义改造。总之，只有对个体农业和手工业实行社会主义改造，才能解决这种落后生产关系同国家要求迅速发展社会生产力之间的矛盾。

第三，对资本主义工商业进行社会主义改造，就是把资本主义的私有制改造成为社会主义全民所有制，这是解决当时国内主要矛盾的必然选择。随着新民主主义革命在全国的胜利和土地改革的完成，工人阶级和资产阶级之间、社会主义道路和资本主义道路之间的矛盾成为国内的主要矛盾。资本主义工商业在经济上是具有两面性的，既有有利于国计民生的一面，也有不利的一面。新中国成立初期，国家需要有利于国计民生的资本主义工商业有一定的发展，但它的发展也出现了不利于国计民生、破坏统一的国民经济和计划建设的消极方面。这就不能不发生限制和反限制的斗争。在资本主义所有制和社会主义所有制之间，在资本主义企业和国家计划经济之间、在资本主义企业内部资本家与职工及全国人民之间的利益冲突越来越激烈。这些矛盾的存在，使资本主义企业的设备利用率和劳动生产率低、产品质量差、成本高、资金浪费。这不仅影响了资本主义的扩大再生产，破坏了国家计划经济，而且影响了整个国民经济的发展，使工人生活也无保障。如果不改变这种状况，这部分社会生产力就不可能获得充分合理的发展，社会主义工业化就不可能全部实现，就不能摆脱生产的无政府状态和旧中国那种贫穷落后的面貌。为了解决社会主义经济同资本主义经济、无产阶级同资产阶级之间的矛盾，为了解放生产力，给工农业生产的迅速发展创造必要的社会条件，就必须对资本主义工商业进行所有制的根本改造。

实现党在过渡时期的总路线，是完成从新民主主义到社会主义的过渡、消灭剥削制度的深刻革命。由于在过渡时期公有制和私有制之间、社会主义道路和资本主义道路之间存在着尖锐的矛盾与斗争，只有完成了生产资料私有制到社会主义公有制的转变，才能促进社会生产力的迅速发展，才能提高人民的生活水平和巩固国家政权。从这个意义上说，“总路线也可以说就是解决所有制的问题。国有制扩大——国营企业的新建、改建、扩建。私人所有制有两种，劳动人民的和资产阶级的，改变为集体所有制和国营（经过公私合营，统一于社会主义），这才能提高生产力，完成国家工业化”①。党在过渡时期总路线的实质是逐步地改变生产关系，完成对生产资料私有制的社会主义改造，使生产资料的社会主义公有制即全民所有制和集体所有制成为我国社会的经济基础，以在我国建立社会主义制度、推动社会生产力的发展为根本目的。因此，1953 年 12 月《为动员一切力量把我国建设成为一个伟大的社会主义国家而斗争——关于党在过渡时期总路线的学习和宣传提纲》明确指出：“党在过渡时期的总路线的实质，就是使生产资料的社会主义所有制成为我国国家和社会的唯一的经济基础。”② 当然，“唯一”这个提法，在一定程度上也反映了当时党对社会主义认识的局限。

第二节　中国特色社会主义改造的道路

一、农业、手工业社会主义改造

过渡时期总路线是党对生产资料私有制实行社会主义改造的纲领。总路线提出后，社会主义改造工作全面展开。对农业的社会主义改造在过渡时期总路线提出之前就已经开始，但主要是发展农业生产互助组。过渡时期总路线公布后，农业集体化进入了发展以土地入股、统一经营为特点的具有半社会主义性质的初级农业生产合作社阶段。1955 年夏天以前，虽然有些地区出现了急躁冒进的偏差，给工作造成了一定损失，但很快就得到了纠正。总的来说，这段时间全国农业合作化发展是健康的，组织起来的互助组和合作社 80%以上都达到了增产增收的目的，而且呈现出高级社优于初级社、初级社优于互助组、互助组优于单干户的情况，显示了互助合作的优越性。在领导农业社会主义改造的过程中，中国共产党依据马克思列宁主义关于农业社会主义改造的基本原理和新民主主义革命时期在根据地领导农民互助合作运动的经验，从中国农村的实际出发，充分利用新民主主义革命胜利后所取得的政治经济条件，制定和实行了一整套适合中国特点的农业社会主义改造的路线方针政策，开辟了中国特色的对个体农业进行社会主义改造的道路。

第一，不失时机地引导农民走互助合作道路。新中国成立初期，广大农民在土地改

① 中共中央文献研究室．毛泽东文集：第 6 卷．北京：人民出版社，1999：301.
② 中共中央文献研究室．建国以来重要文献选编：第 4 册．北京：中央文献出版社，1993：702.

革基础上发挥出来的生产积极性，表现在两个方面：一是个体经济的积极性，二是互助合作的积极性。党正确分析了农民既是劳动者又是私有者的特点，认为：当时分散落后的小农经济，不仅限制了农业生产力的发展，而且如果任其自发地发展下去，必然会出现两极分化。党既不能忽视和粗暴地挫伤农民个体经济的积极性，又必须提倡组织起来，发展农民互助合作的积极性。党积极引导广大农民，使他们逐步地懂得劳动互助和生产合作比起单纯的孤立的个体经济有着极大的优越性，启发他们逐步地走上集体经济的道路。

第二，遵循自愿互利、典型示范和国家帮助的原则。对小农经济进行社会主义改造，必须坚持自愿互利的原则。自愿就是由农民决定是否参加互助合作。农业合作化，是农民自己的事情，要让他们在实践中不断提高觉悟，不能用强迫命令的办法，把他们拉进来。对于一切暂时还不想加入合作社的人，即使他们是贫农和下中农，也要利用一段时间对他们进行教育，耐心地等待他们提高觉悟。互利就是要合理对待生产资料入社的折价和收益补偿问题，正确处理各方面的经济关系以及生产和分配方面的问题。典型示范就是在改造中要重视典型示范的作用。先办好一批合作社，作为示范，起到典型的作用，然后再引导大批农民和手工业者入社，从而带动整个合作化运动的发展。国家帮助的原则，就是国家各有关部门应该采取各种措施帮助合作社，如低利贷款、提供技术和工具，解决合作社生产和销售中的问题等。在农业和手工业的社会主义改造过程中，由于坚持了自愿互利、典型示范和国家帮助的原则，合作社由小到大、由少到多、由点到面、由低级到高级，得到了健康发展，对农业和手工业的社会主义改造顺利完成。同时，在合作社的指导方针方面，必须实行贫农和中农互利的政策，既不侵犯中农的利益，也不损害贫农的利益。必须采取说服、示范和国家帮助的方法使农民自愿联合起来，并不断显示出互助合作的优越性，以此去吸引农民自愿参加。

第三，实行积极领导、稳步前进的方针。就是各级领导机关要走在群众运动的前头，主动加强对互助合作运动的领导，采取逐步过渡的办法，稳步地推动互助合作运动的发展。第一步，号召农民组织带有社会主义萌芽性质的几户或者十几户农民为单位的互助组。第二步，在互助组的基础上，号召农民组织以土地入股分红，统一经营，实行一定按劳分配制度的带有半社会主义性质的农业生产合作社。第三步，在半社会主义性质的合作社的基础上，号召农民进一步联合起来，使土地和其他主要生产资料归集体所有，统一经营，集体劳动，实行按劳分配的高级社。采取这样逐步过渡的步骤，有利于广大农民逐步提高社会主义觉悟，逐步习惯集体所有制的生活方式，对原有生活方式的改变不至于感到很突然，同时又可以避免因生产关系的急剧变革而引起农作物的减产。

第四，制定和实行依靠贫农、下中农，团结中农的阶级政策。土地改革后，贫农雇农由于分得了土地、农具、耕畜，有半数人迅速上升为中农。毛泽东从我国农村的实际出发，分析土改后中农在生产中的地位、生活状况和对社会主义改造的态度，把中农分为上中农和下中农，把占农村人口60%～70%的贫农、下中农放在一起，作为党在农村的依靠对象。解决了这个问题，就从根本上解决了社会主义改造过程中依靠农民大多数和建立农村无产阶级优势的问题。在此基础上，党制定并贯彻执行了依靠贫农、下中农，团结其他中农，由限制到逐步消灭富农剥削的农村阶级政策，使我国农业合作化运动有了坚实的阶级基础和群众基础。

党对个体手工业的社会主义改造，与对农业的社会主义改造基本类同。简单来说，手工业就是主要依靠手工劳动、使用简单工具的小规模工业和服务业。准确地讲，手工业应包含三种不同类型，即依附于农业自然经济的手工业、生产小商品的个体手工业以及资本主义的工场手工业。中国手工业生产历史悠久，高度发展。据统计，新中国成立初期中国拥有 2 000 万名手工业者，手工业总产值相当于工业总产值的 31%。中国没有资本主义的工场手工业，因此，我国对手工业进行的社会主义改造，主要是指对从事小商品生产的个体手工业的改造，也包括一部分依附于农业自然经济的手工业。在方针上是“统筹兼顾，全面安排，积极领导，稳步前进”，对个体手工业者进行耐心的说服教育，通过典型示范和国家帮助，引导他们在自愿的基础上联合起来。在组织形式上，由带有社会主义因素的手工业生产小组，过渡到半社会主义性质的供销合作社，再发展到社会主义性质的生产合作社，逐步改变手工业的生产关系。在方法步骤上，采取从供销合作入手，再组织生产合作，由小到大，由低级到高级，逐步地把手工业的私有制经济形式改变为集体所有制经济形式。

农业、手工业的社会主义改造，面对的是一个广大的劳动阶层和工人阶级最基本的同盟军，触动的是传统的生产资料私有制的个体经济和根深蒂固的私有观念，农民和手工业者的个体所有制是劳动者的私有制。他们的生产资料，是自己劳动的积累或者主要是自己劳动的积累，原则上是不能剥夺的。在人民民主专政的条件下，只能通过合作化的道路，逐步把他们从个体所有制改造成为劳动群众的集体所有制。我国农业和手工业改造的成功进行，有力地证明了党与毛泽东关于农业和手工业改造理论、路线、方针、政策的正确性，走出了一条具有中国特色的社会主义革命的道路，为丰富和发展马克思主义理论做出了重要贡献。

二、资本主义工商业社会主义改造

我国对资本主义工商业的社会主义改造，在 1953 年底以前，实行的基本上是以加工订货为主的初级国家资本主义形式。从 1954 年起，转入重点发展公私合营这种高级形式的国家资本主义。私营企业公私合营后，由于得到国家的帮助和支持，生产规模、产品质量、企业利润等都比合营以前有明显的扩大和提高，公私合营的工作进展顺利。开始主要在一些规模较大的企业合营，后来，应中小企业的要求，按行业先对中小企业进行改组合并，然后再实行全行业公私合营。1956 年 1 月 10 日，北京市率先宣布全部实现全行业公私合营。1 月底，全国 50 多个大中城市实现全行业公私合营。到年底，全国私营工业户数的 99%、商业的 82%、运输业的 99%、饮食业的 86%、服务业的 77%都实行了全行业公私合营，对资本主义工商业的社会主义改造基本完成。中国共产党在对资本主义工商业的社会主义改造中，把马克思主义创始人关于和平赎买的设想与中国实际相结合，制定了对资本主义工商业进行社会主义改造的正确方针和政策，走出了一条具有中国特色的、消灭资本主义私有制的道路。

第一，用和平赎买的方法改造资本主义工商业。马克思和恩格斯认为，无产阶级掌握政权以后，假如能用赎买的方法把资本家的财产完全国有化，“那对于我们最便宜不过了”[①]。俄国十月革命以后，列宁曾经两次提出要对资本家实行赎买。第一次是在 1918 年上半年，主张对肯接受国家资本主义的“文明的资本家”实行赎买，而对不肯接受国家资本主义的“不文明的资本家”加以无情的惩治。但是俄国的资产阶级不肯接受国家资本主义，它怠工、反抗，直至发动反革命内战。第二次是在 1921 年，列宁重提国家资本主义问题。当时工业企业已经基本上掌握在国家手中，所以强调“租让制”“租借制”的形式。但是，由于种种原因，没有取得多大成果。中国共产党提出对中国资本主义工商业实行和平赎买的方针，把马克思和恩格斯与列宁关于和平赎买的设想变为现实。在我国，赎买就是国家有偿地将私营企业改变为国营企业，将资本主义私有制改变为社会主义公有制。其具体方式不是由国家支付一笔巨额补偿资金，而是让资本家在一定年限内从企业经营所得中获得一部分利润。在全行业公私合营以前，资本家所得可占全部盈余的 25%（“四马分肥”即国家所得税 30%左右、企业公积金一般占 10%～30%、职工福利奖金一般占 5%～15%、股息红利约占 25%），全行业公私合营以后，发给资本家 5%的定息，一共发了 10 年。实行和平赎买政策，在一定程度上减轻了资本家对社会主义改造的抗拒和破坏，而且在整个生产资料私有制的变革过程中，有利于生产力的发展。我国对资本主义工商业没有采取没收办法，而采取赎买的办法，主要是因为民族资产阶级在社会主义改造时期，仍然具有两面性：既有剥削工人取得利润的一面，又有拥护宪法、愿意接受社会主义改造的一面。而且，经过“五反”等政治运动的教育，涌现了一批愿意接受社会主义改造的进步分子。同时，我国已经建立并巩固了人民民主专政的国家政权，建立了巩固的工农联盟，建立了强大的国营经济，迫使资产阶级不得不接受社会主义改造。

第二，采取从低级到高级的国家资本主义的过渡形式。《中国人民政治协商会议共同纲领》规定：“国家资本与私人资本合作的经济为国家资本主义性质的经济。在必要和可能的条件下，应鼓励私人资本向国家资本主义方向发展。”[②] 国家资本主义，是对资本主义工商业实行社会主义改造的一种过渡性的经济形式，是在人民政府管理之下，用各种方式与社会主义经济联系着的，并受工人监督的资本主义经济。毛泽东明确指出，国家资本主义是改造资本主义工商业和逐步完成社会主义过渡的必经之路[③]。按照与国营经济的联系和受国家管理、工人积极监督的程度，国家资本主义分为初级形式和高级形式两种。初级形式的国家资本主义在工业中，有加工订货、统购包销，在商业中有经销代销等形式。这些初级形式的国家资本主义，生产资料仍属资本家所有，企业基本上还是按资本主义方式经营，只是在企业外部即流通领域同社会主义国营经济发生联系。其生产和经营纳入了国家计划的轨道，限制了资本主义活动的范围。高级形式的国家资本主义是公私合营，又分为个别行业的公私合营和全行业的公私合营。个别行业的公私合营，国家向私人企业投资入股，企业的生产资料由国家和资本家共有，企业利润的分配仍为“四马分肥”，国家派干部（公方代表）进入企业内部，根据国家需要，同工人、资本家

---

① 马克思，恩格斯．马克思恩格斯选集：第 4 卷．3 版．北京：人民出版社，2012：375.

② 中共中央文献研究室．建国以来重要文献选编：第 1 册．北京：中央文献出版社，1992：8.

③ 中共中央文献研究室．建国以来重要文献选编：第 4 册．北京：中央文献出版社，1993：344.

（私方代表）共同管理和改造企业，公方代表居领导地位，社会主义经济成分已进入企业内部，资本主义剥削受到进一步限制。企业的经营管理以发展生产、满足人民需要和完成国家计划为目标，因而已经属于半社会主义性质的企业。实行全行业公私合营后，企业的生产资料变为公有，完全由国家支配，企业的经营管理直接纳入国家计划，基本上转变为社会主义国营性质的企业。由于在生产资料私有制的社会主义改造过程中，有步骤地实行了各种形式的国家资本主义，促进了私人资本主义经济的社会主义改造，我国顺利地实现了资本主义私有制的社会主义变革。

第三，把对企业的改造和对人的改造结合起来，把原来的剥削者逐步改造成为自食其力的劳动者。社会主义改造有两个方面，一方面是制度的改造，另一方面是人的改造。二者是互相作用、互相促进的。对资产阶级分子改造的方法，主要是以企业为基地，对资方在职人员和资方代理人采取"包下来"的政策，"量才使用，适当照顾"。既使他们人尽其才，各得其所，又使他们在企业内部同工人一起劳动、学习，逐步改造成为自食其力的劳动者。在政治上则把同民族资产阶级的矛盾，当作人民内部矛盾来处理。通过一系列工作，绝大部分资本家都愿意接受工人阶级的领导，减少改造的阻力，并且资本家利用他们所掌握的科学技术知识和经营管理经验为社会主义建设服务，从而达到了既消灭剥削阶级，又团结、教育、改造了这个阶级成员的目的，这也是我国社会主义改造的一个创举。

三、中国社会主义改造的基本经验

从 1953 年开始，在过渡时期总路线的指引下，我国的社会主义工业化建设与农业、手工业、资本主义工商业的社会主义改造全面展开。到 1956 年底，在提前完成国民经济第一个五年计划任务的同时，基本上实现了生产资料私有制的社会主义改造。党在社会主义改造过程中主要积累了以下几方面宝贵的历史经验：

第一，坚持社会主义工业化建设与社会主义改造同时并举，在改造生产关系的同时促进生产力的发展。毛泽东指出："我们现在不但正在进行关于社会制度方面的由私有制到公有制的革命，而且正在进行技术方面的由手工业生产到大规模现代化机器生产的革命，而这两种革命是结合在一起的。"① 引导个体农民、个体手工业者走集体化的道路，改造私人资本主义工商业，目的都是适应社会主义工业化建设的要求，更好地发展生产力；而社会主义工业化的推进，又必然会为社会主义改造的实现提供强大的物质技术基础。在社会主义改造过程中，党和政府所采取的每一实际步骤，总是力求使之与促进工业化进程和经济发展的要求相适应，而不允许对生产力造成破坏。经过全党和全国人民的努力奋斗，到 1956 年我国社会主义改造基本完成时，"一五"计划的主要指标也提前完成。经过"一五"期间的大规模建设，我国以重工业为重点的社会主义工业化基础已初步形成。实践证明，党坚持社会主义工业化与社会主义改造同时并举的方针，对于在深刻的社会变革中保持社会稳定，促进生产力发展，逐步改善人民生活，推动社会进步，

---

① 中共中央文献研究室．毛泽东文集：第 6 卷．北京：人民出版社，1999：432.

都具有十分重要的意义。

第二，采取一系列由低级到高级逐步过渡的形式，开创了中国特色社会主义改造道路。我国对农业、手工业和资本主义工商业的改造都采取了区别对象，用不同的办法积极引导、逐步过渡的形式。在农业社会主义改造方面，从实际出发采取引导农民逐步走向社会主义的渐进式的改造方式，一方面有利于克服小农经济自身的弱点，使农民认识到合作社在增加生产、抵抗灾害、防止出现两极分化方面的优越性，从而逐步地提高自身的思想觉悟，逐步地改变小生产的生活方式。另一方面又有助于避免一些国家在农业社会主义改造中出现的生产遭到破坏的情况。在手工业改造方面的逐步过渡，保护和促进了手工业生产的发展，为手工业逐步进行技术改造创造了条件。在资本主义工商业改造方面的逐步过渡，避免了在改造期间可能发生的剧烈的社会震荡和经济破坏。逐步过渡是我国生产资料私有制社会主义改造能够顺利进行的重要原因。

第三，采用和平的方式进行改造，有助于解决实现社会变革与经济发展通常难以解决的矛盾问题。毛泽东指出，“我们进行社会主义革命所用的方法是和平的方法”①，“在我国的条件下，用和平的方法，即用说服教育的方法，不但可以改变个体的所有制为社会主义的集体所有制，而且可以改变资本主义所有制为社会主义所有制”②。在农业社会主义改造中，党和政府坚持自愿的原则，坚持用事实向农民说明，合作社可以使占农村人口多数的、在生产条件方面还有各种困难的贫农和下中农得到利益，至少不损害他们的利益，因而使包括比较富裕农民在内的绝大多数农民对合作化采取了拥护、比较拥护和可以接受的态度。手工业的改造因为有了农业改造经验做参照，因而更为顺利一些。对资本主义工商业的改造则要复杂得多。党和政府没有采取对待地主的办法对待民族资本家，而是坚持用和平赎买的方式，对民族资本家不仅支付定息、安排工作，而且组织他们参加各种学习，引导他们参加各种政治实践活动，对他们进行社会主义前途的教育，使他们自愿接受和平改造，进而保证了改造的顺利进行。

我国的社会主义改造也出现过一些失误和偏差。这主要是“在一九五五年夏季以后，农业合作化以及对手工业和个体商业的改造要求过急，工作过粗，改变过快，形式也过于简单划一，以致在长期间遗留了一些问题”③。党在提出过渡总路线的时候，估计完成社会主义工业化和社会主义改造的任务，大约需要经过 3 个五年计划的时间，即从 1953 年起到 1967 年，大约 15 年，加上经济恢复时期的 3 年，则为 18 年。实际执行的结果是：社会主义改造的任务到 1956 年就基本完成了，从 1953 年算起只用了 4 年，加上恢复时期，也只有 7 年。虽说 3 个五年计划左右的时限不是不可以改变的，但在合作化和资本主义工商业改造中，特别是 1955 年夏季以后，速度过急、过快，造成了不良影响。在合作化方面，在短短一年半时间内将全体农民吸收入社。在合作化高潮前，入社农户仅占全国农户总数的 14.2%，到 1955 年底达到 63.3%，到 1956 年底达到 96.3%。把社外的全部中农吸收入社，是违反自愿互利原则的。1957 年初，一些地方闹退社，就是一

---

① 中共中央文献研究室．毛泽东文集：第 7 卷．北京：人民出版社，1999：1.

② 同①2.

③ 中共中央文献研究室．关于建国以来党的若干历史问题的决议注释本（修订）．北京：人民出版社，1985：18.

部分农民对合作社不满情绪的公开爆发；在绝大多数初级社刚刚建立起来之后，就立即转为高级社。初级社转高级社取消了土地分红，大农具、牲畜普遍作价低，偿期长，这对于中农是不利的。合作化高潮中不少高级社没有经过初级社的发展阶段，开展小社并大社的运动，在大范围内统一核算、统一分配，使穷队穷村得利，富村富队吃亏，这是损害群众积极性、不利于生产力发展的。并大社运动还造成机构大、层次多，干部管理能力跟不上，容易产生命令主义、瞎指挥等弊端。将合作化高潮前平均只有 26 户的初级合作社，发展为高潮后平均近 200 户的高级合作社，除了在兴修农田水利中，便于大规模地组织劳力以外，无论在组织生产方面，还是在经营管理和分配方面，都是不利的。工商业的公私合营也有类似的问题。在改造高潮前，国家资本主义有多种多样的形式，而高潮中只有全行业公私合营一种形式，涉及私营企业的面过宽，对于一部分原工商业者的使用和处理也不够恰当。之所以出现上述缺点，原因有多种。这与党对社会主义认识的总体水平不高而又受到苏联社会主义模式的重要影响是分不开的。这些问题相对于社会主义改造所取得的成就来说是次要的，我们不能因为出现问题就否定社会主义改造的伟大意义。

第三节　社会主义制度在中国的确立

一、社会主义制度的确立

从中华人民共和国成立到社会主义改造基本完成，短短 7 年，中国共产党就在一个经济文化落后的大国，成功实现了从新民主主义到社会主义的伟大历史转变。我国人民民主专政国家政权的建立和巩固，为这一转变的实现奠定了可靠的政治基础；社会主义国营经济的建立和发展，为这一转变的实现奠定了强大的经济基础；中国共产党在长期革命斗争中对人民进行的社会主义前途的教育，特别是马克思列宁主义、毛泽东思想指导地位的确立，为这一转变的实现提供了必要的思想条件；党培养的大批党政军干部，为这一转变的实现做了充分的组织准备。1981 年 6 月，党的十一届六中全会通过的《决议》充分肯定了社会主义改造这一使我国从新民主主义向社会主义转变的伟大事件。《决议》认为，在从新民主主义向社会主义过渡的历史时期，党确定的指导方针和基本政策是正确的，取得的胜利是辉煌的，在一个几亿人口的大国中比较顺利地实现了如此复杂、困难和深刻的社会变革，促进了工农业和整个国民经济的发展，这的确是伟大的历史性胜利。

第一，社会主义改造基本消灭了以生产资料私有制为基础的剥削制度，建立了以生产资料公有制和按劳分配为主要形式的社会主义的经济制度，同新中国成立初期建立的工人阶级领导的人民民主专政的社会主义政治制度一起，使社会主义制度在中国得到了确立，从而实现了几千年来最伟大最深刻的社会变革，创立与奠定了中国进步和发展的基础。生产资料私有制的社会主义改造的完成，使我国社会的经济结构和阶级关系发生了根本性变化。至 1956 年底，我国约有 1.17 亿农户和 500 多万名手工业者的个体经济变为集体经济；7 万户的私营工业企业已经变为公私合营企业，将近 200 万的私营大中小商店，变为公私合营商店、合作商店、合作小组或直接变为国营商店。这样，在国民经济中，全民所有制和集体所有制这两种形式的社会主义公有制经济已经居于绝对优势地位。反映到国民经济收入的结构上，1956 年同 1952 年相比，国营经济所占的比重由 19.1%上升到 32.2%，合作社经济的比重由 1.5%上升到 53.4%，公私合营经济的比重由 0.7%上升到 7.3%，资本主义经济的比重由 6.9%下降到接近于零，个体经济的比重由 71.8%下降到 7.1%。也就是说，社会主义经济在国民经济中的比重已由 21.3%上升到 92.9%。这就表明，几千年来以生产资料私有制为基础的阶级剥削制度已经基本上被消灭，以生产资料公有制为基础的社会主义经济制度已经基本上建立起来了。社会经济结构的变化，直接影响到我国阶级关系的变化。近百年来横行中国的帝国主义势力已经被赶走了；官僚资产阶级已经被消灭；原来的地主和富农，正在被改造成为自食其力的新人；民族资产阶级分子正处在由剥削者变为劳动者的转变过程中；广大农民和其他个体劳动者，已经变为社会主义的集体劳动者；工人阶级已经成为国家的领导阶级，工人的队伍扩大了，他们的觉悟程度和文化技术水平大大提高了；知识界也已经组成了一支为社会主义服务的队伍。广大劳动人民从此摆脱了被剥削被奴役的地位，成为掌握生产资料、掌握国家政权和自己命运的主人。

第二，社会主义改造不仅避免了通常情况下社会变革难以避免的生产下降、商业凋敝、市场萧条、工人失业等不良后果，而且促进了生产力的发展。衡量生产关系的变革是否正确和必要，主要的标准应当是看这种变革对生产力的发展起促进作用还是阻碍破坏作用。在大规模进行社会主义改造期间，即从 1953 年到 1956 年，全国工业总产值平均每年递增 19.6%，农业总产值每年递增 4.8%。经济发展比较快，经济效果比较好，重要经济部门之间比例比较协调。市场繁荣，物价稳定，人民生活显著改善。在改造过程中，国家资本主义经济和合作经济表现了明显的优越性。以公私合营工业的产值为例，本年度与前一年比较（剔除当年新增合营企业的产值），1953 年增长 28.3%，1954 年增长 25.1%，1955 年增长 29.1%。1956 年全国公私合营工业总产值达 191.1 亿元，比 1955 年增长了 32%[①]。这说明实行全行业公私合营，确实起到了解放生产力的作用。合营商店、合作商店、合作小组的营业额比 1955 年增加了 15%。农业生产在这期间基本上也是逐年上升的。1956 年，农业遇到严重的自然灾害，但农业总产值还是增长了 4.9%，其中粮食比丰收的 1955 年增产 154 亿斤。畜牧业的情况稍差一些，但也没有发生农民大批宰杀牲畜，致使畜牧业遭到严重破坏的情况。这些事实生动地表明，社会主义改造不但没有阻碍生产力的发展，反而成为生产力发展的直接动力。

第三，中国共产党对从新民主主义向社会主义转变时机的选择、方式方法的创造和运用，丰富和发展了马克思主义关于社会主义革命的理论，是对国际共产主义运动的重大历史贡献。中国的社会主义制度，是在夺取全国政权之后，经过和平改造确立起来的。这种独特的革命之所以能够获得成功，除去政权和国有经济的领导地位等许多条件，一个重要的原因就在于，毛泽东等人改变了原来准备经过相当长时间的建设之后，一举将资本主义经济收归国有的设想，而采取了建设和改造同时并举的策略。这是我们在评价社会主义改造时首先要肯定的。同时，在改造的方法上，对资本主义工商业，采用一系

---

① 李定．中国资本主义工商业的社会主义改造．北京：当代中国出版社，1997：302.

列从初级到高级的国家资本主义形式，最后实现了马克思和列宁曾经设想过的对资产阶级的和平赎买；对个体农业，创造了从初级到高级互助合作社的过渡形式；对手工业的改造，则是从供销入手，多种形式，稳步前进。时机和方式的选择，开辟了一条适合中国国情的社会主义改造的道路，解决了中国如何向社会主义转变的大问题。

二、社会主义制度确立的重大意义

社会主义制度的确立，为中国社会主义现代化建设创造了制度条件，开始了在社会主义道路上实现中华民族伟大复兴的历史征程。社会主义制度的建立，极大地提高了工人阶级和广大劳动人民的积极性与创造性，社会主义经济制度以其与社会化大生产的一致性和能够在经济落后条件下尽可能地集中力量办大事的优势，为发展社会生产力开辟了广阔的道路。

社会主义制度的确立，使广大劳动人民真正成为国家和社会的主人。这是中国几千年来阶级关系的最根本变革。社会主义经济制度的建立，极大地巩固和扩大了工人阶级领导的、以工农联盟为基础的人民民主专政国家政权的阶级基础和经济基础。

中国社会主义制度的确立，使当时占世界人口近1/4的东方大国进入了社会主义社会，这是世界社会主义运动史上又一个历史性的伟大胜利。它进一步改变了世界政治经济格局，增强了社会主义力量，对维护世界和平与发展产生了积极影响。中国人民在共产党的领导下通过自己艰苦卓绝的努力走上社会主义道路，为其他相对落后的国家探索民族独立、人民解放和走符合本国国情的发展道路提供了重要经验，对这些国家的人民也是一个巨大的鼓舞。

社会主义制度在中国的确立，是马克思列宁主义关于社会主义革命理论在中国正确运用和创造性发展的结果。社会主义制度在中国的确立，不仅再次证明了马克思主义的真理性，而且以其独创性的理论原则和实践经验，丰富和发展了马克思主义的科学社会主义理论。正如邓小平所说的那样："我们的社会主义改造是搞得成功的，很了不起。这是毛泽东同志对马克思列宁主义的一个重大贡献。"①

随着社会主义制度的确立和社会主义建设的展开，我国初步建立了一个比较独立、完整的工业体系和国民经济体系，农业生产条件发生了显著改变，生产水平有了很大提高，城乡商业和对外贸易都有很大增长，教育、科学、文化、卫生、体育事业均有很大发展，我国主要工农业产品的产量在世界的位次都明显提高。中国现代化建设取得的辉煌成就，离不开选择并且走上社会主义道路这个最基本的前提条件，从此中华民族开始了在新的起点上实现伟大复兴的征程。

阅读书目

1. 毛泽东．在中国共产党第七届中央委员会第二次全体会议上的报告//毛泽东．毛

① 邓小平．邓小平文选：第2卷．2版．北京：人民出版社，1994：302.

泽东选集：第4卷.2版.北京：人民出版社，1991.

2. 毛泽东．革命的转变和党在过渡时期的总路线//中共中央文献研究室．毛泽东文集：第6卷．北京：人民出版社，1999.

3. 毛泽东．关于农业互助合作的两次谈话//中共中央文献研究室．毛泽东文集：第6卷．北京：人民出版社，1999.

4. 毛泽东．关于国家资本主义经济//中共中央文献研究室．毛泽东文集：第6卷．北京：人民出版社，1999.

5. 为动员一切力量把我国建设成为一个伟大的社会主义国家而斗争：关于党在过渡时期总路线的学习和宣传提纲//中共中央文献研究室．建国以来重要文献选编：第4册．北京：中央文献出版社，1993.

思考题

1. 如何理解党在过渡时期总路线的提出不是偶然的？
2. 中国农业社会主义改造的道路是什么？
3. 中国资本主义工商业社会主义改造的道路是什么？
4. 我国社会主义改造的基本经验是什么？
5. 中国确立社会主义制度的重大意义是什么？

第三章
中国社会主义建设的理论与实践探索

中国社会主义改造基本完成前后，以毛泽东同志为主要代表的中国共产党人，积极探索中国特色社会主义建设道路，把马克思列宁主义基本原理同中国新的具体实际进行“第二次结合”，提出了关于社会主义建设的一系列重要思想。在探索过程中，虽历经严重曲折，但取得的独创性的理论成果，为新的历史时期开创、坚持和发展中国特色社会主义提供了宝贵经验、理论准备和物质基础。

第一节　中国社会主义建设道路探索的积极成果

一、社会主义社会矛盾的学说

毛泽东关于社会主义社会的矛盾学说，特别是关于正确处理人民内部矛盾的理论，极大地丰富和发展了马克思主义的科学社会主义理论，是对社会主义社会发展规律探索的一个重大成果，为社会主义改革提供了理论依据。

第一，社会主义社会的基本矛盾。马克思和恩格斯创立的唯物史观认为，生产力和生产关系、经济基础和上层建筑的矛盾运动是人类社会发展的基本矛盾。但是，他们把社会基本矛盾这个概念的使用限定在资本主义基本矛盾的集中表现上。社会主义社会是否存在基本矛盾？对这个问题，在理论上长期无人做出正确的回答。毛泽东运用唯物辩证法的对立统一规律，考察了苏联和其他社会主义国家正反两方面的经验教训，总结我国社会主义建设的实践经验，在研究社会主义社会矛盾的过程中，揭示了社会主义社会的基本矛盾，从而创造性地提出了关于社会主义社会的基本矛盾学说。《关于正确处理人民内部矛盾的问题》，系统地阐述了社会主义社会基本矛盾的内涵以及它的性质和特点、解决途径和办法。

一是明确提出了社会主义社会基本矛盾的概念和基本规律。毛泽东明确指出：矛盾是普遍存在的，社会主义社会也充满着矛盾，其基本矛盾仍然是生产力和生产关系、经济基础和上层建筑之间的矛盾，正是这些矛盾推动着社会主义社会不断向前发展，成为推动社会主义社会不断前进的基本动力。社会主义社会的基本矛盾是客观存在的，它贯穿于社会主义社会的始终，表现在社会生活的各个方面。社会主义社会是一个不断发展的过程，“在解决这些矛盾以后，又会出现新的问题，新的矛盾，又需要人们去解决”，

“矛盾不断出现，又不断解决，就是事物发展的辩证规律”①。

二是阐述了社会主义社会基本矛盾的性质和特点。毛泽东指出，社会主义社会的基本矛盾同旧社会的生产力和生产关系的矛盾、经济基础和上层建筑的矛盾，“具有根本不同的性质和情况”②，它是在生产力和生产关系、经济基础和上层建筑基本适应条件下的矛盾，是在人民根本利益一致基础上的矛盾，因而它不是对抗性而是非对抗性矛盾。这样就将社会主义社会的基本矛盾与旧社会的基本矛盾在本质上严格区分开来。毛泽东高度概括了社会主义社会基本矛盾具有“又相适应又相矛盾”的特点。他指出，社会主义生产关系已经建立起来，它是和生产力的发展相适应的，“能够容许生产力以旧社会所没有的速度迅速发展，因而生产不断扩大，因而使人民不断增长的需要能够逐步得到满足”③。但是，“它又还很不完善，这些不完善的方面和生产力的发展又是相矛盾的”④。它主要表现为经济制度和政治制度的某些环节上的缺陷。此外，经济基础和上层建筑也存在着又相适应又相矛盾的情况。人民民主专政的国家制度和法律、以马克思列宁主义为指导的社会主义意识形态这些上层建筑是和社会主义经济基础即社会主义的生产关系相适应的，但是，资产阶级意识形态的存在、国家机构中某些官僚主义作风的存在、国家制度中某些环节上缺陷的存在，又是和社会主义经济基础相矛盾的。

三是提出了解决社会主义社会基本矛盾的途径和办法。资本主义社会的基本矛盾是无法通过其内部调整从根本上解决的，这是因为资本主义生产关系的私有化与生产力的社会化之间的矛盾是一种致命的不可调和的矛盾，只有通过社会主义革命才能够加以解决。但是，社会主义社会的基本矛盾是另一回事，它是生产力和生产关系、经济基础和上层建筑之间基本适应条件下的矛盾，是非对抗性矛盾，“它可以经过社会主义制度本身，不断地得到解决”⑤。这说明，社会主义社会基本矛盾的解决，不是从根本上改变社会主义制度，而是依靠社会主义制度自身的力量，依据生产力发展的状况和要求，依靠人民群众的实践，自觉地、有秩序地对生产关系不适应生产力的方面、上层建筑不适应经济基础的方面进行调整和改革，使之更好地适应生产力发展的要求。

第二，社会主义的发展阶段和主要矛盾。正确分析和判断基本国情，把握社会主要矛盾，是党领导革命和建设事业，制定正确的路线、方针和政策的基本依据。关于社会主义制度基本建立以后我国的国情和主要矛盾问题，以毛泽东同志为主要代表的中国共产党人同样给予了极大的关注，做出了许多正确的论断，对于我国的社会主义建设事业具有极其重要的理论价值。

一是关于我国的社会性质及其发展阶段的认识。社会主义改造基本完成以后，我国进入社会主义社会，但社会主义制度还不巩固、不完善。毛泽东多次指出，只有社会主义才能救中国，社会主义制度能够容许生产力以旧社会所没有的速度迅速发展。我国的社会主义制度才“刚刚建立”，还没有“完全建成”，还不完全巩固。社会主义生产关系已经建立起来，但又很不完善。社会主义上层建筑中也存在着薄弱的环节。毛泽东还认

---

① 中共中央文献研究室．毛泽东文集：第7卷．北京：人民出版社，1999：215，216.

②③ 同①214.

④ 同①215.

⑤ 同①213-214.

为，社会主义制度的完全建成和完全巩固，不仅需要时间，而且需要国内外的各种条件，其中最重要的条件就是实现国家的社会主义工业化，使生产力获得较充分的发展，这样社会主义制度才能获得稳固的物质基础，社会主义社会才算从根本上建成了。后来，毛泽东在读苏联《政治经济学教科书》时，又提出社会主义社会可以划分为不发达和比较发达两个阶段的思想，认为中国目前还处在不发达的社会主义阶段。这些思想为后来我国社会主义社会发展阶段的探索提供了十分有益的启示。

二是关于我国社会主义建设的物质基础和艰巨性的认识。新中国成立后，毛泽东反复强调，中国是一个社会主义的大国，我们一为"穷"，二为"白"。"穷"，就是没有多少工业，农业也不发达。"白"，就是一张白纸，文化水平、科学水平都不高。这是我国的基本国情，是我们考虑一切问题的基本出发点。在这样的基础上建设社会主义，改变一穷二白的落后状态，任务是极其艰巨的。在经历了"大跃进"和人民公社化运动以后，毛泽东对此有了更加清醒的认识。他说："社会主义和资本主义比较，有许多优越性，我们国家经济的发展，会比资本主义国家快得多。可是，中国的人口多、底子薄，经济落后，要使生产力很大地发展起来，要赶上和超过世界上最先进的资本主义国家，没有一百多年的时间，我看是不行的。"① 毛泽东的这个估计是基本符合我国实际的，它为党和国家制定正确的经济发展战略规划提供了重要的指导思想。

三是关于我国社会主义社会的主要矛盾和根本任务的论断。党的八大对社会主义改造基本完成以后我国阶级关系的变化做出了正确的分析，对国内主要矛盾做了总体上比较准确的判断。八大指出，我国的社会主义改造已经取得决定性的胜利，无产阶级同资产阶级之间的矛盾已经基本解决，几千年来的阶级剥削制度的历史已经基本结束，社会主义制度在我国已经基本建立起来了。在社会主义制度下，我国国内的主要矛盾不再是工人阶级和资产阶级之间的矛盾，而是人民对于经济文化迅速发展的需要同当前经济文化不能满足人民需要的状况之间的矛盾。党和国家的根本任务，就是要集中力量大力发展生产力来解决这个矛盾，把我国尽快地从落后的农业国变为先进的工业国。毛泽东在《关于正确处理人民内部矛盾的问题》一文中也阐述了同样的思想，他指出，革命时期的大规模的急风暴雨式的群众阶级斗争已基本结束，社会生产和社会需要之间的矛盾将会长期存在，"我们的根本任务已经由解放生产力变为在新的生产关系下面保护和发展生产力"②，要求把党和国家的工作重心转移到社会主义建设上来，以发展我们的经济和文化，巩固社会主义制度。这一时期毛泽东还曾提出过一个非常重要的观点，即我国正处在"由阶级斗争到向自然界斗争，由革命到建设，由过去的革命到技术革命和文化革命"③的转变时期。历史证明，这些观点都是基本正确的。对我国国情和主要矛盾的正确认识，是党和毛泽东探索中国社会主义建设道路取得的重要思想成果，也是这一时期探索的基本立足点。

第三，社会主义社会两类不同性质的矛盾。毛泽东在全面分析社会主义社会的矛盾的基础上，创造性地提出了正确区分和处理两类不同性质的社会矛盾的理论，为正确认

---

① 中共中央文献研究室．毛泽东文集：第8卷．北京：人民出版社，1999：302.
② 中共中央文献研究室．毛泽东文集：第7卷．北京：人民出版社，1999：218.
③ 同①289.

识和处理社会主义社会的矛盾提供了理论指导。

毛泽东指出："在我们的面前有两类社会矛盾，这就是敌我之间的矛盾和人民内部的矛盾。这是性质完全不同的两类矛盾。"① 为了正确区分和认识这两类不同性质的矛盾，首先应当弄清楚什么是人民，什么是敌人。人民和敌人这两个概念是历史的范畴，在不同的国家和各个国家不同的历史时期，有着不同的内容。在建设社会主义的时期，一切赞成、拥护和参加社会主义建设的阶级、阶层和社会集团，都属于人民的范围；一切反抗社会主义革命和敌视、破坏社会主义建设的社会势力和社会集团，都是人民的敌人。在社会主义社会，所谓敌我矛盾，即广大人民群众同反抗、敌视与破坏社会主义革命及建设的社会势力和社会集团之间的矛盾。这种矛盾的双方在政治利益上是根本对立的，因而是对抗性矛盾。在我国社会主义条件下，所谓人民内部矛盾，包括工人阶级内部的矛盾、农民阶级内部的矛盾、知识分子内部的矛盾、工农两个阶级之间的矛盾、工农同知识分子之间的矛盾、工人阶级和其他劳动人民同民族资产阶级之间的矛盾、民族资产阶级内部的矛盾，以及政府同群众之间的矛盾和民族之间的矛盾等。一般来说，人民内部矛盾是在人民利益根本一致基础上的矛盾，是非对抗性矛盾。这里，毛泽东特别强调指出：在我们国家里，工人阶级同民族资产阶级的矛盾属于人民内部矛盾。这是因为我国的民族资产阶级在社会主义革命时期，既有剥削工人阶级取得利润的一面，又有拥护宪法、愿意接受社会主义改造的一面。因此，民族资产阶级和帝国主义、地主阶级、官僚资产阶级不同，它和工人阶级的矛盾仍属于人民内部矛盾。毛泽东根据民族资产阶级所具有的两面性的政治特性，把民族资产阶级和工人阶级的矛盾作为人民内部矛盾来处理，这是毛泽东和中国共产党对马克思列宁主义的一个独创性发展。

当然，两类不同性质的社会矛盾并非凝固不变，在一定条件下，二者能够相互转化。对抗性矛盾在一定条件下会转化为非对抗性矛盾，非对抗性矛盾在一定条件下也会转化为对抗性矛盾。在一般情况下，人民内部矛盾不是对抗性的，但是如果处理不适当，或者失去警觉，麻痹大意，也可能发生对抗。不过，这种情况，在社会主义国家通常只是局部的暂时的现象。敌我矛盾和人民内部矛盾这两类矛盾的性质不同，解决的方法也不同。敌我之间的矛盾是分清敌我的问题，人民内部矛盾是分清是非的问题。敌我矛盾是对抗性矛盾，要用专政的方法解决；人民内部矛盾是非对抗性矛盾，只能用民主的方法解决。毛泽东把解决人民内部矛盾的方法概括成一个公式："团结——批评——团结"，即从团结的愿望出发，经过批评或者斗争使矛盾得到解决，从而在新的基础上，达到新的团结。毛泽东还就如何在不同领域具体贯彻民主方法，解决人民内部矛盾，提出了一系列具体的方针政策。在经济上，实行统筹兼顾、适当安排的方针，兼顾国家、集体和个人三方面的利益；在科学文化工作上，实行百花齐放、百家争鸣的方针；在民族关系问题上，实行民主平等、团结互助，着重反对大汉族主义，也要反对地方民族主义；在共产党与民主党派的关系上，实行长期共存、互相监督的方针；等等。

二、社会主义建设的基本思想

20 世纪 50 年代中后期以后，党中央和毛泽东对我国社会主义建设尤其是在有关社

① 中共中央文献研究室．毛泽东文集：第 7 卷．北京：人民出版社，1999：204－205.

会主义经济建设方面进行了广泛而又深入的探索。虽然这些探索所取得的成果不可避免地带有一定的历史局限性，但是在一定程度上反映了我国社会主义建设的客观规律，因而对当时社会主义建设事业发挥了积极的指导作用，并对后来的经济体制改革提供了重要参考。

第一，关于社会主义建设的战略方针问题。

毛泽东反复强调不要机械照搬外国的经验，而要从中国是一个农业国这种实际情况出发，走出中国自己的工业化和现代化的道路。为此，毛泽东提出了要正确处理重工业与轻工业、农业的关系，以农业为基础发展国民经济；要发展社会主义的商品生产和交换，重视价值规律的作用；要打破高度集中统一的经营管理体制，调动中央和地方两个积极性，正确处理国家、集体和生产者个人之间的关系；要正确处理敌我矛盾和人民内部矛盾，调动一切积极因素，为全面开展社会主义经济建设创造民主、安定的政治环境；要坚持独立自主、自力更生、勤俭建国；要学习外国一切好的东西，包括吸收资本主义创造的先进的科学文化等正确的方针。

第二，关于社会主义建设的奋斗目标及其实现的步骤问题。

实现工业、农业、国防和科学技术的现代化，用50年到100年的时间，逐步把我国建设成为一个强大的社会主义国家，这是毛泽东和中国共产党人艰辛探索的伟大目标。四个现代化的最早的表述是“现代化的工业、现代化的农业、现代化的交通运输业、现代化的国防”。它是1954年9月，周恩来根据毛泽东的想法提出的。1957年，毛泽东又提出了建设现代化科学文化的任务。1959年底至1960年初，毛泽东在读苏联《政治经济学教科书》时，第一次完整地表述了四个现代化的思想：“建设社会主义，原来要求是工业现代化，农业现代化，科学文化现代化，现在要加上国防现代化。”① 实现四个现代化是一个艰巨的历程。对实现这一任务的时间，毛泽东曾有过多种设想。1955年3月，他提出，要建设一个强大的社会主义工业化的国家需要有50年的时间；1956年9月，他又提出：使中国变为富强的国家，需要50～100年的时间；“大跃进”时曾一度将时间估计得比较短。经过三年困难时期，不仅恢复了原来的估计，而且认为可能更长些。比如1961年，他对英国元帅蒙哥马利说：建设强大的社会主义经济，在中国，50年不够，会要100年，或者更多时间。1962年1月，他在七千人大会上则进一步明确指出：“中国的人口多、底子薄，经济落后，要使生产力很大地发展起来，要赶上和超过世界上最先进的资本主义国家，没有一百多年的时间，我看是不行的。”② 随后，1963年9月的中央工作会议，又根据毛泽东的意见，提出了实现四个现代化“两步走”的设想：第一步，建立一个独立的比较完整的工业体系和国民经济体系，使我国工业大体接近世界先进水平；第二步，使我国工业走在世界前列，全面实现四个现代化。

第三，关于社会主义经济体制改革的有益探索。

一是关于社会主义经济的运行机制。所谓经济运行机制，主要是指经济运行的调节手段。在高度集中的计划经济体制下，调节经济的主要手段是国家计划。这种集中太多、

① 中共中央文献研究室．毛泽东文集：第8卷．北京：人民出版社，1999：116.
② 同①302.

统得过死的体制，使得经济运行缺乏活力。党的八大前后，刘少奇、陈云等在发挥市场调节作用问题上提出了一些建设性的思想。刘少奇在八大的政治报告中提出，应当改进现行的市场管理办法，取消过严过死的限制；应当在统一的社会主义市场的一定范围内，允许国家领导下的自由市场的存在和一定程度的发展，作为国家市场的补充。陈云在党的八大上提出了“三个主体、三个补充”的设想，他指出：“我们的社会主义经济的情况将是这样：在工商业经营方面，国家经营和集体经营是工商业的主体，但是附有一定数量的个体经营。这种个体经营是国家经营和集体经营的补充。至于生产计划方面，全国工农业产品的主要部分是按照计划生产的，但是同时有一部分产品是按照市场变化而在国家计划许可范围内自由生产的。计划生产是工农业生产的主体，按照市场变化而在国家计划许可范围内的自由生产是计划生产的补充。因此，我国的市场，绝不会是资本主义的自由市场，而是社会主义的统一市场。在社会主义的统一市场里，国家市场是它的主体，但是附有一定范围内国家领导的自由市场。这种自由市场，是在国家领导之下，作为国家市场的补充，因此它是社会主义统一市场的组成部分。”① 1957 年，刘少奇在和中共中央高级党校领导人谈话时，又提出了使社会主义经济既有计划性又有多样性和灵活性的思想，并强调苏联这方面的教训很值得我们注意。上述观点的核心，就是主张在一定范围内和在一定程度上以市场作为调节经济的手段，但它只能是辅助性的。

毛泽东在纠正“大跃进”中的错误时，针对有人提出要消灭商业、货币的错误观点，比较系统地提出了大力发展商品生产、利用价值规律的思想。毛泽东指出，商品生产本身没有社会制度属性，不能把商品生产与资本主义混为一谈。商品生产从古就有，商品生产和资本主义制度相联系就是资本主义的商品生产，同社会主义制度相联系就是社会主义的商品生产。毛泽东论述了发展社会主义商品生产的重要性。他指出，我国是商品生产很不发达的国家，比印度、巴西还落后，很需要有一个发展商品生产的阶段，必须有计划地大力发展商品生产。毛泽东还阐明了全民所有制和集体所有制这两种所有制的存在，是商品生产和交换存在的主要前提。他说：“只要存在两种所有制，商品生产和商品交换就是极其必要、极其有用的。”② 他认为商品生产的命运，最终和社会生产力的水平有密切关系，因此，即使实现了单一的社会主义全民所有制，如果产品还不丰富，某些范围内的商品生产和商品交换仍然有可能存在。因此，“现在要利用商品生产、商品交换和价值法则，作为有用的工具，为社会主义服务”③。针对“一平二调”的“共产风”，毛泽东还论述了要发展商品生产就必须利用价值规律。他指出，价值规律是商品生产的客观规律，不懂得、不利用这个规律，便无法发展商品生产。价值法则“是一个伟大的学校，只有利用它，才有可能教会我们的几千万干部和几万万人民，才有可能建设我们的社会主义和共产主义。否则一切都不可能”④。这些创造性的观点，为后来形成社会主义市场经济理论提供了有益的启示。

二是关于社会主义经济的所有制结构。在社会主义的生产资料所有制结构问题上，

---

① 陈云．陈云文选：第 3 卷．北京：人民出版社，1995：13.

② 中共中央文献研究室．毛泽东文集：第 7 卷．北京：人民出版社，1999：440.

③ 同②435.

④ 中共中央文献研究室．毛泽东文集：第 8 卷．北京：人民出版社，1999：34.

公有制是社会主义制度的主要特征，搞社会主义必须坚持以公有制为基础。我国社会主义改造基本完成时，原有的五种经济成分几乎变成了单一的公有制经济成分。由于在社会主义改造中生产关系改变过快，形式过于简单划一，脱离了我国生产力发展的状况，生产经营受到多方限制，也给人民生活带来不便。八大以后，党和国家着手对经济关系进行调整，市场开始活跃起来，个体工商户的数量明显增加，出现了一些自发经营的规模较大的工商企业，即所谓的“地下工厂”“地下商店”。1956 年 12 月，毛泽东在同民主建国会和工商联的负责人的谈话中，提出了“可以消灭了资本主义，又搞资本主义”的重要思想，他说：“只要社会需要，地下工厂还可以增加。可以开私营大厂，订个协议，十年、二十年不没收。华侨投资的，二十年、一百年不要没收。可以开投资公司，还本付息。可以搞国营，也可以搞私营。可以消灭了资本主义，又搞资本主义。当然要看条件，只要有原料，有销路，就可以搞。现在国营、合营企业不能满足社会需要，如果有原料，国家投资又有困难，社会有需要，私人可以开厂。”他把这称为“新经济政策”，就是指在消灭了资本主义剥削制度、建立了社会主义制度的条件下，即在公有制为主体的条件下，适当发展个体经济和私营经济以发展商品生产，并说“我怀疑俄国新经济政策结束得早了”①。在这之后的一届人大常委会上，刘少奇也谈道，我们国家有百分之九十几的社会主义，有百分之几的资本主义也不怕，它是社会主义经济的一个补充。周恩来也在国务院会议上指出，主流是社会主义，小的给些自由，这样可以帮助社会主义的发展。在社会主义建设中，搞一点私营的，活一点有好处。实际上提出了要在社会主义条件下发展多种经济成分、发展商品生产的思想，为社会主义建设提供了可贵的思路。

三是关于社会主义经济的管理体制。党中央和毛泽东在对我国经济体制、经济运行机制进行探索的同时，也涉及了管理体制的问题，提出了一些很有价值的思想。比如，毛泽东提出的给地方分权和扩大企业生产经营自主权的思想。他认为，应当在巩固中央统一领导的前提下，扩大一点地方的权力，给地方更多的独立性，让地方办更多的事情。不能像苏联那样，把什么都集中到中央，把地方卡得死死的，一点机动权也没有。而有些资本主义国家，地方有较多的自主权，它们的一些发展经验值得我们研究。他要求中央各部，凡是同地方有关的事情，都要先同地方商量，商量好了再下命令。他还设想中央部门可以分为两类：一类可以一直管到企业；另一类则主要是提出指导方针，制定工作规划，事情要靠地方办，要由地方去处理。他还提出，把什么东西统统都集中在中央或省市，不给工厂一点权力，一点机动的余地，一点利益，恐怕不妥。“各个生产单位都要有一个与统一性相联系的独立性，才会发展得更加活泼。”② 根据毛泽东的意见，党的八大前后中共中央和国务院多次开会，专门讨论体制改革问题，在充分调查研究的基础上，完成了关于改进工业管理体制的规定、改进商业管理体制的规定和改进财政管理体制的规定三个文件，反映了党在八大前后探索改进经济管理体制和行政管理体制的认识成果，并制定了有关的改革方案和规定，其基本精神就是，适当调整中央与地方、国家

① 中共中央文献研究室．毛泽东文集：第 7 卷．北京：人民出版社，1999：170.

② 同①29.

与企业之间的关系，把一部分工业管理、商业管理、财政管理的权力下放给地方行政机关和工矿企业，以便更好地调动和发挥地方与企业的积极性。

另外，毛泽东等党中央领导集体成员还就企业内部管理体制的改革问题提出了一些重要的观点。例如：企业要建立合理的规章制度和严格的责任制；企业要实行民主管理，建立人与人之间在劳动生产中的平等关系，为此，必须实行干部参加劳动，工人参加管理，改革不合理的规章制度，工人群众、领导干部和技术人员三结合，即“两参一改三结合”的制度；建立党委领导下的职工代表大会制度，使之成为扩大企业民主、吸引广大工人群众参与企业管理、监督行政、克服官僚主义和集中群众智慧的有效形式；等等。在充分发扬政治民主、经济民主、生产技术民主，调动广大职工的积极性和创造性的基础上，形成与完善以厂长为首的全厂统一的生产行政指挥系统和运行机制，为企业管理制度的改革提供了经验。

四是关于农业生产责任制。农业合作化初步实现后，农村集体经济应采取怎样的经济管理体制和管理方式，怎样有效地组织劳动，采取什么样的分配方法才适合农村的实际，才有利于协调集体和农民的利益，充分调动二者的积极性，更好地促进农业生产的发展，这是我们党长时间探索的一个重大问题。邓子恢在党内较早地提出了农业生产责任制的思想。他多次强调指出，要调动社员积极性，必须有严格的责任制，要分工合作。必须通过一定的经济制度把国家利益、集体利益和农民的个人利益正确地结合起来。他认为，农业集体经济内部关系要有调整，在生产经营方面实行“大的集中，小的分散”，在生产资料处理方面实行“主要公有，次要私有”。提出合作社对生产队实行“包工、包产、包财务”，超产提成，减产扣分。生产队对生产组实行按片按季包工到组，田间零活包工到户，深远山区也可以包产到组、到户。大活集体干，小活分开干。后来他又提出责任制必须联系产量的主张，他说，责任制不和产量结合是很难包的。责任制联系产量只要不涉及所有制，是可行的，不会改变它的社会主义性质。他坚定地认为，如果不建立和实行严格的生产责任制，集体经济就没有好的结果，是没有希望搞好的，只会陷入无人负责管理和经营管理混乱的状态。干活“大呼隆”，分配“一拉平”，只会挫伤农民的生产积极性，阻碍农业生产的发展。邓子恢在安徽、广西等地农民自发创新的基础上，提出包产到户、责任到人的农业生产责任制。这种农业生产责任制使农民的生产劳动与其劳动成果建立了更直接的联系，有助于增强农民的生产积极性和责任心。1962 年邓小平在谈到农业问题时也明确指出：在生产关系上不能完全采取一种固定不变的形式，看用哪种形式能够调动群众的积极性就采用哪种形式。哪种形式在哪个地方能够比较容易比较快地恢复和发展农业生产，就采取哪种形式；群众愿意采取哪种形式，就应该采取哪种形式，不合法的使它合法起来①。他反复强调，在农村，还要调整基层的生产关系，要承认多种多样的形式，要从体制问题上解决，改变公社、生产大队、生产队的现有关系，这是一个大政策。上述关于农业生产责任制的思想和实践，是以毛泽东同志为主要代表的中国共产党人探索中国社会主义建设道路的重要成果，成为改革开放后中国农村改革的先声。

---

① 邓小平．邓小平文选：第1卷．2版．北京：人民出版社，1994：323.

三、人民民主专政理论

无产阶级专政学说是科学社会主义理论的核心。以毛泽东同志为主要代表的中国共产党人，在领导中国革命和建设的过程中，运用马克思列宁主义的无产阶级专政学说并结合中国的具体历史条件，创造性地提出了适合中国特点的人民民主专政的理论，建立并巩固了人民民主专政的国家政权，对马克思列宁主义国家学说做出了卓越的贡献，是马克思主义中国化的重要成果。它作为一个完整的理论体系，具有丰富的内容。

第一，人民民主专政是无产阶级及其政党领导下的具有广泛代表性的政权。

人民民主专政作为“一个以全国绝对大多数人民为基础而在工人阶级领导之下的统一战线的民主联盟的国家制度”① 存在着广泛的政治联盟。这种统一战线性质的联盟，包括两个基本的方面，即工人阶级同其他劳动阶级主要是农民阶级结成的联盟，以及工人阶级同一部分非劳动阶级主要是民族资产阶级结成的联盟。在新民主主义革命时期，人民民主专政是工人阶级领导下的各民主阶级的联合专政，它代表的利益是工人阶级、农民阶级、城市小资产阶级和民族资产阶级的共同利益。新中国成立初期，我国建立的人民民主专政属于新民主主义类型的政权，这个政权仍然是工人阶级领导的、以工农联盟为基础的几个阶级的联合专政。因为工农这两个阶级占了全国人口的 80％～90％，推翻帝国主义和封建势力的统治，主要靠这两个阶级的力量；实现从新民主主义到社会主义的转变，也主要靠这两个阶级的联盟。工农联盟在国家政权中起着决定性的作用。尽管随着社会主义建设的展开，工人阶级的队伍迅速壮大，但其在全国人口中所占的比重仍比较小，离开工农联盟，单靠工人阶级是不能形成大多数人对少数人的巩固的统治的，离开了工农联盟也不可能取得社会主义革命和社会主义建设的胜利。

新中国成立初期，我国社会是新民主主义性质的社会。我国的人民民主专政内部还包括劳动阶级同非劳动阶级即民族资产阶级的联盟。因为我国的民族资产阶级不仅在民主革命时期而且在向社会主义过渡的时期都是一个具有两面性的阶级，它既有剥削工人阶级取得利润的一面，又有拥护宪法和接受社会主义改造的一面。工人阶级同资产阶级的矛盾属于人民内部矛盾，它们之间的斗争一般属于人民内部的阶级斗争。民族资产阶级及其政治代表人物参加了国家政权和国家政治生活，但民族资产阶级的两面性决定着这个阶级不能充当领导者，也不是基本力量。这个时期我国的人民民主专政仍然是共产党领导的多党合作的统一战线性质的政治制度。为此，毛泽东指出：“在中国，在现阶段，是工人阶级，农民阶级，城市小资产阶级和民族资产阶级。这些阶级在工人阶级和共产党的领导之下，团结起来，组成自己的国家，选举自己的政府，向着帝国主义的走狗即地主阶级和官僚资产阶级以及代表这些阶级的国民党反动派及其帮凶们实行专政。”②

社会主义制度在我国确立以后，组成国家的各阶级都发生了深刻的变化。尤其是民族资产阶级作为阶级已不复存在，原来属于剥削阶级的大多数人已经成为自食其力的劳

---

① 毛泽东．毛泽东选集：第 3 卷．2 版．北京：人民出版社，1991：1056.

② 毛泽东．毛泽东选集：第 4 卷．2 版．北京：人民出版社，1991：1475.

动者，他们作为人民的一员享有宪法规定的各种民主权利。原来的两个联盟发展成了“工人阶级领导的、工农联盟为基础的社会主义劳动者和拥护社会主义的爱国者的广泛联盟”。随着形势的发展，这种联盟还包括拥护祖国统一的爱国者在内。尽管人民民主专政在从新民主主义到社会主义的过渡时期和整个社会主义阶段，在实质上担负着无产阶级专政的任务——消灭阶级，并按照新方式组织社会，但是，它并不排斥各民主党派的存在和参加国家的管理，相反，却十分重视加强同各民主党派、无党派民主人士、爱国华侨和宗教界爱国人士的合作，注意在重大问题上与他们协商。各民主党派参加国家政权，并广泛参与了国家事务的管理。各民主党派的成员和无党派人士在国家各级政权机关担任了重要的领导职务。中国共产党领导的多党合作和政治协商制度已成为我国社会主义的一项基本政治制度。我国人民民主专政的政权仍然是工人阶级领导的、以工农联盟为基础的并具有广泛代表性的政权。

第二，人民民主专政是民主与专政的统一。

任何国家的政权都包括民主与专政两个方面，即在统治阶级内部实行民主，对被统治阶级实行专政。人民民主专政的国家也不例外，正如毛泽东所说：“对人民内部的民主方面和对反动派的专政方面，互相结合起来，就是人民民主专政。”[①] 人民民主专政作为一种国家制度首先是民主与专政的统一，所不同的是这是一种新型的民主与新型的专政，即对占人口绝大多数的人民实行民主，对极少数人民的敌人实行专政，这是人民民主专政的根本特征之所在。“人民民主专政”这一提法本身不仅从实质上而且从概念上确切地表明了我国政权的阶级本质和民主性质。

人民民主专政作为一种新型的民主，是建立在生产资料公有制基础上的由绝大多数劳动人民当家作主的民主，占人口绝大多数的广大劳动群众共同享有对生产资料的所有权和支配权，享有宪法和法律规定的广泛的民主权利，并在此基础上行使管理国家各项事业的权利；对于人民内部的矛盾问题，只能用民主的方法加以解决，并使民主成为人民群众进行自我教育的方法；人民的国家要保护人民的利益和权利不受侵犯。同样，人民民主专政作为一种新型的专政，是广大的人民群众对极少数人民的敌人的专政。从专政的意义上说，也是暴力和压迫的工具，就是要剥夺剥削者所占有的生产资料，消灭他们的经济基础；在必要的情况下剥夺他们的政治自由，坚决镇压和依法惩处他们的一切反革命活动。当然，对于反动阶级，在他们的政权被推翻以后，只要他们不造反，不破坏，不捣乱，也要给他们以出路，让他们在劳动中改造自己，成为自食其力的劳动者。在对外方面，人民民主专政还担负着防御外部敌人的颠覆活动和可能的入侵的使命。总之，“专政的目的是为了保卫全体人民进行和平劳动，将我国建设成为一个具有现代工业、现代农业和现代科学文化的社会主义国家”[②]。人民民主专政的民主与专政两个方面是并行不悖、辩证统一的，二者既互相区别，又互相依存，缺一不可。只有在人民内部实行广泛的民主，充分调动全国人民的积极性，形成强大的政治力量，才能更好地孤立和打击极少数敌人，对他们实行有效的专政。也只有对反动派实行专政，粉碎他们的一

---

① 毛泽东．毛泽东选集：第4卷．2版．北京：人民出版社，1991：1475.

② 中共中央文献研究室．毛泽东文集：第7卷．北京：人民出版社，1999：207.

切反抗和破坏，才能保障广大人民群众享有当家作主的民主权利。历史的经验证明："只有绝大多数人民享有高度的民主，才能够对极少数敌人实行有效的专政；只有对极少数敌人实行专政，才能够充分保障绝大多数人民的民主权利。"① 民主与专政是互相联系和密切结合的，在任何情况下都应该坚持民主与专政的统一。把二者割裂开来或者对立起来都是错误和有害的，那种认为加强人民民主专政会妨碍发扬民主，甚至是不要民主的看法，是片面的，是对人民民主专政本质的歪曲。

第三，人民民主专政的历史任务。

毛泽东指出，人民民主专政的历史任务是消灭阶级和阶级差别，使国家归于消亡，实现共产主义。也就是说，人民民主专政担负着由新民主主义向社会主义和由社会主义向共产主义过渡的双重任务。为了完成这一历史任务，毛泽东阐述了人民民主专政的职能和具体任务：一是强化人民的国家机器，主要是人民的军队、人民的警察和人民的法庭，对内镇压已被推翻了的反动阶级和反动派的反抗。打击各种犯罪分子，并尽可能地把他们改造成为自食其力的新人，以保卫革命和建设的成果。对外防御帝国主义的破坏、颠覆和侵略，保卫国家的独立和安全。二是对生产资料私有制进行社会主义改造，建立和发展社会主义的公有制。三是保护人民的民主权利，吸引人民群众参加国家管理，发展与完善社会主义民主制度和民主生活，组织社会主义文化建设，进行共产主义思想的宣传和教育，发展体现社会主义精神文明的新型社会关系。四是组织和管理社会主义经济，大力发展社会生产力，并在此基础上逐步提高人民的物质和文化生活水平，缩小城乡之间、工农之间、脑力劳动和体力劳动之间的差别，逐步消灭阶级赖以存在和重新产生的条件。

人民民主专政的历史任务，在不同的历史时期其侧重点是有所不同的。一般说来，在新民主主义革命时期，它的主要任务是反对帝国主义和封建势力的反动统治。在人民民主专政国家政权建立的初期是剥夺剥夺者、镇压反动阶级的反抗和对生产资料私有制进行社会主义改造。在消灭了剥削阶级和剥削制度，确立了社会主义制度以后，人民民主专政的主要任务就是组织和管理社会主义的经济建设和文化教育事业，建设富强、民主、文明的社会主义国家，为将来过渡到共产主义创造条件。

在我国社会主义制度建立以后，人民民主专政的主要任务是进行经济文化和民主政治建设。但专政的职能仍是不可缺少的，专政的使命并没有完结。因为我们还处在复杂的国际环境中，国际上的各种敌对势力还会对我国进行侵袭和破坏，由于资产阶级和其他剥削阶级思想还不可能在短时间内清除干净，社会上还存在着各种严重的刑事犯罪分子和严重的经济犯罪分子；我国的经济和文化还比较落后，生产关系和上层建筑还有许多不完善的地方，还不可能防止某些社会成员的腐化变质，不可能杜绝极少数腐败分子和敌对分子的产生。尽管同这些人的阶级斗争只是在一定范围内存在，也不再是社会的主要矛盾，但是绝不能因此而削弱了国家的专政职能，如果"只有人民内部的民主，而没有对破坏分子的专政，社会就不可能保持安定团结的政治局面，就不可能把现代化建

① 邓小平．邓小平文选：第2卷．2版．北京：人民出版社，1994：373.

设搞成功”[1]。

第四，人民民主专政的政权组织形式。

任何一个国家都有它的国体和政体。国体指的是社会各阶级在国家中的地位，讲的是国家性质问题。政体讲的是统治阶级采取什么样的政治形式来实现自己的统治和行使国家的权力，讲的是政权组织形式问题。我国人民民主专政的政权组织形式是人民代表大会制度，毛泽东在《新民主主义论》一文中指出：“所谓‘政体’问题，那是指的政权构成的形式问题，指的一定的社会阶级取何种形式去组织那反对敌人保护自己的政权机关。没有适当形式的政权机关，就不能代表国家。中国现在可以采取全国人民代表大会、省人民代表大会、县人民代表大会、区人民代表大会直到乡人民代表大会的系统，并由各级代表大会选举政府。”在选举方法上“必须实行无男女、信仰、财产、教育等差别的真正普遍平等的选举制”[2]。这一思想为在我国确立人民代表大会制度奠定了理论基础。新中国成立后，人民代表大会制度发展成为体现我国人民民主专政的根本政治制度。

人民代表大会制度是同我国人民民主专政的国家性质相适应的，我国人民民主专政的国家性质决定了政权的组织形式只能是人民代表大会制度。因为社会主义消灭了剥削制度，消除了资本主义社会固有的资本和劳动的对立，人民群众成了国家和社会的主人，全国人民的根本利益是一致的，可以统一行使自己的国家权力；也只有采取人民代表大会制度，才能体现各阶级、各阶层和各民族在国家中的地位，便于实现最广泛的民主，吸引广大人民群众参加国家管理。同时，人民代表大会制度是同以公有制为基础的社会主义经济制度相适应的。在以公有制为基础的社会主义经济制度下，广大的劳动者成了生产资料的拥有者，他们的基本经济利益是一致的，不存在不同势力之间的利害冲突。人民内部的各种矛盾和某些管理制度的不完善，完全可以通过人民代表大会制度，在党和政府的领导下逐步加以解决。

人民代表大会制度作为我国的根本政治制度，有着无比的优越性：一是它充分体现了人民权力的至上性和全权性，便于人民当家作主行使管理国家的权力。在我国，人民群众是国家和社会的主人，国家的一切权力属于人民。人民的权力具有至上性和全权性，与此相适应，人民代表大会在国家机构中处于领导国家行政、司法等权力执行机关的最高权力地位，它是直接行使国家立法权并同时领导与监督国家行政机关和司法机关的全权机关，它的地位和权力高于其他一切国家机关。人民代表大会权力的至上性和全权性，既是人民权力至上性和全权性的制度体现，又是人民权力至上性和全权性实现的保证。二是它能按照民主集中制的原则正确处理国家权力的统一和分工的关系。在由人民代表大会统一行使国家权力的前提下，各个国家机关合理分工，各司其职、各尽其责，根据人民的意志在各自的职责范围内发挥职能作用。实行民主集中制，既能保证人民享有广泛的民主权利，调动各方面的积极性，避免权力过分集中，又能保证国家权力的统一，便于在民主的基础上有效地处理国家事务。三是它具有议必能行和议行一致的优势。人民代表大会制度既是立法机关，又是领导国家行政和司法等权力执行机关的最高权力机

---

① 邓小平．邓小平文选：第3卷．北京：人民出版社，1993：154.
② 毛泽东．毛泽东选集：第2卷．2版．北京：人民出版社，1991：677.

关，它责成行政、司法等机关在工作中具体贯彻执行最高权力机关制定的法律和做出的决议。这种制度可以在立法机关和执行机关之间，实现议必能行和议行一致。这样，就能确保人民的意志既能得到国家立法机关的立法肯定，又能得到国家执行机关的实际执行。四是它可以实现人民代表大会对其他国家机关的有效监督。在人民代表大会制度下，人民代表大会与行政和司法机关是领导与被领导、监督与被监督的关系，而不是互相监督的关系，这就能够确保人民代表大会监督职能的有效实行。

第二节　中国社会主义建设道路探索的重要意义和经验教训

一、中国社会主义建设道路探索的重要意义

我国经过社会主义改造进入社会主义社会以后，建设什么样的社会主义、怎样建设社会主义，成为一个亟待解决的重大理论和实践问题。面对这一问题，以毛泽东同志为主要代表的中国共产党人不仅率先提出了探索中国社会主义建设道路的伟大历史任务，而且从经济、政治、科学文化等各个方面对如何建设社会主义进行了全方位的探索。党的十八大和《中共中央关于党的百年奋斗重大成就和历史经验的决议》都从开创中国特色社会主义的高度，回顾和审视了这段探索的历史，并对这段历史做出了高度的评价，指出在这一探索过程中，虽然经历了严重曲折，但党在社会主义建设中取得的独创性理论成果和巨大成就，为新的历史时期开创中国特色社会主义提供了宝贵经验、理论准备、物质基础。

第一，这一阶段的探索是中国共产党人开始摆脱苏联模式，独立自主地开辟适合中国国情的社会主义建设道路的重要标志。苏共二十大揭露出苏联社会主义建设模式的一些问题，也暴露了我国照搬苏联模式的很多弊端。毛泽东等人认识到苏联模式不适合中国具体国情，不利于调动国内外一切积极因素为建设社会主义强国服务；同时，他们也从本国国情和本国社会主义建设取得的部分经验中认识到，中国应当而且能够找到一条有别于苏联的、适合中国情况的社会主义建设道路。于是，中国共产党在新的历史条件下，坚持把马克思列宁主义基本原理与中国具体实际相结合，开始了探索中国自己的社会主义建设道路的艰辛历程。毛泽东的《论十大关系》、《关于正确处理人民内部矛盾的问题》和党的八大文件以及其他文献，反映了当时探索适合我国国情的社会主义建设道路的成果。毛泽东以求实的精神和敏锐的洞察力，以苏为鉴，总结我国的经验，在探索适合中国国情的社会主义建设道路上做出了突出的贡献。尽管由于时代条件的局限和实践经验的不足，毛泽东在探索社会主义道路的过程中出现了失误，甚至犯有像“大跃进”、人民公社化运动乃至“文化大革命”那样的错误，最终没能从根本上完全突破苏联模式，也没能成功找到一条适合中国国情的社会主义建设道路，但是这种探索毕竟拉开了中国独立探索社会主义建设道路的序幕，是中国特色社会主义的伟大开端。

第二，这一阶段的探索为十一届三中全会以后党的中央领导集体形成和发展中国特色社会主义理论体系提供了理论准备。毛泽东是探索中国社会主义建设道路的开创者。

他在领导全党和全国人民探索中国社会主义建设道路的实践中，提出了一系列关于社会主义的思想和主张。主要有：一是关于要破除对苏联经验的迷信，走自己的路，从实际出发建设中国社会主义的思想，对探索中国特色社会主义起着思想解放的作用；二是关于社会主义社会基本矛盾和两类矛盾的学说为中国特色社会主义提供了科学的理论依据；三是关于社会主义社会划分为不发达的社会主义和比较发达的社会主义两个阶段的思想，为社会主义初级阶段理论的形成奠定了思想基础；四是关于把党和国家的工作重心转移到经济建设上来的思想，是中国特色社会主义“一个中心、两个基本点”的基本路线形成的先导；五是关于商品生产和商品交换是中国社会主义建设必经阶段的理论，对社会主义市场经济体制的建立具有一定的启示作用；等等。这些思想和主张，为十一届三中全会之后党的中央领导集体形成和发展中国特色社会主义理论体系提供了重要的思想理论基础。

第三，这一阶段的探索指导下的全面建设社会主义所取得的巨大成就为新时期党开创中国特色社会主义积累了宝贵经验和物质基础。10 年大规模的社会主义建设，虽然遭到过严重挫折，但在其中正确趋向的指导下，仍然取得了很大的成就，基本形成了独立的比较完整的工业体系和国民经济体系。1966 年同 1956 年相比，全国工业固定资产按原价计算，增长了 3 倍。棉纱、原煤、发电量、原油、钢和机械设备等主要工业产品的产量，都有巨大的增长，从 1965 年起实现了石油全部自给；电子工业、石油化工等一批新兴的工业部门建立了起来；工业布局有了改善；农业的基本建设和技术改造开始大规模展开，并逐渐取得成效，全国农用拖拉机和化肥使用量都增长 6 倍以上，农村用电量增长 70 倍；高等学校的毕业生为前 7 年的 4.9 倍。经过整顿，教育质量得到显著提高；以原子弹、导弹、人造卫星为代表的国防尖端科学技术成果最为显著。10 年建设所取得的进展，为后来的社会主义建设奠定了重要的物质技术基础。这期间建设起来的一些基础设施、基础项目和大中型企业，至今仍在国民经济和社会生活中发挥着重要作用。正如 1981 年 6 月党的十一届六中全会通过的《决议》所指出的：“我们现在赖以进行现代化建设的物质技术基础，很大一部分是这个期间建设起来的；全国经济文化建设等方面的骨干力量和他们的工作经验，大部分也是在这个期间培养和积累起来的。这是这个期间党的工作的主导方面。”① 即使在 1966 年至 1976 年的“文化大革命”中，我国的社会主义制度的根基仍然保存着，社会主义经济建设还在进行，我们的国家仍然保持统一并且在国际上发挥重要影响，历史再一次表明，中国人民是伟大的人民，社会主义制度具有伟大而顽强的生命力。

二、中国社会主义建设道路探索的经验教训

党对社会主义建设道路的探索，取得了巨大成就，积累了丰富的经验，同时也遭受严重挫折，造成了严重后果，留下了深刻的教训。

---

① 中共中央文献研究室．关于建国以来党的若干历史问题的决议注释本（修订）．北京：人民出版社，1985：22.

第一，必须把马克思列宁主义基本原理与中国具体实际相结合，探索符合中国特点的社会主义建设道路。在社会主义改造还未结束时，毛泽东提出探索适合中国国情的社会主义建设道路。然而，我们对马克思列宁主义关于社会主义的一些基本原理的理解不够深入，对中国的基本国情缺乏深刻认识，没有能够完全搞清楚什么是社会主义、怎样建设社会主义的问题，也没有完全摆脱苏联模式的影响，采取了一些脱离实际、超越发展阶段的政策和措施，导致我国社会主义建设道路的探索遭遇严重曲折。实践证明，只有科学理解马克思主义基本原理，准确把握中国基本国情，运用马克思主义立场、观点和方法，分析和解决实践中遇到的种种问题，充分认识社会主义建设的长期性和复杂性，才能逐步掌握社会主义建设规律，开辟适合中国特点的社会主义建设道路。

第二，必须正确认识社会主义社会的主要矛盾和根本任务，集中力量发展生产力。社会主义建设开始后，党对我国社会的主要矛盾有了较为正确的认识，据此提出我国的根本任务是在新的生产关系下保护和发展生产力。但是，这些认识并没有很好地坚持下来。党的八大二次会议改变了党的八大关于我国社会主要矛盾的正确判断，错误地认为在社会主义社会建成以前，无产阶级与资产阶级的矛盾，社会主义道路与资本主义道路的矛盾，始终是我国社会的主要矛盾。这是导致后来阶级斗争扩大化的重要原因。实践证明，在社会主义初级阶段，要科学把握我国社会主要矛盾，以经济建设为中心，不断提高人民物质文化生活水平，不断满足人们对美好生活的向往。对于社会主义社会一定范围内长期存在的阶级斗争，不能将其简单地等同于全国范围的阶级斗争，也不能搞大规模的政治运动，更不能搞阶级斗争扩大化。

第三，必须从实际出发进行社会主义建设，建设规模和速度要与国力相适应，不能急于求成。由于中国经济落后，物质基础薄弱，社会主义建设开始后，全党全国人民都有大力发展生产、迅速改变落后面貌的强烈愿望。这极大地促进了社会主义建设，取得了显著成就，但同时也出现了急躁冒进、急于求成的倾向，其主要表现就是制定的路线、方针和政策一度偏离了我国社会主义初级阶段的实际，忽视了各项经济计划、经济政策、经济措施的科学论证和生产建设、经营管理的经济效果，从而造成了严重的损失。实践证明，社会主义建设必须采取科学态度，深入了解和分析实际情况，努力按照客观经济规律办事。毛泽东指出："对于建设社会主义的规律的认识，必须有一个过程。必须从实践出发，从没有经验到有经验，从有较少的经验，到有较多的经验，从建设社会主义这个未被认识的必然王国，到逐步地克服盲目性、认识客观规律、从而获得自由，在认识上出现一个飞跃，到达自由王国。"① 只有在不断总结经验的基础上，才能逐步掌握社会主义建设的客观规律。

第四，必须发展社会主义民主，健全社会主义法治体系。社会主义民主的本质是人民当家作主。新中国成立后特别是社会主义制度建立后，我国制定了宪法，颁布了一系列法律，建立了大量的规章制度，从根本上保证了人民当家作主的权利。但由于我国的社会主义是从半殖民地半封建的社会并经过短暂的新民主主义社会逐步过渡来的，党对发展社会主义民主的经验不足，对于什么是社会主义民主、怎样发展社会主义民主，认

---

① 中共中央文献研究室．毛泽东文集：第8卷．北京：人民出版社，1999：300.

识上也不是完全清楚，导致在实践中出现了很多违背人民民主的现象。虽然制定了法律，却没有树立起法律的权威。由于民主和法治都不健全，党内外关于社会主义建设的不同意见受到压制和打击，正确的主张得不到采纳甚至被贴上资本主义的标签遭到批判，错误的决策得不到及时制止甚至被当作社会主义的原则加以固守，结果导致阶级斗争扩大化，甚至发生"文化大革命"的严重错误。实践证明，中国要实现社会主义现代化，就必须发展社会主义民主，加强社会主义法治。大力发展人民民主，确保人民行使当家作主的权利，使人民的民主权利得到切实保障。党必须在宪法和法律范围内活动，任何一级党组织和领导人都不能有超出法律之上的权力，各种制度和法律不能因领导人的改变而改变，不能因领导人看法和注意力的改变而改变。

第五，必须坚持党的民主集中制和集体领导制度，加强执政党建设。健全民主集中制和集体领导制度，加强执政党建设，是社会主义事业顺利发展的政治保证。民主集中制是无产阶级政党的根本组织原则，是指导党内生活的基本准则。由于我国社会主义制度刚刚建立，党和国家的领导制度还有许多不够完善的地方，特别是受当时苏联高度集中的政治体制的影响，加之封建专制主义在短期内难以消除，党的民主集中制和党的集体领导制度一度遭到了严重破坏。邓小平后来指出："党成为全国的执政党，特别是生产资料私有制的社会主义改造基本完成以后，党的中心任务已经不同于过去，社会主义建设的任务极为繁重复杂，权力过分集中，越来越不能适应社会主义事业的发展。对这个问题长期没有足够的认识，成为发生'文化大革命'的一个重要原因，使我们付出了沉重的代价。"[①] 实践证明，无产阶级政党在执政以后，必须认真坚持民主集中制和集体领导制度，反对个人崇拜，不断加强党的自身建设，充分发挥党组织和广大党员的积极性、创造性，保证党的决策的科学化、民主化。必须大力发扬党内民主，确保党员的民主权利，避免少数人说了算、个人说了算的现象。

第六，必须坚持对外开放，借鉴和吸收人类文明成果建设社会主义，不能关起门来搞建设。人类社会发展的实践证明，历史总是在继承和超越中前进的。资本主义的出现，开创了生产力快速发展的时代，是人类历史发展的重要阶段。社会主义代替资本主义，并不意味着社会主义要全盘否定和抛弃资本主义创造的一切成果，也并不意味着社会主义不同资本主义发生任何联系。相反，社会主义要体现出相对资本主义的优势并最终战胜资本主义，必须大胆借鉴和吸收包括资本主义文明成果在内的一切人类文明成果，创造出高于资本主义国家的社会生产力和物质文化生活水平。新中国成立后，毛泽东曾多次指出，要在平等的基础上开展同一切国家的经济技术交流，包括同一些资本主义国家发展经济贸易关系，并提出要学习一切国家和民族的长处。但是由于帝国主义实行敌视、封锁和禁运政策，加上我们自己后来发生的"左"的错误，导致我们一度关起门来搞建设，我国与发达资本主义国家的差距进一步拉大。历史的经验教训告诉我们，关起门来搞建设是不行的，发展不起来。

社会主义建设道路探索的正反两方面经验，为今天坚持和发展中国特色社会主义提供了重要借鉴。习近平强调："我们党领导人民进行社会主义建设，有改革开放前和改革

---

① 邓小平．邓小平文选：第2卷．2版．北京：人民出版社，1994：329.

开放后两个历史时期，这是两个相互联系又有重大区别的时期，但本质上都是我们党领导人民进行社会主义建设的实践探索。中国特色社会主义是在改革开放历史新时期开创的，但也是在新中国已经建立起社会主义基本制度、并进行了 20 多年建设的基础上开创的。”① 改革开放前的社会主义实践探索为改革开放后的社会主义实践探索积累了经验并准备了条件，改革开放后的社会主义实践探索是对前一个时期探索的坚持、改革和发展。对改革开放前的社会主义实践探索，要坚持实事求是的思想路线，分清主流和支流，坚持真理，修正错误，发扬经验，吸取教训，在这个基础上把党和人民事业继续推向前进。

阅读书目

1. 毛泽东．论十大关系//中共中央文献研究室．毛泽东文集：第 7 卷．北京：人民出版社，1999.

2. 毛泽东．关于正确处理人民内部矛盾的问题//中共中央文献研究室．毛泽东文集：第 7 卷．北京：人民出版社，1999.

3. 毛泽东．人的正确思想是从哪里来的？//中共中央文献研究室．毛泽东文集：第 8 卷．北京：人民出版社，1999.

思考题

1. 党在中国社会主义建设道路的探索中取得了哪些重要的理论成果？
2. 如何认识党对社会主义建设道路探索的重大意义？
3. 党对社会主义建设道路的探索有哪些经验教训？

① 习近平．习近平谈治国理政：第 1 卷．2 版．北京：外文出版社，2018：22.

第四章

社会主义的根本任务及本质理论

什么是社会主义、怎样建设社会主义，是科学社会主义在当代面临的重大课题，也是中国特色社会主义建设的首要基本问题或根本问题。改革开放初期，邓小平在深刻总结历史经验的基础上，通过揭示社会主义本质，阐述社会主义的根本任务，初步回答了这一历史性课题。20 世纪末 21 世纪初以来，中国共产党人继续回答和发展这一重大课题，极大地丰富了科学社会主义的理论，为建设中国特色社会主义提供了正确方向。党的十八大以来，习近平反复强调党的领导是中国特色社会主义最本质的特征，强调共同富裕是社会主义的本质要求，是中国式现代化的主要特征，进而将党对社会主义本质的认识提高到一个新的水平。

第一节　社会主义的基本问题

一、社会主义基本问题的历史探索

什么是社会主义的问题，是建设中国特色社会主义的根本理论问题，也是科学社会主义理论在当代面临的重大课题。马克思和恩格斯运用历史唯物主义的基本原理，揭示了取代资本主义的未来社会的发展趋势和一般规律，对作为共产主义社会第一阶段的社会主义社会的基本特征进行了初步概括。他们指出，生产力高度发展，能够创造出比资本主义更发达的生产力和劳动生产率；实现了生产资料全社会占有，建立单一的生产资料公有制；在整个社会范围内有计划地调节生产和分配，发展产品经济，没有商品生产和货币流通；消费品的分配实行“各尽所能，按劳分配”的原则；国家政权失去了政治性质，但仍有维护生产资料公有制和按劳分配制度的管理职能等，是社会主义的重要特征。他们还强调指出：“代替那存在着阶级和阶级对立的资产阶级旧社会的，将是这样一个联合体，在那里，每个人的自由发展是一切人的自由发展的条件。”① 他们还提出了无产阶级夺取政权后要大力发展生产力，增加社会产品总量的思想。马克思和恩格斯历来不主张对未来社会做具体的描绘，认为他们的这些设想，没有也不可能为后人提供建设社会主义的现成答案。恩格斯甚至明确提出：“所谓‘社会主义社会’不是一种一成不变

① 马克思，恩格斯．马克思恩格斯选集：第 1 卷．3 版．北京：人民出版社，2012：422.

的东西，而应当和任何其他社会制度一样，把它看成是经常变化和改革的社会。”[①] 然而，社会主义制度没有如马克思原来所设想的那样首先在资本主义发达国家建立起来，而是在经济文化落后的国家建立起来。因而，在马克思主义理论与现实之间，即社会主义建设的逻辑出发点与现实出发点之间就出现了矛盾。这样，在科学社会主义基本原理指导下，从本国国情出发，探索社会主义建设的理论和道路，就成为各国共产党人面临的紧迫任务。

列宁领导的俄国十月革命，使社会主义第一次由理想变成了现实。在十月革命前后的一段时间，列宁对什么是社会主义、怎样建设社会主义问题的认识与马克思和恩格斯原来的设想是一致的。他强调社会主义要实行生产资料公有制，国家有计划地组织生产和分配，消灭商品和货币关系，并按照这种思想建立了“战时共产主义”模式的国家。“直接过渡”的尝试失败后，列宁提出“新经济政策”，使马克思主义者“对社会主义的整个看法根本改变了”[②]。他明确提出，落后国家只能首先建立初级形式的社会主义，社会主义要大力发展生产力，应实行多种形式的公有制并发挥非公有制经济的积极作用，利用商品货币关系和市场经济建设社会主义等重要观点。这些思想适合当时苏俄的国情，初步揭示了落后国家社会主义发展的规律，具有重要的理论价值和实践意义。

斯大林时代的苏联，在实行工业化、农业集体化，建立社会主义经济基础和发展教育文化事业等方面取得了重大成就。但由于新经济政策在列宁逝世后不久就停止了等原因，苏联建立起来的是高度集权的社会主义模式。这种模式虽然能够迅速集中全国的人力、物力和财力，快速发展经济，应对战争需要，但也有其严重的弊端，主要是排斥市场机制，不利于发扬民主，不能全面反映社会主义的本质要求和普遍经验。对于这种特定条件下形成的社会主义模式，斯大林和苏联共产党不仅长期没有正确认识反而把它加以绝对化，而且在理论上将公有制、计划经济和按劳分配作为社会主义的本质特征。第二次世界大战结束后，包括中国在内的几乎所有社会主义国家，都先后建立了苏联式的高度集中的社会主义模式，并在理论和制度上形成了一些不符合社会主义要求与各国实际的具体做法。

从20世纪50年代中期开始，一些社会主义国家着手进行改革，在理论和实践上探索什么是社会主义、怎样建设社会主义的问题。1956年社会主义制度在我国确立后，随着苏联模式弊端的暴露，毛泽东和党中央适时提出要探索适合中国国情的社会主义建设道路，相继提出了一系列具有创造性的思想：在政治上，提出正确认识与处理社会主义社会的基本矛盾和两类不同性质的矛盾，发展社会主义民主法制，实行民主集中制，健全中国共产党领导的多党合作和政治协商制度；在经济上，提出正确处理工业与农业、经济建设与国防建设、沿海工业与内地工业、积累与消费等重大关系，实行统筹兼顾、适当安排的方针，建立“三个主体、三个补充”的经济体制，分阶段实现现代化；在文化上，提出实行百花齐放、百家争鸣促进艺术发展、科学进步的方针，在文化、科学艺术领域发扬民主。这些思想都是正确的，并成为后来形成中国特色社会主义理论的重要

① 马克思，恩格斯．马克思恩格斯选集：第4卷．3版．北京：人民出版社，2012：601．
② 列宁．列宁选集：第4卷．3版．北京：人民出版社，1995：773．

思想来源。然而，由于不久党在建设社会主义指导思想上即开始发生“左”的错误，后来又错误地发动了“文化大革命”，最终未能完成找到自己社会主义建设道路的任务。

国内外社会主义建设的经验教训一再表明，各国共产党人对社会主义在经济上应该实行公有制、在政治上应该坚持共产党领导的人民民主政权、在思想文化上应该坚持马克思主义为指导等原则，还是清楚的。但对如何建设、巩固和发展社会主义，使社会主义真正体现出优越性，人们的认识并不完全清楚。这主要表现为：一是主要从生产关系和上层建筑方面来理解社会主义，把公有制、计划经济、按劳分配、无产阶级专政等作为判定社会主义的根本标准，忽视生产力在社会主义发展中的至关重要的地位，甚至离开了发展生产力这一社会主义的根本任务去讲社会主义的特征；二是把马克思主义创始人基于发达资本主义国家历史条件做出的关于社会主义的论断教条化，把他们对社会主义的设想作为社会主义的基本原则，期望社会主义按照这些原则一经建立就能达到最理想的境界；三是照搬苏联经验，把苏联在一定历史条件下形成的建设社会主义的模式绝对化、固定化；四是混淆社会主义本质、基本制度、具体制度及体制等不同概念范畴的区别，把许多有利于发展生产力而为社会主义所允许的做法当作资本主义来批判，而把许多不符合社会主义本质要求、束缚生产力发展的做法当作社会主义来固守。这些认识和做法，严重违背了社会主义的发展规律，造成我国生产力长期发展缓慢，社会主义优越性得不到充分发挥等严重的后果。我国社会主义在改革开放前所经历的曲折和失误，在实行改革开放中所遇到的一些犹豫、争论和困惑，归根到底就在于对社会主义的基本理论问题没有完全搞清楚。

二、社会主义本质理论的形成和发展

十一届三中全会以后，中国共产党立足当代中国实际和时代特征，解放思想，勇于创新，重新开始对什么是社会主义、怎样建设社会主义的探索，继续深入认识社会主义根本任务、揭示社会主义本质这一中国特色社会主义理论的核心问题。

从 1978 年 12 月党的十一届三中全会到 20 世纪 80 年代中期以前，是邓小平重新思考社会主义基本问题，并开始反思传统社会主义观念的阶段。这一阶段，邓小平着重从发展生产力、发挥社会主义优越性的角度去揭示社会主义的本质特征。早在党的十一届三中全会召开前，他就指出：“我们是社会主义国家，社会主义制度优越性的根本表现，就是能够允许社会生产力以旧社会所没有的速度迅速发展，使人民不断增长的物质文化生活需要能够逐步得到满足。”① 党的十一届三中全会后，邓小平更是一再强调，搞社会主义首先要使生产发展上去，使人民生活不断改善。20 世纪 80 年代初，针对当时党内外出现的对改革开放政策的一些困惑和不解，邓小平第一次提出了“社会主义本质”的概念。他指出：“社会主义是一个很好的名词，但是如果搞不好，不能正确理解，不能采取正确的政策，那就体现不出社会主义的本质。”② 他强调，在什么是社会主义问题上也

---

① 邓小平．邓小平文选：第 2 卷．2 版．北京：人民出版社，1994：128.

② 同①313.

要解放思想，生产力水平低下，经济处于停滞状态，不能叫社会主义。“讲社会主义，首先就要使生产力发展，这是主要的。只有这样，才能表明社会主义的优越性。”[①] 从社会主义优越性的实现要靠生产力的发展的意义上理解社会主义的本质，是真正坚持了马克思主义的观点，这为揭示社会主义本质提供了科学依据。

20 世纪 80 年代中期，是社会主义本质理论系统形成的阶段。这一阶段，邓小平从生产力和生产关系的统一中去认识社会主义的本质特征，明确提出了社会主义的根本原则。经济体制改革破除了许多“左”的观念和做法，有力地促进了生产力的发展，也引起了人们对社会主义的深入思考。邓小平认为，必须把社会主义的本质特征和具体做法、基本制度和具体制度区分开来，“一大二公”的传统社会主义观念和体制不符合社会主义的本质，而“对内搞活经济，是活了社会主义，没有伤害社会主义的本质”[②]。他明确提出，我们以前对什么是社会主义、什么是马克思主义的认识不完全清楚，并强调指出：贫穷不是社会主义，社会主义要消灭贫穷。不发展生产力，不提高人民的生活水平，不能说是符合社会主义要求的。共产主义是建立在生产力高度发展的基础上的，不能有穷的共产主义，同样也不能有穷的社会主义。他还指出，社会主义与资本主义不同的特点就是共同富裕，不搞两极分化；社会主义的原则，第一是发展生产，第二是共同致富。为了发展生产力，实现共同富裕，邓小平强调要坚持公有制和按劳分配的主体地位。他认为，一个公有制占主体，一个共同富裕，这是我们所必须坚持的社会主义的根本原则。在这里，邓小平从马克思主义的基本原则、社会主义与共产主义发展的内在规律的角度，指明了社会主义的根本目标和任务。这就加深了对社会主义本质的认识。

20 世纪 80 年代末 90 年代初，改革开放面临严峻的考验，针对当时姓“社”姓“资”的争论，邓小平明确概括了社会主义本质的概念，这是社会主义本质理论确立的阶段。1990 年 12 月，邓小平在一次谈话中明确指出：“社会主义最大的优越性就是共同富裕，这是体现社会主义本质的一个东西。如果搞两极分化，情况就不同了，民族矛盾、区域间矛盾、阶级矛盾都会发展，相应地中央和地方的矛盾也会发展，就可能出乱子。”[③] 他还特别强调：“我们必须从理论上搞懂，资本主义与社会主义的区分不在于是计划还是市场这样的问题。社会主义也有市场经济，资本主义也有计划控制。”[④] 一年后，邓小平在南方谈话中，对社会主义本质做出了明确概括：“社会主义的本质，是解放生产力，发展生产力，消灭剥削，消除两极分化，最终达到共同富裕。”[⑤] 这一概括，言简意赅、内涵丰富，既指明了社会主义的根本任务、根本原则，又体现了社会主义的根本目的和价值标准，使党对社会主义的认识达到了一个新的水平。

社会主义本质理论是在我国改革开放逐步深入的过程中形成和发展起来的，又是在这一过程中不断深化的。党的十五大以后，随着“三个代表”重要思想、科学发展观的形成，社会主义本质理论继续发展。“三个代表”重要思想集中体现了社会主义要以生产

---

① 邓小平．邓小平文选：第 2 卷．2 版．北京：人民出版社，1994：314.
② 邓小平．邓小平文选：第 3 卷．北京：人民出版社，1993：135.
③④ 同②364.
⑤ 同②373.

力发展为基础，以社会的全面发展为目标，以促进人的发展为核心的本质要求。科学发展观与社会主义和谐社会建设思想，更加强调经济社会发展与人的发展的统一，从以人为本的高度突出了中国特色社会主义的本质。党的十七大指出，社会和谐是中国特色社会主义的本质属性。这是发展中国特色社会主义的新要求，也是对社会主义本质的新认识。党的十八大以来，以习近平同志为核心的党中央科学回答了新时代坚持和发展什么样的中国特色社会主义、怎样坚持和发展中国特色社会主义这一根本问题，创立了习近平新时代中国特色社会主义思想，进一步丰富和发展了社会主义本质理论。一是明确提出社会主义核心价值观体现了社会主义的本质要求。习近平指出："我们提出的社会主义核心价值观，把涉及国家、社会、公民的价值要求融为一体，既体现了社会主义本质要求，继承了中华优秀传统文化，也吸收了世界文明有益成果，体现了时代精神。"① 二是将共同富裕作为社会主义的本质要求。习近平指出："让广大人民群众共享改革发展成果，是社会主义的本质要求，是社会主义制度优越性的集中体现，是我们党坚持全心全意为人民服务根本宗旨的重要体现。"② 三是将党的领导作为社会主义最本质的特征。习近平强调指出："中国共产党的领导是中国特色社会主义最本质的特征。没有共产党，就没有新中国，就没有新中国的繁荣富强。坚持中国共产党这一坚强领导核心，是中华民族的命运所系。"③ 他多次提出，既不走封闭僵化的老路，也不走改旗易帜的邪路，要坚定不移走中国特色社会主义道路，这就充分体现了对社会主义本质的深刻把握。

第二节　社会主义的根本任务

历史唯物主义认为，生产力是一切社会发展和变革的决定性力量，是生产关系和上层建筑的基础。人类社会的发展是先进生产力不断取代落后生产力的历史过程，社会主义必须建立在发达生产力的基础上。社会主义的产生和发展，社会主义由一个阶段向另一个阶段的过渡，都是生产力发展的要求和结果。邓小平指出："社会主义阶段的最根本任务就是发展生产力，社会主义的优越性归根到底要体现在它的生产力比资本主义发展得更快一些、更高一些，并且在发展生产力的基础上不断改善人民的物质文化生活。"④ 邓小平以社会主义根本任务的理论为指导，提出了"发展才是硬道理"的著名论断。他反复强调，中国解决所有问题的关键是要靠自己的发展，要抓住有利时机，加快改革开放步伐，加快发展，关键是发展经济。党的十六大明确将发展确定为党执政兴国的第一要务，作为贯彻"三个代表"重要思想、不断开创现代化建设新局面的基本要求，深化了邓小平"发展才是硬道理"的论断。以胡锦涛同志为主要代表的中国共产党人提出科学发展观，强调科学发展观的第一要义是发展。党的十八大以来，以习近平同志为核心

---

① 习近平．习近平谈治国理政：第 1 卷．2 版．北京：外文出版社，2018：169.
② 习近平．习近平谈治国理政：第 2 卷．北京：外文出版社，2017：200.
③ 同②18.
④ 邓小平．邓小平文选：第 3 卷．北京：人民出版社，1993：63.

的党中央多次强调，以经济建设为中心是兴国之要，发展仍是解决我国所有问题的关键。党的二十大进一步指出："从现在起，中国共产党的中心任务就是团结带领全国各族人民全面建成社会主义现代化强国、实现第二个百年奋斗目标，以中国式现代化全面推进中华民族伟大复兴。"①

一、社会主义的根本任务是发展社会生产力

1956 年召开的党的八大，根据社会主义改造基本完成后我国社会结构和阶级关系的新变化，已经对国内主要矛盾和主要任务做出了基本正确的判断，但后来由于党在指导思想上发生"左"的错误，又轻率地改变了这一判断，并最终形成"以阶级斗争为纲"的错误理论，因而未能很好地解决社会主义根本任务的问题。党的十一届三中全会以后，党和邓小平通过拨乱反正，重新确立并坚定了社会主义的根本任务是集中力量发展社会生产力的理念，形成了"发展才是硬道理""发展是解决中国一切问题的关键"等战略意识。

第一，把发展生产力作为社会主义的根本任务，符合马克思主义的基本原理，是巩固和发展社会主义制度的必然要求。历史唯物主义认为，人类社会的存在和发展是以物质资料的生产为基础的。人们在从事政治、艺术、科学、宗教等精神活动之前，必须首先获得物质生活资料，也就是要解决吃、喝、穿、住等基本的生活问题。人类社会存在和发展的基础是由物质生活资料的生产构成的，社会的结构、性质和面貌，归根结底取决于生产力的发展状况。马克思和恩格斯明确指出，无产阶级夺取政权之后要大力发展生产力，尽可能增加生产力的总量。这就是说，社会主义能不能在与资本主义的斗争中不断巩固和发展，能不能展示出社会主义制度本身的优越性，最终体现在生产力的发展程度上。邓小平提出的"发展才是硬道理"的著名论断，充分肯定了社会主义的根本任务是发展生产力的基本观点。他认为，我们讲社会主义是共产主义的初级阶段，共产主义的高级阶段要实行各尽所能、按需分配，这就要求社会生产力高度发展，社会物质财富极大丰富。所以社会主义阶段的最根本任务就是发展生产力。他还指出，社会主义的优越性，归根到底是要大幅度发展社会生产力，逐步提高人民的物质生活和精神生活水平。只有生产力发展了，才能提高人民的生活水平，实现社会安定，为社会主义民主政治建设、精神文明建设及和谐社会建设创造物质条件，从根本上巩固社会主义制度。只有社会主义的发展，才能使不相信社会主义的人逐步相信社会主义，使相信社会主义的人进一步坚信社会主义。

第二，把发展生产力作为社会主义的根本任务，是对社会主义建设正反两方面历史经验的深刻总结。十月革命之后，社会主义制度曾经极大地解放了被资本主义生产关系束缚的生产力，迅速实现了苏联国家工业化，增强了其综合国力，提高了其国际地位，为反法西斯战争的胜利奠定了物质基础，促进了社会主义运动的蓬勃发展。但由于后来

① 习近平．高举中国特色社会主义伟大旗帜　为全面建设社会主义现代化国家而团结奋斗：在中国共产党第二十次全国代表大会上的报告．北京：人民出版社，2022：21.

形成的“斯大林模式”导致体制僵化，束缚了生产力的发展，人民生活水平没有得到很大的提高，加之其他复杂的原因，最终导致苏联解体。这警示我们，社会主义制度建立以后，仍然要不断解放和发展生产力。党的十一届三中全会之后，邓小平对新中国成立以来我国社会主义建设的历史做了深刻反思。他指出，如果说新中国成立以后我们有缺点，那就是对发展生产力有某种忽略。然而解决中国的所有问题、最终说服不相信社会主义的人要靠我们的发展。如果我们不发展或发展得太慢，老百姓一比较就有问题了。那种经济长期处于停滞、人民生活长期停滞在低水平的状态，都不是社会主义。“生产力发展水平很低，远远不能满足人民和国家的需要，这就是我们目前时期的主要矛盾，解决这个主要矛盾就是我们的中心任务。”① 解决这个主要矛盾，就必须以经济建设为中心，大力发展生产力。邓小平强调，空讲社会主义不行，人民不相信，社会主义决不能长期建立在生产力水平低下和贫穷的基础上。而“讲社会主义，首先就要使生产力发展，这是主要的。只有这样，才能表明社会主义的优越性”②。

第三，把发展生产力作为社会主义的根本任务，适应了当今世界时代发展的需要。当今世界，和平与发展是两大战略问题，国与国之间的竞争核心是以经济实力为基础的综合国力的竞争。我国面临着发达资本主义国家的竞争压力与经济全球化快速发展的严峻挑战，只有大力发展生产力，才能实现经济社会的现代化，体现社会主义的优越性。社会主义中国属于发展中国家，是维护世界和平的主要力量，在维护世界和平问题上有着重要的地位。中国的发展对世界和平与稳定有着重要的意义，中国越发展，世界和平力量越强大，对世界和平就越有利。中国特色社会主义进入新时代，发展仍是党执政兴国的第一要务，但新时代新发展阶段的发展应该是高质量的发展。“高质量发展是全面建设社会主义现代化国家的首要任务”，“没有坚实的物质技术基础，就不可能全面建成社会主义现代化强国”③。中国能不能顶住强权政治的压力，坚持和发展中国特色社会主义，在国际事务中发挥更大的作用，关键在于能不能争得较快的增长速度，实现我们的发展战略，增强我们的物质基础。这就要求我们加快发展，不断增强综合国力。中国的发展不仅对世界和平与稳定具有重要影响，而且对世界发展问题的解决有着重要意义。

二、发展是解决中国一切问题的基础和关键

把发展作为解决中国一切问题的关键是党执政的一条基本经验。党的十八大以来，习近平总书记多次强调，以经济建设为中心是兴国之要，发展是党执政兴国的第一要务，是解决我国一切问题的基础和关键。这一判断继承了邓小平“发展才是硬道理”的思想，深化了对社会主义根本任务的认识，深化了对共产党执政规律的认识。

把发展作为党执政兴国的第一要务，将发展作为解决中国一切问题的基础和关键，是总结其他国家执政党兴衰成败的经验教训得出的科学结论，也是巩固中国共产党执政

① 邓小平．邓小平文选：第2卷．2版．北京：人民出版社，1994：182.

② 同①314.

③ 习近平．高举中国特色社会主义伟大旗帜 为全面建设社会主义现代化国家而团结奋斗：在中国共产党第二十次全国代表大会上的报告．北京：人民出版社，2022：28.

地位的客观要求。20 世纪 80 年代末 90 年代初，苏联解体、东欧剧变的原因，说到底是在于取得执政地位的共产党对生产力的发展不够重视、人民生活没有得到改善、人民的根本利益没有得到保障，动摇了这些社会主义国家共产党执政的物质基础和群众基础。在我国这样一个发展中大国，能不能解决好发展问题，直接关系人心向背、事业兴衰。中国共产党的执政地位是人民的选择，而人民之所以选择中国共产党，从根本上说是因为它能够领导中国人民实现民富国强。早在党的七大上，毛泽东就根据历史唯物主义揭示了判断一个政党历史地位的标准，他指出："中国一切政党的政策及其实践在中国人民中所表现的作用的好坏、大小，归根到底，看它对于中国人民的生产力的发展是否有帮助及其帮助之大小，看它是束缚生产力的，还是解放生产力的。"[①] 社会主义制度建立以后，党所处的历史地位发生了根本变化，从领导人民为夺取全国政权而奋斗的党，转变为领导人民掌握全国政权并长期执政的党；改革开放使党所处的历史地位又一次发生了转换，从受到外部封锁和实行计划经济条件下领导国家建设的党，转变为在对外开放和发展社会主义市场经济条件下领导国家建设的党。新时期邓小平关于社会主义的根本任务是发展生产力的基本观点，江泽民关于发展是党执政兴国的第一要务的基本观点，胡锦涛关于科学发展观第一要义是发展的基本观点，习近平关于发展是解决中国一切问题的基础和关键的重要论述，都是基于党的历史地位的这些重大变化而提出来的。党只有紧紧抓住发展这个执政兴国的第一要务，将发展作为解决中国一切问题的基础和关键，才能实现自己在新时代的历史使命。因为不论是进一步提高人民的物质文化生活水平，增强我国的综合国力，实现中华民族的伟大复兴，还是实现祖国的完全统一和促进世界和平与发展的崇高事业，都要靠发展。只有把发展作为主题，才能从根本上把握人民的愿望，不断巩固和发展党执政的群众基础，把中国特色社会主义建设事业不断推向前进，并最终创造出比资本主义更发达的生产力，使人民群众享受更多的实际利益，使社会主义更好地显示出自己的优越性，党也才能承担起推动中国社会进步的历史责任。

把发展作为党执政兴国的第一要务，将发展作为解决中国一切问题的基础和关键，是我国改革开放以来的一条重要经验。改革开放以来，我们坚持以发展为主题，用发展的眼光、发展的思路、发展的办法解决前进中的问题，用几十年的时间走完了发达国家几百年走过的历程，取得了举世瞩目的成就。我国已成为世界第二大经济体、最大外汇储备国、最大出口国和世界第一大货物贸易国，也从低收入国家跨入中等偏上收入国家行列，创造了前所未有的大规模减贫和民生进步的奇迹。改革开放的成就和经验充分证明，只要坚持以发展为第一要务，不断增强我国综合国力，就能把中国特色社会主义搞好。正如习近平总书记在庆祝改革开放 40 周年大会上指出的那样："解放和发展社会生产力，增强社会主义国家的综合国力，是社会主义的本质要求和根本任务。只有牢牢扭住经济建设这个中心，毫不动摇坚持发展是硬道理、发展应该是科学发展和高质量发展的战略思想，推动经济社会持续健康发展，才能全面增强我国经济实力、科技实力、国防实力、综合国力，才能为坚持和发展中国特色社会主义、实现中华民族伟大复兴奠定

① 毛泽东．毛泽东选集：第 3 卷．2 版．北京：人民出版社，1991：1079.

雄厚物质基础。”[1] 无论国际形势如何变化，无论遇到什么困难，只要坚持以经济建设为中心的党的基本路线，抓住发展不放松，我们就能够从容应对，取得胜利。目前我国在前进的道路上还有不少困难和问题，解决这些问题，说到底，还是要靠发展。

把发展作为党执政兴国的第一要务，将发展作为解决中国一切问题的基础和关键，必须坚持科学发展。一是要紧紧把握发展的重点。这个重点就是以经济建设为中心，这是党自十一届三中全会以来所取得的最重要的经验。“以经济建设为中心是兴国之要，发展仍是解决我国所有问题的关键。只有推动经济持续健康发展，才能筑牢国家繁荣富强、人民幸福安康、社会和谐稳定的物质基础。”[2] 二是要全面认识发展。发展不仅仅是指生产力、经济建设或者说物质方面的发展，而且是包括经济、政治、文化、社会和人自身的发展在内的全面的发展，是物质文明、精神文明、政治文明、社会文明、生态文明相协调的发展。三是要坚持发展的正确途径。发展必须坚持和深化改革，这是我国改革开放以来取得的重要经验之一。对于生产关系中不适应生产力发展的部分要立足于实际，创造条件加以改造、改进和提高，逐步使那些落后的生产方式适应生产力的发展要求，从而不断完善社会主义的生产关系和上层建筑，不断为生产力的解放和发展拓展更为广阔的空间。四是要贯彻以人民为中心的发展思想和新发展理念，充分认识人民群众在发展中的作用。人民群众是历史的创造者。在追求全面发展的过程中，要发挥人民群众的聪明才智，开发我国丰富的人力资源，集中全国人民的智慧和力量来谋求发展。要以实现人的全面发展为目标，从人民群众的根本利益出发谋发展、促发展，不断满足人民群众日益增长的物质文化需要，切实保障人民群众的经济、政治和文化权益，让发展的成果惠及全体人民，从而实现中国特色社会主义全心全意为人民服务的根本目的。

三、大力促进先进生产力的发展

始终代表中国先进生产力的发展要求，大力促进先进生产力的发展，是中国共产党站在时代前列，保持党的先进性的根本体现和根本要求。中国共产党建立时就是以中国先进生产力的代表走上历史舞台的。党的一切奋斗，归根到底都是为了解放和发展生产力；党的一切方针政策最终都要促进生产力尤其是先进生产力的不断发展。中国共产党领导人民进行革命、建设、改革，都是为了促进生产力解放和发展。建成社会主义现代化强国，最根本的就是要通过改革，不断促进先进生产力的发展，使我国形成发达的生产力。

科学技术是第一生产力，是先进生产力的最集中体现和主要标志。科技进步和创新是发展生产力的决定因素。社会生产力的发展和综合国力的提高，最终取决于科技创新。从历史上看，我国曾长期位居世界经济大国之列，经济总量一度占到世界的 1/3 左右，但由于技术落后和工业化水平低，近代以来总被经济总量远不如我们的国家侵略。为什

---

① 习近平．在庆祝改革开放 40 周年大会上的讲话．人民日报，2018－12－19.

② 中共中央文献研究室．习近平关于社会主义经济建设论述摘编．北京：中央文献出版社，2017：3.

么会这样呢？我们不是输在经济规模上，而是输在科技落后上。由于技术创新和工业制造落后于人，西方列强才得以用坚船利炮轰开我们的国门。

大力推动科技进步和创新，不断用先进科技改造和提高国民经济，努力实现我国生产力发展的跨越，这是中国共产党代表中国先进生产力发展要求必须履行的重要职责。改革开放前，在极端艰苦的环境中，经过广大科技工作者多年的努力，我国在核技术、人造卫星和运载火箭等尖端科技领域取得了“两弹一星”等一批重要成果。党的十一届三中全会以后，中国共产党十分重视、十分关注世界科学技术的发展，明确提出了“科学技术是第一生产力”①，强调“振兴经济首先要振兴科技”②。习近平总书记更是从实现社会主义现代化强国的高度强调大力发展科学技术的重要性，他特别指出：“没有强大的科技，‘两个翻番’、‘两个一百年’的奋斗目标难以顺利达成，中国梦这篇大文章难以顺利写下去，我们也难以从大国走向强国。”③

为了大力发展科学技术，党中央从 20 世纪 90 年代以来，相继实施了科教兴国战略和人才强国战略。党的十八大以后，以习近平同志为核心的党中央又提出了创新驱动发展战略，天宫、蛟龙、天眼、悟空、墨子、大飞机等重大科技成果相继问世。创新是一个民族进步的灵魂，是国家兴旺发达的不竭动力。如果自主创新能力上不去，一味靠技术引进，就永远难以摆脱技术落后的局面。一个没有创新能力的民族，难以屹立于世界先进民族之林。

实施创新驱动发展战略，最根本的是要增强自主创新能力，最紧迫的是要破除体制机制障碍，最大限度解放和激发科学技术作为第一生产力所蕴藏的巨大潜力。面向未来，增强自主创新能力，最重要的就是要坚定不移走中国特色自主创新道路，坚持自主创新、重点跨越、支撑发展、引领未来的方针，加快创新型国家建设步伐。习近平强调，核心技术必须取得突破。何谓核心技术？一是基础技术、通用技术。二是非对称技术、“杀手锏”技术。三是前沿技术、颠覆性技术。习近平认为：“在这些领域，我们同国外处在同一条起跑线上，如果能够超前部署、集中攻关，很有可能实现从跟跑并跑到并跑领跑的转变。”④

多年来，我国一直存在着科技成果向现实生产力转化不力、不顺、不畅的痼疾，其中一个重要症结就在于科技创新链条上存在着诸多体制机制关卡，创新和转化各个环节衔接不够紧密。要解决这个问题，就必须深化科技体制改革，破除一切制约科技创新的思想障碍和制度藩篱，处理好政府和市场的关系，推动科技和经济社会发展深度融合，打通从科技强到产业强、经济强、国家强的通道，以改革释放创新活力。一个是科技创新的轮子，一个是体制机制创新的轮子，两个轮子共同转动，才有利于推动经济发展方式根本转变。党的二十大指出：“教育、科技、人才是全面建设社会主义现代化国家的基础性、战略性支撑。必须坚持科技是第一生产力、人才是第一资源、创新是第一动力，深入实施科教兴国战略、人才强国战略、创新驱动发展战略，开辟发展新领域新赛道，

---

① 邓小平．邓小平文选：第 3 卷．北京：人民出版社，1993：274.

② 江泽民．论科学技术．北京：中央文献出版社，2001：34.

③ 中共中央文献研究室．习近平关于社会主义经济建设论述摘编．北京：中央文献出版社，2017：128.

④ 同③148.

不断塑造发展新动能新优势。”[①]

第三节　社会主义的本质

一、社会主义本质理论的科学内涵

社会主义本质的内涵包括两个方面：一方面把“解放生产力，发展生产力”作为社会主义的根本任务，找到了体现社会主义本质、巩固和发展社会主义制度的基本途径；另一方面把“消灭剥削，消除两极分化，最终达到共同富裕”作为社会主义的根本目的，指明了社会主义与资本主义以及一切剥削社会的根本区别。其丰富的理论内涵，可以从三个方面来理解。

第一，解放生产力，发展生产力。这是从生产力的角度回答什么是社会主义的问题，强调解放生产力、发展生产力对实现社会主义本质的极端重要性，体现了马克思主义唯物史观关于生产力与社会主义的密切关系的思想。每一个新的社会制度都会将解放和发展生产力作为社会发展的根本前提，因而人们往往将解放和发展生产力排除在社会制度属性之外。邓小平以唯物史观为指导，根据中国社会主义建设的具体实际，将“解放生产力，发展生产力”纳入社会主义本质之中。他指出，过去我们之所以没有完全搞清楚什么是社会主义，就是因为离开了生产力发展水平抽象地谈论社会主义，将社会主义生产关系的建立、公有化程度的提高看成生产力发展的原动力，甚至主张以阶级斗争推动生产力的发展。我国还处于社会主义初级阶段，人民日益增长的物质文化需要同落后的社会生产之间的矛盾要求我们集中精力发展生产力，提高人民生活水平，增强国家综合国力。邓小平突出“解放生产力，发展生产力”在社会主义本质中的首要地位，正是为了强调坚持以经济建设为中心，不断推进社会主义现代化建设，充分展示社会主义制度的优越性。解放生产力和发展生产力相互联系，相互促进，二者不可分割。解放生产力为发展生产力创造前提条件。生产力要发展，首先要获得发展的条件，这就需要从根本上解决社会制度问题。社会主义制度取代资本主义制度，解放了被资本主义生产关系束缚的生产力，从而为社会主义生产力的发展提供了广阔的空间。社会主义制度建立之后，邓小平首次提出了社会主义条件下解放生产力的问题。他指出，革命是解放生产力，改革也是解放生产力。推翻帝国主义、封建主义、官僚资本主义的反动统治，使中国人民的生产力获得解放，这是革命，所以革命是解放生产力。社会主义制度确立以后，还要从根本上改变束缚生产力发展的经济体制，建立起充满生机和活力的社会主义经济体制，促进生产力的发展，这是改革，所以改革也是解放生产力。过去，只讲在社会主义条件下发展生产力，没有讲还要通过改革解放生产力，不完全。应该把解放生产力和发展生产力两个讲全了。也就是说，在社会主义初级阶段，解放生产力的任务仍然存在，必须

---

① 习近平．高举中国特色社会主义伟大旗帜　为全面建设社会主义现代化国家而团结奋斗：在中国共产党第二十次全国代表大会上的报告．北京：人民出版社，2022：33.

在实践中根据生产力发展的实际不断改革不适应生产力发展的体制、机制，解除对生产力发展的种种束缚。发展生产力是解放生产力的必然要求，解放生产力的目的说到底是发展生产力。

第二，消灭剥削，消除两极分化。这是从生产关系的角度回答什么是社会主义的问题，揭示了社会主义与资本主义以及其他一切剥削制度的根本区别。实现人的自由而全面的发展是共产主义的最终目的，社会主义则是实现这一最终目的的必经阶段。一方面，社会主义要解放和发展生产力，促进社会主义物质生产的极大发展，为共产主义的实现从而为人的自由、全面的发展提供物质基础；另一方面，社会主义要不断完善自身的生产关系，逐步消灭剥削，消除两极分化，使社会生产力发展的成果为全体人民所共享，从而为实现共产主义和人的全面发展提供制度基础。我国还处于社会主义初级阶段，要逐步消灭剥削，就要坚持公有制为主体、多种所有制经济共同发展；要消除两极分化，就要坚持按劳分配为主体、多种分配方式并存，就是说，要走中国特色社会主义的发展道路。正如邓小平所指出的："如果走资本主义道路，可以使中国百分之几的人富裕起来，但是绝对解决不了百分之九十几的人生活富裕的问题。而坚持社会主义，实行按劳分配的原则，就不会产生贫富过大的差距。"① 因此，邓小平一再强调，社会主义有两个非常重要的方面，一是以公有制为主体，二是不搞两极分化。消灭剥削、消除两极分化与过去在生产关系上单纯追求"一大二公三纯"的做法完全不同，它不是静止地看待社会主义，而是将社会主义看作一个动态的过程，从生产力的发展水平和发展要求出发，从社会主义生产关系的具体目标上肯定公有制和按劳分配。在不断推进生产力发展的过程中，不断探索和寻找符合生产力发展的具体的公有制实现形式和分配方式，逐步消灭剥削、消除两极分化。现阶段，我国社会生产力的发展并不足以完全消灭剥削、消除两极分化，而且在一定程度上和在一定范围内仍然存在剥削现象。这说明，不能脱离生产力发展的实际情况来空谈消灭剥削、消除两极分化。社会主义公有制的建立为消灭剥削和消除两极分化提供了制度性条件，但是只有当生产力获得充分发展时，才能为消灭剥削和消除两极分化提供物质基础。同时，消灭剥削、消除两极分化又为生产力的解放和发展提供了明确的方向与道路。社会主义生产力的发展不是为了别的什么，而是为了彻底消灭剥削、消除两极分化。

第三，最终达到共同富裕。这是从社会关系的角度来回答什么是社会主义的问题，共同富裕体现了社会主义的根本目的，揭示了社会主义与资本主义的本质区别。资本主义也追求富裕，但不是多数人的富裕，只是少数资产阶级的富裕，大多数人不能享受社会生产力发展的成果。社会主义发展生产的目的就是实现广大人民群众的共同富裕。发展中国特色社会主义，必须坚持以人为本，始终做到发展为了人民、发展依靠人民、发展成果由人民共享。坚持生产资料公有制和按劳分配，目的就是保证生产力发展的落脚点能够放在共同富裕上，同时也要以共同富裕为标准来检验是否坚持了社会主义的根本原则。所谓共同富裕，并不是指全体人民的同步富裕，也不是要求全社会实现平均富裕。共同富裕需要经历一个发展过程，通过一部分有条件的地区和个人先富起来，然后帮助

① 邓小平．邓小平文选：第3卷．北京：人民出版社，1993：64．

与带动其他地区和个人富裕起来，最终达到共同富裕。同时，在社会普遍比较富裕的前提下，承认地区与地区之间、人与人之间因为先天条件、自然环境以及个人能力等的不同而导致的差别。

社会主义本质的三个基本方面，在内容上是有主有次的，在实践中是有先有后的，它们互相依存，互为条件，构成了一个辩证的统一体，具体说来，“解放生产力，发展生产力”是实现共同富裕的物质基础；“消灭剥削，消除两极分化”是实现共同富裕的根本保证；而实现共同富裕则是“解放生产力，发展生产力”及“消灭剥削，消除两极分化”的最终目的和奋斗目标。三个方面紧密配合，共同促进社会主义社会的进步与发展。

二、社会主义本质理论的特色

社会主义本质理论，丰富和发展了马克思主义科学社会主义的理论，具有极其鲜明的中国特色，体现了以下重要原则：

第一，以现实为出发点，坚持了理论与实践、原则与实际的统一。马克思主义是我们行动的指南，但“原则不是研究的出发点，而是它的最终结果”。我们过去对社会主义的认识之所以一再发生偏差，最主要的原因就是脱离了中国的国情，把马克思主义关于未来社会的理论教条化，照搬了别国社会主义建设的模式。因此，邓小平在揭示社会主义的本质时，首先对过去从“原则”出发、从本本出发的错误思想路线进行了拨乱反正，强调从我国社会主义初级阶段的实际出发，去揭示社会主义的本质，确定社会主义的根本任务，探索有中国特色的社会主义建设道路。他认为，对于已经建立以公有制为基础的生产关系、由人民当家作主的社会主义国家来说，决定其生存发展、前途命运的只能是解放生产力，发展生产力，消灭剥削，消除两极分化，最终达到共同富裕。邓小平关于社会主义本质的三个方面的基本要求，既体现了马克思主义关于科学社会主义的基本原则，又符合中国社会主义现代化建设的实际情况，是坚持从实际出发，运用马克思主义基本立场、观点、方法来揭示社会主义本质的典范，体现了马克思主义理论与实践的基本方法。

第二，具体问题具体分析，坚持了特殊与一般、内容与形式的统一。邓小平坚持从特殊到一般、又从一般到特殊，特殊与一般相统一的认识规律，在揭示社会主义本质时，始终坚持具体问题具体分析的唯物辩证方法，侧重考察中国社会主义与一般社会主义的不同点，既力求做出符合中国国情的结论，又注意不要忽略马克思主义关于社会主义的一般原则、普遍原理。如果说把“解放生产力，发展生产力”作为社会主义的根本任务，主要是出于中国经济文化落后这一特殊国情考虑（当然，邓小平也多次从基本原理的角度讲到马克思主义最注重发展生产力），那么“消灭剥削，消除两极分化，最终达到共同富裕”则更多地考虑到了对社会主义一般原则的坚持。邓小平在揭示社会主义本质时还注意到了内容与形式的统一。根据内容与形式辩证关系的原理，在揭示社会主义的本质时，应该把着眼点放在对社会发展起决定作用的生产力方面，特别是在社会主义生产关系已经建立起来的情况下，更应该集中精力发展生产力，加快经济建设，使生产力（内容）和生产关系（形式）有机地结合起来。然而，过去很长一段时间，我们总是更多地在生产关系方面做文章，不停地提高公有化程度，结果使超越历史阶段的公有制形式严重脱离了生产力落后的状况，产生了重形式轻内容的片面性。按照邓小平的思路，一方面切实地把党和国家的工作重点转移到以经济建设为中心的轨道上来，把解放生产力、发展生产力作为社会主义的根本任务；另一方面，改革束缚生产力发展的生产关系，把过去单一的公有制形式改革为公有制为主体、多种经济成分共同发展，把高度集中的计划经济体制改革为充满活力的社会主义市场经济体制。这就避免了以往在坚持社会主义中重形式轻内容的片面性。

第三，牢记最终目的，坚持目的与手段的统一。邓小平在揭示社会主义本质时，吸取了过去不适当地强调社会主义的特征或具体目标模式的教训，坚持从社会主义的目的、任务及实现社会主义的条件、手段等方面全方位地思考问题，注意把握目的与手段之间的正确关系。在他关于社会主义本质的精辟概括中，第一、二句话讲的是生产力，第三、四句话讲的是与生产关系相联系的“消灭剥削，消除两极分化”，最后指出发展生产力、完善生产关系的最终目的，即“共同富裕”。在这里，解放和发展生产力，坚持社会主义消灭剥削、消除两极分化的生产关系，都可以说是达到“共同富裕”这个最终目的的条件。反过来说，共同富裕的最终目的，既要求解放和发展生产力，又要求消灭剥削和消除两极分化，并赋予它们坚定、明确的社会主义方向。

邓小平社会主义本质论的最大特点，就是把解放生产力（实际上是改革不适应生产力发展的生产关系）、发展生产力联系起来，把大力发展生产力作为中心任务，作为实现社会主义本质的首要条件、根本途径。同时，强调了社会主义生产关系的发展（公有制、按劳分配的完善）也要适应生产力发展的要求，即公有制的实现形式和以公有制为主体的所有制结构，归根到底只能根据生产力解放和发展的实际要求，根据逐步实现共同富裕的实际进程来确定。而无论是发展生产力，还是完善生产关系，最终的目的都是达到共同富裕。这就既纠正了以往主要看生产关系是否实现了公有制、按劳分配，不问其是否适应生产力的发展，“宁要社会主义的草，不要资本主义的苗”实际上是对贫穷的社会主义的崇拜的十分有害的错误倾向，又抵制了只要生产力发展起来了，不管是否会导致抛弃公有制、造成社会两极分化的同样十分有害的错误倾向。

三、社会主义本质理论的重大意义

社会主义本质理论是中国共产党在探索中国特色社会主义建设过程中取得的重大理论成果，在中国特色社会主义理论体系中占有重要的地位，对中国特色社会主义建设具有重大的指导意义。

第一，社会主义本质理论突出了生产力的首要地位，并将生产力和生产关系统一起来，把对社会主义的认识提高到了新的水平。历史唯物主义认为，生产力是社会发展的最终决定力量，生产力的状况决定生产关系的性质和发展。有什么样的生产力，就有什么样的生产关系。生产力和生产关系不能分割开来。邓小平坚持马克思主义唯物史观的基本观点，将“解放生产力，发展生产力”放在社会主义本质理论的突出位置，强调社会主义首先要解放生产力和发展生产力，不能脱离生产力来追求不切实际的公有化程度或者空泛、抽象地谈论生产关系先进与落后的问题。他提示人们只有在充分肯定生产力作用的基础上，对生产关系的认识或者变革才可能是适应历史发展趋势的。邓小平在强调生产力对于社会主义的重要性的同时，并没有忽略生产关系的作用，他没有将公有制、按劳分配等生产关系的形式直接纳入社会主义本质的概括，而是从功能、作用、效果等方面提出社会主义要“消灭剥削，消除两极分化”。这实际上蕴含了生产资料公有制、按劳分配等社会主义的特征，又为公有制、按劳分配的不同实现形式要以适应生产力发展为依据提供了理论空间。而共同富裕则是从社会主义根本目的层面上，将生产力的发展和生产关系的变革结合起来，明确了生产力发展以后的成果归人民享有，将社会主义社会与其他剥削社会区别开来，使得社会主义本质理论既扎根于唯物主义，又具有很强的实际操作性。

第二，社会主义本质理论在什么是社会主义这个根本问题上真正做到了解放思想、实事求是，为此后对社会主义的进一步探索树立了榜样，奠定了中国特色社会主义理论体系的理论基石。在探索社会主义本质问题过程中，邓小平一再强调要解放思想、实事求是。他认为，过去之所以没有完全搞清楚什么是社会主义，主要就是脱离了中国社会的生产力发展状况，离开了中国社会主义所处的阶段来抽象地谈论社会主义。邓小平通过否定那些不符合社会主义本质的论断，不断解放思想、实事求是地从中国基本国情出发对什么是社会主义这个问题做了回答，从中概括出了社会主义本质理论。这种勇于实践、勇于创新、敢于说“老祖宗没有说过的话”的理论勇气和探索精神，极大地鼓舞了后来者继续探索中国特色社会主义理论，并最终形成了中国特色社会主义理论体系。社会主义本质理论是中国特色社会主义建设的首要的基本理论问题。弄清楚了什么是社会主义，才能探索怎样建设社会主义，坚定不移地走中国特色社会主义的道路，才能在不断总结经验的基础上，逐步形成中国特色社会主义理论体系。

第三，社会主义本质理论揭示了中国特色社会主义的根本目的，从发展中国特色社会主义的出发点和落脚点的角度，为中国特色社会主义建设提供了重要理论指导。以往人们试图通过不断提高生产资料的公有化程度来推进社会主义的发展，忽视了生产力在社会主义建设中基础性的决定作用。社会主义本质理论不仅揭示了生产力和生产关系这一社会基本矛盾在社会主义建设中的具体体现，肯定了社会主义建设必须以生产力的解放和发展为基础，进而指明了实现社会主义的基本途径，更为重要的是，它揭示了中国特色社会主义的根本目的是使生产力发展的成果惠及全体人民，是实现全体人民的共同富裕。正是在社会主义本质理论的支持和指导之下，中国特色社会主义建设事业才取得了今天这样的伟大成就。

阅读书目

1. 邓小平．在武昌、深圳、珠海、上海等地的谈话要点//邓小平．邓小平文选：第3卷．北京：人民出版社，1993.

2. 习近平．在庆祝改革开放40周年大会上的讲话．人民日报，2018-12-19.

3. 习近平．中国共产党的领导是中国特色社会主义最本质的特征//习近平．习近平谈治国理政：第2卷．北京：外文出版社，2017.

4. 中共中央文献研究室．习近平关于社会主义经济建设论述摘编．北京：中央文献出版社，2017.

5. 习近平．高举中国特色社会主义伟大旗帜　为全面建设社会主义现代化国家而团结奋斗：在中国共产党第二十次全国代表大会上的报告．北京：人民出版社，2022.

思考题

1. 社会主义本质理论的特色有哪些？
2. 为什么说社会主义的根本任务是发展社会生产力？
3. 怎样理解发展是解决中国一切问题的基础和关键？

第五章

社会主义初级阶段理论和发展战略

我国处于并将长期处于社会主义初级阶段的科学论断，从整体上解决了我国社会主义发展的现实起点问题，是中国特色社会主义理论的重要基础，是党制定路线、方针、政策的总依据。正是在准确把握建设中国特色社会主义这一总依据的基础上，党制定了社会主义初级阶段的基本路线和基本纲领，确立了中国特色社会主义“五位一体”总体布局和“四个全面”战略布局，以及分“三步走”、实现社会主义现代化、实现中华民族伟大复兴的总任务。

第一节　社会主义初级阶段理论

一、社会主义初级阶段理论的形成和发展

社会主义制度建立以后，如何认识和判断我国社会所处的历史方位问题，成为一个重大的理论和现实问题。由于我国的社会主义制度是在半殖民地半封建社会的基础上、经过新民主主义革命和时间不长的社会主义改造建立起来的，这无疑增加了党对进入社会主义阶段以后国情的认识和把握的难度。党对此进行了有益的探索，但直到十一届三中全会以前，总的来说处于不完全清醒的状态。

马克思主义创始人在科学分析资本主义发展规律的基础上对未来社会发展阶段曾提出过一些原则性的设想，认为未来社会大体要经历从资本主义社会到共产主义社会的革命转变时期、共产主义社会的第一阶段、共产主义社会的高级阶段。但对作为共产主义社会第一阶段的社会主义社会，在其历史发展过程中将会经历哪些发展阶段，马克思和恩格斯没有做出进一步的判断。十月革命后，社会主义本身的发展阶段问题成为现实的实践问题。列宁在回答和解决俄国怎样过渡到社会主义的问题时指出，经济落后的俄国，只能建成“初级形式的社会主义”，而不能立即建成“发达的社会主义”。这里已经包含了社会主义社会也要有一个由低级到高级、由不完备到比较完备的发展过程的思想。但列宁并没有来得及具体分析社会主义制度建立以后的发展阶段问题。苏联确立了社会主义制度后，斯大林没有能够从实际出发进一步深入研究社会主义的发展阶段问题，1936 年就提出了向共产主义过渡的设想。第二次世界大战结束后，苏联经过一段时间的经济重建，又于 1952 年宣布党的主要任务是从社会主义过渡到共产主义。斯大林去

世之后的继任者，也始终没有对苏联自身发展阶段这个基本国情问题做出科学的分析和判断。

中国共产党对社会主义发展阶段的认识经历了曲折发展的过程。我国社会主义改造基本完成以后不久，毛泽东就比较正确地认识到我国社会主义发展的阶段问题。他曾把社会主义制度的建立与建成做了明确的区分。虽然当时没有提出社会主义初级阶段问题，但对中国社会主义发展程度也没有做出过高的估计，应该说还是比较符合实际的。我国当时刚刚进入社会主义社会，没有足够的经验使我们能够对社会主义发展规律具有很清楚的认识，因此，关于社会主义发展阶段这一正确思想没有能够坚持和得到进一步发展。1958 年没有经过认真调查研究和试点，轻率地发动了“大跃进”和人民公社化运动，使生产力发展上的急于求成与生产关系变革上急于过渡的错误相互伴随，产生了“共产主义在我国的实现，已经不是什么遥远将来的事情了”① 的盲目乐观情绪。在初步总结社会主义建设经验教训后，毛泽东意识到了在中国建设社会主义的艰巨性、复杂性和长期性问题。1959 年底到 1960 年初，他在读苏联《政治经济学教科书》时指出：“社会主义这个阶段，又可能分为两个阶段，第一个阶段是不发达的社会主义，第二个阶段是比较发达的社会主义。后一阶段可能比前一阶段需要更长的时间。”②“在我们这样的国家，完成社会主义建设是一个艰巨任务，建成社会主义不要讲得过早了。”③ 他还批评急于向共产主义过渡的人是误认社会主义为共产主义。毛泽东对社会主义发展阶段的划分，为后来我国社会主义社会发展阶段的探索提供了有益的启示。然而，非常遗憾的是，毛泽东关于社会主义是一个相当长历史阶段的认识后来又同“以阶级斗争为纲”的“左”的错误联系起来，认为在进入共产主义社会高级阶段以前，都是属于从资本主义到共产主义的过渡时期，进而形成了以“两个阶级、两条道路斗争”为主要内容的所谓“大过渡”理论，导致了“文化大革命”更为严重的错误。正如邓小平所说的那样：“从一九五七年下半年开始，我们就犯了‘左’的错误。总的来说，就是对外封闭，对内以阶级斗争为纲，忽视发展生产力，制定的政策超越了社会主义的初级阶段。”④ 总之，这一时期由于受到“左”的思想的影响，我国基本上没有解决好社会主义建设的现实出发点问题，当然也就不能解决好其他问题。

1978 年 12 月召开的党的十一届三中全会，重新确立了党的实事求是的思想路线，为正确认识中国国情、科学分析和判断我国所处的发展阶段问题，提供了正确的认识前提。1979 年初邓小平提出，底子薄、人口多、生产力落后，这是中国的现实国情。我们搞建设，必须适合中国国情，走出一条中国式的现代化道路，这实质上是要求全党正确认识中国社会主义发展的历史阶段问题。同年 9 月，叶剑英在中华人民共和国成立 30 周年纪念大会上指出，我国现在还是发展中的社会主义国家，社会主义制度还不完善，经济和文化还不发达，在我国实现现代化，必然要有一个由初级到高级的过程。这是党在新时期首次公开发表的对我国社会主义发展阶段的判断，初步表达了社会主义初级阶段的思想。1981 年 6 月，党的十一届六中全会通过的《决议》明确指出，我们的社会主义

---

① 中共中央文献研究室．建国以来重要文献选编：第 11 册．北京：中央文献出版社，1995：450.

②③ 中共中央文献研究室．毛泽东文集：第 8 卷．北京：人民出版社，1999：116.

④ 邓小平．邓小平文选：第 3 卷．北京：人民出版社，1993：269.

制度还是处于初级的阶段，而我们的社会主义制度由比较不完善到比较完善，必然要经历一个长久的过程。党的十二大进一步指出，我国的社会主义社会现在还处在初级发展阶段，物质文明还不发达。1984年召开的党的十二届三中全会从经济运行机制上探讨了初级阶段问题，提出：商品经济的充分发展，是社会经济发展的不可逾越的阶段。1986年召开的党的十二届六中全会通过了《中共中央关于社会主义精神文明建设指导方针的决议》，指出：我国还处在社会主义的初级阶段，不但必须实行按劳分配，发展社会主义的商品经济和竞争，而且在相当长历史时期内，还要在公有制为主体的前提下发展多种经济成分，在共同富裕的目标下鼓励一部分人先富裕起来。这些探讨，为社会主义初级阶段理论的系统提出奠定了基础。

1987年党的十三大召开前夕，邓小平指出：“党的十三大要阐述中国社会主义是处在一个什么阶段，就是处在初级阶段，是初级阶段的社会主义。社会主义本身是共产主义的初级阶段，而我们中国又处在社会主义的初级阶段，就是不发达的阶段。一切都要从这个实际出发，根据这个实际来制订规划。”① 这就将社会主义初级阶段作为全局性的问题加以论述。党的十三大第一次明确界定了我国所处的历史发展阶段，对社会主义初级阶段和党在初级阶段的基本路线做了全面、系统的阐述。党的十四大进一步指出，社会主义初级阶段是一个至少要经历上百年的历史阶段，一切方针、政策都必须以此为依据，同时社会主义初级阶段理论也写进了党章总纲。党的十五大强调，我们讲一切从实际出发，最大的实际就是中国现在处于并将长时期处于社会主义初级阶段；面对世纪之交改革攻坚和开创新局面的艰巨任务，我们解决种种矛盾，澄清种种疑惑，关键还在于对所处社会主义初级阶段的基本国情要有统一认识和准确把握。党的十五大还进一步论证了什么是初级阶段的社会主义，在初级阶段怎样建设社会主义，科学阐述了社会主义初级阶段的发展进程、基本纲领等重大理论和实践问题。

新世纪新阶段，在我国人民生活从总体上达到了小康水平后，党的十六大指出，我国正处于并将长期处于社会主义初级阶段，现在达到的小康还是低水平的、不全面的、发展很不平衡的小康，巩固和提高目前达到的小康水平，还需要进行长期的艰苦奋斗。党的十八大强调，我们必须清醒认识到，我国仍处于并将长期处于社会主义初级阶段的基本国情没有变，人民日益增长的物质文化需要同落后的社会生产之间的矛盾这一社会主要矛盾没有变，我国是世界最大发展中国家的国际地位没有变。在任何情况下都要牢牢把握社会主义初级阶段这个最大国情，推进任何方面的改革发展都要牢牢立足社会主义初级阶段这个最大实际。党的十九大指出，中国特色社会主义进入新时代，我国社会主要矛盾已经转化为人民日益增长的美好生活需要和不平衡不充分的发展之间的矛盾②。必须认识到，我国社会主要矛盾的转化，没有改变我们对我国社会主义所处历史阶段的判断，我国仍处于并将长期处于社会主义初级阶段的基本国情没有变，我国是世界最大发展中国家的国际地位没有变。党的二十大强调，我国是一个发展中大国，仍处于社会主义初级阶段，正在经历广泛而深刻的社会变革，推进改革发展、调整利益关系往往牵

---

① 邓小平．邓小平文选：第3卷．北京：人民出版社，1993：252.

② 习近平．决胜全面建成小康社会 夺取新时代中国特色社会主义伟大胜利：在中国共产党第十九次全国代表大会上的报告．北京：人民出版社，2017：11.

一发而动全身[①]。全党要牢牢把握社会主义初级阶段这个基本国情，牢牢立足社会主义初级阶段这个最大实际。正是由于党对社会主义初级阶段的基本国情有着清醒的认识，我们才得以成功地走出中国特色社会主义道路，取得了中国特色社会主义建设的伟大成就。

二、社会主义初级阶段理论的科学内涵和主要特征

党的十三大明确指出我国社会主义初级阶段包含两层含义：第一，我国社会已经是社会主义社会。我们必须坚持而不能离开社会主义。第二，我国的社会主义社会还处在初级阶段。我们必须从这个实际出发，而不能超越这个阶段。就是说，中国走的是社会主义道路，这是国情；中国处于并将长期处于社会主义初级阶段，这也是国情。前者是对我国现在社会制度基本性质的总概括和总规定；后者是对我国社会主义社会发展程度、发展水平的总认识和总判断。

正确认识和把握我国社会现实发展的阶段性，必须把社会主义社会的性质和它的发展程度有机统一起来。新中国成立至党的十一届三中全会期间，党在社会主义建设上出现的失误和挫折，说到底都是没有处理好这二者之间的关系。这一期间，党对我国社会主义社会性质的判断无疑是正确的，也符合历史事实。但对社会主义社会发展阶段的认识并不清醒，对社会主义发展程度的判断脱离了我国的基本国情，忽视了我国进入社会主义的历史前提同马克思的社会主义应建立在发达的生产力基础上的逻辑前提的重大区别，严重地影响了社会主义现代化建设事业的发展。正确认识国情，首先要弄清楚我国的社会主义社会到底处在一个什么样的位置，只有把对社会性质的认识同对社会发展程度和阶段的认识统一起来，才能制定出促进社会主义生产力发展的路线、方针、政策，从而最终体现社会主义制度的优越性。

我国社会已经是社会主义社会，必须坚持而不能背离社会主义的发展方向。这是对我国社会性质的界定，说明在社会形态的本质方面我国已经是社会主义社会，而不是从资本主义向社会主义的过渡时期，更不可能是资本主义的社会。在当代中国，以生产资料公有制为主体的社会主义经济制度、人民民主专政的社会主义政治制度、马克思主义在意识形态领域中的指导地位已经确立并得到较大发展。这是我国实现社会主义现代化的前提条件，是我国一切进步和发展的基本前提与基础。

我国的社会主义还处在初级阶段，必须从这一最大的实际出发，而不能超越阶段，急于求成。这是对我国社会主义发展水平和程度的认定，说明我国生产力落后的状况还没有根本上改变，在经济基础和上层建筑等方面，与科学社会主义所规定的社会基本特征还有较大的距离。我们必须从这个实际出发建设社会主义，而不能超越这个阶段。

社会主义初级阶段是针对我们过去在社会主义建设中忽视了社会主义发展水平和程度的失误而提出来的，是特指我国在生产力发展水平不高、商品经济不发达条件下建设社会主义必然要经历的特定的历史阶段。它始于我国社会主义改造基本完成、社会主义

① 习近平．高举中国特色社会主义伟大旗帜　为全面建设社会主义现代化国家而团结奋斗：在中国共产党第二十次全国代表大会上的报告．北京：人民出版社，2022：20－21．

制度确立的20世纪50年代，直至21世纪中叶基本实现现代化，至少需要上百年的时间，这是一个很长的历史过程。社会主义初级阶段不具有普遍意义，它只是我国进行社会主义建设不可避免的一个阶段，并不是说所有社会主义国家在建设社会主义过程中都要经历这样一个阶段。我国的社会主义脱胎于半殖民地半封建社会，生产力水平远远落后于发达资本主义国家，这就决定了我们必须经历一个很长的初级阶段，去实现别的许多国家在资本主义条件下实现的工业化和生产的商品化、社会化、现代化。

对社会主义初级阶段本身所呈现的基本特征，党的认识也是在不断深化的。党的十三大指出，我国社会主义初级阶段，是逐步摆脱贫穷、摆脱落后的阶段；是由农业人口占多数的手工劳动为基础的农业国，逐步变为非农产业人口占多数的现代化的工业国的阶段；是由自然经济半自然经济占很大比重，变为商品经济高度发达的阶段；是通过改革和探索，建立和发展充满活力的社会主义经济、政治、文化体制的阶段；是全民奋起，艰苦创业，实现中华民族伟大复兴的阶段。党的十五大对初级阶段的特征做了进一步概括，强调指出：社会主义初级阶段是逐步摆脱不发达状态，基本实现社会主义现代化的历史阶段；是由农业人口占很大比重、主要依靠手工劳动的农业国，逐步转变为非农业人口占多数、包含现代农业和现代服务业的工业化国家的历史阶段；是由自然经济半自然经济占很大比重，逐步转变为经济市场化程度较高的历史阶段；是由文盲半文盲人口占很大比重、科技教育文化落后，逐步转变为科技教育文化比较发达的历史阶段；是由贫困人口占很大比重、人民生活水平比较低，逐步转变为全体人民比较富裕的历史阶段；是由地区经济文化很不平衡，通过有先有后的发展，逐步缩小差距的历史阶段；是通过改革和探索，建立和完善比较成熟的充满活力的社会主义市场经济体制、社会主义民主政治体制和其他方面体制的历史阶段；是广大人民牢固树立建设有中国特色社会主义共同理想，自强不息，锐意进取，艰苦奋斗，勤俭建国，在建设物质文明的同时努力建设精神文明的历史阶段；是逐步缩小同世界先进水平的差距，在社会主义基础上实现中华民族伟大复兴的历史阶段。

新世纪新阶段，我国发展呈现出了一系列新的特征：一是经济实力显著增强，同时生产力水平总体上还不高，自主创新能力还不强；二是社会主义市场经济体制初步建立，同时影响发展的体制机制障碍依然存在，改革攻坚面临深层次矛盾和问题；三是人民生活达到了小康水平，但收入分配差距拉大趋势还未根本扭转；四是协调发展取得显著成绩，同时农业基础薄弱、农村发展滞后的局面尚未改变；五是社会主义民主政治不断发展、依法治国基本方略扎实贯彻，同时民主法治建设与扩大人民民主和经济社会发展的要求还不完全适应；六是社会主义文化更加繁荣，同时人民精神文化需求日趋旺盛；七是社会活力显著增强，同时社会结构、社会组织形式、社会利益格局发生深刻变化；八是对外开放日益扩大，同时面临的国际竞争日趋激烈，发达国家在经济科技上占优势的压力长期存在，可以预见和难以预见的风险增多。

党的二十大指出："十年前，我们面对的形势是，改革开放和社会主义现代化建设取得巨大成就，党的建设新的伟大工程取得显著成效，为我们继续前进奠定了坚实基础、创造了良好条件、提供了重要保障，同时一系列长期积累及新出现的突出矛盾和问题亟待解决。党内存在不少对坚持党的领导认识模糊、行动乏力问题，存在不少落实党的领导弱化、虚化、淡化问题，有些党员、干部政治信仰发生动摇，一些地方和部门形式主义、官僚主义、享乐主义和奢靡之风屡禁不止，特权思想和特权现象较为严重，一些贪腐问题触目惊心；经济结构性体制性矛盾突出，发展不平衡、不协调、不可持续，传统发展模式难以为继，一些深层次体制机制问题和利益固化藩篱日益显现；一些人对中国特色社会主义政治制度自信不足，有法不依、执法不严等问题严重存在；拜金主义、享乐主义、极端个人主义和历史虚无主义等错误思潮不时出现，网络舆论乱象丛生，严重影响人们思想和社会舆论环境；民生保障存在不少薄弱环节；资源环境约束趋紧、环境污染等问题突出；维护国家安全制度不完善、应对各种重大风险能力不强，国防和军队现代化存在不少短板弱项；香港、澳门落实'一国两制'的体制机制不健全；国家安全受到严峻挑战，等等。当时，党内和社会上不少人对党和国家前途忧心忡忡。"面对这些影响党长期执政、国家长治久安、人民幸福安康的突出矛盾和问题，以习近平同志为核心的党中央审时度势、果敢抉择，锐意进取、攻坚克难，团结带领全党全军全国各族人民进行了具有许多新的历史特点的伟大斗争，采取一系列战略性举措，推进一系列变革性实践，实现一系列突破性进展，取得一系列标志性成果，经受住了来自政治、经济、意识形态、自然界等方面的风险挑战考验，党和国家事业取得历史性成就、发生历史性变革，推动我国迈上全面建设社会主义现代化国家新征程。

社会主义初级阶段是长期性与阶段性统一的动态发展过程。理解社会主义初级阶段，既要认识到其发展是一个相当长的历史阶段，又要认识到其在长期的发展进程中必然还要经历若干具体的阶段，不同时期会显现出不同的阶段性特征。只有这样，才能科学判断和准确把握我国的具体国情，并据此制定出正确的路线纲领和发展战略。

三、社会主义初级阶段理论提出的重大意义

社会主义初级阶段理论是中国特色社会主义理论的基石之一，它发展了马克思主义关于未来社会发展阶段的理论，是党制定一切路线、纲领、方针、政策的根本依据，具有重大的理论意义和实践意义。

社会主义初级阶段理论是对马克思主义关于社会主义发展阶段问题科学设想的创新和发展。毫无疑义，无论马克思、恩格斯，或列宁、毛泽东都对经济文化比较落后国家进入社会主义社会以后的发展阶段做出过一些理论探索，但均未形成一个完整的理论体系。后来的一些马克思主义者也没能很好地坚持这些设想，而又发生了脱离本国实际情况超越阶段的错误。邓小平在继承前人思想理论成果的基础上，认真总结历史经验，从我国的客观实际出发，明确提出了在我国这样经济文化比较落后的国家进入社会主义以后必须经历一个很长的初级阶段的新论断。这不仅是对我国社会主义发展阶段的科学认识，而且是对马克思主义关于社会主义发展阶段理论的重大发展和突破。在此基础上，又明确了什么是社会主义、怎样建设社会主义这一基本的理论问题，进而创立了中国特色社会主义理论体系。

社会主义初级阶段理论是中国共产党制定和执行正确路线、方针、政策的基本依据。认清当前我国社会所处的历史阶段，也就是认清现实的国情，历来是党制定正确路线、

方针、政策的前提。我国现在处于并将长期处于社会主义初级阶段这一基本国情，是我们解决各种现实问题和理论问题的客观依据与基本出发点，也是党制定中国特色社会主义路线、方针、政策的重要基础及依据。它明确地告诉人们，我们所实行的一切方针、政策都必须符合社会主义初级阶段的客观实际，而不能拘泥于社会主义的一般形式。或者说，不能按照抽象的社会主义原则做出判断。离开了中国的实际情况，满脑子社会主义的条条框框，许多问题的是非都是难以判断的。党的十五大报告指出："十一届三中全会前我们在建设社会主义中出现失误的根本原因之一，就在于提出的一些任务和政策超越了社会主义初级阶段。"[①]"改革开放和现代化建设取得成功的根本原因之一，就是克服了那些超越阶段的错误观念和政策，又抵制了抛弃社会主义基本制度的错误主张。"[②]

社会主义初级阶段理论是排除各种干扰、夺取中国特色社会主义新胜利的思想武器。过去在社会主义建设中产生各种干扰的一个重要原因是对我国所处的历史方位认识不清，"左"与右两种倾向事实上都离开了中国的基本国情，因而都会对我们的事业造成危害。警惕右，主要是防止"左"，是邓小平总结新中国成立以来社会主义建设，特别是改革开放和社会主义现代化建设正反两方面的经验得出的一个深刻的结论。社会主义初级阶段理论基于对中国国情的准确把握，揭示了当代中国的历史方位，是对马克思主义关于社会主义发展阶段理论的重大发展和重大突破，为建设中国特色社会主义提供了总依据。

第二节 社会主义初级阶段的基本路线和基本纲领

一、社会主义初级阶段的主要矛盾

科学判断社会主要矛盾，是制定党的路线、方针、政策的基本依据。随着社会的不断发展，党对我国社会主要矛盾的认识也不断调整和深化。在半殖民地半封建社会的中国，帝国主义和封建主义是压在中国人民头上的两座大山。因此，帝国主义与中华民族的矛盾、封建主义与人民大众的矛盾，是近代中国社会的主要矛盾。反对帝国主义和封建主义，便是中国民主革命的两大基本任务。随着新民主主义革命在全国的胜利和土地改革的完成，工人阶级和资产阶级之间、社会主义道路和资本主义道路之间的矛盾成为国内的主要矛盾。1956 年社会主义改造基本完成后，党的八大指出："我们国内的主要矛盾，已经是人民对于建立先进的工业国的要求同落后的农业国的现实之间的矛盾，已经是人民对于经济文化迅速发展的需要同当前经济文化不能满足人民需要的状况之间的矛盾。"[③] 党的八大对国内主要矛盾的认识是完全正确的，然而，由于各种主客观原因，这种正确认识没有很好地坚持下去，并出现"以阶级斗争为纲"的错误认识和做法。1978 年党的十一届三中全会停止"以阶级斗争为纲"，决定把党和国家的工作重点转移到社会主义现代化建设上来。1981 年党的十一届六中全会通过的《决议》对我国社会主

①② 中共中央文献研究室．十五大以来重要文献选编：上．北京：人民出版社，2000：14.
③ 中共中央文献研究室．建国以来重要文献选编：第 9 册．北京：中央文献出版社，1994：341.

要矛盾做了科学表述："在社会主义改造基本完成以后，我国所要解决的主要矛盾，是人民日益增长的物质文化需要同落后的社会生产之间的矛盾。"① 1987 年党的十三大指出："我们在现阶段所面临的主要矛盾，是人民日益增长的物质文化需要同落后的社会生产之间的矛盾。阶级斗争在一定范围内还会长期存在，但已经不是主要矛盾。"② 2017 年党的十九大明确指出，中国特色社会主义进入新时代，我国社会主要矛盾已经转化为人民日益增长的美好生活需要和不平衡不充分的发展之间的矛盾。发生如此巨大变化有其深刻的社会背景。

第一，从生产力总体水平来看，我国已经改变了"落后的社会生产"状况。进入新时代，我国社会生产力水平总体上显著提高，社会生产能力在很多方面进入世界前列。坚定不移贯彻新发展理念，坚决端正发展观念、转变发展方式，发展质量和效益不断提升。我国经济实力实现历史性跃升。2022 年国内生产总值增长到 114 万亿元，我国经济总量占世界经济的比重达 18.5%，稳居世界第二位。谷物总产量稳居世界首位，14 亿多人的粮食安全、能源安全得到有效保障。制造业规模、外汇储备稳居世界第一。建成世界最大的高速铁路网、高速公路网，机场港口、水利、能源、信息等基础设施建设取得重大成就。我们加快推进科技自立自强，全社会研发经费支出从 1 万亿元增加到 2.8 万亿元，居世界第二位，研发人员总量居世界首位。基础研究和原始创新不断加强，一些关键核心技术实现突破，战略性新兴产业发展壮大，载人航天、探月探火、深海深地探测、超级计算机、卫星导航、量子信息、核电技术、新能源技术、大飞机制造、生物医药等取得重大成果，进入创新型国家行列。我国社会主义初级阶段已经进入新的时代，"落后的社会生产"已经发生了新的阶段性变化。

第二，从人民的生活水平来看，已经超越了"物质文化生活需要"。进入新时代，我国稳定解决了十几亿人的温饱问题，全面建成了小康社会，人民美好生活需要日益广泛，不仅对物质文化生活提出了更高要求，而且在民主、法治、公平、正义、安全、环境等方面的要求日益增长。改革开放以来，深入贯彻以人民为中心的发展思想，一大批惠民举措落地实施，人民生活不断改善，人民获得感显著增强。脱贫攻坚战取得了全面胜利，消除了绝对贫困。教育事业全面发展，中西部和农村教育明显加强。就业状况持续改善，城镇新增就业年均 1 300 万人以上。城乡居民收入增速超过经济增速，中等收入群体持续扩大。覆盖城乡居民的社会保障体系基本建立，人民健康和医疗卫生水平大幅提高，保障性住房建设稳步推进。社会治理体系更加完善，社会大局保持稳定，国家安全全面加强。随着人民生活水平不断提高，人民群众的需要也不仅仅体现在物质和文化方面，越来越呈现出多样化多层次多方面的特点，民主、法治、公平、正义、安全、环境等方面都有了新的需求。人民群众的需求层次越来越高、需求范围越来越广。

第三，从满足人民美好生活需要的影响因素来看，发展不平衡不充分问题是主要原因。发展不平衡，主要指全国的发展水平还存在差距，各区域、各领域、各方面的发展

---

① 中共中央文献研究室．三中全会以来重要文献选编：下．北京：人民出版社，1982：839.

② 中共中央文献研究室．十三大以来重要文献选编：上．北京：人民出版社，1991：12.

不平衡，特别是城乡和区域发展明显不平衡，存在“一条腿长、一条腿短”的失衡现象，制约了整体发展水平的提升。发展不充分，主要指一些地区、一些领域、一些方面的发展还存在差距，不仅总量不足，发展动力也不足，充分发展的任务仍然很重。从社会生产力来看，发展明显不平衡，还具有多层次生产力的特征，既有世界先进甚至世界领先的生产力，也有大量传统的、相对落后甚至原始的生产力，天宫、蛟龙、天眼、悟空、墨子、大飞机等先进生产力与手工劳动等落后生产力同时并存，而且城乡、区域、行业发展水平仍然差距较大，收入分配差距也比较明显，乡村振兴任务仍然艰巨。从“五位一体”总体布局来看，文化建设明显落后于经济发展水平，社会建设还存在众多短板，群众在就业、教育、医疗、居住、养老等方面面临不少难题，生态文明建设问题较多，美丽中国建设任重而道远。这些发展不平衡不充分问题必然带来很多社会矛盾和问题，制约了人民日益增长的美好生活需要的满足。

我国社会主要矛盾的转化是关系全局的历史性变化，对党和国家工作提出了许多新要求。我们要在继续推动发展的基础上，着力解决好发展不平衡不充分问题，大力提升发展质量和效益，更好满足人民在经济、政治、文化、社会、生态等方面日益增长的需要，更好推动人的全面发展、社会全面进步。我国社会主要矛盾的转化，没有改变我们对我国社会主义所处历史阶段的判断，我国仍处于并将长期处于社会主义初级阶段的基本国情没有变，我国是世界最大发展中国家的国际地位没有变。实现建成富强民主文明和谐美丽的社会主义现代化强国目标，还有很长的路要走。我们要牢牢把握社会主义初级阶段这个基本国情，牢牢立足社会主义初级阶段这个最大实际，牢牢坚持党在社会主义初级阶段的基本路线这个党和国家的生命线、人民的幸福线。

二、社会主义初级阶段的基本路线

党的基本路线是党在一定历史时期为解决社会主要矛盾而提出的总的指导方针和行动纲领，是统一全党思想和行动的基础，也是制定各项具体政策的根本依据。

党的十一届三中全会将党和国家的工作重点转移到经济建设上来的同时，提出了改革开放的方针。不久，又提出要坚持社会主义道路、坚持人民民主专政、坚持共产党的领导、坚持马克思列宁主义和毛泽东思想这四项基本原则。党的十一届六中全会提出，要把我国建设成为具有现代农业、现代工业、现代国防和现代科学技术的，具有高度民主和高度文明的社会主义强国。党的十二大提出建设有中国特色的社会主义的命题，之后逐步形成了“一个中心、两个基本点”作为基本路线的核心内容。在对什么是社会主义、怎样建设社会主义以及我国社会主义所处的历史方位进行深入思考，并不断推进实践的过程中，党对社会主义初级阶段基本路线的构想越来越成熟，最终在 1987 年召开的党的十三大上对党在社会主义初级阶段的基本路线做出了明确的概括：领导和团结全国各族人民，以经济建设为中心，坚持四项基本原则，坚持改革开放，自力更生，艰苦创业，为把我国建设成为富强、民主、文明的社会主义现代化国家而奋斗。1992 年，邓小平在南方谈话中重申了这条基本路线。他指出，要坚持党的十一届三中全会的路线、方针和政策，关键是坚持“一个中心、两个基本点”，基本路线要管 100 年。

党的十五大郑重提出，要毫不动摇地坚持党在社会主义初级阶段的基本路线，要把“一个中心”与“两个基本点”统一于建设有中国特色社会主义的伟大实践。党的十七大通过的党章又把“和谐”与“富强民主文明”一起写入了基本路线，表明经过多年的实践和探索，党对奋斗目标的认识逐渐深化，实现了中国特色社会主义事业总体布局与奋斗目标的有机统一。党的十八大强调，党的基本路线是党和国家的生命线，必须坚持把以经济建设为中心同四项基本原则、改革开放这两个基本点统一于中国特色社会主义伟大实践，既不妄自菲薄，也不妄自尊大，扎扎实实夺取中国特色社会主义新胜利。党的十九大强调，牢牢坚持党的基本路线这个党和国家的生命线、人民的幸福线，领导和团结全国各族人民，以经济建设为中心，坚持四项基本原则，坚持改革开放，自力更生，艰苦创业，为把我国建设成为富强民主文明和谐美丽的社会主义现代化强国而奋斗。

党在社会主义初级阶段的基本路线内容丰富、层次分明，高度概括了中国社会主义现代化建设的奋斗目标、基本途径、根本保证、领导力量和依靠力量以及实现这一目标的基本方针。

第一，“把我国建设成为富强民主文明和谐美丽的社会主义现代化强国”，高度概括了党在社会主义初级阶段的奋斗目标。这个奋斗目标集中反映了全国各族人民的共同愿望和根本利益。富强、民主、文明、和谐、美丽构成一个统一整体。其中富强是基础，要求大力发展生产力，消灭贫穷，没有富强作为基础，民主、文明都不会顺利实现，就更谈不上社会和谐了。当然，经济发展并不意味着可以自动实现社会民主、文明、和谐、美丽，还需要在经济建设的同时，努力促进政治建设、文化建设、社会建设和生态文明建设，最终实现这一统一的奋斗目标。

第二，“一个中心、两个基本点”，是党在社会主义初级阶段基本路线的核心内容。“一个中心”就是坚持以经济建设为中心，大力发展生产力，这是社会主义的根本任务，是实现现代化和中华民族伟大复兴的关键。“两个基本点”就是坚持四项基本原则，坚持改革开放。四项基本原则是立国之本，是解放和发展生产力的政治前提；改革开放是强国之路，是党和国家发展进步的活力源泉。坚持四项基本原则和坚持改革开放二者紧密相连，共同服务于经济建设这个中心。

第三，“领导和团结全国各族人民”，鲜明地揭示了中国特色社会主义的实践主体。广大人民群众是中国特色社会主义的力量源泉，共产党是中国特色社会主义事业的领导核心，只有将依靠力量与领导核心紧密地结合起来，中国特色社会主义建设事业的成功才有根本的保证。

第四，“自力更生，艰苦创业”，既是我们党的优良传统，也是实现社会主义现代化建设奋斗目标的根本立足点。在我国经济文化不发达的情况下建设社会主义，实现现代化，必须坚持“自力更生，艰苦创业”，没有任何捷径可走。“自力更生”并不是反对利用外援，而是强调要立足于自己的力量，不能完全依靠外援；“艰苦创业”也不是要求长期过苦日子，而是要继承艰苦创业的精神，努力奋斗。

坚持党的基本路线，把以经济建设为中心同坚持四项基本原则和改革开放这两个基本点统一于建设中国特色社会主义的伟大实践，这是改革开放以来“我们党最可宝贵的经验，是我们事业胜利前进最可靠的保证”[①]。坚持党的基本路线不动摇，首先要坚持以经济建设为中心不动摇。改革开放和四项基本原则都是建立在以经济建设为中心基础之上的，都是为经济建设服务的。坚持党的基本路线不动摇，又要正确处理四项基本原则和改革开放两个基本点之间的关系。四项基本原则为改革开放规定了正确的政治方向，提供了坚强的政治保障，离开了四项基本原则，改革开放和现代化建设事业就没有根基，就会失去方向；改革开放不断为四项基本原则提供新的时代内容，注入新的活力，离开了改革开放，四项基本原则就容易被教条化、空洞化。坚持党的基本路线不动摇，还要正确处理改革、发展与稳定的关系。三者之间相互促进，相互制约，其中，改革是动力，发展是目标，稳定是前提。要将改革的力度与发展的速度以及社会的接受程度相结合，共同推进生产力水平的提高，这样才有利于坚持党在社会主义初级阶段的基本路线，实现社会主义现代化建设的奋斗目标。

三、社会主义初级阶段的基本纲领

社会主义初级阶段的基本纲领，是在总结社会主义建设实践经验的基础上提出来的，是社会主义初级阶段基本路线在各个方面的展开。党的十五大强调，不仅要搞清楚什么是社会主义、怎样建设社会主义，而且要搞清楚什么是初级阶段的社会主义、怎样建设初级阶段的社会主义这个问题。党的十五大报告提出建设有中国特色社会主义的经济、政治和文化的基本目标与基本政策，回答了什么是社会主义初级阶段的经济、政治和文化，以及怎样建设这样的经济、政治和文化，从而形成了党在社会主义初级阶段的基本纲领。从党的十六大到十九大，党紧密结合全面建设和建成小康社会的目标，进一步丰富和发展了基本纲领的内容。

党在社会主义初级阶段的基本纲领，内容包括五个方面，即中国特色社会主义的经济、政治、文化、社会与生态文明建设的纲领。

第一，建设中国特色社会主义经济，就是在社会主义条件下发展市场经济，不断解放和发展生产力，实现国民经济持续健康发展，保证人民共享改革和发展成果。这就要求：坚持和完善社会主义市场经济体制，从制度上更好地发挥市场在资源配置中的决定性作用；坚持和完善公有制为主体、多种所有制经济共同发展，按劳分配为主体、多种分配方式并存，社会主义市场经济体制等基本经济制度；加快转变经济发展方式，坚持走中国特色新型工业化道路，推动产业结构升级；建设现代市场体系，完善有利于科学发展的宏观调控体系；提高自主创新能力，建设创新型国家，建设社会主义新农村，推动城乡、区域协调发展，加强能源资源节约和生态环境保护，提高开放型经济水平。

第二，建设中国特色社会主义政治，就是在中国共产党领导下，在人民当家作主的基础上，依法治国，发展社会主义民主政治，实现社会安定、政府廉洁高效、全国各族人民团结和睦、生动活泼的政治局面。这就要求：坚持党的领导、人民当家作主、依法

---

① 江泽民．江泽民文选：第2卷．北京：人民出版社，2006：17.

治国有机统一，走中国特色社会主义政治发展道路；坚持和完善工人阶级领导的、以工农联盟为基础的人民民主专政；坚持和完善人民代表大会制度、中国共产党领导的多党合作和政治协商制度、民族区域自治制度以及基层群众自治制度，不断推进社会主义政治制度自我完善和发展；深化政治体制改革，扩大人民民主，发展社会主义协商民主，全面落实依法治国基本方略，建设社会主义法治国家。

第三，建设中国特色社会主义文化，就是以马克思主义为指导，以培育有理想、有道德、有文化、有纪律的公民为目标，建设社会主义核心价值体系，发展面向现代化、面向世界、面向未来的，民族的科学的大众的社会主义文化，推动社会主义文化大发展大繁荣。这就要求：坚持用中国特色社会主义理论武装全党、教育人民，培育社会主义核心价值观，大力提高全民族的思想道德素质和科学文化素质；坚持为人民服务、为社会主义服务的方向，坚持百花齐放、百家争鸣的方针，积极推进文化创新；深化文化体制改革，大力发展文化事业和文化产业，建设和谐文化，弘扬中华文化，提高国家文化软实力。

第四，构建社会主义和谐社会，就是要按照民主法治、公平正义、诚信友爱、充满活力、安定有序、人与自然和谐相处的总要求和共同建设、共同享有的原则，努力加强社会建设，形成全体人民各尽其能、各得其所而又和谐相处的局面。这就要求：以改善民生为重点，解决好人民最关心、最直接、最现实的利益问题；深化社会体制改革，完善促进社会公平正义的体制机制；完善社会治理，妥善处理人民内部矛盾，统筹协调各方面利益关系，增加和谐因素，减少不和谐因素，保持社会长期稳定。

第五，大力推进生态文明建设，构建资源节约型、环境友好型社会，是党在社会主义初级阶段的一项重要的战略任务，也是建设中国特色社会主义的一项基本要求。建设生态文明，是关系人民福祉、关乎民族未来的长远大计。社会主义生态文明建设，必须树立尊重自然、顺应自然、保护自然的生态文明理念，把生态文明建设放在突出地位，融入经济建设、政治建设、文化建设、社会建设各方面和全过程，努力建设美丽中国，实现中华民族永续发展，到2050年把我国建设成为富强民主文明和谐美丽的社会主义现代化强国。

四、坚持党的最高纲领与初级阶段基本纲领的统一

中国共产党是最高纲领与最低纲领的统一论者。在革命、建设、改革的各个历史阶段，党既有每个阶段的基本纲领即最低纲领，也有确定长远奋斗目标的最高纲领。最高纲领与最低纲领，二者既有区别，又有联系，辩证统一于党为实现共产主义奋斗的全部历史过程。最高纲领为最低纲领的制定指明前进方向；最低纲领为最高纲领的实现准备必要的条件。没有最高纲领，最低纲领就会失去灵魂，偏离正确的方向；没有最低纲领，就不可能脚踏实地、循序渐进地做好当前工作，最高纲领就只能是美好的空想。党在社会主义初级阶段的基本纲领，是对党在社会主义初级阶段基本路线所规定的目标的具体化，坚持这些纲领，对于坚持党在社会主义初级阶段的基本路线，统一全国人民的思想，团结全国各族人民建设中国特色社会主义事业，具有十分重要的意义。

第三节　社会主义初级阶段的发展战略

早在 20 世纪 50 年代中期，在我国社会主义改造即将完成、社会主义建设刚刚起步的情况下，以毛泽东同志为主要代表的中国共产党人，就明确提出了建设社会主义现代化国家的任务，并形成了分两步走、在 20 世纪末全面实现农业、工业、国防和科学技术现代化的宏伟目标。由于“文化大革命”的爆发，我国的现代化事业被迫中断。党的十一届三中全会后，邓小平开始重新考虑我国实现社会主义现代化建设的战略目标和步骤，逐步形成了分“三步走”、实现社会主义现代化的发展战略。

一、“三步走”发展战略的形成和发展

“三步走”发展战略是在总结我国社会主义建设历史经验的基础上，在探索适合我国基本国情的发展战略的过程中逐步形成和发展起来的。

党的十一届三中全会后不久，邓小平即提出“中国式的现代化”的概念，这意味着他已开始思考 20 世纪末中国的现代化究竟可能达到什么水平的问题。1979 年 10 月，他在谈到实现现代化时，第一次明确提出要修改原来关于现代化的具体目标。他说：“我们开了大口，本世纪末实现四个现代化。后来改了个口，叫中国式的现代化，就是把标准放低一点。特别是国民生产总值，按人口平均来说不会很高。”[①] 之后，他在同外宾的谈话中第一次使用了“小康”的概念。邓小平认为，“小康”状态就是“现在我们只有二百几十美金，如果达到一千美元，就要增加三倍”。“增加三倍”与后来的“翻两番”是同义语。1980 年，在中央工作会议上他又指出：“经过二十年的时间，使我国现代化经济建设的发展达到小康水平，然后继续前进，逐步达到更高程度的现代化。”[②] 1981 年 11 月，邓小平关于小康社会的设想被写入五届全国人大四次会议政府工作报告中，即“力争用二十年的时间使工农业总产值翻两番，使人民的消费达到小康水平”。党的十二大把这一设想确定为全党和全国人民到 20 世纪末的奋斗目标。1985 年 4 月，邓小平又指出，十一届三中全会以后，我们探索了中国怎么搞社会主义，归根结底，就是要发展生产力，逐步发展中国的经济。第一步是到 20 世纪末翻两番，达到小康水平。第二步，再花 30 年到 50 年时间，接近发达国家的水平。

党的十三大召开前，邓小平多次完整清晰地勾画了“三步走”的战略设想，他指出：“我们原定的目标是，第一步在八十年代翻一番。以一九八〇年为基数，当时国民生产总值人均只有二百五十美元，翻一番，达到五百美元。第二步是到本世纪末，再翻一番，人均达到一千美元。实现这个目标意味着我们进入小康社会，把贫困的中国变成小康的中国。那时国民生产总值超过一万亿美元，虽然人均数还很低，但是国家的力量有很大

---

① 邓小平．邓小平文选：第 2 卷．2 版．北京：人民出版社，1994：194.

② 同①356.

增加。我们制定的目标更重要的还是第三步，在下世纪用三十年到五十年再翻两番，大体上达到人均四千美元。做到这一步，中国就达到中等发达的水平。”① 党的十三大肯定了邓小平的这一构想，明确指出，党的十一届三中全会以后，我国经济建设的战略部署大体分“三步走”：第一步，实现国民生产总值比 1980 年翻一番，解决人民的温饱问题。第二步，到 20 世纪末，使国民生产总值再增长一倍，人民生活达到小康水平。第三步，到 21 世纪中叶，人均国民生产总值达到中等发达国家水平，人民生活比较富裕，基本实现现代化。然后，在这个基础上继续前进。

在提前实现了“三步走”战略的第一步和第二步战略目标之后，为了把第二步战略和第三步战略很好地衔接起来，党的十五大将“三步走”战略中的第三步进一步具体化，提出了三个阶段性目标：21 世纪第一个 10 年实现国民生产总值比 2000 年翻一番，使人民的小康生活更加宽裕，形成比较完善的社会主义市场经济体制；再经过 10 年的努力，到建党 100 年时，使国民经济更加发展，各项制度更加完善；到 21 世纪中叶新中国成立 100 年时，基本实现现代化，建成富强民主文明的社会主义国家，从而使“三步走”战略更加具体。

邓小平认为：“所谓小康社会，就是虽不富裕，但日子好过。我们是社会主义国家，国民收入分配要使所有的人都得益，没有太富的人，也没有太穷的人，所以日子普遍好过。更重要的是，那时我们可以进入国民生产总值达到一万亿美元以上的国家的行列，这样的国家不多。”② 经过全国人民的努力，20 世纪末我国已经胜利实现了“三步走”战略的第一步和第二步的目标，人民生活总体上达到小康水平，这是中华民族发展史上的一个新的里程碑。当然，这时的小康还是低水平的、不全面的、发展很不平衡的小康。巩固和提高目前达到的小康水平，还需要进行长时期的艰苦奋斗。党的十六大明确提出：21 世纪头 20 年，对我国来说，是一个必须紧紧抓住并且可以大有作为的重要战略机遇期，我们要在 21 世纪头 20 年，集中力量，全面建设惠及十几亿人口的更高水平的小康社会，使经济更加发展、民主更加健全、科教更加进步、文化更加繁荣、社会更加和谐、人民生活更加殷实。这是实现社会主义现代化建设第三步战略目标必经的承上启下的发展阶段，也是完善社会主义市场经济体制和扩大对外开放的关键阶段。经过这个阶段的建设，再继续奋斗几十年，到 21 世纪中叶基本实现现代化，把我国建成社会主义现代化国家。这是对“三步走”发展战略理论的运用、深化和发展。

党的十七大顺应国内外形势的新变化和各族人民过上更好生活的新期待，把握经济社会发展趋势和规律，坚持中国特色社会主义经济、政治、文化和社会建设的基本纲领，在十六大确立的全面建设小康社会目标的基础上，对全面建设小康社会提出了新的更高的要求：一是增强发展协调性，努力实现经济又好又快发展，争取在转变发展方式上取得重大进展，在优化结构、提高效益、降低消耗、保护环境的基础上，实现人均国内生产总值到 2020 年比 2000 年翻两番；二是扩大社会主义民主，更好保障人民权益和社会公平正义；三是加强文化建设，明显提高全民族文明素质；四是加快发展社会事业，全面改善人民生活；五是建设生态文明，基本形成节约能源资源和保护生态环境的产业结

---

① 邓小平．邓小平文选：第 3 卷．北京：人民出版社，1993：226.

② 同①161－162.

构、增长方式、消费模式。

党的十八大指出，根据我国经济社会发展实际，要在十六大、十七大确立的全面建设小康社会目标的基础上努力实现全面建成小康社会的新要求。

第一，经济持续健康发展。转变经济发展方式取得重大进展，在发展平衡性、协调性、可持续性明显增强的基础上，实现国内生产总值和城乡居民人均收入比 2010 年翻一番。科技进步对经济增长的贡献率大幅上升，进入创新型国家行列。工业化基本实现，信息化水平大幅提升，城镇化质量明显提高，农业现代化和社会主义新农村建设成效显著，区域协调发展机制基本形成。对外开放水平进一步提高，国际竞争力明显增强。

第二，人民民主不断扩大。民主制度更加完善，民主形式更加丰富，人民积极性、主动性、创造性进一步发挥；依法治国基本方略全面落实，法治政府基本建成，司法公信力不断提高，人权得到切实尊重和保障。

第三，文化软实力显著增强。社会主义核心价值体系深入人心，公民文明素质和社会文明程度明显提高；文化产品更加丰富，公共文化服务体系基本建成，文化产业成为国民经济支柱性产业，中华文化走出去迈出更大步伐，社会主义文化强国建设基础更加坚实。

第四，人民生活水平全面提高。基本公共服务均等化总体实现；全民受教育程度和创新人才培养水平明显提高，进入人才强国和人力资源强国行列，教育现代化基本实现；就业更加充分；收入分配差距缩小，中等收入群体持续扩大，扶贫对象大幅减少；社会保障全民覆盖，人人享有基本医疗卫生服务，住房保障体系基本形成，社会和谐稳定。

第五，资源节约型、环境友好型社会建设取得重大进展。主体功能区布局基本形成，资源循环利用体系初步建立；单位国内生产总值能源消耗和二氧化碳排放大幅下降，主要污染物排放总量显著减少；森林覆盖率提高，生态系统稳定性增强，人居环境明显改善。

党的十九大提出建设现代化强国的“两步走”战略目标。我们要全面建成小康社会、实现第一个百年奋斗目标，然后再乘势而上开启全面建设社会主义现代化国家新征程，向第二个百年奋斗目标进军。全面建设社会主义现代化国家的进程分两个阶段来安排。第一个阶段，从 2020 年到 2035 年，在全面建成小康社会的基础上，再奋斗 15 年，基本实现社会主义现代化。第二个阶段，从 2035 年到 21 世纪中叶，在基本实现现代化的基础上，再奋斗 15 年，把我国建成富强民主文明和谐美丽的社会主义现代化强国。

党的二十大提出，从现在起，中国共产党的中心任务就是团结带领全国各族人民全面建成社会主义现代化强国、实现第二个百年奋斗目标，以中国式现代化全面推进中华民族伟大复兴。全面建成社会主义现代化强国，总的战略安排是分两步走：从 2020 年到 2035 年基本实现社会主义现代化，从 2035 年到本世纪中叶把我国建成富强民主文明和谐美丽的社会主义现代化强国。

到 2035 年，我国发展的总体目标是：经济实力、科技实力、综合国力大幅跃升，人均国内生产总值迈上新的大台阶，达到中等发达国家水平；实现高水平科技自立自强，进入创新型国家前列；建成现代化经济体系，形成新发展格局，基本实现新型工业化、信息化、城镇化、农业现代化；基本实现国家治理体系和治理能力现代化，全过程人民民主制度更加健全，基本建成法治国家、法治政府、法治社会；建成教育强国、科技强国、人才强国、文化强国、体育强国、健康中国，国家文化软实力显著增强；人民生活更加幸福美好，居民人均可支配收入再上新台阶，中等收入群体比重明显提高，基本公共服务实现均等化，农村基本具备现代生活条件，社会保持长期稳定，人的全面发展、全体人民共同富裕取得更为明显的实质性进展；广泛形成绿色生产生活方式，碳排放达峰后稳中有降，生态环境根本好转，美丽中国目标基本实现；国家安全体系和能力全面加强，基本实现国防和军队现代化。

在基本实现现代化的基础上，我们要继续奋斗，到本世纪中叶，把我国建设成为综合国力和国际影响力领先的社会主义现代化强国。

全面建设社会主义现代化国家，必须以更大的政治勇气和智慧，不失时机深化重要领域改革，坚决破除一切妨碍科学发展的思想观念和体制机制弊端，构建系统完备、科学规范、运行有效的制度体系，使各方面的制度更加成熟、更加定型。从全面建成小康社会到基本实现现代化，再到全面建成社会主义现代化强国，是新时代中国特色社会主义发展的战略安排。这一战略安排，是在综合分析国际国内形势和我国发展条件之后做出的重大决策，也是我们党适应我国发展实际做出的必然选择，对动员全党全国各族人民万众一心实现中华民族伟大复兴的中国梦具有重大意义。

二、实现中华民族伟大复兴的中国梦

坚持和发展中国特色社会主义的总任务，是实现社会主义现代化和中华民族伟大复兴，在全面建成小康社会的基础上，分两步走，在21世纪中叶建成富强民主文明和谐美丽的社会主义现代化强国。中国梦是中华民族伟大复兴的形象表达。

2012年11月29日，习近平总书记来到国家博物馆，参观《复兴之路》展览后指出："现在，大家都在讨论中国梦，我以为，实现中华民族伟大复兴，就是中华民族近代以来最伟大的梦想。"此后，他又在国内外很多重要场合，对中国梦进行了深刻阐述。中国梦成为中国未来发展的方向，成为激励中华儿女团结奋进、开辟未来的一面精神旗帜。

中国共产党自成立之日起，就肩负起实现中华民族伟大复兴的历史使命。习近平总书记指出："一百年来，中国共产党团结带领中国人民进行的一切奋斗、一切牺牲、一切创造，归结起来就是一个主题：实现中华民族伟大复兴。"[①] 为了实现这个伟大梦想，中国共产党团结带领中国人民，浴血奋战、百折不挠，推翻帝国主义、封建主义、官僚资本主义三座大山，完成了新民主主义革命，建立了中华人民共和国，实现了中国从几千年封建专制政治向人民民主的伟大飞跃，中国人民从此站起来了；自力更生、发愤图强，进行社会主义革命，建立社会主义制度，推进社会主义建设，实现了一穷二白、人口众多的东方大国大步迈进社会主义社会的伟大飞跃；解放思想、锐意进取，坚定不移推进改革开放，开创、坚持、捍卫、发展中国特色社会主义，极大解放和发展社会生产力，推进了中华民族从站起来到富起来的伟大飞跃；自信自强、守正创新，开创了中国特色社会主义新时代，全面建成小康社会、迈上全面建设社会主义现代化国家新征程，中华民族迎来了从站起来、富起来到强起来的伟大飞跃。

---

① 习近平．习近平著作选读：第2卷．北京：人民出版社，2023：477.

习近平总书记指出：中国梦的本质是国家富强、民族振兴、人民幸福。国家富强，是指我国综合国力进一步增强，中国特色社会主义事业进一步发展和完善。经济更加发达，科技创新在经济发展中的驱动力更加强劲，政治更加民主，文化更加繁荣，社会更加和谐，生态更加美好。要在全面建成小康社会的基础上，全面建成富强民主文明和谐美丽的社会主义现代化强国。民族振兴，就是通过自身的不断发展与强大，继承并创造中华民族的优秀文化以及先进的文明成果，进而使中华民族再次处于世界领先的地位，再次以高昂的姿态屹立于世界民族之林。民族振兴，也会更好地造福世界人民，共创世界美好的未来。人民幸福，就是人民权利保障更加充分、人人得享共同发展，生活在伟大祖国和伟大时代的中国人民，共同享有人生出彩的机会，共同享有梦想成真的机会，共同享有同祖国和时代一起成长与进步的机会。

中国梦把国家的追求、民族的向往、人民的期盼融为一体，体现了中华民族和中国人民的整体利益，表达了每一个中华儿女的共同愿景，成为中华民族团结奋斗的最大公约数。国家富强、民族振兴是人民幸福的基础和保障，中国近代以来的屈辱历史已经证明，民族不独立、国家不富强，人民的生存根本得不到保证，更谈不上人民幸福。人民幸福是国家富强、民族振兴的题中之义和必然要求，民惟邦本、本固邦宁，国家的富强、民族的振兴都要以人民的权利得到保障、利益得到实现、幸福得到满足为条件，人民幸福是国家富强、民族振兴的根本出发点和落脚点。

中国梦归根到底是人民的梦。人民是中国梦的主体，是中国梦的创造者和享有者。中国梦与世界各国人民的美好梦想相通。中国梦不仅在国内引发强烈共鸣，而且在国际社会产生强烈反响。中国梦对世界具有吸引力，中国的梦想，不仅关乎中国的命运，也关系世界的命运。习近平多次宣示：中国梦是和平、发展、合作、共赢的梦，与世界各国人民的美好梦想息息相通，中国人民愿意同各国人民在实现各自梦想的过程中相互支持、相互帮助。

习近平总书记指出：实现中国梦必须走中国道路、弘扬中国精神、凝聚中国力量。实现中国梦必须走中国道路，这就是中国特色社会主义道路。没有正确的道路，再美好的愿景、再伟大的梦想，都不能实现。历史和现实充分证明，无论是封闭僵化的老路，还是改旗易帜的邪路，都是绝路、死路。只有中国特色社会主义道路才能发展中国、稳定中国，这是一条通往复兴梦想的康庄大道、人间正道。中华民族是具有非凡创造力的民族，我们创造了伟大的中华文明，我们也能够继续拓展和走好适合中国国情的发展道路。

实现中国梦必须弘扬中国精神。用以爱国主义为核心的民族精神和以改革创新为核心的时代精神振奋起全民族的“精气神”[①]。伟大的梦想，需要伟大的精神做支撑。没有振奋的精神、没有高尚的品格、没有坚定的志向，一个民族不可能自立于世界民族之林。实现中国梦，要求我们不仅在物质上强大起来，而且在精神上强大起来。中华文明生生不息，中国精神薪火相传。以爱国主义为核心的民族精神和以改革创新为核心的时代精神，是凝心聚力的兴国之魂、强国之魂。爱国主义是中华民族的精神基因，维系着中华

---

① 习近平．习近平谈治国理政：第1卷．2版．北京：外文出版社，2018：56.

大地上各个民族的团结统一，激励着一代又一代中华儿女为祖国发展繁荣而不懈奋斗；改革创新体现了中华民族最深沉的民族禀赋，反映了当代中国发展进步的要求，始终是鞭策我们在改革开放中与时俱进的精神力量。要弘扬伟大的民族精神和时代精神，不断振奋全民族的精气神，不断增强团结一心的精神纽带、自强不息的精神动力，永远朝气蓬勃迈向未来。

实现中国梦必须凝聚中国力量，这就是全国各族人民大团结的力量。人民是历史的创造者，人民是真正的英雄。波澜壮阔的中华民族发展史是中国人民书写的。博大精深的中华文明是中国人民创造的。历久弥新的中华民族精神是中国人民培育的。我国56个民族都是中华民族大家庭的平等一员，共同构成了你中有我、我中有你、谁也离不开谁的中华民族命运共同体。实现中华民族伟大复兴的中国梦是各民族共同的梦，也是各民族自己的梦。中华民族一家亲，同心共筑中国梦。各族人民大团结的力量，是克服各种困难、战胜风险挑战的决定性因素。

实干才能梦想成真。实现中华民族伟大复兴，是一项光荣而艰巨的事业，需要每一个人付出艰苦努力，用实干托起中国梦。习近平总书记强调，面向未来，基本实现现代化要靠实干，实现中华民族伟大复兴要靠实干。空谈误国，实干兴邦。要在全社会大力弘扬真抓实干、埋头苦干的良好风尚，出实策、鼓实劲、办实事，不图虚名，不务虚功。实现中国梦任重而道远，需要锲而不舍、驰而不息的艰苦努力。道路不可能一帆风顺，蓝图不可能一蹴而就，梦想不可能一夜成真。我们已经取得辉煌成就，离梦想从未如此接近。同时也要看到，行百里者半九十，距离实现中华民族伟大复兴的目标越近，我们越不能懈怠，越要加倍努力。实现伟大梦想，必须进行伟大斗争，必须建设伟大工程，必须推进伟大事业。

阅读书目

1. 毛泽东．关于正确处理人民内部矛盾的问题//中共中央文献研究室．毛泽东文集：第7卷．北京：人民出版社，1999.

2. 邓小平．一切从社会主义初级阶段的实际出发//邓小平．邓小平文选：第3卷．北京：人民出版社，1993.

3. 江泽民．全面建设小康社会，开创中国特色社会主义事业新局面//江泽民．江泽民文选：第3卷．北京：人民出版社，2006.

4. 胡锦涛．在纪念党的十一届三中全会召开30周年大会上的讲话．北京：人民出版社，2008.

5. 中共中央文献研究室．习近平关于全面深化改革论述摘编．北京：中央文献出版社，2014.

6. 习近平．习近平谈治国理政：第2卷．北京：外文出版社，2017.

7. 习近平．习近平谈治国理政：第1卷．2版．北京：外文出版社，2018.

8. 习近平．决胜全面建成小康社会　夺取新时代中国特色社会主义伟大胜利：在中国共产党第十九次全国代表大会上的报告．北京：人民出版社，2017.

9. 习近平．高举中国特色社会主义伟大旗帜　为全面建设社会主义现代化国家而团结奋斗：在中国共产党第二十次全国代表大会上的报告．北京：人民出版社，2022.

思考题

1. 如何理解社会主义初级阶段的科学内涵及基本特征？
2. 如何理解社会主义初级阶段基本路线和基本纲领的主要内容？
3. 如何把握新时代中国特色社会主义发展的战略安排？
4. 如何理解我国社会主要矛盾发生的变化？
5. 如何认识新时代建设中国特色社会主义的总任务？
6. 如何理解中国梦的提出和实质？

第六章
社会主义改革开放的理论

改革开放是党在新的历史条件下带领人民进行的一场深刻的伟大革命。改革开放是坚持和发展中国特色社会主义的必由之路。事实雄辩地证明：只有社会主义才能救中国，只有改革开放才能发展中国、发展社会主义、发展马克思主义。改革开放是当代中国最鲜明的特色，也是当代中国共产党人最鲜明的品格。在整个社会主义现代化进程中，我们都要高举改革开放的旗帜，决不能有丝毫动摇。改革开放理论，作为中国特色社会主义理论的重要组成部分，集中体现了新时期最鲜明的特征，体现了中国特色社会主义理论的精神实质。

第一节　改革开放是决定当代中国命运的战略抉择

一、改革开放的历史进程

1978年12月召开的党的十一届三中全会，是新中国成立以来党的历史上的一个伟大转折。面对十年“文化大革命”造成的危难局面，以邓小平同志为主要代表的中国共产党人，坚持解放思想、实事求是，以巨大的政治勇气和理论勇气，科学评价毛泽东和毛泽东思想，彻底否定“以阶级斗争为纲”的错误理论和实践，做出了把党和国家工作中心转移到经济建设上来、实行改革开放的历史性决策。

我国的改革首先从农村开始，到1983年初，全国农村包干到户、包产到户的生产队达93%。在这期间，对外开放逐步展开。1979年，中央决定在深圳、珠海、汕头、厦门设置经济特区。1982年9月，邓小平在党的十二大开幕词中，向全党提出了建设有中国特色的社会主义的伟大历史任务，并把它作为整个新时期改革开放和现代化建设的根本指导思想。党的十二大以后，经济体制改革迅速地在全国范围内全面展开。随着改革开放的展开，邓小平对改革开放的认识也在不断深化。1984年6月，邓小平在会见日本朋友的谈话中，第一次把改革开放和社会主义建设联系起来，从其思想实质上深刻阐述了实行改革开放的意义。他说：“三十几年的经验教训告诉我们，关起门来搞建设是不行的，发展不起来。关起门有两种，一种是对国外；还有一种是对国内，就是一个地区对另外一个地区，一个部门对另外一个部门。两种关门都不行。”① “我们提出要发展得快一

① 邓小平．邓小平文选：第3卷．北京：人民出版社，1993：64－65.

点”，“这就要求对内把经济搞活，对外实行开放政策”[①]。农村改革的成功，特别是乡镇企业的异军突起，对其他领域的改革产生了巨大影响，也为城市改革提供了条件。

1984 年 10 月，党的十二届三中全会通过《中共中央关于经济体制改革的决定》，第一次明确提出我国社会主义经济是公有制基础上的有计划的商品经济。邓小平对这个文件给予高度评价，认为它“解释了什么是社会主义，有些是我们老祖宗没有说过的话，有些新话”，“是真正坚持社会主义”[②]。这次会议标志着我国改革开放的实践已进入全面改革和全方位开放的新阶段。

随着经济体制改革的深入，政治体制改革也提上议事日程。早在 20 世纪 80 年代初，邓小平在题为《党和国家领导制度的改革》的重要讲话中，就党和国家领导制度、组织制度这一带有根本性、全局性、稳定性和长期性的问题，提出必须对现行领导制度存在的各种弊端进行改革。1986 年 9 月以后，邓小平又在多次谈话中对政治体制改革的必要性、目的、内容和目标等做了阐述。他指出：“我们提出改革时，就包括政治体制改革。现在经济体制改革每前进一步，都深深感到政治体制改革的必要性。”[③] 政治体制改革的总目的，“是要有利于巩固社会主义制度，有利于巩固党的领导，有利于在党的领导和社会主义制度下发展生产力”[④]。党的十三大召开前，邓小平又明确提出：“十三大要重申我们党十一届三中全会以来制定的一系列方针和政策，深化经济体制改革，相应地进行政治体制改革。”他强调，“十三大归根到底是改革开放的大会”[⑤]。

从党的十二大到十三大，我国经济经历了一个加速发展的时期，整个国民经济上了一个大台阶。同时，伴随着国民经济的持续高速增长，也积累了一些问题，如物价波动较大，通货膨胀严重，经济发展过热等。为此，党的十三届三中全会及时提出了“治理经济环境、整顿经济秩序、全面深化改革”的方针，开始对国民经济发展战略进行重大调整。

20 世纪 80 年代末 90 年代初，由于苏联解体、东欧剧变，国际共产主义运动遭受重大挫折，国际政治力量的对比发生了重大改变。而我国在 1989 年春夏之交则发生了一场政治风波。党的十一届三中全会以来的方针政策面临考验。邓小平强调，要坚定不移地执行党的十一届三中全会以来确立的一系列路线、方针、政策，特别是强调改革开放的政策不能改变。随后，在 1992 年南方谈话中，他又指出：“改革开放以来，我们立的章程并不少，而且是全方位的。经济、政治、科技、教育、文化、军事、外交等各个方面都有明确的方针和政策，而且有准确的表述语言。”他强调一定要坚持以党的基本路线为核心的这一整套方针、政策不动摇，认为“有了这一条，中国就大有希望”[⑥]。

1992 年 10 月，党的十四大顺应历史发展的要求和人民的愿望，做出了三项具有深远意义的重大决策：一是抓住机遇，加快发展；二是明确我国经济体制改革的目标是建立社会主义市场经济体制；三是确立邓小平建设有中国特色社会主义理论在全党的指导

---

① 邓小平．邓小平文选：第 3 卷．北京：人民出版社，1993：65.
② 同①91.
③ 同①176.
④ 同①241.
⑤ 同①251.
⑥ 同①371.

地位。1993 年 11 月，党的十四届三中全会通过了《中共中央关于建立社会主义市场经济体制若干问题的决定》。这个决定把建立社会主义市场经济体制的基本原则加以系统化、具体化，提出了清晰的基本框架和总体规划，为经济体制改革提供了行动纲领。党的十四大以后，改革开放取得新的突破。按照建立社会主义市场经济体制的要求，推进了财政、税收、金融、外贸、外汇、计划、投资、价格、流通、住房和社会保障等体制改革，市场在资源配置中的基础性作用明显增强，宏观调控体系的框架初步建立。国有企业改革在试点基础上积极推进。与此同时，对外经济、技术合作与交流继续扩大，对外贸易和利用外资大幅度增长，国家外汇储备显著增加。

1997 年 9 月，党的十五大提出了社会主义初级阶段的基本纲领，强调要坚持社会主义市场经济的改革方向，使改革在一些重大方面取得新的突破，并就继续调整和完善所有制结构、加快推进国有企业改革以及继续推进政治体制改革做出全面部署。党的十五大以后，我国的改革开放和现代化建设事业全面推进：在农业和农村改革方面，把加强农业放在经济工作的首位，着力解决农业和农村发展中存在的突出的问题；在国有企业改革方面，以建立现代企业制度为重点，进行国有企业改革的全面攻坚；在推进区域协调发展方面，做出了实施西部大开发的战略决策；在扩大对外开放方面，制定了“引进来”和“走出去”相结合的对外开放战略，做出了加入世界贸易组织的战略决策；等等。

2002 年 11 月，党的十六大提出：21 世纪头 20 年，对我国来说，是一个必须紧紧抓住并且可以大有作为的重要战略机遇期。要在 21 世纪头 20 年，集中力量，全面建设惠及十几亿人口的更高水平的小康社会。强调这是实现现代化建设第三步战略目标必经的承上启下的发展阶段，也是完善社会主义市场经济体制和扩大对外开放的关键阶段，并系统阐述了经济建设和经济体制改革、政治建设和政治体制改革、文化建设和文化体制改革的问题。

从党的十六大到十七大，在全面建设小康社会实践中，以胡锦涛同志为主要代表的中国共产党人全面认识新形势新任务，科学分析新机遇新挑战，深刻把握新课题新矛盾，不断做出理论上的新概括，形成了以人为本、全面协调可持续的科学发展观。强调在新的历史起点上继续推进社会主义现代化建设，说到底要靠深化改革、扩大开放。要毫不动摇地坚持改革方向，坚定改革的决心和信心，提高改革决策的科学性，增强改革措施的协调性，不断完善社会主义市场经济体制，为贯彻落实科学发展观提供体制和机制保障，为经济社会发展提供强大动力。

党的十八大强调，改革开放是坚持和发展中国特色社会主义的必由之路。要始终把改革创新精神贯彻到治国理政各个环节，坚持社会主义市场经济的改革方向，坚持对外开放的基本国策，不断推进理论创新、科技创新、文化创新以及其他各方面创新，不断推进我国社会主义制度自我完善和发展。为贯彻落实党的十八大关于全面深化改革的战略部署，党的十八届三中全会通过了《中共中央关于全面深化改革若干重大问题的决定》，明确提出，全面深化改革的总目标是完善和发展中国特色社会主义制度，推进国家治理体系和治理能力现代化。强调要紧紧围绕使市场在资源配置中起决定性作用深化经济体制改革；紧紧围绕坚持党的领导、人民当家作主、依法治国有机统一深化政治体制改革；紧紧围绕建设社会主义核心价值体系、社会主义文化强国深化文化体制改革；紧紧围绕更好保障和改善民生、促进社会公平正义深化社会体制改革；紧紧围绕建设美丽中国深化生态文明体制改革；紧紧围绕提高科学执政、民主执政、依法执政水平深化党的建设制度改革。同时提出，到 2020 年，在重要领域和关键环节改革上取得决定性成果，完成本决定提出的改革任务，形成系统完备、科学规范、运行有效的制度体系，使各方面制度更加成熟更加定型。党的十九大对全面深化改革做出新的战略设计和部署，指出坚持全面深化改革，必须坚持和完善中国特色社会主义制度，不断推进国家治理体系和治理能力现代化，坚决破除一切不合时宜的思想观念和体制机制弊端，突破利益固化的藩篱，吸收人类文明有益成果，构建系统完备、科学规范、运行有效的制度体系，充分发挥我国社会主义制度优越性。党的二十大全面回顾了新时代以来党以巨大的政治勇气全面深化改革、打响改革攻坚战、加强改革顶层设计、敢于突进深水区、敢于啃硬骨头、敢于涉险滩、敢于面对新矛盾新挑战、冲破思想观念束缚和利益固化藩篱所取得的历史性成就，并立足全面建设社会主义现代化国家新征程新需要，对改革开放进行了更为系统的部署。与此同时，习近平还将“坚持深化改革开放”作为推进中国式现代化的重大原则，强调要“深入推进改革创新，坚定不移扩大开放，着力破解深层次体制机制障碍，不断彰显中国特色社会主义制度优势，不断增强社会主义现代化建设的动力和活力，把我国制度优势更好转化为国家治理效能”①。党的二十届三中全会通过的《中共中央关于进一步全面深化改革　推进中国式现代化的决定》指出：“改革开放只有进行时，没有完成时。全党必须自觉把改革摆在更加突出位置，紧紧围绕推进中国式现代化进一步全面深化改革。”这次会议锚定 2035 年基本实现社会主义现代化目标，重点部署了进一步全面深化改革的重大任务，提出要构建高水平社会主义市场经济体制，健全推动经济高质量发展体制机制，构建支持全面创新体制机制，健全宏观经济治理体系，完善城乡融合发展体制机制，完善高水平对外开放体制机制，健全全过程人民民主制度体系，完善中国特色社会主义法治体系，深化文化体制机制改革，健全保障和改善民生制度体系，深化生态文明体制改革，推进国家安全体系和能力现代化，持续深化国防和军队改革，提高党对进一步全面深化改革、推进中国式现代化的领导水平。我国的改革开放事业必将随着中国式现代化的推进不断呈现出新的气象和新的格局。

二、改革开放的重大意义和历史性成就

新时期以来最鲜明的特点就是改革开放。这场历史上从未有过的大改革大开放，极大地调动了亿万人民的积极性，使我国成功实现了从高度集中的计划经济体制到充满活力的社会主义市场经济体制、从封闭半封闭到全方位开放的伟大历史转折。

改革开放高扬起中国特色社会主义的伟大旗帜。改革开放以来我们取得的根本成就，归结起来就是：开辟了中国特色社会主义道路，形成了中国特色社会主义理论，确立了中国特色社会主义制度。高举中国特色社会主义伟大旗帜，最根本的就是要坚持这条道

① 习近平．高举中国特色社会主义伟大旗帜　为全面建设社会主义现代化国家而团结奋斗：在中国共产党第二十次全国代表大会上的报告．北京：人民出版社，2022：27.

路、这个理论和这一制度。

改革开放开创了中国特色社会主义的发展道路。在苏联解体东欧剧变、国际社会主义运动遭遇空前挫折处于历史低潮的严峻形势下，中国共产党人坚定沉稳、开拓奋进，坚定不移地推进改革开放，使社会主义在中国大地上重新焕发出蓬勃的生机与旺盛的活力。中国特色社会主义道路，就是在中国共产党领导下，立足于现阶段中国的基本国情，以经济建设为中心，坚持四项基本原则，坚持改革开放，解放和发展社会生产力，建设社会主义市场经济、社会主义民主政治、社会主义先进文化、社会主义和谐社会、社会主义生态文明，促进人的全面发展，逐步实现全体人民共同富裕，建设富强民主文明和谐美丽的社会主义现代化强国。中国特色社会主义道路之所以完全正确、之所以能够引领中国发展进步，关键在于我们既坚持了科学社会主义的基本原则，又根据我国实际和时代特征赋予其鲜明的中国特色。在当代中国，坚持中国特色社会主义道路，就是真正坚持社会主义。

改革开放极大地推进了马克思主义中国化的理论创新，丰富和发展了马克思列宁主义、毛泽东思想的理论宝库。在改革开放伟大实践中产生的邓小平理论、“三个代表”重要思想、科学发展观、习近平新时代中国特色社会主义思想，凝结了几代中国共产党人带领人民不懈探索实践的智慧和心血，是党最可宝贵的政治和精神财富，是全国各族人民团结奋斗的共同思想基础。《共产党宣言》发表以来 170 多年的实践证明，马克思主义只有与本国国情相结合、与时代发展同进步、与人民群众共命运，才能焕发出强大的生命力、创造力、感召力。在当代中国，坚持习近平新时代中国特色社会主义思想，就是真正坚持马克思主义。

改革开放确立了中国特色社会主义制度。中国特色社会主义制度，就是人民代表大会制度的根本政治制度；中国共产党领导的多党合作和政治协商制度、民族区域自治制度以及基层群众自治制度等基本政治制度；中国特色社会主义法律体系；公有制为主体、多种所有制经济共同发展，按劳分配为主体、多种分配方式并存，社会主义市场经济体制等基本经济制度；以及建立在这些制度基础上的经济体制、政治体制、文化体制、社会体制等各项具体制度。中国特色社会主义制度使中国特色社会主义以其崭新的面貌呈现出巨大的生机活力和创造性，并为保证我们国家的长治久安奠定了基础，为更加有力地推进我国社会主义现代化建设提供了新的起点。

改革开放的伟大实践，进一步完善了中国特色社会主义事业的总体布局。在改革开放中，党对社会主义现代化建设总体布局的认识不断深化，先后形成了“三位一体”、“四位一体”、“五位一体”的总体布局，并形成了协调推进全面建成小康社会（全面建设社会主义现代化国家）、全面深化改革、全面依法治国、全面从严治党“四个全面”战略布局，使我国社会主义现代化建设的布局更加合理，经济社会发展的思路更加清晰，反映了中国共产党对共产党执政规律、社会主义建设规律、人类社会发展规律认识的深化。

改革开放极大地促进了我国社会生产力的发展，为坚持和发展中国特色社会主义奠定了坚实的物质技术基础。在改革开放中，党成功地实施了现代化建设“三步走”战略，带领人民艰苦奋斗，推动我国以世界上少有的速度持续快速发展起来。我国经济从彻底摆脱长期落后局面发展到总量跃至世界第二，我国成为世界第一制造大国、第一货物出口大国、重要对外投资国。人民生活在实现从贫困到温饱再到总体小康、全面小康历史性跨越基础上，正向更加美好的生活迈进。党和国家坚持精准扶贫、尽锐出战、打赢了人类历史上规模最大的脱贫攻坚战，现行标准下 9 899 万农村贫困人口全部脱贫，全国 832 个贫困县全部摘帽，历史性地解决了绝对贫困问题。随着改革开放的不断深入，科技、教育、文化、卫生、体育等各项社会事业加快发展，社会生活日益丰富多彩，人民的获得感、幸福感和安全感显著增强；改革开放使党的面貌、国家的面貌、人民的面貌、军队的面貌、中华民族的面貌发生了前所未有的变化，整个社会充满着勃勃生机与活力，实现协调发展、追求社会和谐、人与自然和谐共生已经成为人们的共识。中国的发展，不仅使中国人民稳定地走上了富裕安康的广阔道路，而且为世界经济发展和人类文明进步做出了重大贡献。

三、改革开放的宝贵经验

改革开放以来，党和国家在取得社会主义现代化建设举世瞩目成就的同时，创造和积累了丰富的实践经验。在党的十三大、十四大、十五大、十六大分别做出改革开放阶段性经验总结的基础上，十七大从总结近 30 年改革开放整个历史进程着眼，紧扣在一个十几亿人口的发展中大国如何才能摆脱贫困、加快实现现代化、巩固和发展社会主义的问题，全方位、大力度地总结概括出“十个结合”的宝贵经验。2012 年 12 月 31 日，习近平在中共中央政治局第二次集体学习时强调，改革开放是一项长期的、艰巨的、繁重的事业，必须一代又一代接力干下去。必须坚持社会主义市场经济的改革方向，坚持对外开放的基本国策，以更大的政治勇气和智慧，不失时机深化各领域的改革，朝着十八大指引的改革开放方向前进。党的十八大在总结改革开放基本经验基础上提出的夺取中国特色社会主义新胜利的“八项基本要求”，实际上也是对改革开放基本经验的进一步凝练和升华。党的十八大以来，以习近平同志为核心的党中央在新的历史起点上谋划改革开放大局，并在庆祝改革开放 40 周年大会上总结提出了九个方面的新鲜经验。

第一，必须坚持党对一切工作的领导，不断加强和改善党的领导。改革开放 40 年的实践启示我们：中国共产党领导是中国特色社会主义最本质的特征，是中国特色社会主义制度的最大优势。党政军民学，东西南北中，党是领导一切的。正是因为始终坚持党的集中统一领导，我们才能实现伟大历史转折、开启改革开放新时期和中华民族伟大复兴新征程，才能成功应对一系列重大风险挑战、克服无数艰难险阻，才能有力应变局、平风波、战洪水、防非典、抗地震、化危机，才能既不走封闭僵化的老路也不走改旗易帜的邪路，而是坚定不移走中国特色社会主义道路。坚持党的领导，必须不断改善党的领导，让党的领导更加适应实践、时代、人民的要求。在坚持党的领导这个决定党和国家前途命运的重大原则问题上，全党全国必须保持高度的思想自觉、政治自觉、行动自觉，丝毫不能动摇。

第二，必须坚持以人民为中心，不断实现人民对美好生活的向往。改革开放 40 年的实践启示我们：为中国人民谋幸福，为中华民族谋复兴，是中国共产党人的初心和使命，也是改革开放的初心和使命。我们党来自人民、扎根人民、造福人民，全心全意为人民服务是党的根本宗旨，必须以最广大人民根本利益为我们一切工作的根本出发点和落脚点，坚持把人民拥护不拥护、赞成不赞成、高兴不高兴作为制定政策的依据，顺应民心、尊重民意、关注民情、致力民生，既通过提出并贯彻正确的理论和路线方针政策带领人民前进，又从人民实践创造和发展要求中获得前进动力，让人民共享改革开放成果，激励人民更加自觉地投身改革开放和社会主义现代化建设事业。

第三，必须坚持马克思主义指导地位，不断推进实践基础上的理论创新。改革开放40年的实践启示我们：创新是改革开放的生命。实践发展永无止境，解放思想永无止境。恩格斯说："一切社会变迁和政治变革的终极原因，不应当到人们的头脑中，到人们对永恒的真理和正义的日益增进的认识中去寻找，而应当到生产方式和交换方式的变更中去寻找"。我们坚持理论联系实际，及时回答时代之问、人民之问，廓清困扰和束缚实践发展的思想迷雾，不断推进马克思主义中国化时代化大众化，不断开辟马克思主义发展新境界。

第四，必须坚持走中国特色社会主义道路，不断坚持和发展中国特色社会主义。改革开放40年的实践启示我们：方向决定前途，道路决定命运。我们要把命运掌握在自己手中，就要有志不改、道不变的坚定。改革开放40年来，我们党全部理论和实践的主题是坚持和发展中国特色社会主义。在中国这样一个有着5 000多年文明史、13亿多人口的大国推进改革发展，没有可以奉为金科玉律的教科书，也没有可以对中国人民颐指气使的教师爷。鲁迅先生说过："什么是路？就是从没路的地方践踏出来的，从只有荆棘的地方开辟出来的。"中国特色社会主义道路是当代中国大踏步赶上时代、引领时代发展的康庄大道，必须毫不动摇走下去。

第五，必须坚持完善和发展中国特色社会主义制度，不断发挥和增强我国制度优势。改革开放40年的实践启示我们：制度是关系党和国家事业发展的根本性、全局性、稳定性、长期性问题。我们扭住完善和发展中国特色社会主义制度这个关键，为解放和发展社会生产力、解放和增强社会活力、永葆党和国家生机活力提供了有力保证，为保持社会大局稳定、保证人民安居乐业、保障国家安全提供了有力保证，为放手让一切劳动、知识、技术、管理、资本等要素的活力竞相迸发，让一切创造社会财富的源泉充分涌流不断建立了充满活力的体制机制。

第六，必须坚持以发展为第一要务，不断增强我国综合国力。改革开放40年的实践启示我们：解放和发展社会生产力，增强社会主义国家的综合国力，是社会主义的本质要求和根本任务。只有牢牢扭住经济建设这个中心，毫不动摇坚持发展是硬道理、发展应该是科学发展和高质量发展的战略思想，推动经济社会持续健康发展，才能全面增强我国经济实力、科技实力、国防实力、综合国力，才能为坚持和发展中国特色社会主义、实现中华民族伟大复兴奠定雄厚物质基础。

第七，必须坚持扩大开放，不断推动共建人类命运共同体。改革开放40年的实践启示我们：开放带来进步，封闭必然落后。中国的发展离不开世界，世界的繁荣也需要中国。我们统筹国内国际两个大局，坚持对外开放的基本国策，实行积极主动的开放政策，形成全方位、多层次、宽领域的全面开放新格局，为我国创造了良好国际环境、开拓了广阔发展空间。

第八，必须坚持全面从严治党，不断提高党的创造力、凝聚力、战斗力。改革开放

40年的实践启示我们：打铁必须自身硬。办好中国的事情，关键在党，关键在坚持党要管党、全面从严治党。我们党只有在领导改革开放和社会主义现代化建设伟大社会革命的同时，坚定不移推进党的伟大自我革命，敢于清除一切侵蚀党的健康肌体的病毒，使党不断自我净化、自我完善、自我革新、自我提高，不断增强党的政治领导力、思想引领力、群众组织力、社会号召力，才能确保党始终保持同人民群众的血肉联系。

第九，必须坚持辩证唯物主义和历史唯物主义世界观和方法论，正确处理改革发展稳定关系。改革开放40年的实践启示我们：我国是一个大国，决不能在根本性问题上出现颠覆性错误。我们坚持加强党的领导和尊重人民首创精神相结合，坚持“摸着石头过河”和顶层设计相结合，坚持问题导向和目标导向相统一，坚持试点先行和全面推进相促进，既鼓励大胆试、大胆闯，又坚持实事求是、善作善成，确保了改革开放行稳致远。

改革开放40年积累的宝贵经验是党和人民弥足珍贵的精神财富，是中国共产党和人民经过长期实践和艰辛探索得来的，是党极为宝贵的精神财富，对新时代坚持和发展中国特色社会主义有着极为重要的指导意义，必须倍加珍惜、长期坚持，在实践中不断丰富和发展。

第二节　坚定不移推进全面深化改革

一、坚持改革的社会主义性质和方向

邓小平一再指出，改革是革命性变革，改革实质上是一场革命。从解放生产力、扫除发展生产力的障碍这个意义上来说，从政策的重新选择、体制的重新建构这个转变的深刻性和广泛性来说，从由此而引起的社会生活与人们观念变化的深刻性和广泛性来说，改革是一场新的革命。

何以说改革是一场革命？首先，从改革的性质看，“改革的性质同过去的革命一样，也是为了扫除发展社会生产力的障碍，使中国摆脱贫穷落后的状态。从这个意义上说，改革也可以叫革命性的变革”①。社会革命是为了根本改变阻碍生产力发展的旧的经济基础和上层建筑。改革也是要扫除发展社会生产力的障碍，具体地说，就是要从根本上克服原有的经济体制的弊端，从计划经济体制转变为社会主义市场经济体制，这不是对原有经济体制细枝末节的修补，而是对体制的根本性变革。从这个意义上说，改革是一场革命。其次，从改革引起的社会变革的广度和深度看，改革是惊天动地的伟业，引起了中国极为广泛而深刻的变化。党的十一届三中全会以来，我国的经济体制发生了根本性的变化，传统的计划经济体制已经逐步转变为社会主义市场经济体制；原有的单一公有制结构，已改变为公有制为主体、多种所有制并存的格局；原有的按劳分配制度，已改变为按劳分配为主体、多种分配方式并存的分配制度；对外封闭状态已经被打破，中国实现了全方位的对外开放。改革使中国社会的经济成分、组织形式、物质利益、就业方

① 邓小平．邓小平文选：第3卷．北京：人民出版社，1993：135.

式和收入分配以至思想观念都发生了巨大变化。社会结构呈现多样化、多层次。其变化的深刻性和广泛性，超出了人们的预料。就其引起的社会变革的广度和深度来说，改革确实是一次社会革命。

改革不是要改掉社会主义制度，而是要使社会主义制度得到不断完善和发展。它不是也不允许否定和抛弃我们已经建立起来的社会主义制度，而是在坚持社会主义制度的前提下，自觉调整生产关系和上层建筑中不适应生产力和经济基础的环节与方面。中国的改革之所以实现了目的和效果的统一，就在于我们既坚定不移地进行改革，又坚定不移地坚持共产党领导、坚持社会主义道路，坚决排除各种干扰，始终沿着正确方向前进。邓小平区分了社会主义的基本制度与具体制度，认为基本制度如公有制、按劳分配、人民民主专政、人民代表大会制度等是正确的、优越的，是我们的历史选择，不能改变。而社会主义的具体制度，即经济体制、政治体制和其他方面的体制，其中有不少是需要改革和完善的。当具体制度和体制不符合生产力发展的要求、束缚生产力发展时，如果不适时地进行改革，社会主义制度的优越性就不能得到充分发挥，甚至会丧失掉。既不能以改革为名，改掉社会主义的基本制度，更不能因为改革中出现了这样那样的问题，就从根本上否定社会主义方向的正确性。

改革是一场全面的改革。党的十一届三中全会以后，邓小平反复强调："改革是全面的改革，包括经济体制改革、政治体制改革和相应的其他各个领域的改革。"① 改革是要对我国原有的经济体制进行根本性的变革，这是改革的一个主要任务，也是改革的重点。我国的改革，先在农村建立以家庭联产承包为主、统分结合、双层经营的新型集体所有制，废除以"一大二公"、政社合一为特点的人民公社制度。之后，乡镇企业异军突起，为从土地上转移出来的农村剩余劳动力提供了出路，为提高农民收入、促进工业和整个经济的改革与发展，开辟了一条新路。党在农村改革取得成效的基础上，又启动了以城市为重点的整个经济体制的改革。经过多年的探索，逐步把建立社会主义市场经济体制确立为经济体制改革的目标，并由此加快了其他领域改革的进程。当前，解决我国进一步发展面临的一系列突出矛盾和挑战，必须全面深化改革。习近平强调指出："没有改革开放就没有当代中国的发展进步，改革开放是发展中国、发展社会主义、发展马克思主义的强大动力。"②

党的十八大以来，以习近平同志为核心的党中央在新的历史起点上谋划改革，并在党的十八届三中全会上启动了全面深化改革。全面深化改革不但关乎改革的前进方向，也是不断夺取改革胜利的决定性因素。党的十八届三中全会对全面深化改革总目标的顶层设计，简洁鲜明而又鼓舞人心，内涵深刻而又催人奋进。全面深化改革总目标就是完善和发展中国特色社会主义制度，推进国家治理体系和治理能力现代化。这个总目标回答了推进各领域改革最终是为了什么、要取得什么样的整体效果这个问题。总目标是两句话组成的一个整体：前一句，规定了根本方向，这个方向就是中国特色社会主义道路，而不是其他什么道路；后一句，规定了在根本方向指引下完善和发展中国特色社会主义

① 邓小平．邓小平文选：第3卷．北京：人民出版社，1993：237.

② 中共中央文献研究室．习近平关于全面深化改革论述摘编．北京：中央文献出版社，2014：3.

制度的鲜明指向。两句话都讲，才是完整的。

中国特色社会主义制度是推进党和国家事业的根本保障。经过新中国成立以来特别是改革开放以来的持续努力，我们已经逐步形成了中国特色社会主义根本政治制度、基本政治制度和社会主义初级阶段基本经济制度、中国特色社会主义法律体系，以及建立在这些制度基础上的经济体制、政治体制、文化体制、社会体制、生态文明体制等各项具体制度，这是已被实践证明能够发展中国、发展社会主义、发展马克思主义的制度体系。中国特色社会主义制度集中体现了中国特色社会主义的特点和优势，但还不够完善，同中国特色社会主义各方面制度更加成熟更加定型的要求，仍有较大距离。制度问题更具有根本性、全局性、稳定性和长期性，中国特色社会主义制度必须随着党和国家事业发展而不断健全。

全面深化改革的各项重大任务措施，都是聚焦“使各方面制度更加成熟更加定型”的。比如，在完善社会主义市场经济各项制度建设方面，重申了完善基本经济制度，提出要健全归属清晰、权责明确、保护严格、流转顺畅的现代产权制度；推动国有企业完善现代企业制度，鼓励有条件的私营企业建立现代企业制度；加快完善现代市场体系的各项制度；健全城乡发展一体化体制机制，让广大农民平等参与现代化进程，共同分享现代化成果的制度等。在完善社会主义民主政治制度建设方面，围绕推动人民代表大会制度与时俱进、推动协商民主广泛多层制度化发展，发展基层民主、开展形式多样的基层民主协商、推进基层协商制度化，推进法治中国建设，加快建设公正、高效、权威的社会主义司法制度；普遍建立法律顾问制度；探索建立与行政区划适当分离的司法管辖制度；完善和健全国家司法救助制度和法律救助制度；等等。在中国特色社会主义文化、社会、生态文明建设等方面，也提出了一系列旨在完善和健全具体制度的重大措施。例如，首次确立的我国生态文明制度体系，就包括源头严防、过程严管、后果严惩的“史上最严”制度，体现了对我国广袤国土上的山水林田湖草沙全覆盖。其中，健全自然资源资产产权制度、自然资源有偿使用制度、地区间横向生态补偿制度等，都极具开创性。可以预见，中国特色社会主义必将更加成熟更加定型于全面深化改革之中，从而推动中国特色社会主义制度自我完善和发展，开拓中国特色社会主义事业更加广阔的发展前景。

二、推进国家治理体系和治理能力现代化

国家治理体系和治理能力是一个国家的制度和制度执行力的集中体现。国家治理体系是在党领导下管理国家的制度体系，是一整套紧密相连、相互协调的国家制度；国家治理能力则是运用国家制度管理社会各方面事务的能力。国家治理体系和治理能力是一个有机整体，相辅相成。有了好的国家治理体系才能提高治理能力，提高国家治理能力才能充分发挥国家治理体系的效能。推进国家治理体系和治理能力现代化，就是要使各方面制度更加科学、更加完善，实现党、国家、社会各项事务治理制度化、规范化、程序化，善于运用制度和法律治理国家，提高科学执政、民主执政、依法执政水平。推进国家治理体系和治理能力现代化，是完善和发展中国特色社会主义制度的必然要求，是实现社会主义现代化的题中应有之义。今天，摆在我们面前的一项重大历史任务，就是

推动中国特色社会主义制度更加成熟更加定型，为党和国家事业发展、为人民幸福安康、为社会和谐稳定、为国家长治久安提供一整套更完备、更稳定、更管用的制度体系。党的二十大把“改革开放迈出新步伐，国家治理体系和治理能力现代化深入推进”作为未来五年的主要目标任务之一，明确了深化改革开放的任务书和路线图。推进国家治理体系和治理能力现代化这项工程极为宏大，零敲碎打调整不行，碎片化修补也不行，必须是全面的系统的改革和改进，是各领域改革和改进的联动和集成，进而形成总体效应、取得总体效果。

推进国家治理体系和治理能力现代化，必须解决好制度模式选择问题，必须坚定中国特色社会主义制度自信。制度模式选择是一个带有根本性的问题。一个国家选择什么样的治理体系，是由这个国家的历史传承、文化传统、经济社会发展水平决定的，是由这个国家的人民决定的。我国今天的国家治理体系，是在我国历史传承、文化传统、经济社会发展的基础上长期发展、渐进改进、内生性演化的结果。正因为坚持独立自主选择自己的道路，我们才能始终站稳脚跟，走出了一条不同于西方国家的成功发展道路，形成了一套不同于西方国家的成功制度体系。推进国家治理体系和治理能力现代化，必须有主见、有定力。我们要借鉴人类政治文明的有益成果，但绝不照搬西方政治制度模式，绝不放弃我国社会主义政治制度的根本。推进国家治理体系和治理能力现代化，绝不是西方化、资本主义化。在人权、选举制度、法治等重大问题上，必须理直气壮，不能以西方政治制度模式为标准，必须坚定制度自信。全面深化改革，是要使中国特色社会主义制度更好；坚定制度自信，不是故步自封，而是要不断改革体制机制弊端，让中国特色社会主义制度成熟而持久。推进国家治理体系和治理能力现代化，还必须解决好价值体系问题。培育和弘扬社会主义核心价值观，有效整合社会意识，是社会系统得以正常运转、社会秩序得以有效维护的重要途径，是国家治理体系和治理能力现代化的重要方面。能否构建具有强大感召力的核心价值观，关系社会和谐稳定，关系国家长治久安。改革必须要增强政治定力，坚守政治原则和底线，决不能在根本性问题上出现颠覆性错误。

第三节　坚持对外开放的基本国策

一、对外开放政策的形成和发展

在中国共产党的历史上，最早提出对外开放思想的是毛泽东。在新民主主义革命时期他就指出，中国不是孤立的，也不能孤立，中国与世界紧密联系的事实，也是我们的立脚点。我们不是也不能是闭关主义者，中国早已不能闭关。新中国成立前夕，毛泽东即宣布，中国人民愿意同世界各国人民实行友好合作，恢复和发展国家间的通商事业，以利于发展生产和繁荣经济。1956 年，毛泽东在《论十大关系》中指出，我们坚决抵制与批判外国资产阶级的一切腐朽制度和思想作风，但这并不妨碍去学习资本主义国家的先进的科学技术和企业管理方法中合乎科学的方面。由于当时西方国家对我国实行敌视、封锁和禁运的政策，以及后来我们自己发生“左”的错误，这些正确的思想未能得到很好贯彻。

党的十一届三中全会以后，邓小平在认真总结“中国长期处于停滞和落后状态的一个重要原因是闭关自守”的历史经验和教训的基础上，适应当代世界经济、科技和国际形势的发展趋势，从中国的实际出发，继承和发展了毛泽东的对外开放思想，强调实行对外开放是改革和建设必不可少的，应当吸收和利用世界各国包括资本主义发达国家所创造的一切先进文明成果来发展社会主义，封闭只能导致落后，从而形成了关于社会主义国家对外开放的基本理论和政策。早在1975年邓小平主持中央日常工作期间，就明确提出要扩大进出口贸易，引进先进技术设备作为一项“大政策”。党的十一届三中全会在做出把全党的工作重点转移到社会主义现代化建设上来的重大战略决策的同时，明确提出了实行对外开放的方针，强调在自力更生的基础上积极发展同世界各国平等互利的经济合作，努力采用世界先进技术和先进设备。1980年，在中央工作会议上的讲话中，邓小平正式使用了“对外开放”的表述；1984年党的十二届三中全会通过的《中共中央关于经济体制改革的决定》把实行对外开放定为我国的基本国策。

随着我国对外开放实践的不断深入，中国共产党人对开放的认识也在逐渐深入。以江泽民同志为主要代表的中国共产党人在继承邓小平对外开放思想的基础上，提出了扩大开放、全面提高对外开放水平的思想，制定和实施了“引进来”和“走出去”同时并举、相互促进的开放战略，强调要以更加积极的姿态走向世界，完善对外开放的格局，发展开放型经济，积极合理有效地利用外资，增强国际竞争力，努力开创对外开放的新局面。以胡锦涛同志为主要代表的中国共产党人提出了拓展对外开放广度和深度，提高开放型经济水平的思想，指出在经济全球化加速发展的今天，我们要把“引进来”和“走出来”更好地结合起来，扩大开放领域，优化开放结构，提高开放质量，完善内外联动、互利共赢、安全高效的开放型经济体系，形成经济全球化条件下参与国际经济合作和竞争的新优势。党的十八大重申，中国将始终不渝奉行互利共赢的开放战略，通过深化合作促进世界经济强劲、可持续、平衡增长。中国致力于缩小南北差距，支持发展中国家增强自主发展能力。习近平总书记强调：“中国开放的大门不会关闭，只会越开越大。”[①] 党的十八大以来，以习近平同志为核心的党中央实施更加主动的开放战略，推动共建“一带一路”成为深受欢迎的国际公共产品和国际合作平台，我国货物贸易总额居世界第一，吸引外资和对外投资居世界前列。开放带来进步，封闭必然落后。中国将加强同世界主要经济体宏观经济政策协调，通过协商妥善解决经贸摩擦。中国坚持权利和义务相平衡，积极参与全球经济治理，推动贸易和投资自由化便利化，反对各种形式的保护主义。

对外开放政策是对当今世界经济发展特征的深刻把握。早在170多年前，马克思和恩格斯在《共产党宣言》中就明确指出，资产阶级由于开拓了世界市场，使一切国家的生产和消费都成为世界性的了。过去那种地方的和民族的自给自足和闭关自守状态，被

---

① 习近平．决胜全面建成小康社会　夺取新时代中国特色社会主义伟大胜利：在中国共产党第十九次全国代表大会上的报告．北京：人民出版社，2017：34.

各民族各方面的互相往来和各方面的互相依赖代替了。特别是自 20 世纪中叶以来，在以信息化为基础的新科技革命推动下，世界经济联系更加紧密，国际分工和协作不断深化，国际贸易规模不断扩大，国际资本流动不断加快，国与国之间的联系日趋紧密。世界经济发展的这一趋势决定了世界上任何一个国家，特别是像中国这样的发展中国家“要发展，孤立起来，闭关自守是不可能的，不加强国际交往，不引进发达国家的先进经验、先进科学技术和资金，是不可能的”①。在开放的世界中封闭自己只能限制自己的发展，最终被历史淘汰。只有坚持实行对外开放，积极参与国际经济竞争与合作，发挥自己的比较优势，使国内经济与国际经济实现必要的互接互补，加上我们自己的自力更生、艰苦奋斗、不断创新，才能适应当今世界经济、科技等迅猛发展的客观要求。

对外开放政策是对中国发展历史的深刻总结。近代以来，中国之所以落后，一个重要原因就是闭关自守。新中国成立以后，由于西方国家的封锁等原因，中国在一段时间里几乎同世界处于隔绝状态。对此，邓小平深有感触地说，30 多年的经验教训告诉我们，关起门来搞建设是不行的，是发展不起来的，“总结历史经验，中国长期处于停滞和落后状态的一个重要原因是闭关自守。经验证明，关起门来搞建设是不能成功的，中国的发展离不开世界”②。中国作为一个发展中的大国，在实现现代化的进程中，面临着许多困难和问题，如资金不足、科技落后、劳动者科学文化素质不高、缺乏组织现代化大生产的经营管理知识和经验等。要解决这些问题就必须实行对外开放，利用国内和国际两种资源、两个市场。对外开放不仅是为了解决当前经济建设中的矛盾和困难，也是我国经济长期发展的客观要求。

对外开放政策也是充分发挥社会主义制度优越性的需要。对外开放在本质上是要解决如何对待本国发展所面临的庞大的自我运行的世界体系问题。从我国的实际情况看，过去的主要问题是未能正确认识社会主义与资本主义的关系，只看到社会主义同资本主义对立和斗争的一面，忽视了社会主义同资本主义还有学习、借鉴、合作和利用的一面。社会主义要赢得与资本主义相比较的优势，就必须以积极的态度学习和吸收人类文明的一切优秀成果，吸收和借鉴当今世界各国包括资本主义发达国家的一切反映现代社会化生产规律的先进经营方式、管理方法。社会主义作为一种崭新的社会制度，只有继承与利用资本主义社会已经创造出来的全部社会生产力和全部优秀文化成果，并结合新的实践进行新的创造，才能加快自己建设的进程。

二、对外开放的历史进程和战略格局

（一）对外开放的历史进程

党的十一届三中全会以来，我国的对外开放经历了一个由点到面、逐步推进、全面展开的历史过程，大致可分为三个阶段。

第一阶段：以兴办经济特区及沿海区域开放为重点的探索开放阶段。我国的对外开

① 邓小平．邓小平文选：第 3 卷．北京：人民出版社，1993：117．
② 同①78．

放首先是从兴办经济特区起步的。1979 年 4 月中央工作会议期间，邓小平对广东省委提出的在邻近香港、澳门的深圳、珠海以及汕头兴办出口加工区的意见表示赞同，并提出可以划出一块地方叫作特区。根据邓小平的指示精神，1980 年 5 月，中共中央、国务院批准《广东、福建两省会议纪要》，同意在深圳、珠海、汕头、厦门设立经济特区。同年 8 月，第五届全国人大常委会第十五次会议决定批准国务院提出的在广东省深圳、珠海、汕头和福建省厦门建立经济特区，并批准施行《广东省经济特区条例》，完成了在我国正式设置经济特区的立法程序。从此，深圳、珠海、汕头和厦门就成为我国对外开放的先导示范基地和经济体制改革的重要试验基地。1984 年 4 月，中共中央、国务院决定进一步开放 14 个沿海港口城市，即大连、秦皇岛、天津、烟台、青岛、连云港、南通、上海、宁波、温州、福州、广州、湛江和北海，作为我国实行对外开放的一个新的重要步骤。1985 年 2 月，中共中央、国务院决定将长江三角洲、珠江三角洲和闽南厦门、泉州、漳州三角地区开辟为沿海经济开放区。1988 年 3 月，国务院发出《关于进一步扩大沿海经济开放区范围的通知》，新划入沿海经济开放区的有 140 个市、县，包括杭州、南京、沈阳等省会城市，人口增加至 1.6 亿。同年 4 月七届全国人大一次会议，通过设立海南省和建立全国最大的海南经济特区的决议。此外，还开始兴办一批经济技术开发区、保税区。至此，我国的所有沿海地区都实行了对外开放，形成了南北连线成片，包括经济特区、沿海开放城市、沿海经济开放区三个层次的前沿开放地带、黄金海岸。1990 年 4 月，中共中央、国务院又决定开发、开放上海浦东新区，继珠三角之后，长三角开始成为我国新兴的开放带。在这一阶段，我国发挥劳动力资源丰富的比较优势，大力发展劳动密集型出口加工业。这一阶段的对外开放为我国经济增长注入了活力，为经济体制改革提供了样板和经验，支撑我国度过了经济体制改革最为关键和艰难的时期。

第二阶段：对外开放加速向纵深推进和全方位区域开放格局基本形成阶段。1992 年邓小平发表南方谈话和党的十四大确立社会主义市场经济体制改革目标以后，我国的改革开放和现代化建设进入了一个新的历史发展阶段，对外开放全面推进。1992 年 6 月，中共中央、国务院决定在原来沿海开放的基础上，沿长江开放芜湖、九江、岳阳、武汉、重庆 5 个内陆城县；沿边境开放吉林、黑龙江、内蒙古、新疆、云南、广西 6 省区的 13 个内陆边境城市。同时决定沿主要铁路公路交通干线开放；决定开放内陆所有的省会、自治区首府，从而使我国的对外开放掀起了新的高潮，出现了从“四沿”向内地纵深扩展的趋势，“四沿”地带的对外开放也在向深度和广度发展。在这一阶段，外资开始大规模流入，对外贸易持续增长，贸易结构不断优化，我国经济更进一步融入经济全球化，在国际分工序列中的地位有所上升，综合国力大为增强。

第三阶段：对外开放步入历史新阶段。2001 年 12 月，经过长达 15 年的谈判，我国正式成为世界贸易组织的成员。加入世界贸易组织，标志着我国对外开放进入了一个新的阶段，对我们来说机遇与挑战并存。就机遇而言，它有利于扩大对外开放，为我国赢得更好的国际环境，有利于促进经济体制改革和经济结构战略性调整，增强我国经济发展活力和国际竞争力，总体上符合我国的根本利益和长远利益。就挑战而言，加入世界贸易组织后国际市场的竞争将更加深入地与国内市场的竞争结合在一起，面临的经济风险也显著增加。能否把有利条件用足，把不利影响减少到最低限度，关键在于我们自己的智慧和努力。加入世界贸易组织后的中国，在统筹国内发展和对外开放、利用两个市场两种资源方面取得了明显进展。党的十八大以来，我国实行更加积极主动的开放战略，构建面向全球的高标准自由贸易区网络，加快推进自由贸易试验区、海南自由贸易港建设，共建“一带一路”成为深受欢迎的国际公共产品和国际合作平台。我国成为 140 多个国家和地区的主要贸易伙伴，货物贸易总额居世界第一，吸引外资和对外投资居世界前列，形成更大范围、更宽领域、更深层次对外开放格局。

（二）对外开放的战略格局

随着经济特区的建立，沿海、沿江、沿边等城市的开放，引进外资、对外经济技术交流与合作的迅速扩大深化，我国经济摆脱了原来封闭半封闭的状态，逐步形成了全方位、多层次、宽领域的对外开放战略格局。

第一，我国的对外开放是全方位的。所谓全方位，就是无论对资本主义国家还是对社会主义国家，对发达国家还是对发展中国家都实行开放政策。世界各国各民族，无论大小、发展程度如何、属于什么性质和类型，都有自己的长处，只要可以和我们互通有无，我国都在平等互利的基础上积极发展同它们的经济贸易关系。邓小平明确指出：“我们是三个方面的开放。一个是对西方发达国家的开放，我们吸收外资、引进技术等等主要从那里来。一个是对苏联和东欧国家的开放，这也是一个方面……还有一个是对第三世界发展中国家的开放，这些国家都有自己的特点和长处，这里有很多文章可以做。所以，对外开放是三个方面，不是一个方面。”[①] 当今世界，西方国家经济发达，技术先进，实力雄厚，在世界经济活动中居于主导地位。因此，我们在全方位的对外开放中，把对西方发达国家的开放放在一个重要地位。改革开放以来，我国已经与绝大多数国家和地区开展了贸易往来、交流与合作。

第二，我国的对外开放是多层次的。所谓多层次，就是根据各地区的实际和特点，通过经济特区、沿海开放城市、经济技术开发区、沿海经济开放区、开放沿边和沿江地区以及内陆省区等不同开放程度的各种形式，形成全国范围内的对外开放。这种多层次对外开放格局的形成是一个在不断总结经验的基础上，有重点、有层次，由点到面、逐步推进、全面展开的过程。通过举办经济特区，开辟经济技术开发区、沿海开放城市和开放地带，这些地方可以更好地承担发展出口贸易、利用外资和引进技术等重要任务，发挥它们在对外开放中的窗口、桥梁和基地作用。同时通过其与内地的横向联系及协作，促进和带动全国经济的发展。

第三，我国的对外开放是宽领域的。所谓宽领域，就是我国的对外开放的范围涵盖了经济、政治、科技、教育、文化、体育、艺术、卫生等众多领域。其中，对外经济开放是主要的领域，而且是多方面的，包括对外贸易、国际投资、国际技术转让、发展援助、国际工程和劳务合作、国际租赁、智力引进和国际旅游等多方面的开放。近年来，随着经济全球化的稳步推进，我国对外开放的广度和深度也在不断拓展。原先涉足较少的金融、保险、房地产、服务业等，也都加大了开放的力度。

---

① 邓小平．邓小平文选：第 3 卷．北京：人民出版社，1993：99.

随着全方位、多层次、宽领域的对外开放战略格局的逐步形成和不断完善，我国的对外开放在实践中日益向广度和深度扩展，取得了举世瞩目的丰硕成果。对外开放推动了国民经济的快速增长，也推动了经济社会的全面进步。

（三）正确认识和处理对外开放与独立自主、自力更生的关系

邓小平指出："我们一方面实行开放政策，另一方面仍坚持建国以来毛泽东主席一贯倡导的自力更生为主的方针。必须在自力更生的基础上争取外援，主要依靠自己的艰苦奋斗。"① 中国始终把独立自主、自力更生作为立足点，这是我国革命和建设的基本经验与重要原则。当今世界，人类社会步入了一个科技创新不断涌现的重要时期，坚持独立自主、自力更生，把增强自主创新能力作为国家战略，贯穿现代化建设各个方面，建设创新型国家，对不断巩固和发展中国特色社会主义伟大事业来说极其重要。

首先，社会主义现代化建设必须坚持自力更生为主的方针。我国是一个发展中的社会主义大国，经济发展具有广阔的国内市场和巨大的潜力。我国的社会主义性质和具体国情，决定了经济建设的立足点必须坚定不移地放在依靠自己力量的基础上。中国人民珍惜同其他国家人民的友谊和合作，更加珍惜自己经过长期奋斗而得来的独立自主权利。建设社会主义不应当也不可能依靠其他国家的力量来完成，而应当主要依靠本国劳动人民的智慧和努力奋斗。独立自主、自力更生，无论过去、现在和将来，都是我们进行现代化建设的立足点。

其次，强调自力更生为主不是盲目排外。为保证我国社会主义现代化建设目标的实现，必须实行对外开放政策，利用国外的资金和先进技术，学习和吸收外国一切对我们有益的东西与好的经验。几十年的实践经验告诉我们，关起门来搞建设，不实行对外开放，是发展不起来的。"独立自主不是闭关自守，自力更生不是盲目排外。讲独立自主、自力更生，绝不是要闭关锁国、关起门来搞建设，而是要把对外开放提高到一个新的更高水平。"②

最后，实行对外开放同坚持独立自主、自力更生在本质上是统一的。坚持独立自主、自力更生是实行对外开放的基础，只有增强独立自主、自力更生的能力，才能在国际上获得较高的信誉，吸引更多的合作者，才能不断扩大对外开放的广度和深度；实行对外开放是为了增强独立自主、自力更生的能力，在对外开放过程中积极利用外国的投资、先进技术与管理经验，取得更好的经济和社会效益，可以加快本国经济发展，增强经济实力和综合国力。坚持独立自主、自力更生，积极实行对外开放，都是为了更好更快地推进社会主义现代化建设。

三、坚持全面对外开放

开放是国家繁荣发展的必由之路，以开放促改革、促发展，是我国现代化建设不断

---

① 邓小平．邓小平文选：第2卷．2版．北京：人民出版社，1994：406.
② 江泽民．江泽民文选：第1卷．北京：人民出版社，2006：471.

取得新成就的重要法宝。党的十九大系统回答了新时代要不要开放、要什么样的开放、如何更好推动开放等重大问题。着力强调开放带来进步，封闭必然落后。中国开放的大门不会关闭，只会越开越大。要以“一带一路”建设为重点，坚持“引进来”和“走出去”并重，遵循共商共建共享原则，加强创新能力开放合作，形成陆海内外联动、东西双向互济的开放格局。

第一，坚持“引进来”与“走出去”更好结合，拓展国民经济发展空间。积极有效利用外资不是权宜之计，而是必须长期坚持的战略方针。利用外资不是简单引进资金，更重要的是引进外资搭载的先进技术、经营理念、价值链、创新链。关起门来搞建设不行，关起门来搞创新也不行。要坚持引资和引技引智并举，提升利用外资的技术溢出效应、产业升级效应，加强在创新领域的各种形式合作，促进经济迈向中高端水平。同时也应看到，从贸易大国到投资大国、从商品输出到资本输出，是开放型经济转型升级的必由之路。我国拥有强大的产能、适用的技术和较为充裕的外汇，扩大对外投资合作的条件比较成熟。在提高“引进来”质量和水平的同时，支持企业积极稳妥走出去。这既有利于保障能源资源供应、带动商品和服务输出、获取创新资源和营销网络，助力国民经济提质增效升级，也有利于促进东道国经济社会发展，实现互利共赢。

第二，坚持沿海开放与内陆沿边开放更好结合，优化区域开放布局。我国对外开放从沿海起步，由东向西渐次推进。目前我国内陆和沿边地区开放已取得长足发展，但总体上还是对外开放的洼地。内陆和沿边地区劳动力充裕，自然资源富集，基础设施不断改善，特别是随着“一带一路”建设加快推进，中西部地区逐步从开放末梢走向开放前沿，开放型经济发展空间广阔。要在深化沿海开放的同时，推动内陆和沿边地区从开放的洼地变为开放的高地，形成陆海内外联动、东西双向互济的开放格局，进而形成区域协调发展新格局。

第三，坚持制造领域开放与服务领域开放更好结合，以高水平开放促进深层次结构调整。制造业是我国开放时间较早、程度较深的领域，也是发展较快、竞争力较强的领域。今后除极少数敏感领域外，其他制造业还要进一步开放，业务范围等限制也要逐步放宽。服务业对外开放相对滞后，产业整体竞争力不强，仍是经济发展和结构升级的“短板”。要在深化制造业开放的同时，重点推进金融、教育、文化、医疗等服务业领域有序开放，放开育幼养老、建筑设计、会计审计、商贸物流、电子商务等服务业领域外资准入限制。

第四，坚持向发达国家开放与向发展中国家开放更好结合，扩大同各国的利益交汇点。发达国家是我国主要经贸伙伴，巩固与发达国家的经贸合作，可以稳定我国开放型经济的基本盘。同时，我国与广大发展中国家的经贸联系也日益密切。2013—2022 年，我国与“一带一路”共建国家进出口总额累计 19.1 万亿美元，年均增长 6.4%；对共建国家直接投资超过 2 400 亿美元[①]。要坚持向发达国家开放与向发展中国家开放并重，积极发展全球伙伴关系，全面发展同各国的平等互利合作，实现出口市场多元化、进口来源多元化、投资合作伙伴多元化。

---

① 共建“一带一路”：构建人类命运共同体的重大实践．人民日报，2023－10－11.

第五，坚持多边开放与区域开放更好结合，做开放型世界经济的建设者和贡献者。世贸组织代表的多边贸易体制和自由贸易区代表的区域贸易安排，是驱动经济全球化发展的两个“轮子”。世贸组织有160多个成员，涵盖全球98%的贸易额，具有广泛代表性。世贸组织规则是经济全球化的重要制度保障，符合世界各国的共同利益。进入21世纪以来，多边贸易体制发展进程受阻，开放水平更高、灵活性更强的区域贸易安排蓬勃发展，成为驱动经济全球化的主引擎。要积极参与全球治理体系改革和建设，支持多边贸易体制，促进自由贸易区建设，推动建设开放型世界经济。这既是拓展自身开放空间的需要，也体现了维护国际经济秩序的责任担当。

党的十九大在明确新时代的开放理念、开放战略、开放目标、开放布局、开放动力、开放方式等基础上，规划了今后一个时期对外开放的路线图，提出了一系列新任务新举措。一是扎实推进“一带一路”建设。“一带一路”建设是我国扩大对外开放的重大战略举措，也是今后一个时期对外开放的工作重点。要遵循共商共建共享原则，积极促进“一带一路”国际合作，努力实现政策沟通、设施联通、贸易畅通、资金融通、民心相通，打造国际合作新平台，增添共同发展新动力。二是加快贸易强国建设。改革开放以来，我国对外贸易实现了历史性跨越，但大而不强的问题较为突出，主要是创新能力较弱，出口产品质量、档次和附加值不高。拓展对外贸易，推进贸易强国建设，就是要加快转变外贸发展方式，从以货物贸易为主向货物和服务贸易协调发展转变，从依靠模仿跟随向依靠创新创造转变，从大进大出向优质优价、优进优出转变。三是改善外商投资环境。目前全球引资竞争日趋激烈，不少国家要素成本比我国更低，政策优惠力度比我国更大。培育引资竞争新优势，必须营造稳定透明、法治化、可预期的营商环境。四是优化区域开放布局。要加大西部开放力度，建设好自贸试验区、国家级开发区、边境经济合作区、跨境经济合作区等开放平台，打造一批贸易投资区域枢纽城市，扶持特色产业开放发展，在西部地区形成若干开放型经济新增长极。五是创新对外投资合作方式。我国对外投资曾年均增长27.2%，逐步跻身对外投资大国行列。但总体看，企业走出去仍处于初级阶段，利用两个市场两种资源的能力不够强，非理性投资和经营不规范等问题较为突出，一些领域潜藏着风险隐患。因此，对外投资既要鼓励，也要加强引导。

党的二十大立足以中国式现代化全面推进中华民族伟大复兴的时代需要，全面擘画了推进高水平对外开放的目标任务。依托我国超大规模市场优势，以国内大循环吸引全球资源要素，增强国内国际两个市场两种资源联动效应，提升贸易投资合作质量和水平。稳步扩大规则、规制、管理、标准等制度型开放。推动货物贸易优化升级，创新服务贸易发展机制，发展数字贸易，加快建设贸易强国。合理缩减外资准入负面清单，依法保护外商投资权益，营造市场化、法治化、国际化一流营商环境。推动共建“一带一路”高质量发展。优化区域开放布局，巩固东部沿海地区开放先导地位，提高中西部和东北地区开放水平。加快建设西部陆海新通道。加快建设海南自由贸易港，实施自由贸易试验区提升战略，扩大面向全球的高标准自由贸易区网络。有序推进人民币国际化。深度参与全球产业分工和合作，维护多元稳定的国际经济格局和经贸关系。

推动形成全面开放新格局，意义重大，任务艰巨。要进一步解放思想，坚定不移贯彻新发展理念，坚持对外开放的基本国策，奉行互利共赢的开放战略，以开放的主动赢得发展的主动和国际竞争的主动。

阅读书目

1. 毛泽东．关于正确处理人民内部矛盾的问题//中共中央文献研究室．毛泽东文集：第 7 卷．北京：人民出版社，1999.

2. 邓小平．改革是中国的第二次革命//邓小平．邓小平文选：第 3 卷．北京：人民出版社，1993.

3. 江泽民．全面建设小康社会，开创中国特色社会主义事业新局面//江泽民．江泽民文选：第 3 卷．北京：人民出版社，2006.

4. 胡锦涛．在纪念党的十一届三中全会召开 30 周年大会上的讲话．北京：人民出版社，2008.

5. 中共中央文献研究室．习近平关于全面深化改革论述摘编．北京：中央文献出版社，2014.

6. 习近平．在庆祝改革开放 40 周年大会上的讲话．北京：人民出版社，2018.

思考题

1. 为什么说改革开放是决定当代中国命运的战略抉择？
2. 为什么必须坚持改革的正确方向？
3. 如何理解全面深化改革的总目标？
4. 如何全面提高对外开放水平？

第七章
中国特色社会主义经济建设理论

建设中国特色社会主义经济，就是在社会主义条件下发展市场经济，不断解放和发展社会生产力，为发展中国特色社会主义奠定坚实的经济基础。这就要把坚持社会主义制度同发展市场经济结合起来，建立和完善社会主义市场经济体制；坚持公有制为主体、多种所有制经济共同发展；坚持按劳分配为主体、多种分配方式并存；贯彻新发展理念，建设现代化经济体系。公有制为主体、多种所有制经济共同发展，按劳分配为主体、多种分配方式并存，社会主义市场经济体制等社会主义基本经济制度，既体现了社会主义制度优越性，又同我国社会主义初级阶段社会生产力发展水平相适应，是党和人民的伟大创造①。中国特色社会主义经济建设的理论和政策，充分体现了马克思主义经济理论的重大创新，是中国特色社会主义理论的重要组成部分。

第一节　从计划经济体制到社会主义市场经济体制的创建

一、社会主义计划经济体制在中国的确立

建立什么样的经济体制，这是建设社会主义的一个重大问题。我国对社会主义市场经济体制的选择，既是对国外发展经验教训的科学借鉴，更是对我国过去长期实行计划经济体制进行深刻反思的结果。

从理论上讲，社会主义的计划经济体制是马克思主义经典作家对未来社会经济组织活动的原则设想。马克思和恩格斯在对资本主义进行批判、揭示其发展的历史趋势时提出，随着资本主义私有制的消灭和社会主义公有制的建立，商品货币关系将退出历史舞台，社会生产的竞争和无政府主义状态将被有计划的自觉组织代替。马克思说："在一个集体的、以生产资料公有为基础的社会中，生产者不交换自己的产品；用在产品上的劳动，在这里也不表现为这些产品的价值，不表现为这些产品所具有的某种物的属性，因为这时，同资本主义社会相反，个人的劳动不再经过迂回曲折的道路，而是直接作为总

---

① 中共中央关于坚持和完善中国特色社会主义制度　推进国家治理体系和治理能力现代化若干重大问题的决定．新华网，2019－11－05.

劳动的组成部分存在着。”[①] 这就是说，在未来社会里，联合起来的生产者，可以按照社会总计划进行社会生产和分配，可以消除资本主义生产的竞争和无政府状态以及周期性的危机。列宁明确地把市场经济和资本主义私有制联系在一起，把计划经济和社会主义公有制联系在一起，把两者作为两个对立的概念提出来。他说：“只要还存在着市场经济，只要还保持着货币权力和资本力量，世界上任何法律都无法消灭不平等和剥削。只有建立起大规模的社会化的计划经济，一切土地、工厂、工具都转归工人阶级所有，才可能消灭一切剥削。”[②] 列宁在领导人民把社会主义理论变为实践时，对待商品货币问题，不是从原则出发，而是从实际出发。实行新经济政策时期，他不仅主张恢复城乡之间商品买卖和商品流通，还要求国营企业在经济核算中实行商业原则，自主经营，依靠市场，自负盈亏。他说，既然我们已经转而采取市场的经济形式，国家就一定要给各个企业在市场上从事经济活动的必要自由[③]。列宁的这些见解，已经超出了当时的历史局限，对后来人们研究社会主义的商品交换和市场问题有着重要的理论意义。

列宁的新经济政策虽然是一个更贴近实际的新思路，但是，到 20 世纪 20 年代末期苏联第一个五年计划开始实施时，实际上就已经结束。斯大林在取得苏联党和国家最高领导权后逐步建立起了高度集中的计划经济体制，并形成了比较完备的理论形态。客观地说，高度集中的计划经济体制在建立初期的特定条件下，发挥过积极的历史作用，苏联头几个五年计划的工业发展也取得了显著成绩。马克思主义经典作家对未来社会的原则设想和苏联社会主义实践产生的广泛影响，致使第二次世界大战后建立起来的所有社会主义国家普遍按照苏联模式，实行计划经济体制。当时在人们观念中广泛认同的是：计划经济是社会主义经济的基本特征，市场经济是资本主义特有的东西，计划经济和市场经济是判断社会属性的标志。

新中国成立后，随着国民经济的恢复、工业化的初步建设和生产资料私有制的社会主义改造基本完成，中国和苏联一样，选择了计划经济作为自己的经济体制。在当时选择这样的经济体制，其原因除了有马克思、恩格斯关于有计划按比例生产思想的影响和苏联通过几个五年计划建设所取得的辉煌成就的示范作用，最主要的是那时我国的生产力水平十分低下，国民经济实力非常薄弱，现代工业很少，科技水平不高，经济关系和经济结构又比较简单，社会利益关系相对单纯，在这样的基础上进行工业化建设，建立集中统一的计划经济体制，有利于迅速、有效地集中全国的经济力量，为大规模经济建设创造各种条件。同时，由于新生的人民政权已经掌握了原来由官僚资本控制的一些大企业，我国又具有通过计划经济体制集中筹集和统一配置资金、物资、人才等资源的现实可能性。再加上以计划经济为经济体制的苏联，承诺全面支持我国以重工业为重点的五年计划建设。因此，我国选择计划经济体制有一定的必然性，其历史作用也是不可抹杀的。我国在整个国民经济实力非常弱小的条件下，能够集中主要力量开展以 156 个重大项目为中心的工业建设，比较迅速地建立起社会主义工业化的初步基础，并在此基础

---

① 马克思，恩格斯．马克思恩格斯选集：第 3 卷．3 版．北京：人民出版社，2012：363.

② 列宁．列宁全集：第 13 卷．2 版．北京：人民出版社，1987：124.

③ 中共中央马克思恩格斯列宁斯大林著作编译局．苏联共产党代表大会、代表会议和中央全会决议汇编：第 2 分册．北京：人民出版社，1964：260.

上初步建立了独立的比较完整的工业体系和国民经济体系，都是与这一体制所发挥的作用分不开的。

但是，这种排斥或基本上排斥商品、货币和市场的高度集中的计划经济体制又是有其内在缺陷的。随着生产社会化程度的提高、经济规模的扩大、经济关系的复杂化，以及人民需求的多样化，这种缺陷就越来越突出，成为国民经济发展的严重障碍。其主要表现为：一是经济决策集中于国家行政机构，难以适应日益复杂、变化很快的经济实际，导致产生瞎指挥，造成浪费，而决策者又不承担经济责任。二是企业是政府的附属机构，内无动力，外无压力，又无自主权，缺乏活力和竞争意识，经济运行效率低下。三是在收入分配上平均主义严重，企业吃国家的“大锅饭”，职工吃企业的“大锅饭”，劳动者的积极性、创造性得不到充分发挥。

二、社会主义市场经济体制的探索历程

鉴于计划经济体制逐步显现的弊端，从 20 世纪 50 年代中期开始，几乎所有的实行计划经济体制的国家都在探索怎样实行改革，我国也没有停止过对适合要求的社会主义经济体制的探索。毛泽东在《论十大关系》中提出了改革过于集中的计划体制的设想，要求中央向地方分权和扩大企业自主权，发挥中央和地方两个积极性，兼顾国家、生产单位和生产者三个方面的利益。他指出，把什么东西统统都集中在中央或省市，不给工厂一点权力、一点机动的余地、一点利益，恐怕不妥；各个生产单位都要有一个与统一性相联系的独立性，才会发展得更加活泼。毛泽东甚至怀疑苏联新经济政策结束得早了。在纠正“大跃进”中的错误时，针对有人提出要消灭商业、货币的错误观点，毛泽东强调要有计划地大力发展商品生产。他提出，价值法则“是一个伟大的学校，只有利用它，才有可能教会我们的几千万干部和几万万人民，才有可能建设我们的社会主义和共产主义。否则一切都不可能”①。他还不同意斯大林关于商品生产只限于个人消费品的说法，认为商品生产的活动范围不限于个人消费品，在我国，有些生产资料，例如拖拉机等生产资料是属于商品的②。陈云在党的八大上提出了著名的“三个主体、三个补充”的主张，即以国家经济和集体经济为主体，以一定数量的个体经济为补充；以计划生产为主体，以在国家计划许可范围内的自由生产为补充；以国家市场为主体，以一定范围内的国家领导的自由市场为补充。这个设想，不仅突破了苏联的高度集中统一的计划经济模式，而且涉及非公有制经济成分合法存在并充分发挥作用的问题。此外，一些经济学家也对高度集中的计划经济体制提出过批评，认为不能把价值规律的作用局限于交换范围，应当扩大到经济生活的全过程；只有以价值规律为基础改革计划和统计指标，才能对经济活动做出客观评价和科学指导；建设共产主义不是要消灭市场，而是要把无政府状态的市场改变为有计划的市场等。这些具有创造性的思想观点，虽然在当时还不可能突破计划经济体制总的框架，但毕竟为后来社会主义市场经济体制的建立提供了重要的启示，

① 中共中央文献研究室．毛泽东文集：第 8 卷．北京：人民出版社，1999：34.
② 中共中央文献研究室．毛泽东著作专题摘编：上．北京：中央文献出版社，2003：980.

成为改革开放以后我国经济体制改革的思想渊源。

随着党的十一届三中全会的召开，中国进入了改革开放和社会主义现代化建设新时期。改革开放的伟大实践，推动了我国从计划经济向市场经济的转变，人们对社会主义与市场经济关系的认识不断突破，这个认识过程主要经历了以下几个阶段：

第一阶段：突破大一统的无所不包的计划经济观念，提出计划经济为主、市场调节为辅的方针。早在改革开放初期，邓小平在思考用什么方法才能更有效地发展生产力时，就已经提出了社会主义与市场经济的关系问题。他多次指出，我们原来对什么是社会主义、怎样建设社会主义的问题没有完全搞清楚，不是完全清醒的。过去我们一直搞计划经济，但高度集中的计划体制把经济搞得太死，企业缺乏应有的活力，实践证明只搞计划经济会束缚生产力的发展。他又说，我们有些经济制度，特别是企业的管理和组织这些方面，受苏联的影响比较大。这些方面资本主义国家先进的经营方法、管理方法、发展科学的方法，我们应当学习。他认为，学习资本主义的某些好东西，不等于实行资本主义。1979 年他提出，只有资本主义的市场经济肯定是不正确的，市场经济在封建社会时期就有了萌芽，社会主义应当把计划经济和市场经济结合起来，才能解放生产力，加速经济发展。社会主义也可以搞市场经济，这个不能说是资本主义。1981 年党的十一届六中全会通过的《决议》提出，必须在公有制基础上实行计划经济，同时发挥市场调节的辅助作用。这是改革高度集中的计划经济体制的信号，也是要求在理论上打破计划和市场关系旧框框的征兆。1982 年 9 月，党的十二大要求正确贯彻计划经济为主、市场调节为辅的原则。虽然这一提法还没有改变计划经济的总体框架，但它允许市场调节的存在和发挥作用，实际上已经突破了当时把计划和市场视为根本对立的传统观点，因而具有重要意义。

第二阶段：突破了长期以来把社会主义与商品经济对立起来的传统观念，确认社会主义经济是建立在公有制基础上的有计划的商品经济。1984 年 10 月，党的十二届三中全会通过的《中共中央关于经济体制改革的决定》首次提出“在公有制基础上的有计划的商品经济”的新概念，明确肯定商品经济的充分发展是社会主义经济发展不可逾越的阶段。马克思和恩格斯等过去未曾设想在未来社会主义社会还存在商品经济，又考虑到我国社会主义实践中长期排斥市场调节这一历史，因此，“有计划的商品经济”的提出，标志着我国对于社会主义市场问题认识的一次重大突破。正如邓小平所指出的，没有前几年的实践不可能写出这样的文件。写出来，也很不容易通过，会被看作“异端”。邓小平高度评价了这一理论突破，认为它对“什么是社会主义经济”做出了新的解释，说出了马克思主义创始人没有说过的新话，认为这是马克思主义基本原理同中国实践相结合的政治经济学。随着社会主义改革的进一步发展，1987 年 10 月党的十三大提出，社会主义有计划商品经济的体制，应该是“计划与市场内在统一的体制”，“计划和市场的作用范围都是覆盖全社会的”。邓小平再次强调，计划和市场都是方法，只要对发展生产力有利，就可以利用；我们以前是学苏联的，搞计划经济；后来又讲计划为主，现在不要再讲这个了。

第三阶段：确认社会主义可以实行市场经济，把建立社会主义市场经济体制作为我国经济体制改革的目标。到 20 世纪 80 年代末 90 年代初，我国经济活动中市场调节的比重已超过了计划调节。我国的改革取得了很大的成就，同时也出现了许多矛盾和困难。这一阶段，邓小平针对人们思想上的困惑和认识上的分歧，着重阐述了“社会主义和市场经济之间不存在根本矛盾”①，强调指出“我们必须从理论上搞懂，资本主义与社会主义的区分不在于是计划还是市场这样的问题”②。不要以为，一说计划经济就是社会主义，一说市场经济就是资本主义，不是那么回事，两者都是手段，市场也可以为社会主义服务。1992 年，邓小平在南方谈话中进一步指出：“计划多一点还是市场多一点，不是社会主义与资本主义的本质区别。计划经济不等于社会主义，资本主义也有计划；市场经济不等于资本主义，社会主义也有市场。计划和市场都是经济手段。”③ 这就从理论上破除了计划经济和市场经济是制度属性的陈旧观念，从根本上解除了把计划经济和市场经济看作属于社会基本制度范畴的思想束缚。

根据邓小平的这一思想，1992 年 6 月，江泽民在中央党校省部级干部进修班上发表讲话，第一次提出建立社会主义市场经济体制的建议。党的十四大明确强调把建立社会主义市场经济体制作为我国经济体制改革的目标，提出要使市场在社会主义国家宏观调控下对资源配置起基础性作用，使党在社会主义经济理论上实现了重大突破。为了更好地组织和推进经济体制改革，1993 年党的十四届三中全会通过了《中共中央关于建立社会主义市场经济体制若干问题的决定》，勾画出了建立社会主义市场经济体制的基本框架，其基本内容是：建立适应市场经济要求的现代企业制度、培育和发展市场体系、建立健全宏观经济调控体系、建立合理的个人收入分配和社会保障制度。1997 年 9 月，党的十五大确立了社会主义初级阶段的基本经济制度，探索了如何推进市场经济与社会主义制度的有机结合，确保公有制的主体地位和主导作用这一反映我国社会主义市场经济体制性质的问题。到 20 世纪末我国已经初步建立了社会主义市场经济体制。2003 年党的十六届三中全会通过的《中共中央关于完善社会主义市场经济体制若干问题的决定》，明确提出了进一步完善社会主义市场经济体制的主要任务和目标。

三、社会主义经济理论的重大创新

从计划经济到社会主义市场经济，是社会主义建设史上前所未有的伟大变革。把社会主义和市场经济结合起来，探索社会主义制度下计划和市场的关系问题，提出和论证了社会主义市场经济理论，是党的十一届三中全会以来以邓小平同志为主要代表的中国共产党人对社会主义经济理论的重大创新。

第一，社会主义市场经济有特定的含义，具有鲜明的社会主义特征。从一般意义上讲，市场经济作为一种资源配置方式，是以市场机制的作用为基础配置资源的一种经济，或称为市场导向型经济，本身并不反映社会经济制度的本质属性，但又必然受到它所依存的社会制度的制约。社会主义市场经济，就是在社会主义制度下的市场经济，它与在资本主义制度下的市场经济的区别，邓小平在党的十四大之后曾明确说过：“社会主义市

---

① 邓小平．邓小平文选：第 3 卷．北京：人民出版社，1993：148.

② 同①364.

③ 同①373.

场经济优越性在哪里？就在四个坚持。四个坚持集中表现在党的领导。这个问题可以敞开来说。”① 江泽民则更明确指出：“社会主义市场经济体制是同社会主义基本制度结合在一起的。”② 他还指出，我们搞的是社会主义市场经济，“社会主义”这几个字是不能没有的，这并非多余，并非画蛇添足，而恰恰相反，是画龙点睛。所谓“点睛”，就是点明我们的市场经济的性质。西方市场经济符合社会化大生产、符合市场一般规律的东西，毫无疑义，我们要积极学习和借鉴，这是共同点；但西方市场经济是在资本主义制度下搞的，我们的市场经济是在社会主义制度下搞的，这是不同点③。“它在所有制结构上、分配制度上、宏观调控上具有鲜明的社会主义特征，因而也具有资本主义不可能有的优势。”④ 在所有制结构上，在以公有制为主体的前提下，公有制企业与其他企业在市场经济中平等竞争、共同发展，国有经济在国民经济中发挥主导作用，不仅有利于保证国民经济发展的正确方向，而且有利于限制市场机制的消极作用，这是社会主义市场经济区别于资本主义市场经济的根本标志；在分配制度上，以按劳分配为主体、多种分配方式并存，运用包括市场在内的各种调节手段，既鼓励先进，促进效率，合理拉开收入差距，又防止两极分化，注重社会公平，以实现共同富裕为最终目标，这是社会主义市场经济区别于资本主义市场经济的主要标志；在宏观调控上，以实现最广大劳动人民利益为出发点和归宿，社会主义国家能够把人民的当前利益与长远利益、局部利益与整体利益结合起来，使市场在社会主义国家宏观调控下对资源配置起基础性作用，更好地发挥计划和市场两种手段的长处，使社会主义的优势与市场经济的优势都能够得到充分发挥。总之，离开了社会主义制度，抽象地讲市场经济，不是中国特色社会主义市场经济。

第二，计划和市场都是发展生产力的手段与方法，不具有社会制度的属性。计划和市场的关系，是邓小平从改革开放之初就一直在思考的重大问题。他说：“社会主义同资本主义比较，它的优越性就在于能做到全国一盘棋，集中力量，保证重点。缺点在于市场运用得不好，经济搞得不活。计划与市场的关系问题如何解决？解决得好，对经济的发展就很有利，解决不好，就会糟。”⑤ “为什么一谈市场就说是资本主义，只有计划才是社会主义呢？计划和市场都是方法嘛。只要对发展生产力有好处，就可以利用。它为社会主义服务，就是社会主义的；为资本主义服务，就是资本主义的。”⑥ 在中国，传统观念认为，商品经济会导致人们对利润的盲目追求，会腐蚀人们的思想和灵魂。新中国成立后，无论在理论上还是在实践上，商品经济、市场经济都被认为是与社会主义水火不相容的东西。邓小平以大无畏的创新精神，打破了这一习惯思维的束缚。他鲜明地提出：“计划多一点还是市场多一点，不是社会主义与资本主义的本质区别。计划经济不等于社会主义，资本主义也有计划；市场经济不等于资本主义，社会主义也有市场。计划和市场都是经济手段。社会主义的本质，是解放生产力，发展生产力，消灭剥削，消除两极

① 中共中央文献研究室．邓小平年谱（1975—1997）：下．北京：中央文献出版社，2004：1363.
② 江泽民．江泽民文选：第1卷．北京：人民出版社，2006：227.
③ 江泽民．论社会主义市场经济．北京：中央文献出版社，2006：203.
④ 同②356.
⑤ 邓小平．邓小平文选：第3卷．北京：人民出版社，1993：16-17.
⑥ 同⑤203.

分化，最终达到共同富裕。”[①] 这样就打消了人们在计划经济和市场经济问题上姓“社”姓“资”的困扰，从根本上解除了把计划经济和市场经济看作社会基本制度范畴的思想禁锢。

第三，社会主义制度和市场经济之间不存在根本矛盾。传统观念认为，资本主义依赖于市场来调节其经济发展，因此资本主义经济就是市场经济，市场经济属于资本主义范畴；社会主义依靠政府用计划来调节经济，因此社会主义经济是计划经济，计划经济属于社会主义范畴。不仅社会主义国家的领导人和理论家这么看，而且西方政府人士和许多经济学家也持这种观点，几乎都把市场经济等同于资本主义经济，把计划经济等同于社会主义经济。邓小平指出：“社会主义和市场经济之间不存在根本矛盾。问题是用什么方法才能更有力地发展社会生产力。我们过去一直搞计划经济，但多年的实践证明，在某种意义上说，只搞计划经济会束缚生产力的发展。”[②]“市场经济不能说只是资本主义的。市场经济，在封建社会时期就有了萌芽。社会主义也可以搞市场经济。”[③] 邓小平关于计划和市场都是发展生产力的基本手段与方法、都是经济手段，不属于社会制度的范畴，社会主义和市场经济之间不存在根本矛盾，社会主义也可以搞市场经济等重要观点，从根本上破除了以往在社会主义和市场经济关系上的传统观念，为我国建立社会主义市场经济体制奠定了理论基础。

第四，把计划经济和市场经济的长处有机结合起来。邓小平认为，单纯搞计划经济，不能解决发展生产力的问题，只有把计划经济和市场经济结合起来，才能加快社会主义生产力的发展。这表明，我们所要搞的社会主义市场经济，绝不是古典的自由放任的市场经济。市场和计划之所以要结合，是因为市场经济和计划经济在资源的配置与经济运行活动中，各有自己的优势和不足。市场经济有利于调动众多微观经济主体的积极性，把经济搞活；有利于及时地实现社会资源的流动和优化配置，提高经济效益；有利于较快地提高社会总的生活水平和质量。其缺陷主要是：在资源配置上，有一定的盲目性和局限性；在收入分配上，容易造成社会分配不公，加剧贫富的矛盾；在意识形态和社会生活方面，容易产生拜金主义、道德缺失等现象。计划经济有利于社会经济的协调发展和公益事业的建设，也有利于经济的有序运行。其缺陷主要是：容易产生瞎指挥和官僚主义，把经济搞死，降低经济运行效率。所以，把市场经济和计划经济这“两只手”结合起来，正好起到了优势互补、劣势互克的作用，找到了社会主义经济发展的有效途径。市场和计划的结合是社会主义市场经济的特殊要求。把市场经济和计划经济的长处有机结合起来，充分发挥各自的优势作用，促进资源的优化配置[④]，就能促进经济的健康发展。

社会主义市场经济理论不仅丰富和发展了马克思主义的经济理论，而且有力地指导了我国社会主义经济体制的建立，促进了改革开放和社会主义现代化建设的健康发展，促进了人民生活质量的改善和人民生活水平的提高。

---

① 邓小平．邓小平文选：第3卷．北京：人民出版社，1993：373.

② 同①148.

③ 邓小平．邓小平文选：第2卷．2版．北京：人民出版社，1994：236.

④ 江泽民．论社会主义市场经济．北京：中央文献出版社，2006：6.

四、构建高水平社会主义市场经济体制

中国特色社会主义进入新时代，党对社会主义市场经济规律的认识和利用能力不断提高，党的十八大强调要“加快完善社会主义市场经济体制”，“更大程度更广范围发挥市场在资源配置中的基础性作用”。党的十八届三中全会通过了《中共中央关于全面深化改革若干重大问题的决定》，强调“紧紧围绕使市场在资源配置中起决定性作用深化经济体制改革”，用“决定性”代替了“基础性”，这是党对市场规律认识的又一次升华和实践上的重大创新。党的二十大着眼于建设社会主义现代化国家的历史任务，对进一步完善社会主义市场经济提出了更高要求，做出了“构建高水平社会主义市场经济体制”的战略部署，明确了新举措新要求。

坚持社会主义市场经济改革方向。改革开放以来我国经济快速发展和社会长期稳定的一个重要因素，就是确立和实行了社会主义市场经济体制，把社会主义制度优越性同市场经济一般规律有机结合起来。构建高水平社会主义市场经济体制，必须始终坚持正确的改革方向，进一步激发各类市场主体活力，解放和发展生产力。要坚持和完善社会主义基本经济制度，毫不动摇巩固和发展公有制经济，深化国资国企改革，加快国有经济布局优化和结构调整，推动国有资本和国有企业做强做大，提升企业核心竞争力；毫不动摇鼓励、支持、引导非公有制经济发展，优化民营企业发展环境，依法保护民营企业产权和企业家权益，促进民营经济发展壮大。构建高水平社会主义市场经济体制，还要加快建设现代化经济体系，这是我国新时代发展的目标任务。要着力完善中国特色现代企业制度，以完善产权制度和优化各类要素市场化配置为重点，加快建设创新引领、协同发展的产业体系，统一开放、竞争有序的市场体系，体现效率、促进公平的收入分配体系，彰显优势、协调联动的城乡区域发展体系，资源节约、环境友好的绿色发展体系，多元平衡、安全可靠全面开放体系。

同时，要正确处理政府与市场的关系，既要充分发挥市场在资源配置中的决定性作用，最大限度减少政府对资源的直接配置和对微观经济活动的直接干预，实现资源配置效益最大化，也要更好发挥政府作用，完善宏观经济治理，有效弥补市场失灵，实现效率与公平有机统一，在高质量发展中扎实推进全体人民共同富裕。

构建全国统一大市场，建设高标准市场体系。要强化统一大市场基础制度建设，推进市场基础设施互联互通，建立公平规范高效的市场监管体系。打造高标准商品、服务和要素市场，促进现代流通体系建设，大力发展物联网，降低制度性交易成本和全社会物流成本，增强统一市场的规模效应和集聚效应。畅通城乡要素交流，激发融合发展的巨大潜能，以建立有利于发挥比较优势区域协调发展机制，促进生产要素在更大范围、更广领域流动交融。要加快统一市场法规及标准的建立和修订，坚决废除妨碍全国统一市场和公平竞争的各种规定和做法。高标准市场体系建设，要平等准入、公正监管、开放有序、诚信守法，畅通市场循环，提升市场监管服务的规范化和便利化程度。要完善产权制度，健全归属清晰、责权明确、保护严格、流转顺畅的现代产权制度，健全以公平为核心原则的产权保护。要实施市场准入负面清单制度，严格落实“全国一张清单”

的管理模式。要落实公平竞争审查制度，坚持对各类市场主体一视同仁、平等对待，健全公平竞争制度监管实施机制。要推进社会信用建设，健全相关法律法规和标准体系，完善市场主体信用承诺制度，构建以信用为基础的新型监管机制。继续深化要素市场化改革，是建设全国统一大市场的重点任务。要深化土地市场改革，加快建设城乡统一的建设用地市场，深化户籍制度改革，打破劳动力和人才在城乡、地域、不同所有制单位间的流动障碍，深化资本市场基础制度建设，促进多层次资本市场健康发展。加快要素价格市场化改革，完善主要由市场供求关系决定要素价格的机制，依法维护公共利益，最大限度减少政府对价格的不当干预。

推进宏观经济治理体系和治理能力现代化。科学高效的宏观经济治理是实现国家治理体系和治理能力现代化的客观要求，也是构建高水平社会主义市场经济体制的重要组成部分，它能体现中国特色社会主义制度的独特优势。要加快建立体现新发展理念、与高质量发展要求相适应的宏观调控目标体系、规划体系、政策体系、协调体系、保障体系和监督评价体系。“发挥国家发展规划的战略导向作用”①，使总目标和分目标、中长期规划和年度计划有效衔接、持续推进。加强财政政策和货币政策等宏观政策协调配合，合理把控宏观调控的时效度。完善促进消费的体制机制，增强消费对经济发展的基础性作用；完善宏观经济政策的制定和执行机制、统筹协调机制，强化宏观政策取向一致性评估，完善市场主体有序参与与宏观经济政策制定机制形成治理合力；深化投融资体制改革，发挥投资对优化供给结构的关键性作用；健全现代预算制度，全面实施预算绩效管理，提高财政金融使用率。继续完善财政转移支付体系，深化税收制度改革、金融体制改革，深刻认识和把握社会主义市场经济体制下资本特性和行为规律，充分发挥其作为重要生产要素的积极作用，同时科学设置“红绿灯”，健全事前引导、事中防范、事后监管相衔接的全链条监管体系，依法规范和引导资本健康发展，防止资本无序扩张。同时，打造法治化国际化的营商环境，培育良好的企业生存发展的土壤。

第二节　坚持公有制为主体、多种所有制经济共同发展

一、社会主义初级阶段基本经济制度的确立

我国的基本经济制度经历了一个从过渡时期经济制度，到社会主义经济制度，再到社会主义初级阶段基本经济制度的变化过程。与此相联系，所有制结构也由国营经济为领导的多种所有制并存，到纯一色的公有制，再到公有制为主体的多种所有制并存。这个过程不是简单的否定之否定，而是经历了复杂的历史过程。

第一阶段是从新中国成立到社会主义改造基本完成之前，这一阶段是过渡时期经济制度。

---

①　习近平．高举中国特色社会主义伟大旗帜　为全面建设社会主义现代化国家而团结奋斗：在中国共产党第二十次全国代表大会上的报告．北京：人民出版社，2022：29.

以国有经济为领导、非公有制多种经济成分并存的所有制结构，主要有国有经济、集体经济、公私合营经济、私营经济和个体经济五种经济成分。这一阶段，国有经济虽不断增长、所占比重较低，但却为领导力量，国家优先发展国有经济，并逐步消灭剥削制度。非公有制经济成分虽逐步减少但仍占很大比重。总体上说，这种所有制结构基本适应当时我国生产力状况，有利于当时生产力的发展。

第二阶段是从社会主义改造基本完成到党的十一届三中全会召开以前，即实行高度集中的计划经济体制阶段。这一阶段的社会主义经济制度，基本上是单一的社会主义公有制结构，即社会主义全民所有制和社会主义集体所有制。这种经济制度及所有制结构严重脱离了我国生产力落后、生产社会化水平低的实际状况，人为地改变了所有制结构，违背了生产关系必须适应生产力发展水平的规律，束缚了生产力的发展。

第三阶段是从党的十一届三中全会至今，逐渐形成发展了公有制为主体、多种所有制经济共同发展，按劳分配为主体、多种分配方式并存，社会主义市场经济体制等基本经济制度的阶段。标志着党对社会主义初级阶段基本经济制度的认识提升到了一个新的高度。从党的十一届三中全会到党的十二大，已经开始肯定劳动者的个体经济是公有制经济必要补充。党的十三大指出，社会主义初级阶段的所有制结构应以公有制为主体，并把私营经济、中外合资合作经济、外商独资经济与个体经济一起作为公有制经济“必要的和有益的补充”。党的十四大强调，多种经济成分长期共同发展，不是权宜之计，而是一项长期的方针。党的十四届三中全会通过的《中共中央关于建立社会主义市场经济体制若干问题的决定》进一步指出，经过十多年的改革，我国的经济体制发生了巨大变化，以公有制为主体的多种经济成分共同发展的格局初步形成，建立社会主义市场经济体制必须“坚持以公有制为主体、多种经济成分共同发展的方针”。在此基础上，党的十五大第一次明确提出，公有制为主体、多种所有制经济共同发展，是我国社会主义初级阶段的基本经济制度。党的十六大、十七大、十八大都强调要“坚持和完善公有制为主体、多种所有制经济共同发展的基本经济制度”。党的十八届三中全会明确指出，公有制为主体、多种所有制经济共同发展的基本经济制度，是中国特色社会主义制度的重要支柱，也是社会主义市场经济体制的根基。党的十九届四中全会将按劳分配为主体、多种分配方式并存和社会主义市场经济体制纳入我国社会主义基本经济制度，提出“公有制为主体、多种所有制经济共同发展，按劳分配为主体、多种分配方式并存，社会主义市场经济体制等社会主义基本经济制度”，标志着我国社会主义基本经济制度更加成熟、更加定型，也充分体现了社会主义基本经济制度的不断完善。

纵观我国社会主义初级阶段基本经济制度确立的第三个阶段，公有制为主体、多种所有制经济共同发展的所有制结构一直是其主要内容，这个所有制结构确立的基本根据有以下几点：

第一，我国是一个社会主义国家，必须坚持以公有制作为社会主义经济制度的基础。公有制是社会主义生产关系区别于资本主义生产关系的本质特征，是劳动人民当家作主的经济基础，也是社会化大生产的客观要求。建设中国特色社会主义经济，必须坚持以公有制作为社会经济制度的基础，使之牢牢占据主体地位。没有作为主体地位的公有制经济，就不能确保我国的社会主义性质，就不能坚持社会主义道路，就不能巩固和发展社会主义制度。

第二，我国还处在社会主义初级阶段，生产力发展水平低，发展还很不平衡，需要在公有制为主体的条件下发展多种所有制经济，以适应生产力发展的要求。新中国成立以来，特别是改革开放以来，我国经济增长很快，综合国力有很大提高，但人均水平还较低。生产力发展呈现多层次，既有自动化、机械化生产，又有半机械化生产，甚至还保留着手工劳动和畜力劳动的生产。离开了多种所有制经济的共同发展，就脱离了社会主义初级阶段生产力发展的实际，就会重蹈超越阶段、违背国情的覆辙。

第三，一切符合“三个有利于”标准的所有制形式，都可以而且应该用来为发展社会主义服务。为了提高综合国力，调动一切积极因素，必须国家、集体、个人一起上，广泛利用各种社会资源和合理利用各种自然资源，不仅合理使用国内资源，而且最大限度地利用国际资源，允许多种所有制经济同时存在和发展。各种所有制互相配合，互相补充，不仅有利于发展社会生产力，有利于增强国家的综合国力，而且有利于服务人民、提高人民的生活水平。那种认为在社会主义社会不能发展非公有制经济的主张，已被实践证明是不符合社会主义初级阶段实际的。

社会主义初级阶段公有制为主体、多种所有制经济共同发展的所有制结构，既包括作为社会主义经济基础的公有制经济，也包括不是社会主义经济基础的非公有制经济。把非公有制经济纳入基本经济制度之中，是因为它同作为主体的公有制经济一样，也是为社会主义服务的，因而也是我国社会主义初级阶段的基本经济成分的一部分。强调非公有制经济在我国社会主义市场经济中的地位和作用，并不是说它已经是社会主义性质的经济。中国特色社会主义经济的特色就在于，它兼有社会主义和非社会主义两种不同的经济成分，问题是不能混淆了主次地位。

二、巩固和发展社会主义公有制经济

坚持公有制为主体、多种所有制经济共同发展，必须做到两个“毫不动摇”，即“必须毫不动摇巩固和发展公有制经济，坚持公有制主体地位，发挥国有经济主导作用，不断增强国有经济活力、控制力、影响力。必须毫不动摇鼓励、支持、引导非公有制经济发展，激发非公有制经济活力和创造力”[①]。坚持公有制为主体，促进非公有制经济发展，统一于社会主义现代化建设的进程中，不能把这两者对立起来。

（一）坚持社会主义公有制的主体地位

毫不动摇地巩固和发展公有制经济，是坚持公有制为主体、多种所有制经济共同发展必须遵循的一条基本原则。在社会主义初级阶段，必须坚持公有制的主体地位的原因主要有以下几点：

第一，生产资料公有制是社会主义的本质特征和根本原则。所有制是社会经济制度的核心和基础，决定着社会经济制度的性质。我国是社会主义国家，必须坚持公有制的

---

① 中共中央关于全面深化改革若干重大问题的决定．北京：人民出版社，2013：8.

主体地位，这是社会主义经济性质的根本体现。坚持公有制的主体地位，对于发挥社会主义制度的优越性、坚持我国市场经济体制改革的社会主义方向，具有关键性作用。我国对所有制结构的改革，是以坚持公有制的主体地位为前提的，发展多种所有制经济也是以确保公有制的主体地位为条件的。任何否定公有制主体地位的观点，在理论上都是站不住的，在实践上也是有害的。

第二，坚持公有制的主体地位，是社会生产力发展的客观要求。以公有制为基础的社会主义生产关系是适应社会化大生产的客观要求而产生的，它的建立从根本上解决了社会化大生产与私有制之间的矛盾，能够有效克服经济危机并促进生产力的发展。社会主义公有制经济是我国社会主义现代化建设的支柱和国家进行宏观调控的主要物质基础，是国家财政收入的主要来源，是促进国民经济各地区、各部门协调发展、共同繁荣的物质条件。

第三，坚持公有制的主体地位，是保证其他所有制经济为社会主义服务的决定条件。占主体地位的公有制经济的发展，是引导、支持和规范非公有制经济按照社会主义建设的需要健康发展并正确发挥作用的前提。我国社会主义公有制经济掌握国家经济的命脉，因而可以依靠政权的力量及经济手段去控制和引导个体经济、私营经济和外资经济等非公有制经济朝着正确方向发展，能够把人民群众的个人利益与整体利益、目前利益与长期利益结合起来，从而在所有制上体现我国社会主义的特色。

第四，坚持公有制的主体地位，可以避免或减少两极分化和剥削，是实现共同富裕的重要保证。社会主义最大的优越性就是共同富裕，不搞两极分化。共同富裕的制度保证就是公有制。邓小平说："只要我国经济中公有制占主体地位，就可以避免两极分化。"[①] 公有制经济是排斥剥削的，生产的财富第一归国家，第二归人民。坚持公有制为主体，就不会产生新的资产阶级。

（二）公有制主体地位的体现

坚持公有制为主体，必须正确理解社会主义公有制经济的含义。社会主义公有制生产关系的实质和核心是全体社会成员或部分社会成员共同占有生产资料，实现了人们在生产资料面前的平等。在公有制范围内，对生产资料的支配、使用，以及由此取得的收益都必须服从和服务于这些社会成员共同的意志与需要。任何个人或少数人都不能利用生产资料为自己谋取私利。把握了社会主义公有制经济的这一实质，就不会把一些以社会所有或公众所有的名义出现的、被称为"新公有制"的企业和组织，混同于社会主义公有制。因为在这些企业或组织中并不以实现人们在生产资料面前的平等为条件。党一再明确指出，公有制经济不仅包括国有经济和集体经济，还应包括混合所有制经济中的国有成分和集体成分。国有经济，即社会主义全民所有制经济，是指全体社会成员共同占有生产资料的公有制形式。我国现阶段全民所有制经济的生产资料由国家代表全体人民所有，采取国家所有制形式，称为国有经济。集体经济，即社会主义集体所有制经济，是指由部分劳动群众共同占有生产资料的一种社会主义公有制形式。混合所有制经济是指由不同所有制经济，以控股、参股等不同方式投资形成法人财产，由企业法人经营企

① 邓小平．邓小平文选：第3卷．北京：人民出版社，1993：149.

业。目前，混合所有制经济主要有股份制企业、跨所有制组成的企业及企业集团、中外合资和中外合作企业等。这些企业中的国有成分和集体成分，最终所有权属于国家和集体，国家和集体行使所有者的权益，所以属于公有制经济。

公有制经济的主体地位主要体现在："公有资产在社会总资产中占优势；国有经济控制国民经济命脉，对经济发展起主导作用。这是就全国而言，有的地方、有的产业可以有所差别。公有资产占优势，要有量的优势，更要注重质的提高。国有经济起主导作用，主要体现在控制力上。要从战略上调整国有经济布局。对关系国民经济命脉的重要行业和关键领域，国有经济必须占支配地位。"①

公有资产占优势，首先表现为量的优势，即国有资产和集体资产在社会总资产中占优势地位，不仅相对量在社会总资产中居于优势地位，而且绝对量也居于优势地位。有绝对量的优势，才能有相对量的优势。没有资产绝对量和相对量的优势，公有制就不可能具有优势，主体地位就丧失了。其次，更要重视质的优势，即关键性、涉及经济命脉战略全局和国民经济发展方向的生产资料占优势，而不是一般微不足道的生产资料占优势；是先进的具有导向性、控制性的生产资料占优势，并且不断提高发展壮大，而不是落后的东西占优势。这样它才能控制经济命脉，对国民经济起主导作用，有强大的控制力、决定力、示范力和促进力。公有资产占优势，说到底表现为生产关系上，即人与人之间的社会主义性质的关系在整个社会范围占优势。

国有经济起主导作用，集中体现在其对国民经济的控制力上。这个控制力，一是对起决定作用的稀缺资源和生产要素的控制力，二是对经济运行态势的控制力，三是对社会主义经济发展趋势的控制力。党的十八大强调，要"推动国有资本更多投向关系国家安全和国民经济命脉的重要行业与关键领域，不断增强国有经济活力、控制力、影响力"②。在社会主义市场经济条件下，国有经济在国民经济中的控制力，既要通过国有独资企业来实现，更要大力发展股份制，探索通过控股和参股企业来实现。对关系国民经济命脉的重要行业和关键领域，国有经济必须占支配地位，如涉及国家安全的行业、自然垄断的行业、提供重要公共产品和服务的行业，以及支柱产业和高新技术产业中的重要骨干企业。其他行业领域，可以通过资产重组和结构调整，以加强重点，提高国有经济的整体质量。从战略上调整国有经济布局，要同产业结构的优化升级以及所有制结构的调整和完善结合起来，坚持有进有退，有所为有所不为。只要坚持公有制为主体，国家控制国民经济命脉，国有经济的控制力和竞争力得到增强，在这个前提下，国有经济比重减少一些，不会影响我国的社会主义性质。党的十五大以来我国国有经济布局的战略调整已取得了实质性的进展。国有经济和国有资本逐步向关系国民经济命脉的重要行业与关键领域集中，向大企业集中，而从一般竞争性行业中逐渐退出，国有企业量多面宽和过于分散的状况开始改变。

公有制经济的另一个重要组成部分就是集体经济和合作经济。巩固和发展公有制经济，必须促进集体经济和合作经济的发展。党的十七大强调，推进集体企业改革，发展

---

① 江泽民．江泽民文选：第2卷．北京：人民出版社，2006：19.

② 胡锦涛．坚定不移沿着中国特色社会主义道路前进 为全面建成小康社会而奋斗：在中国共产党第十八次全国代表大会上的报告．北京：人民出版社，2012：20-21.

多种形式的集体经济、合作经济。我国集体经济（如乡镇企业）存在产权不够清晰的问题，经过多年来的努力以明晰产权为重点的改革已经取得重大进展。同时，20 世纪 80 年代末以来逐步发展起来的各种农民专业合作组织对提高农民组织化程度、降低交易费用、提高农民市场谈判地位、增强应对自然与市场风险能力、提高规模效益等方面也具有重要的意义和作用。

（三）社会主义公有制实现形式的多样化

巩固和发展公有制经济，要积极探索能够极大促进生产力发展的公有制实现形式。公有制与公有制实现形式是两个既有联系又有区别的概念。公有制是就所有制的性质而言的，公有制的实现形式则是指公有财产的具体组织形式和经营方式，二者是内容和形式的关系。同样的所有制可以采取不同的实现形式，而不同的所有制可以采取相同的实现形式。因为实现形式要解决的是发展生产力的组织形式和经营方式问题，只要能够有利于生产力的发展，公有制的实现形式可以而且应当多样化，一切反映社会化生产规律的组织形式和经营方式都可以大胆利用。

国家所有制经济是我国社会主义经济的主要组成部分，在国民经济中居重要地位。但长期以来它实行高度集中的计划管理体制，所有权和经营权集于国家一身，企业无法实行自主经营、自负盈亏，不能独立参与市场竞争。与传统所有制相联系的生产组织和管理方式也落后于现代经济的发展。公有制经济能不能与市场经济对接，是建立社会主义市场经济体制要解决的关键问题。必须探索全民所有制和集体所有制的实现形式，将其更有效地与市场经济融合。我国公有制企业数量众多、规模不一、类型各异，在所处行业和地区中的地位不同，国家对它们经营目标的要求和预期也不同，这本身也决定了公有制的实现形式必然是多样化的。

股份制是现代企业制度的重要组织形式，是资本集中的一种形式，也是公有制与市场经济相结合的有效实现形式。不能笼统地说股份制是公有还是私有，股份制企业的性质关键看控股权掌握在谁手里。在社会主义条件下，由国家和集体控股，就具有明显的公有性质。国有资本通过股份制可以迅速集中大量的社会资本，有利于扩大国有资本的功能，提高国有经济的控制力、影响力和带动力，增强公有制的主体地位；有利于推进政企分开，实现所有权和经营权的分离；有利于实现转换机制和科学管理，增强公有制的主体地位。

股份合作制是融股份制形式与合作制形式为一体的新的公有制形式。它实现了以劳动者的劳动联合和以劳动者的资本联合的有机结合，是经济发展中群众愿意接受、有利于灵活组织经济活动的企业组织形式和资本组织形式，是在新形势下非国有的其他公有制经济实现资产重组和资本结构优化的一种良好方式。劳动者除了按劳取酬，还按投入的资本额取得相应的收益。这种形式也有利于城乡小型企业在改革中实现经营规模化和投资社会化，有利于提高小企业的竞争能力。这就是说，资本的组织形式和经营方式只是手段而不是目的。我们寻找新的公有制实现形式，可以更好地解放和发展生产力。

由国有资本、集体资本和非公有资本等交叉持股与相互融合的混合所有制经济，也是社会主义基本经济制度的重要实现形式之一。它对国有资本功能的放大和实现国有资本保值增值，提高国有资本的竞争力，进而促进各种所有制经济共同发展具有重要的意义。因此，要允许更多国有经济和其他所有制经济发展成为混合所有制经济[①]，在公有制实现形式的不断创新和发展中为社会主义经济发展壮大、为更广大人民群众共同分享改革发展成果创造有利条件。

三、鼓励、支持和引导非公有制经济发展

非公有制经济包括个体经济、私营经济、混合所有制经济中的非公有制成分等。改革开放以来，我国非公有制经济在社会主义市场经济体制与经济发展中的地位和作用不断增强，党对非公有制经济的定位也经历了一个过程。党的十二大和十三大分别确认了个体经济、私营经济是公有制经济必要的和有益的补充。党的十四大强调，以公有制包括全民所有制和集体所有制经济为主体，个体经济、私营经济、外资经济为补充，多种经济成分长期共同发展。党的十五大第一次明确提出非公有制经济是社会主义市场经济的重要组成部分。党的十六大提出，毫不动摇地巩固和发展公有制经济，毫不动摇地鼓励、支持和引导非公有制经济发展。党的十七大强调把“两个毫不动摇”作为长期坚持的方针，提出平等保护物权，形成各种所有制经济平等竞争、相互促进新格局。党的十八大进一步提出毫不动摇地鼓励、支持和引导非公有制经济发展，保证各种所有制经济依法平等使用生产要素、公平参与市场竞争、同等受到法律保护。从“有益的补充”到“共同发展”，再到“重要组成部分”，党的十八届三中全会提出公有制经济和非公有制经济都是社会主义市场经济的重要组成部分，都是我国经济社会发展的重要基础。必须毫不动摇鼓励、支持、引导非公有制经济发展，激发非公有制经济活力和创造力。不仅重申了非公有制经济在社会主义市场经济中的地位，而且第一次将非公有制经济与公有制经济置于我国经济社会发展的同等重要的地位，表明党对非公有制经济的认识达到了新的高度，这个认识为支持非公有制经济健康发展奠定了理论基础。党的十九大提出要“支持民营企业发展，激发各类市场主体活力”[②]，体现了党对发展非公有制经济的一贯重视，这一指导思想必将有利于进一步激发非公有制经济的创造活力。

毫不动摇地鼓励、支持和引导非公有制经济发展，是社会主义初级阶段生产关系适应生产力发展水平的客观要求，是发展社会主义市场经济的需要，并关系到社会主义初级阶段基本经济制度的坚持和完善。

非公有制经济在我国社会生产力发展中的重要作用，决定了必须毫不动摇地鼓励、支持和引导非公有制经济发展。改革开放以来，我国非公有制经济由小到大，由弱到强，在支撑增长、促进创新、扩大就业、增加税收等方面发挥了重要作用，已经成为我国社会主义市场经济的重要组成部分。

非公有制经济与市场经济的天然联系，决定了必须毫不动摇地鼓励、支持和引导非公有制经济发展。非公有制经济所具有的产权明晰、决策自主、运行灵活等特点，与市场经

① 中共中央关于全面深化改革若干重大问题的决定．北京：人民出版社，2013：9.
② 中国共产党第十九次全国代表大会文件汇编．北京：人民出版社，2017：27.

济的要求是天然吻合的。它的存在和发展，不仅有利于促进资源的优化配置和利用，而且有助于市场交易秩序和市场竞争体系的形成，为我国市场经济的发展提供了必要条件。

经济全球化的发展趋势，决定了必须毫不动摇地鼓励、支持和引导非公有制经济发展。在经济全球化的大背景下，世界范围内的信息、资本和技术的快速流动，各国资本的相互融合，资源在全球范围内的优化配置和共享，是各国经济不可阻挡的大趋势。外国资本和技术与本国资本和技术的融合，是我国市场经济融入世界经济大市场并实现加速发展的必要条件。

当前，我国非公有制经济处在新的发展起点上。发展社会主义市场经济，支持非公有制经济健康发展，必须落实发展非公有制经济的方针政策，落实支持非公有制经济发展的具体措施。

第一，坚持“两个毫不动摇”，激发非公有制经济活力和创造力。党的十八届三中全会在重申党的十六大提出的“毫不动摇地巩固和发展公有制经济，毫不动摇地鼓励、支持和引导非公有制经济发展”的基础上，强调“激发非公有制经济活力和创造力”。党的二十大进一步强调构建高水平社会主义市场经济，要“优化民营企业发展环境，依法保护民营企业产权和企业家权益，促进民营经济发展壮大”①。我国经济正处于全面建设社会主义现代化国家，构建高水平社会主义市场经济体制、实现高质量发展的关键时期，适应国内外经济形势新变化，加快形成新的经济发展方式，必须着力激发各类市场主体发展活力，充分释放创新驱动发展新动力。非公有制经济是有效破解经济发展动力不足、活力不强的关键所在，也是推动我国经济转型升级的重要依托。

第二，坚持权利平等、机会平等和规则平等，创造非公有制经济发展的公平竞争环境。平等竞争是市场经济运行的基础，也是市场经济规律的客观要求。党的十八届三中全会首次提出“三个平等”，这是非公有制经济发展方针的重大突破。强调权利平等，赋予了非公有制经济与公有制经济平等的法律地位和发展权利；强调机会平等，赋予了非公有制经济平等进入市场的机会，拓宽了非公有制经济准入领域；强调规则平等，赋予了非公有制经济在发展环境上与公有制经济同等对待、一视同仁。这就从根本上解决了非公有制经济健康发展的要害问题，体现了市场经济的公平竞争原则。

第三，着力落实和推出具体举措，推动非公有制经济健康发展。党的十八届三中全会在完善我国过去非公有制经济发展政策、扩大非公有制经济发展空间、转变非公有制经济发展方式等方面，提出了一系列新举措，主要有：废除对非公有制经济各种形式的不合理规定，消除阻碍非公有制经济健康发展各种隐性壁垒，制定非公有制企业进入特许经营领域具体办法，鼓励非公有制企业参与国有企业改革，鼓励发展非公有资本控股的混合所有制企业，鼓励有条件的私营企业建立现代企业制度。

促进各种所有制共同发展，是坚持和完善社会主义初级阶段基本经济制度的一个重要任务。社会主义市场经济的实践证明，公有制经济与非公有制经济各有其存在的根据，在不同的领域发挥着各自的优势，它们完全可以在长期并存中共同发展。坚持公有制经济为主体，支持非公有制经济发展，统一于社会主义现代化建设的进程中，不能把这两者对立起来。

① 本书编写组．党的二十大报告辅导读本．北京：人民出版社，2022：26.

第三节　坚持按劳分配为主体、多种分配方式并存

一、社会主义初级阶段分配制度的确立

改革开放以来，我国逐步打破平均主义的分配方式，形成按劳分配为主体、多种分配方式并存的多元化分配格局。改革开放以来我国分配体制改革的历史，大体可分为三个阶段。

第一阶段在指导思想上强调打破平均主义，允许和鼓励一部分人先富起来，在制度和政策上强调按劳分配。1978 年 12 月党的十一届三中全会首次提出了克服平均主义的要求。随后，逐渐在农村普遍推行家庭联产承包责任制，实行“交够国家的、留够集体的、剩下都是自己的”原则，从根本上打破了过去平均主义的分配方式，贯彻了按劳分配的原则，调动了农民的生产积极性。1984 年 10 月党的十二届三中全会通过的《中共中央关于经济体制改革的决定》，提出了让一部分地区和一部分人通过诚实劳动与合法经营先富起来，然后带动更多的人走向共同富裕的政策。经济体制改革的重点由农村转向城市，为调动企业生产经营积极性，全会提出了“建立多种形式的经济责任制，认真贯彻按劳分配原则”，做到“责、权、利相结合，国家、集体、个人利益相统一，职工劳动所得同劳动成果相联系”。可以说，企业内部的近乎平均主义的分配方式从此彻底失去了制度基础。

第二阶段提出了实行以按劳分配为主体、其他分配方式为补充的分配制度。1987 年 10 月召开的党的十三大，提出了“以按劳分配为主体、其他分配方式为补充”，在促进效率提高的前提下体现社会公平的要求，这是效率优先、兼顾公平方针的雏形，是收入分配理论的巨大进步，多种分配方式更进一步具体化。

第三阶段确立以按劳分配为主体、多种分配方式并存的分配制度，提出把按劳分配与按生产要素分配结合起来。1992 年 10 月党的十四大提出建立社会主义市场经济体制目标模式，这是社会主义经济理论的重大创新。在分配政策上提出了多种分配方式并存的分配制度，其他分配方式从补充上升到制度层面，地位发生了重大变化。同时第一次提出效率优先、兼顾公平的原则。1997 年 9 月，党的十五大总结了新中国成立以来，特别是改革开放以来的经验教训，第一次提出了在坚持按劳分配为主体、多种分配方式并存的分配制度的基础上，允许和鼓励资本、技术等生产要素参与分配。2002 年党的十六大进一步提出要确立劳动、资本、技术和管理等生产要素按贡献参与分配的原则，完善了按劳分配为主体、多种分配方式并存的分配制度。党的十七大提出要健全劳动、资本、技术、管理等生产要素按贡献参与分配的制度。

第四阶段深化和丰富了按劳分配为主体、多种分配方式并存的分配制度，提出构建初次分配、再分配、第三次分配协调配套的制度体系。党的十八大从初次分配与再分配的角度，强调不仅要完善劳动、资本、技术、管理等要素按贡献参与分配的初次分配机制，而且要加快健全以税收、社会保障、转移支付为主要手段的再分配调节机制。党的

二十大在党的十九大强调要坚持按劳分配原则，完善按要素分配的体制机制，促进收入分配更合理、更有序①的基础上，提出“坚持按劳分配为主体、多种分配方式并存，构建初次分配、再分配、第三次分配协调配套的制度体系”②。

二、坚持按劳分配为主体的根本原则

按劳分配是社会主义的分配原则。它的基本内容是：在社会主义社会，凡是有劳动能力的人都应尽自己的能力为社会劳动，社会在劳动者创造的总收入中做了各种必要的扣除后，根据劳动者提供给社会的劳动数量和质量来分配个人消费品，多劳多得，少劳少得，不劳动者不得食。社会主义制度下对个人消费品实行按劳分配并以按劳分配为主体，是由社会主义公有制和社会主义阶段生产力发展的水平决定的。首先，生产资料公有制是实行按劳分配的前提条件。生产资料公有制实现了人们在生产资料占有上的平等关系，排除了个人凭借对生产资料的所有权来无偿地占有他人劳动成果的可能。每一个劳动者在共同占有生产资料的基础上为社会提供劳动，社会则根据每个劳动者提供的劳动数量和质量进行收入分配。其次，社会主义阶段生产力发展的水平是实现按劳分配的基本原因。分配方式本身取决于可分配产品的数量，可分配产品的数量又取决于社会生产力的发展水平。社会主义社会的生产力，虽然有了一定的发展，但其水平还没有达到高度发展的程度，社会产品还没有极大丰富，劳动还是谋生的手段，还没有成为生活的第一需要，人们还不能做到不计报酬地为社会提供劳动，这就决定了社会还不具备实行按需分配的条件，只能以劳动作为尺度，实行按劳分配。同时，在社会主义社会，劳动者向社会提供的劳动数量和质量仍存在着差别。只有承认这种差别，并在个人收入分配上体现这种差别，才能充分调动劳动者的积极性。

马克思设想的按劳分配是在不存在商品货币关系、生产力水平相当高的社会中实行的，而我国当前仍处在社会主义的初级阶段，实行的是社会主义市场经济体制，按劳分配的实现形式发生了变化，表现出一系列的新特点。

第一，按劳分配的主体是企业，在全社会没有统一的标准。马克思设想的按劳分配是以社会为主体、在单一的公有制和产品经济基础上的分配，由社会按照统一的标准直接向全社会劳动者分配，因而能实现全社会范围内的同工同酬。在社会主义初级阶段，公有制企业都是自主经营、自负盈亏、自我发展和自我约束的独立经济实体，按劳分配是在公有制企业内部进行的，按劳分配的主体是企业而不是社会。也就是说，等量劳动获得等量报酬的原则只在企业内部适用，而在全社会范围内，不同公有制企业之间劳动者提供等量劳动的条件下，由于经营状况的不同，他们所得的报酬也可能是不相等的。随着经济体制改革的深化，公有制的实现形式已经并正在发生着深刻的变化，职工持股、法人持股以及同各种非公有经济的合营等各种形式纷繁多样。因此，企业内部的分配形式也呈现多样化，企业职工收入的来源和形式已经不仅仅依靠按劳分配。当然，只要企

① 中国共产党第十九次全国代表大会文件汇编．北京：人民出版社，2017：37.
② 本书编写组．党的二十大报告辅导读本．北京：人民出版社，2022：42.

业仍然是公有制或公有控股，按劳分配就应当是企业内部职工收入的主要形式，职工收入的主要部分仍然来自按劳分配。

第二，按劳分配是按照劳动所实现的价值量来进行的。马克思所设想的按劳分配，是在产品经济条件下的分配。劳动者的劳动直接表现为社会劳动，按劳分配直接以劳动时间为尺度。但在现阶段市场经济条件下，劳动者消耗在商品中的劳动时间是个别劳动时间，不能成为分配的尺度。只有当他们生产的商品销售出去、得到社会的承认后，个别劳动时间才能转化为社会必要劳动时间，从而实现商品的价值。就是说，企业是按照劳动者的劳动所实现的价值量进行分配的，按劳分配的实现程度又要受到市场机制的制约。

第三，按劳分配必须通过商品货币的形式来实现。马克思设想的未来社会，按劳分配的实现形式是劳动证书。但我国现阶段的经济仍是商品经济，商品货币关系依然存在，按劳分配还必须借助于商品货币形式来实现。劳动者提供的劳动，所得到的是货币工资，再用货币工资去购买自己所需要的商品。这样，劳动者所获得的个人消费品的数量和质量，不仅要受自己提供的劳动量的影响，而且要受价格变动、市场供求的影响。

正确贯彻按劳分配原则，对社会主义的巩固和发展十分必要。按劳分配把劳动者的劳动报酬与劳动贡献联系起来，促使劳动者从自身利益上关心劳动成果，构成有效的激励机制。按劳分配的贯彻执行，有利于调动广大劳动者的积极性和创造性，提高生产效率，推动社会生产力的发展；按劳分配实行多劳多得、少劳少得、不劳不得的分配原则，有利于形成劳动致富光荣的新风尚；按劳分配排除了凭借生产资料所有权无偿占有他人劳动的可能，有利于消灭剥削，消除两极分化，最终达到共同富裕。

坚持按劳分配的主体地位，对于坚持中国特色社会主义经济的性质具有重要的意义。按劳分配是社会主义公有制在分配方面的体现，只有坚持按劳分配的主体地位，才能体现公有制主体地位的最终实现和社会主义初级阶段基本经济制度的社会主义性质；才能保证人们相互之间在平等的经济关系基础上建立和谐的经济利益关系；才能保证向共同富裕这一目标前进。当然，也只有始终坚持公有制经济的主体地位，才能保证按劳分配主体地位的实现。

三、健全按生产要素分配的制度

在社会主义初级阶段，多种分配方式并存是收入分配制度的一大特点。按劳分配以外的多种分配方式，其实质就是按生产要素的贡献状况进行分配。生产要素是指企业生产经营和社会再生产所必需的条件或因素。生产要素在生产经营活动中所起的作用是不断变化的。在农业社会，主要的生产要素是土地和劳动；在工业社会，主要生产要素是土地、劳动和资本，而且资本起主导作用；在当代，生产要素主要包括土地、劳动、资本、知识、技术、管理、信息等，知识、技术、管理、信息起着越来越重要的作用。实行按生产要素分配，必须健全劳动、资本、技术、管理等生产要素按贡献参与分配的原则，使多种分配方式的实现具有制度保证。社会主义初级阶段实行按生产要素分配的根据主要有以下几点：

第一，我国存在着生产要素的多种所有制。各种生产要素同劳动一起，都是物质财富和使用价值的源泉，是社会生产不可或缺的因素，因此当它被排他性地占有时，必须实行按生产要素分配的原则才能有效地利用其来发展生产。确立按生产要素分配的原则，同劳动价值论并不矛盾，因此既不能因为肯定劳动价值论而否定按生产要素分配，也不能因为肯定按生产要素分配而否定劳动价值论。

第二，确立生产要素按贡献参与分配的原则，符合市场经济的基本要求。市场经济的基本要求是谁投资，谁受益；谁的贡献大，谁的收益多。如果不按生产要素贡献参与分配，投资不能获得收益，投资主体就没有积极性；投资贡献大的不能获得更多的收益，生产要素就不会流向效率高的企业和行业，资源得不到合理配置，最终会阻碍生产力的发展。

第三，确立生产要素按贡献参与分配的原则，有助于调动各种生产要素所有者参与社会主义现代化建设的积极性和主动性。建设社会主义和谐社会，推动社会主义现代化建设，既要调动劳动者的积极性和创造性，也要调动科技工作者与经营管理者的创业精神和创新活力，还要调动土地、劳动、资本、知识、技术、管理、信息等生产要素投入社会主义现代化建设中来。而调动生产要素所有者的积极性，体现在收益分配上，就是要确立生产要素按贡献参与分配的原则。

按生产要素分配有多种不同的形式，就其内容来说，主要有三种类型：一是以劳动作为生产要素参与分配。主要指个体劳动者和被雇于非公有制经济的雇佣劳动者。个体劳动者的收入是凭借自己的劳动和占有的生产资料从事个体劳动与经营所取得的收入；被雇于非公有制经济的雇佣劳动者取得的劳动收入，实质上是劳动者出卖劳动力商品，按劳动力价值得到的收入。二是劳动以外的生产要素所有者参与分配。主要包括资本所有者在生产经营活动中凭借资本所取得的利润；生产要素的所有者将自有的货币或资本借给他人经营或存入金融机构所取得的利息；以实物形态资本租借给他人经营或使用而取得的租金等。三是管理和知识产权类的生产要素，如科技发明、创造、信息、专利等参与分配。这类生产要素来自它们的所有者的劳动或劳动成果，在当代经济生活中发挥着越来越大的作用，在很大程度上决定着企业经营的成败和发展前途。

在社会主义初级阶段，实行按劳分配和按生产要素分配相结合的分配制度，有利于优化资源配置，促进经济发展；有利于最广泛最充分地调动一切积极因素，让劳动、知识、技术、管理和资本的活力竞相迸发，让一切创造财富的源泉充分涌流，以造福人民，造福社会。坚持和完善社会主义收入分配制度，要以有利于发展生产力为出发点，以逐步实现共同富裕为目标，通过深化分配制度改革，正确处理“先富”与“共富”的关系，加强收入分配宏观调节，在经济发展的基础上，更加注重社会公平，着力提高低收入者的收入水平，逐步扩大中等收入者的比重，有效调节过高收入，坚决取缔非法收入，使全体人民都能享受到改革开放和社会主义现代化建设的成果，促进共同富裕。

四、构建初次分配、再分配、第三次分配协调配套的制度体系

构建初次分配、再分配、第三次分配协调配套的制度体系，发挥多层次分配协调配

套制度作用，是完善我国分配制度的重要举措。初次分配、再分配、第三次分配既相互区别又相互联系。初次分配是基础，是促进共同富裕的重要途径，要健全生产要素由市场评价贡献、按贡献决定报酬机制；再分配是保障，是促进共同富裕的重要手段，要完善政府对收入分配进行调节的机制；第三次分配是补充，是促进共同富裕的辅助方式，要建立社会自愿参与公益慈善事业的机制。三层次分配机制相互协调、相互配套，依法依规运行。

第一，发挥好初次分配的基础性作用。党的二十大强调："努力提高居民收入在国民收入分配中的比重，提高劳动报酬在初次分配中的比重。"① 要坚持居民收入增长和经济增长基本同步、劳动报酬提高与劳动生产率提高基本同步。提高居民收入在国民收入分配中的比重，要通过扩大就业和提高就业质量增加劳动收入，拓展服务业、中小微企业、劳动密集型企业、知识和技能密集型企业就业空间，稳定新就业形态、灵活就业人员就业收入，帮助高校毕业生、农民工等重点群体就业增收。提高劳动报酬在初次分配中的比重，要坚持多劳多得，着重增加劳动所得。要"扩大中等收入群体"。我国中等收入家庭人口占总人口比重为30%，尚有较大提升空间。高校毕业生、技术工人、中小微企业和个体工商户从业者、进城农民工等是中等收入群体的重要方面和重要来源。发挥好初次分配的基础性作用，也要完善要素分配政策制度，探索多种渠道增加中低收入群众要素收入，多渠道增加城乡居民财产性收入。

第二，加大税收、社会保障、转移支付等调节力度。税收是国家财政的主要来源，也是收入分配的调节利器。要优化税制结构，提高直接税比重，增强税收对收入分配的调节作用；完善个人所得税制度，规范收入分配秩序，保护合法收入，调节过高收入，取缔非法收入；完善消费、财产等方面税收，加大消费环节税收调节力度，积极稳妥推进房地产税立法和改革。本着尽力而为、量力而行原则，通过完善低收入人口保障服务、促进教育公平、完善养老和医疗保障体系、完善住房供应和保障体系、完善公共文化服务体系等社会建设，提高基本公共服务和社会保障能力，逐步实现人均基本公共服务均等化。要完善财政转移支付制度、优化转移支付结构、强化转移支付管理，更好地促进区域协调发展。

第三，建立健全第三次分配机制。"引导、支持有意愿有能力的企业、社会组织和个人积极参与公益慈善事业。"② 进入21世纪，我国社会公益事业迅速起步，捐赠财物较快增长，志愿者队伍不断扩大。但总体看来，公益慈善事业相对滞后，社会参与不足。要进一步调动社会各方面发展公益慈善事业的积极性。要鼓励企业履行社会责任，持续增加慈善捐赠；要积极有序发展慈善组织，动员更多社会组织从自身实际出发参与慈善捐赠；要增强个人公益慈善意识，采取捐赠财物、志愿服务、互助互济等多种方式参与公益慈善事业。同时，要不断完善和落实公益慈善税收优惠政策，依法依规进行慈善公益事业，健全慈善综合监管体系，创造有利于慈善公益事业发展的社会大环境。

---

①② 本书编写组．党的二十大报告辅导读本．北京：人民出版社，2022：42.

阅读书目

1. 邓小平．在武昌、深圳、珠海、上海等地的谈话要点//邓小平．邓小平文选：第3卷．北京：人民出版社，1993.

2. 江泽民．加快改革开放和现代化建设步伐，夺取有中国特色社会主义事业的更大胜利 //江泽民．江泽民文选：第1卷．北京：人民出版社，2006.

3. 中共中央关于建立社会主义市场经济体制若干问题的决定．北京：人民出版社，1993.

4. 中共中央关于全面深化改革若干重大问题的决定．北京：人民出版社，2013.

5. 中共中央文献研究室．习近平关于社会主义经济建设论述摘编．北京：中央文献出版社，2017.

6 习近平．高举中国特色社会主义伟大旗帜　为全面建设社会主义现代化国家而团结奋斗：在中国共产党第二十次全国代表大会上的报告．北京：人民出版社，2022.

思考题

1. 社会主义市场经济体制是怎样创建的？其与资本主义市场经济有何根本不同？

2. 怎样理解公有制为主体、多种所有制经济共同发展的含义？

3. 我国社会主义初级阶段为什么实行按劳分配为主体、多种分配方式并存的分配制度？

第八章

中国特色社会主义政治建设的理论

人民民主是社会主义的生命，是全面建设社会主义现代化国家的题中应有之义。党的领导、人民当家作主、依法治国有机统一，是我国社会主义民主政治的基本特点和优势。建设中国特色社会主义政治，必须坚持走中国特色社会主义政治发展道路，坚持人民民主专政，坚持和完善人民代表大会制度、中国共产党领导的多党合作和政治协商制度、民族区域自治制度以及基层群众自治制度，不断推进社会主义民主法治完善和发展。同时，必须随着经济社会的发展而不断深化政治体制改革，健全人民当家作主的制度体系，深化依法治国实践，为党和国家长治久安提供法治保障。建设中国特色社会主义政治，是社会主义现代化建设的重要目标，也是中国特色社会主义理论的重要组成部分。

第一节　坚持中国特色社会主义政治发展道路

一、坚持人民民主专政

人民民主专政是我国的国体。所谓国体，就是国家的阶级性质，即国家权力由哪个阶级或哪些阶级掌握。我国是工人阶级领导的、以工农联盟为基础的人民民主专政的社会主义国家，国家一切权力属于人民。我国社会主义民主是维护人民根本利益的最广泛、最真实、最管用的民主。发展社会主义民主政治就是要体现人民意志、保障人民权益、激发人民创造活力，用制度体系保证人民当家作主。

人民民主专政是马克思列宁主义无产阶级专政理论同中国革命具体实践相结合的产物，是中国共产党的一个创造。1948 年 9 月，毛泽东在中共中央政治局会议的报告中首次完整提出“人民民主专政”的概念，同年 12 月 30 日，他在《将革命进行到底》的新年献辞中公开使用了这一科学概念。翌年 6 月，毛泽东发表《论人民民主专政》一文，系统阐述了人民民主专政理论。人民民主专政在我国经历了一个发展过程。在新民主主义时期，它是以工人阶级为领导的、工农联盟为基础的、各革命阶级联合专政的新民主主义性质的政权。社会主义改造基本完成以后，我国的政权也就随之转变为社会主义性质的政权，这时的人民民主专政，实质上已成为无产阶级专政的国家政权。

我们之所以说人民民主专政实质上是无产阶级专政，是因为：从领导力量方面看，人民民主专政是由中国工人阶级及其政党中国共产党来领导的，这是无产阶级专政的根本标志；从经济基础方面看，人民民主专政和无产阶级专政都是与社会主义经济基础相联系的，都是建立在公有制基础之上并为之服务的；从阶级基础方面看，二者都是以工农联盟为基础的，而工农联盟是无产阶级专政的基本原则；从基本职能方面看，二者都是新型民主和新型专政的国家，是对人民实行民主和对敌人实行专政这两方面的结合；从历史任务方面看，二者都担负着消灭剥削阶级和剥削制度，镇压国内外敌人的反抗或侵略，发展社会生产力，建设社会主义，实现共产主义的历史使命。

马克思主义认为，由于各个国家的具体国情不同，在无产阶级专政的这种或那种类型上，每个民族都会有自己的特点。人民民主专政作为无产阶级专政的特殊形式，有其自身的特点和优势。

首先，从政权的阶级结构看，它科学地表明了我国社会的阶级状况和阶级关系。法国的巴黎公社委员会由工人或公认的工人代表组成；俄国的苏维埃政权是由工人阶级领导的、以工农联盟为基础的、团结城市小资产阶级的政权；我国的人民民主专政不仅包括工人阶级、农民阶级和城市小资产阶级，而且包括民族资产阶级。这样，工人阶级不仅同其他劳动阶级主要是农民阶级结成了巩固的联盟，而且还同一部分非劳动阶级即民族资产阶级结成了联盟，从而使政治联盟的范围更为广泛。这是我国人民民主专政的一个最突出的特点。社会主义制度建立以后，随着我国阶级关系的深刻变化，原来旧的两个联盟被新的两个联盟（工人、农民和知识分子组成的全体社会主义劳动者的联盟，全体社会主义劳动者同拥护社会主义的爱国者、拥护祖国统一和致力于中华民族伟大复兴的爱国者的联盟）所取代，而其中起决定作用的仍然是工农联盟。人民民主专政的提法准确反映了我国社会的基本阶级状况及其在国家中的地位。

其次，从人民民主专政概念内涵的表述看，人民民主专政鲜明地体现了人民民主和人民专政的有机结合。人民民主专政直接表明了对人民的民主和对敌人的专政这两个方面的统一，突出了二者之间在功能作用上的相互结合与相互促进。人民民主专政作为一种新型的民主，是建立在生产资料公有制基础上的由绝大多数劳动人民当家作主的民主，占人口绝大多数的广大劳动群众共同享有对生产资料的所有权和支配权，享有宪法和法律规定的广泛的民主权利，并在此基础上行使管理国家各项事业的权利，对于人民内部的矛盾问题，则只能用民主的方法加以解决，并使民主成为人民群众进行自我教育的方法。而人民民主专政作为一种新型的专政，是广大人民群众对极少数敌人的专政。在对外方面，人民民主专政还担负着防御外部敌人的颠覆活动和可能的入侵的使命。人民民主专政不仅在实质上而且在形式上直接表明了我国政权的性质、内容和职能，特别是极其鲜明地体现了人民群众在国家政权中当家作主的地位。

最后，从政党关系上看，在人民民主专政内部存在着中国共产党领导的多党合作和政治协商制度。我国的民主党派，在中国革命、建设、改革过程中一直与共产党存在着良好的合作关系。它们承认和接受共产党的领导，拥护社会主义制度。它们不是在野党和反对党，而是参政党。在“长期共存、互相监督、肝胆相照、荣辱与共”方针的指导下，与共产党密切合作为建设社会主义而共同奋斗。

坚持人民民主专政是建设中国特色社会主义的重要保证，是我国人民必须坚持的一项基本政治原则。首先，这是社会主义建设的需要。人民民主专政的国家政权通过建立和完善社会主义经济制度和经济体制，确保社会主义经济事业顺利发展；通过实行对外开放，加强与其他国家的经济贸易往来，促进社会主义经济事业快速发展；通过制定正确的政策、法律法规，规定文化事业的发展方向，促进社会主义文化事业的良性发展。其次，这是处理一定范围内阶级斗争的需要。在社会主义初级阶段，虽然社会的主要任务已经不再是阶级斗争，但由于国内外各种因素的影响，阶级斗争在一定范围内还将长期存在，在某种条件下还可能激化。为了维护社会主义制度、维护社会稳定、维护人民的民主权利不受侵害，人民民主专政的国家政权还必须采取各种措施对敌对分子实行专政。最后，这是维护国家主权完整和统一的需要。社会主义自从诞生之日起，就受到国际敌对势力的反对，它们始终没有放弃对社会主义的和平演变和武力威胁。人民民主专政的国家政权还要担负起抵御外来侵略、维护国家主权和统一的历史重任。

党的二十大提出，全过程人民民主是社会主义民主政治的本质属性，是最广泛、最真实、最管用的民主。推进全过程人民民主，要健全人民当家作主制度体系，扩大人民有序政治参与，保证人民依法实行民主选举、民主协商、民主决策、民主管理、民主监督，发挥人民群众积极性、主动性、创造性，巩固和发展生动活泼、安定团结的政治局面。

二、坚持人民代表大会制度

人民代表大会制度是我国的政体。所谓政体，就是指国家政权的组织形式，是国家的根本政治制度。政体是由国体决定的，有什么样的国体，就有什么样的政体。但在不同国家和同一国家的不同历史时期，由于国情等社会历史条件不同，政体的具体形式也往往会有差异。十月革命胜利后的苏联国家政体是苏维埃制，第二次世界大战后东欧一些国家实行人民议会制，而中国则实行人民代表大会制。我国宪法规定：中华人民共和国的一切权力属于人民。人民行使国家权力的机关是全国人民代表大会和地方各级人民代表大会。

人民代表大会制度是我国的根本政治制度。人民代表大会与我国的国家性质相适应，直接体现人民民主专政的国家性质。我国的国体是工人阶级领导的、以工农联盟为基础的人民民主专政的社会主义国家。这一国体决定了我国的一切权利属于人民。但 14 亿多人民不可能直接管理国家，必须通过一定的组织形式来实现对国家的管理。这种形式就是建立在民主集中制基础上的人民代表大会制度。这种制度既能充分反映广大人民的意愿，又有利于形成全体人民的统一意志，保障人民当家作主的权利。人民代表大会在我国政治制度体系中居于核心地位。作为国家权力机关，人民代表大会的权力是人民授予的，并且代表人民行使权力。国家行政机关、监察机关、审判机关、检察机关的行政权、监察权、审判权、检察权等，都是由人民代表大会通过制定宪法和法律授予的。人民代表大会在建立国家其他各种制度中也起着决定作用。国家的其他制度，都是由人民代表大会通过立法创制出来的，又都要受到人民代表大会的统领和制约。

人民代表大会制度是遵循以下原则建立起来的：一是一切权力属于人民，这是人民代表大会制度的政治基础和根本原则。人民为了有效地运用权利，通过定期选举产生自己的代表，由他们组成各级人民代表大会；各级人民代表大会作为人民行使国家权力的机关，集中人民的意志和要求，制定宪法、法律和其他法规，组织各级人民政府、监察委员会、人民法院和人民检察院，监督其工作。人民代表大会作为国家权力机关，是代表人民行使权力的政权组织形式。人民有权要求代表履行自己的职责，并依法罢免不称职的代表和国家机关工作人员，以保证人民代表大会与国家行政机关、监察机关、司法机关真正代表人民的利益和意志，保证国家权力永远属于人民。二是民主集中制。民主集中制既是组织原则，又是一种活动原则。作为组织原则主要体现在：一方面，是国家机关与人民的关系，国家机关由人民选举产生，其基础是民主；另一方面，国家权力机关与其他国家机关不是并列的关系，其他国家机关由国家权力机关产生，并对其负责。国家权力机关代表人民统一行使一切国家权力，地方服从中央的统一领导，同时发挥地方的积极性。作为活动原则，人民代表大会的活动过程，就是民主与集中的过程，是从群众中来、到群众中去的过程。三是中国共产党的领导。我国的社会主义性质决定了工人阶级在国家生活中的领导地位，而工人阶级的领导是通过自己的先锋队共产党来实现的。没有中国共产党的领导，就没有中国人民当家作主的地位和权利。在人民代表大会制度中，同样必须坚持党的领导。党的领导主要体现在确保党的路线、方针、政策在人民的代表机关以及其他国家机关中切实贯彻实行，从而使国家权力为人民所掌握。事实证明，党的领导是实行人民代表大会制度的根本保证。

人民代表大会制度是适合我国国情的具有中国特色的社会主义民主政治制度，同西方国家的议会制度相比，具有其自身的特点和优势。

第一，人民代表大会制度有利于保证广大人民参加国家管理。按照广泛的人民性和统一的代表性要求，我国的各级人民代表大会是统一代表人民行使国家权力的机关，其代表是通过民主选举产生的。人民代表的候选人既可由选民联合提名，也可由中国共产党、各民主党派、各人民团体推荐。广大选民不分民族、性别、社会出身、财产状况、教育程度、宗教信仰、职业和社会地位，大家都能自由表达意志，选举人民代表，或者被选为人民代表。这样，来自全国各地区、各部门、各行业、各阶级阶层、各人民团体、各民族和各性别人民代表，就可以普遍参与国家管理，充分体现我国人民民主专政的国家性质。

第二，人民代表大会制度有利于保证国家机关协调高效运转。人民代表大会与“一府一委两院”不是相互拆台，唱对台戏，而是合理分工、协调一致地工作。人民代表大会中也没有西方议会中各议会党团的明争暗斗，而是充分发扬民主，在充分协商、基本达成共识的基础上，按照多数人的意见做出决定。

第三，人民代表大会制度有利于集中全国人民的意志，集中力量办大事。从 1954 年召开第一届全国人民代表大会至今的 70 年中，我国所有重大的经济、政治、文化、社会建设等事业，都是经人民代表大会通过后，上升为全国人民的意志，并以人民代表大会制定的法律、法令的形式动员和组织全国人民去实现的。

在人类社会政治制度发展史上，任何一种制度的发展完善都必然要经历一个长期的实践探索过程。中华人民共和国成立以来，特别是改革开放以来，我国的人民代表大会制度不断发展完善，显示出强大的生命力和巨大的优越性。当然，与社会主义民主政治建设的目标相比，与建设社会主义法治国家的要求相比，与人民群众政治参与热情不断提高的趋势相比，我国人民代表大会制度仍然有许多需要进一步加强和完善的地方。这就要求我们必须坚持从中国的国情出发，紧密结合我国社会主义民主发展的实际，不断吸收和借鉴人类政治文明的有益成果，坚持和完善人民代表大会制度，推动人民代表大会制度与时俱进。

新时代，加强人民当家作主的制度保障，要坚持和完善我国根本政治制度、基本政治制度、重要政治制度，拓展民主渠道，丰富民主形式，确保人民依法通过各种途径和形式管理国家事务，管理经济和文化事业，管理社会事务；支持和保证人民通过人民代表大会行使国家权力；支持和保证人大及其常委会依法行使立法权、监督权、决定权、任免权等；加强人大代表工作能力建设，密切人大代表同人民群众的联系；健全吸纳民意、汇集民智工作机制，建设好基层立法联系点；深化工会、共青团、妇联等群团组织改革和建设，有效发挥桥梁纽带作用；坚持走中国人权发展道路，推动人权事业全面发展。

一是正确处理党的领导和人民代表大会履行职能的关系。党要善于将自己的主张通过法定程序上升为国家意志，善于依靠政权和行政组织、依靠法律实施领导工作，积极探索、规范党领导人大工作的具体组织形式、工作形式。二是加强人民代表大会制度建设。党要支持和保证人民通过人民代表大会行使国家权力，发挥人大及其常委会在立法工作中的主导作用，健全人大组织制度和工作制度，支持和保证人大依法行使立法权、监督权、决定权、任免权等，更好发挥人大代表作用。三是保证各级人大依法独立行使职权，强化人大的立法和监督职能。人民代表大会要在完善立法程序的基础上，结合我国经济社会的发展变化和需要，不断提高立法质量，并加强立法监督，使各级人大及其常委会既成为同人民群众保持密切联系的代表机关，又成为全面担负宪法等法律赋予的各项职责的工作机关。

三、坚持中国共产党领导的多党合作和政治协商制度

中国共产党领导的多党合作和政治协商制度，是中国共产党与各民主党派在革命、建设和改革的长期实践中确立与发展起来的，是当代中国的一项基本政治制度，也是实现社会主义民主的重要途径。

中国共产党在领导中国新民主主义革命的过程中，把马克思主义政党理论和统一战线学说同中国革命的实践相结合，不仅建立了牢固的工农联盟，而且同由民族资产阶级、城市小资产阶级以及与它们相联系的知识分子、爱国民主人士的代表人物组成的各民主党派和无党派人士结成了最广泛的统一战线。中国大陆现有九个政党，除了中国共产党，还有八个民主党派，分别是中国国民党革命委员会、中国民主同盟、中国民主建国会、中国民主促进会、中国农工民主党、中国致公党、九三学社和台湾民主自治同盟。这些民主党派原来都是中国共产党在民主革命中的同盟者。我国社会主义改造基本完成以后，国内阶级状况发生了根本变化，资产阶级作为阶级已经不存在了，统一战线的社会基础发生了重大变化，各民主党派已经成为以社会主义劳动者为主体的、各自所联系的一部

分劳动者和爱国者的政治联盟，成为致力于社会主义事业的政党。

毛泽东在《论十大关系》中就提出，“究竟是一个党好，还是几个党好？现在看来，恐怕是几个党好。不但过去如此，而且将来也可以如此”①。1957 年，毛泽东在《关于正确处理人民内部矛盾的问题》中又明确提出共产党和民主党派“长期共存、互相监督”的方针，为我国实行共产党领导的多党合作奠定了基本的政治基础。党的十一届三中全会以后，根据新的历史时期的总任务和各民主党派的现状，党提出了“长期共存、互相监督、肝胆相照、荣辱与共”的十六字方针，中国共产党领导的多党合作和政治协商制度，在社会主义、爱国主义的政治基础上进入了一个新的发展阶段。我国多党合作的主要形式有：各民主党派和无党派民主人士参加人大、政协，参与管理国家和参政议政；共产党与各民主党派通过多渠道实行政治协商和民主监督；吸收各民主党派和无党派民主人士中的优秀人才到国家机关担任领导职务，实行多党合作共事。中国共产党领导的多党合作，是由我国具体历史条件和现实条件所决定的，也是我国政治制度中的一个特点和优点。

自 1959 年 4 月全国政协三届一次会议起，全国政协会议与全国人大会议同时召开，政协委员列席人大会议和人大代表共商国是，人民政协的政治协商、民主监督和参政议政的职能得到了充分的发挥。

政治协商是中国共产党领导的多党合作和政治协商制度的一项重要内容，是我国社会主义民主的一种重要形式。政治协商，就是中国共产党同各民主党派、人民团体及各方面的代表人士，在共同遵守宪法和基本路线的基础上，就有关国家事务和地方事务的重大问题，进行各种形式的充分讨论，集中各方面的正确意见，采取协商一致的原则解决问题。政治协商，是充分发挥社会主义协商民主的重要形式、充分发挥民主党派参政议政作用、正确处理人民内部矛盾的有效制度，有利于广开言路、广纳群言，保证决策的民主化和科学化。

人民政协作为具有中国特色的制度安排，是社会主义协商民主的重要渠道和专门协商机构。中国共产党领导的多党合作和政治协商制度是一种社会主义的新型政党制度，它既不同于许多资本主义国家的两党制或多党制，也不同于一些社会主义国家的一党制，而是根据中国实际做出的创造，具有鲜明的中国特色。一是坚持共产党的领导，坚持四项基本原则，是多党合作的政治基础。二是中国共产党是执政党，民主党派是参政党，不是在野党，更不是反对党。共产党领导、多党派合作，共产党执政、多党派参政，这是我国政党制度的显著特征。三是各民主党派都参加国家政权，参与国家事务的管理，参与国家大政方针和国家领导人选的协商，参与国家方针、政策、法律、法规的制定执行。四是中国共产党与各民主党派都以宪法为根本活动准则，各民主党派都受到宪法的保护，享有宪法规定范围内的政治自由、组织独立和法律上的平等地位。历史和实践表明，中国共产党领导的多党合作和政治协商制度，是符合中国国情的社会主义政党制度。它对于加强和改善党的领导，巩固和扩大爱国统一战线，发扬社会主义民主，促进全国各族人民大团结，调动各方面的积极性，实现社会主义现代化建设的任务，具有重要意义。

党的二十大指出，协商民主是实践全过程人民民主的重要形式。新时代完善协商民

① 中共中央文献研究室．毛泽东文集：第 7 卷．北京：人民出版社，1999：34.

主体系，要统筹推进政党协商、人大协商、政府协商、政协协商、人民团体协商、基层协商以及社会组织协商，健全各种制度化协商平台，推进协商民主广泛多层制度化发展；坚持和完善中国共产党领导的多党合作和政治协商制度，坚持党的领导、统一战线、协商民主有机结合，坚持发扬民主和增进团结相互贯通、建言资政和凝聚共识双向发力，发挥人民政协作为专门协商机构作用，加强制度化、规范化、程序化等功能建设。

四、坚持民族区域自治制度

民族区域自治制度是我国的一项基本政治制度。它是指在单一的中华人民共和国不可分割的主权和领土范围内，在最高国家权力机关的统一领导下，各少数民族以其聚居区为基础建立自治地方，按照民主集中制原则建立自治机关，充分行使自治权，自主地管理本民族的地方事务。实行民族区域自治，体现了国家充分尊重和保障各少数民族管理本民族内部事务权利的精神，体现了国家坚持实行民族平等、团结和共同繁荣的原则。

邓小平指出："解决民族问题，中国采取的不是民族共和国联邦的制度，而是民族区域自治的制度。我们认为这个制度比较好，适合中国的情况。"① 实行民族区域自治制度，是中国共产党根据我国历史、文化和民族发展的实际，创造性地运用马克思主义民族理论解决我国民族问题做出的制度安排。

第一，统一的多民族国家的长期存在和发展，是我国实行民族区域自治制度的历史依据。从中国民族关系的历史发展来看，从秦汉时期开始，中国就形成了统一的多民族的中央集权制国家。在长达 2 000 多年的历史发展中，虽然各民族之间曾经有过各式各样的纷争，但各族人民之间经济、文化上的联系从未间断过。长期的共同生活、共同发展，各族人民创造了灿烂的文化，形成了不可分割的整体，缔造了伟大的祖国。各族人民团结与合作的友好关系，始终是我国民族关系发展史上的主流。历史的积淀使中华各族人民形成了反对分裂、维护国家统一的强大的凝聚力和向心力。

第二，近代以来在反抗外来侵略斗争中形成的爱国主义精神，是实行民族区域自治制度的政治基础。鸦片战争之后的 100 多年间，中国屡遭帝国主义侵略、欺凌，中国各族人民陷入被压迫、被奴役的境地。在国家四分五裂、民族生死存亡的危急关头，中国各族人民团结一心、共御外侮，为维护国家主权统一、争取民族独立和解放进行了艰苦卓绝的斗争。在共同反抗外来侵略的斗争中，各族人民深切体会到：伟大祖国是各民族的共有家园，只有国家主权统一和领土完整，各民族才能实现真正的自由、平等、发展和进步；而各族人民只有更加紧密地团结起来，才能更好地维护国家主权统一、领土完整和实现国家繁荣富强。

第三，各民族大杂居、小聚居的人口分布格局，各地区资源条件和发展的差距，是实行民族区域自治制度的现实条件。中国各民族形成和发展的历史，也是各民族之间彼此交融的历史。在长期的历史发展过程中，各民族频繁迁徙，逐渐形成了大杂居、小聚居的分布格局。汉族作为中国人口最多的民族遍布全国。少数民族人口虽少，且主要居

---

① 邓小平．邓小平文选：第 3 卷．北京：人民出版社，1993：257.

住在广大边疆地区，但在内地县级以上行政区域都有少数民族居住。这种你中有我、我中有你、相互依存的人口分布状况决定了以少数民族聚居的地方为基础，建立不同类型和不同行政级别的民族自治地方，有利于民族关系的和谐稳定和各民族的共同发展。少数民族聚居的地方面积广大，自然资源丰富，但与其他地区特别是发达地区相比，经济社会发展水平相对落后。实行民族区域自治制度，可以在充分发挥民族地区优势的同时，促进民族地区和其他地区之间的交流与合作，从而加快民族地区和整个国家的现代化建设步伐，实现各地区的共同发展和各民族的共同繁荣。

1947 年，在中国共产党的领导下，已经解放的蒙古族地区就建立了中国第一个省级少数民族自治地方——内蒙古自治区。中华人民共和国成立后，中国政府开始在少数民族聚居的地方全面推行民族区域自治。1955 年 10 月，新疆维吾尔自治区成立；1958 年 3 月，广西僮族自治区（1965 年 10 月改称广西壮族自治区）成立；1958 年 10 月，宁夏回族自治区成立；1965 年 9 月，西藏自治区成立。截至 2008 年底，中国共建立了 155 个民族自治地方，其中包括 5 个自治区、30 个自治州、120 个自治县（旗）。根据 2000 年第五次全国人口普查的结果，在 55 个少数民族中，有 44 个建立了自治地方，实行区域自治的少数民族人口占少数民族总人口的 71%，民族自治地方的面积占全国国土总面积的 64%左右。

民族自治地方的自治机关是自治区、自治州、自治县（旗）的人民代表大会和人民政府。民族自治地方的自治机关根据《宪法》、《民族区域自治法》和其他法律规定行使广泛的自治权力，包括自主管理本民族、本地区的内部事务，制定自治条例和单行条例的权力，使用和发展本民族语言文字，尊重和保障少数民族宗教信仰自由，保持或者改革本民族风俗习惯，自主安排、管理、发展经济建设事业，自主发展教育、科技、文化等社会事业。

新中国成立，特别是改革开放以来，中国民族自治地方的各族人民，生存和生活环境明显改善，经济和各项社会事业迅速发展：经济快速增长，人民生活水平显著提高，基础设施明显改善，传统文化得到保护和弘扬，教育水平显著提高，医疗卫生事业持续进步，对外贸易和旅游业迅速发展。实践证明，中国的民族区域自治制度是成功的，采用民族区域自治来解决中国的民族问题，是符合中国国情和各民族共同利益的正确选择。

五、坚持基层群众自治制度

基层群众自治制度，是指城乡居民群众以相关法律法规为依据，在城乡基层党组织领导下，在居住地范围内，依托基层群众自治组织，直接行使民主选举、民主协商、民主决策、民主管理和民主监督等权利，实行自我管理、自我服务、自我教育、自我监督的制度。基层群众自治是人民当家作主最有效、最广泛的途径。

我国的基层群众自治，是在新中国成立后的民主实践中逐步形成和发展起来的，并首先发育于城市。新中国成立初期，为了巩固新生政权，在城市建立了具有政治组织性质的居民委员会。这是基层群众自治制度在中国社会全面确立的根基之所在。1954 年 12 月，第一届全国人大常委会第四次会议根据 1954 年宪法精神，制定并通过了《城市居民委员会组织条例》，第一次以法律形式宣布居民委员会是“群众自治性的居民组织”。改革开放后，我国基层民主重新获得发展。1980 年，城市基层群众自治制度开始恢复和发展。两年后新颁布的宪法，将城市基层群众自治制度推广到农村，规定农村也成立类似城市居民委员会的基层群众自治组织，即村民委员会。1987 年，全国人大常委会通过《村民委员会组织法（试行）》。两年后，在原来的《城市居民委员会组织条例》基础上形成的《城市居民委员会组织法》也在全国人大常委会获得通过。1998 年 11 月 4 日，九届全国人大常委会五次会议通过修订的《村民委员会组织法》。至此，基层群众自治制度的法律基础基本奠定。

党的十七大首次把基层群众自治制度作为我国发展民主政治的一种制度安排，作为坚持中国特色社会主义政治发展道路的重要内容，这是一个重要决策，是对基层群众自治制度地位的提升。党的十八大进一步提出要健全基层党组织领导的充满活力的基层群众自治制度，以扩大有序参与、推进信息公开、加强议事协商、强化权力监督为重点，拓宽范围和途径，丰富内容和形式，保障人民享有更多更切实的民主权利，这为完善基层民主制度指明了发展方向。基层群众自治制度体现了社会主义民主政治的特点和优势。这一民主政治制度，通过以村民自治为核心的农村基层民主、以居民自治为核心的城市基层民主和以职工代表大会为核心的企事业单位的基层民主等形式，将人民民主渗透到社会生活的各个方面。基层群众自治制度把代表制民主与直接民主有机地结合起来，充分发挥了两种民主形式各自的功能和整体合力，从而形成了社会主义民主政治的独特优势。党的二十大强调指出，基层民主是全过程人民民主的重要体现。积极发展基层民主，要健全基层党组织领导的基层群众自治机制，加强基层组织建设，完善基层直接民主制度体系和工作体系，增强城乡社区群众自我管理、自我服务、自我教育、自我监督的实效。这是我国人民民主制度优越性的重要体现。

总之，“中国特色社会主义政治发展道路，是近代以来中国人民长期奋斗历史逻辑、理论逻辑、实践逻辑的必然结果，是坚持党的本质属性、践行党的根本宗旨的必然要求。世界上没有完全相同的政治制度模式，政治制度不能脱离特定社会政治条件和历史文化传统来抽象评判，不能定于一尊，不能生搬硬套外国政治制度模式”①。新时代，坚持走中国特色社会主义政治发展道路，必须坚持党的领导、人民当家作主、依法治国有机统一，加强人民当家作主制度保障，发挥社会主义协商民主重要作用，深化依法治国实践，深化机构和行政体制改革，巩固和发展爱国统一战线。

第二节　政治体制改革的必要性和基本要求

一、政治体制改革的必要性

政治体制，是指政治制度的具体表现和实施形式，主要是指党和国家的领导制度、

① 习近平．决胜全面建成小康社会　夺取新时代中国特色社会主义伟大胜利：在中国共产党第十九次全国代表大会上的报告．北京：人民出版社，2017：36.

组织制度、工作制度等具体制度。我国的社会主义基本政治制度是好的，符合中国的国情，保证了人民以国家和社会主人的身份充分发挥建设国家、管理国家的积极性、主动性和创造性，不断推动中国的经济发展和社会全面进步。但由于种种原因，它还很不完善。随着经济和社会的发展，政治体制逐渐暴露出其一些弊端。早在20世纪80年代初中期，邓小平就从改革我国政治体制的某些弊端、政治体制要适应经济发展以及国家长治久安的需要等方面系统阐述了我国政治体制改革的必要性。他指出，党和国家现行的具体制度中存在的官僚主义现象、权力过分集中的现象、家长制现象、干部领导职务终身制现象、形形色色的特权现象等种种弊端，不利于发展社会主义民主，不利于健全社会主义法制，不利于调动各方面的积极性，不利于社会主义现代化建设，不利于保证国家的长治久安和稳定发展。这些弊端的产生，有其历史上的原因，“旧中国留给我们的，封建专制传统比较多，民主法制传统很少”①，有思想上和作风上的问题，也“与某些领导人的思想、作风有关”②，但更重要的还是体制上的原因，即领导制度、组织制度、工作制度等方面存在着弊端，要克服这些弊端，必须进行政治体制改革。

第一，进行政治体制改革，是推进经济体制改革、实现社会主义现代化建设的需要。进行经济体制改革和政治体制改革，都是为了解放和发展生产力。邓小平指出：“政治体制改革同经济体制改革应该相互依赖，相互配合。只搞经济体制改革，不搞政治体制改革，经济体制改革也搞不通，因为首先遇到人的障碍。事情要人来做，你提倡放权，他那里收权，你有什么办法？从这个角度来讲，我们所有的改革最终能不能成功，还是决定于政治体制的改革。”③ 我国原有政治体制中的一些具体制度是适应高度集中的计划经济体制而建立和形成的。实践证明，原有政治体制的一些弊端，如不加以改革就必然会造成官僚主义，带来诸如高高在上、滥用权力、墨守成规、人浮于事、不讲效率等严重后果，并严重妨碍着社会主义市场经济体制的建立，不利于人民群众积极性、创造性的发挥。正如邓小平所指出的，“不改革政治体制，就不能保障经济体制改革的成果，不能使经济体制改革继续前进，就会阻碍生产力的发展，阻碍四个现代化的实现”④。因此，进行政治体制改革是进一步深化经济体制改革、全面实现现代化目标的需要。

第二，进行政治体制改革，是发展社会主义民主、实现社会主义政治制度自我完善和发展的需要。社会主义民主的本质是人民当家作主，建设社会主义民主政治，核心是要发展人民民主，使人民能够真正当家作主。改革开放以来，通过推进经济体制改革，我国已经建立了与社会主义初级阶段生产力水平相适应的基本经济制度，解放和发展了生产力。与此相适应，在政治领域，也在坚持社会主义基本政治制度的前提下，积极探索社会主义民主的各种实现形式，规范党同国家权力机关、行政机关、司法机关的关系，加强基层民主建设，进一步完善基层民主管理制度和自治制度，创造人民群众当家作主的具体形式，扩大人民群众有序的政治参与，满足人民群众日益增强的民主要求，完善与社会主义初级阶段的国情相适应、适合我国人民当家作主的社会主义的民主制度，使

---

① 邓小平．邓小平文选：第2卷．2版．北京：人民出版社，1994：332.

② 同①333.

③ 邓小平．邓小平文选：第3卷．北京：人民出版社，1993：164.

④ 同③176.

高于资本主义的社会主义民主原则成为充满生机和活力的民主实践。民主制度建设与发展民主的要求，立法、执法、监督与依法治国、建设社会主义法治国家的要求，执政党的领导方式和执政方式与新形势新任务的要求，监督制度、权力运行机制与反腐败的要求等，都要求我们必须通过政治体制改革进一步发展社会主义民主，实现社会主义政治制度的自我完善和发展。

第三，进行政治体制改革，是保证国家长治久安的需要。早在改革开放之初，针对我国原有政治体制的弊端及其对国家稳定所造成的危害，邓小平就强调指出："领导制度、组织制度问题更带有根本性、全局性、稳定性和长期性。"① "如果不坚决改革现行制度中的弊端，过去出现过的一些严重问题今后就有可能重新出现。"② 后来他又讲道："一个国家的命运建立在一两个人的声望上面，是很不健康的，是很危险的。"③ 只有通过政治体制改革，对我国原有政治体制的弊端进行有计划、有步骤而又坚决彻底的改革，使社会主义民主制度化、法制化，才能保证经济和社会的持续发展，保证党和国家的长治久安。

二、 政治体制改革的目标和任务

邓小平指出，政治体制改革的总目标有三条，"第一，巩固社会主义制度；第二，发展社会主义社会的生产力；第三，发扬社会主义民主，调动广大人民的积极性"④。党的十三大把政治体制改革的长远目标概括为，建立高度民主、法制完备、富有效率、充满活力的社会主义政治体制。改革的近期目标，是建立有利于提高效率、增强活力和调动各方面积极性的领导体制。党的十四大指出，我们的政治体制改革，目标是建设有中国特色的社会主义民主政治。党的十五大提出，在坚持四项基本原则的前提下，继续推进政治体制改革，进一步扩大社会主义民主，健全社会主义法制，依法治国，建设社会主义法治国家。党的十六大提出，发展社会主义民主政治，建设社会主义政治文明，是全面建设小康社会的重要目标。推进政治体制改革，要着重加强制度建设，实现社会主义民主政治的制度化、规范化和程序化。党的十七大进一步提出，深化政治体制改革，必须坚持正确政治方向，以保证人民当家作主为根本，以增强党和国家活力、调动人民积极性为目标，扩大社会主义民主，建设社会主义法治国家，发展社会主义政治文明。党的十八大提出了推进政治体制改革的总体要求，即坚持党的领导、人民当家作主、依法治国有机统一，以保证人民当家作主为根本，以增强党和国家活力、调动人民积极性为目标，扩大社会主义民主，加快建设社会主义法治国家，发展社会主义政治文明。党对政治体制改革目标的认识越来越明确了。根据我国政治体制改革取得的进展和存在的不足，党的十八大和十八届三中全会又做出了新的部署。党的十九大明确指出，要长期坚持、不断发展我国社会主义民主政治，积极稳妥推进政治体制改革，推进社会主义民主政治制度化、规范化、程序化，保证人民依法通过各种途径和形式管理国家事务，管理

①② 邓小平．邓小平文选：第2卷．2版．北京：人民出版社，1994：333.
③ 邓小平．邓小平文选：第3卷．北京：人民出版社，1993：311.
④ 同③178.

经济文化事业，管理社会事务，巩固和发展生动活泼、安定团结的政治局面。

第一，继续改革和完善党的领导方式与执政方式。中国共产党是社会主义事业的领导核心，要把中国的事情办好，关键在于党的领导，在于党的领导水平、执政水平的提高。党政军民学，东西南北中，党是领导一切的。党通过制定大政方针，提出立法建议，推荐重要干部，进行思想宣传，发挥党组织和党员的作用，坚持依法执政，实施党对国家和社会的领导。改革和完善党的领导方式与执政方式，对于推进社会主义民主政治建设，具有全局性作用。要十分明确党领导什么和怎么领导的问题。按照总揽全局、协调各方的原则，规范党委与人大、政府、政协以及人民团体的关系，支持人大依法履行国家权力机关的职能，经过法定程序，使党的主张成为国家的意志，使党组织推荐的人选成为国家政权机关的领导人员，并对他们进行监督；支持政府履行法定职能，依法行政；支持政协围绕团结和民主两大主题履行职能；加强对工会、共青团和妇联等人民团体的领导，指导它们依照法律和各自章程开展工作，更好地成为党联系广大人民群众的纽带。坚持依法执政理念，这是依法治国基本方略在党的领导方式与执政方式中的具体体现。坚持和落实“科学执政、民主执政、依法执政，不断完善党的领导方式和执政方式”的任务。

第二，深化机构和行政体制改革。党政组织机构和管理体制是党执政的重要载体。坚持和加强党的全面领导、加强党的长期执政能力建设，必须深刻认识深化机构和行政体制改革的重要意义。经过多年来的努力，我国行政体制的改革已取得一定进展，但还存在不少问题，包括政府职能转变不到位，对微观主体干预过多，社会管理和公共服务比较薄弱；政府结构不合理，职责关系不顺；政府管理方式需要改进，行政效率有待提高。党的十八大指出，行政体制是国家体制的重要组成部分，行政体制改革是政治体制改革的重要内容，是推动上层建筑适应经济基础的必然要求，明确提出了今后一个时期行政体制改革的目标要求，即要按照建立中国特色社会主义行政体制目标，深入推进政企分开、政资分开、政事分开、政社分开，建设职能科学、结构优化、廉洁高效、人民满意的服务型政府。在此基础上，党的十九大进一步提出深化机构和行政体制改革的要求，强调要统筹考虑各类机构设置，科学配置党政部门及内设机构权力、明确职责。统筹使用各类编制资源，形成科学合理的管理体制，完善国家机构组织法。转变政府职能，深化简政放权，创新监管方式，增强政府公信力和执行力，建设人民满意的服务型政府。赋予省级及以下政府更多自主权。在省市县对职能相近的党政机关探索合并设立或合署办公。深化事业单位改革，强化公益属性，推进政事分开、事企分开、管办分离。

第三，发挥社会主义协商民主重要作用。有事好商量，众人的事情由众人商量，是人民民主的真谛。协商民主是实现党的领导的重要方式，是我国社会主义民主政治的特有形式和独特优势。它与西方协商民主发展的历史、现实背景以及性质、地位和运行机制是完全不同的。在党的领导下，以经济社会发展重大问题和涉及群众切身利益的实际问题为内容，在全社会开展广泛协商，坚持协商于决策之前和决策实施之中，推进社会主义协商民主广泛多层制度化发展，是中国特色社会主义民主政治建设的基本要求之一。党的十八大强调，协商民主广泛多层制度化发展的主要目标和任务是，构建程序合理、环节完整的协商民主体系，拓宽国家政权机关、政协组织、党派团体、基层组织的协商渠道，深入开展立法协商、行政协商、民主协商、参政协商、社会协商，加强中国特色新型智库建设，建立健全决策咨询制度；充分发挥人民政协作为协商民主的重要渠道作用，重点推进政治协商、民主监督、参政议政制度化、规范化、程序化，完善人民政协制度体系，着力明确协商内容，拓展协商民主形式，规范协商程序。党的十九大进一步指出，发挥社会主义协商民主重要作用。要推动协商民主广泛、多层、制度化发展，统筹推进政党协商、人大协商、政府协商、政协协商、人民团体协商、基层协商以及社会组织协商。加强协商民主制度建设，形成完整的制度程序和参与实践，保证人民在日常政治生活中有广泛持续深入参与的权利。党的二十大指出，全面发展协商民主。协商民主是实践全过程人民民主的重要形式。完善协商民主体系，统筹推进政党协商、人大协商、政府协商、政协协商、人民团体协商、基层协商以及社会组织协商，健全各种制度化协商平台，推进协商民主广泛多层制度化发展。

第四，强化权力制约和监督制度。改革和完善权力运行机制的目标，就是要建立结构合理、配置科学、程序严密、制约有效的权力运行机制，从决策与执行等环节加强对权力的制约和监督。健全权力制约和监督机制，就要坚持用制度管权管事管人，让人民监督权力，建立健全决策科学、执行坚决、监督有力的权力运行体系；健全组织法制和程序规则，保证国家机关按照法定权限和程序行使权力、履行职责；完善各类公开办事制度，提高政府工作透明度和公信力；重点加强对领导干部特别是主要领导干部使用权力的制约和监督，加强行政监察和审计监督；推行地方各级政府及其工作部门权力清单，依法公开权力运行流程；完善党务、政务和各领域办事公开制度，推行决策公开、管理公开、服务公开、结果公开；加强反腐败体制机制创新和制度保障，改革党的纪律检查体制，健全反腐败领导体制和工作机制，健全反腐倡廉法规制度体系，落实党内监督条例，健全民主监督、法律监督、舆论监督机制，运用和规范互联网监督。

三、政治体制改革的基本要求

邓小平指出："评价一个国家的政治体制、政治结构和政策是否正确，关键看三条：第一是看国家的政局是否稳定；第二是看能否增进人民的团结，改善人民的生活；第三是看生产力能否得到持续发展。"① 党的十七大强调，深化政治体制改革，必须坚持正确政治方向。这是党深刻总结改革开放历史经验得出的科学结论，也是深化政治体制改革的基本要求。十八大指出，必须继续积极稳妥推进政治体制改革，发展更加广泛、更加充分、更加健全的人民民主。十九大强调要深化机构和行政体制改革，"深化党和国家机构改革，是贯彻落实党的十九大精神的重要内容，是坚持和加强党的领导、坚持和完善中国特色社会主义制度、推进国家治理体系和治理能力现代化的重要任务，关系改革开放和社会主义现代化建设全局，关系全面建成小康社会、实现中华民族伟大复兴的中国梦"②。二十大指出，新时代以来，党以巨大的政治勇气全面深化改革，打响改革攻坚战，

---

① 邓小平．邓小平文选：第3卷．北京：人民出版社，1993：213.

② 习近平．习近平著作选读：第2卷．北京：人民出版社，2023：130－131.

加强改革顶层设计，坚决破除各方面体制机制弊端，各领域基础性制度框架基本建立，许多领域实现历史性变革、系统性重塑、整体性重构，新一轮党和国家机构改革全面完成，中国特色社会主义制度更加成熟更加定型，国家治理体系和治理能力现代化水平明显提高。

第一，必须立足于中国国情。进行政治体制改革，坚定不移地走中国特色社会主义政治发展道路，绝不照搬西方政治模式。一个国家实行什么样的民主制度，应该与这一国家的国情相适应。世界上的民主政治，都是具体的、相对的，而不是抽象的、绝对的，每个国家都有自己的历史传统和经济、社会发展的实际情况，民主应该适合本国的国情。政治体制改革是中国共产党领导人民为完善社会主义制度进行的伟大政治实践，必须从中国社会主义初级阶段的基本国情出发，按照适应国家发展战略的总体要求和战略步骤的要求去进行，中国过去没有今后也不会复制其他民主政治模式。邓小平指出："西方民主那一套我们不能照搬，中国的事情要根据自己的实际情况办。"① 江泽民也强调："世界是丰富多彩的，各国有各国的政治体制模式，不可能千篇一律。要把西方政治制度的模式推广到全世界，不仅是不现实的，也是不可能的。"② "我们进行政治体制改革，必须从中国实际出发，要与我国生产关系和生产力的发展相适应，与经济体制改革相适应，与我国的历史条件、经济发展水平和文化教育水平相适应。"③ 必须在坚持中国特色社会主义政治发展道路的基础上，吸收和借鉴人类社会共同创造的政治文明成果，积极探索，大胆创新，充分实现"中国式"的社会主义民主。

第二，必须坚持四项基本原则。邓小平强调："在改革中坚持社会主义方向，这是一个很重要的问题。"④ 坚持四项基本原则就是坚持改革的社会主义方向。坚持中国共产党的领导，是坚持四项基本原则的核心。"改革党和国家的领导制度，不是要削弱党的领导，涣散党的纪律，而正是为了坚持和加强党的领导，坚持和加强党的纪律。"⑤ 我国的社会主义根本制度，是党和人民经过长期探索和实践做出的正确选择，是政治体制的根本和基石，规定了政治体制改革的原则和方向。政治体制改革是为了坚持社会主义根本制度，保持和发展自己的优势，克服原有体制的弊端，使之充满生机和活力，而不是要改变社会主义的根本制度。因此，深化政治体制改革，必须始终以促进社会主义政治制度的自我完善与发展为根本出发点，坚持以马克思列宁主义、毛泽东思想、邓小平理论、"三个代表"重要思想、科学发展观、习近平新时代中国特色社会主义思想为指导，坚持和改善党的领导，巩固和发展我国的社会主义制度，进一步发扬人民民主。

第三，必须有领导、有步骤、有秩序地进行。政治体制改革同经济体制改革一样，是一项复杂的系统工程，而且比经济体制改革更为复杂和艰巨。邓小平不止一次地告诫人们，必须懂得，政治体制改革是一项艰巨的长期的任务。"改革党和国家领导制度的方针必须坚持，但是，方法要细密，步骤要稳妥。"⑥ "每项改革涉及的人和事都很广泛，很深刻，触及许多人的利益，会遇到很多的障碍，需要审慎从事。"⑦ 这就是说，改革的方

① 邓小平．邓小平文选：第3卷．北京：人民出版社，1993：249.
②③ 江泽民．江泽民文选：第3卷．北京：人民出版社，2006：236.
④ 同①138.
⑤ 邓小平．邓小平文选：第2卷．2版．北京：人民出版社，1994：341.
⑥ 同⑤359.
⑦ 同①176.

针必须坚定，而方法则要细密，步骤要稳妥。为此，必须坚持党对政治体制改革的领导。只有坚持中国共产党的领导，才能保证改革有步骤、有秩序地进行，保证国家的团结稳定。

第三节　全面推进依法治国

一、依法治国基本方略的提出及其意义

（一）依法治国基本方略的提出

依法治国基本方略的提出，经历了一个较长的历史过程。1954 年 9 月召开的第一届全国人民代表大会第一次会议通过的《中华人民共和国宪法》，确立了人民代表大会的国家根本政治制度及一系列政治制度。根据宪法的规定，国家制定了全国人民代表大会、地方各级人民代表大会及国务院、人民法院、人民检察院的组织法等基本法律，为新中国政治制度和法制建设奠定了良好的基础。党的八大进一步提出必须加强人民民主的法制、巩固社会主义建设的秩序、逐步系统地制定完备的法律的任务。事实表明，新中国成立初期，党已开始力图摆脱战争年代的领导方式和执政方式，努力探索依法治国之道。遗憾的是，这个探索后来未能坚持下去。由于党内“左”倾错误的逐渐发展，党对中国社会主义道路包括民主法制建设的探索偏离了正常轨道，最终导致“文化大革命”混乱局面的发生。

鉴于“文化大革命”使社会主义民主和法制遭到破坏的教训，党的十一届三中全会后，邓小平等反复强调必须加强法制建设，要求全党同志和全体干部都要按照宪法法律、法令办事，学会使用法律武器治理国家。党的十一届三中全会公报指出，为了保障人民民主，必须加强社会主义法制，使民主制度化、法律化，使这种制度和法律具有稳定性、连续性和极大的权威，不允许任何人有超越法律之上的特权[①]。1981 年 6 月，党的十一届六中全会通过的《决议》指出，要完善国家的宪法和法律并使之成为任何人都必须严格遵守的不可侵犯的力量。1982 年 12 月，五届全国人大五次会议通过新的宪法。新宪法对加强我国社会主义民主法制建设发挥了巨大的推动作用。

以邓小平同志为主要代表的中国共产党人在这方面的理论贡献，主要表现在：提出发展社会主义民主和法制是党和国家坚定不移的方针，阐明了社会主义民主和法制相辅相成，必须紧密结合起来，同步发展；提出了“有法可依、有法必依、执法必严、违法必究”社会主义法制的基本方针；阐明了法制建设与经济建设的关系，创造性地提出要“一手抓建设、一手抓法制”的要求；提出要正确处理法制建设与党的领导的关系，强调了“党在宪法和法律范围内活动”的原则；强调加强法制的根本问题是教育人，要培养一支学法、懂法的执法队伍。

---

① 中共中央文献研究室．三中全会以来重要文献选编：上．北京：人民出版社，1982：11.

随着我国社会主义市场经济体制的逐步建立与完善，随着社会主义民主政治的逐步发展，全面确立社会主义依法治国方针的要求越来越强烈。中共十四届三中全会就加强法制建设问题做了部署，提出遵循宪法规定的原则，加快经济立法，适时修改和废止与建立社会主义市场经济体制不相适应的法律法规，逐步建立起适应社会主义市场经济的法律体系。1996 年 3 月，八届全国人大四次会议通过的《中华人民共和国国民经济和社会发展“九五”计划和 2010 年远景目标纲要》第一次提出“依法治国，建设社会主义法制国家”的要求。党的十五大正式提出，依法治国，是党领导人民治理国家的基本方略，是发展社会主义市场经济的客观需要，是社会文明进步的重要标志，是国家长治久安的重要保障；强调进一步扩大社会主义民主，健全社会主义法制，依法治国，建设社会主义法治国家。1999 年 3 月，九届全国人大二次会议将“依法治国，建设社会主义法治国家”写入宪法。

党的十五大还对依法治国的含义做了完整准确的表述：“依法治国，就是广大人民群众在党的领导下，依照宪法和法律规定，通过各种途径和形式管理国家事务，管理经济文化事业，管理社会事务，保证国家各项工作都依法进行，逐步实现社会主义民主的制度化、法律化，使这种制度和法律不因领导人的改变而改变，不因领导人看法和注意力的改变而改变。”① 第一，依法治国的主体是广大人民群众。法治是民主的制度化和法律化，法治的性质是由民主的性质决定的，法治的主体也是由民主的主体决定的。在我国，广大劳动人民作为主人管理自己的国家，享受广泛的民主权利，这是我国社会主义民主的性质，也是社会主义民主同资本主义民主的本质区别，它决定了依法治国的主体只能是广大人民群众。我国宪法明确规定，国家一切权力属于人民，人民通过人民代表大会等途径和形式，依法管理国家事务和社会事务，具体行使国家行政管理权或者司法权的国家机构和国家公职人员，只是在人民授权范围内行使国家行政管理权和司法权的执行者，任何机构和个人决不能未经人民授权而行使权力，决不能成为超越于人民之外或者人民之上的治理国家的主体。第二，依法治国的客体是国家的各项工作和事务。依法治国，就是要使国家政治生活、经济生活、社会生活逐步走上法治的轨道，保证国家的各项工作都能够依法进行。在依法治国过程中凡是涉及上述事务的人员和单位，不论职务高低、权力大小，都应当受到法律的规范。国家机构和国家公职人员都掌握着一定的国家权力，为防止其滥用权力和运用权力侵犯人民的合法权益，必须使任何国家机关和公职人员在行使权力时都能受到法律制度的约束和监督，并且承担相应的责任，从而做到依法行政、坚持依法治权。第三，依法治国所依之法，最重要的是宪法。宪法是国家的根本大法，它反映了广大人民的意志和社会发展的规律，具有最大的权威性和最高的法律效力。全国人民、国家机关公职人员和社会团体、企事业组织都必须严格依照以宪法为核心的社会主义法律体系办事，维护宪法和法律的尊严。任何人、任何组织都没有超越宪法和法律的特权，行政法规与规章都不能同宪法和法律相抵触，地方和部门的法规不能只考虑其自身的利益，把依法治理变成自我保护的工具。党的十七大把坚持党的领导、人民当家作主、依法治国有机统一，作为坚持中国特色社会主义政治发展道路的根

① 中共中央文献研究室．十五大以来重要文献选编：上．北京：人民出版社，2000：30－31.

本要求，强调全面落实依法治国基本方略，加快建设社会主义法治国家。党的十八大明确提出，法治是治国理政的基本方式。要推进科学立法、严格执法、公正司法、全民守法，坚持法律面前人人平等，保证有法必依、执法必严、违法必究，并强调要弘扬社会主义法治精神，树立社会主义法治理念，增强全社会学法尊法守法用法意识。提高领导干部运用法治思维和法治方式深化改革、推动发展、化解矛盾、维护稳定能力。为贯彻落实党的十八大全面推进依法治国的重大战略部署，加快建设社会主义法治国家，十八届四中全会通过了《中共中央关于全面推进依法治国若干重大问题的决定》，明确提出全面推进依法治国，总目标是建设包括完备的法律规范体系、高效的法治实施体系、严密的法治监督体系、有力的法治保障体系、完善的党内法规体系在内的中国特色社会主义法治体系，建设社会主义法治国家。党的十九大提出，必须把党的领导贯彻落实到依法治国全过程和各方面，坚定不移走中国特色社会主义法治道路。党的二十大强调指出，全面依法治国是国家治理的一场深刻革命，关系党执政兴国，关系人民幸福安康，关系党和国家长治久安。必须更好发挥法治固根本、稳预期、利长远的保障作用，在法治轨道上全面建设社会主义现代化国家。

（二）确立依法治国基本方略的重大意义

法制和法治虽一字之差，但其内涵有着重大的区别，这是一个深刻的观念变革，表明中国不仅要加强法律制度的建设，而且更重要的是将彻底改变传统的“人治”方式，这是社会主义民主的必然要求，是社会主义市场经济发展的客观需要，是社会文明进步的重要标志，是国家长治久安的重要保障，具有重大意义。

第一，依法治国是人民当家作主的基本保证。人民在取得民主权利后，必然要求上升为制度和法律，并使这种制度和法律具有稳定性、连续性和权威性，人民的民主权利才能有所保障。民主与法治是紧密相连、相互依存的，社会主义民主政治，是实现社会主义法治的前提和基础；社会主义法治是社会主义民主政治发展的重要保障。发展社会主义民主，离不开完备的社会主义法治。只有依法治国，建设社会主义法治国家，才能保证人民依照法定程序实行民主选举，决定国家大事，监督国家机构以及国家公职人员的行为，实现依法行政和依法执政，开创社会安定、政府廉洁高效、全国各族人民团结和睦的政治局面。

第二，依法治国是发展社会主义市场经济的客观要求。市场经济作为法治经济，其各个环节都必须由法制加以保障、调节和促进。世界经济发展的实践证明，成熟的市场经济一定要求比较完备的法律制度以及社会成员具备现代法治和法律意识。社会主义市场经济体制的有效运行，包括市场对资源配置决定性作用的发挥，国家对市场的宏观调控，对外开放的坚持与完善，以及市场主体的活动和对市场秩序的维护，都离不开法律的规范、引导、调节和保障。特别是我国加入世界贸易组织以后，经济发展将更加需要按照国际规则和国际惯例办事，自觉接受国际法律法规的约束。只有依法治国，建设社会主义法治国家，才能充分发挥社会主义市场经济在资源配置方面的优势，保证社会主义市场经济健康地发展。

第三，依法治国是社会文明进步的重要标志。法是人类文明的产物，是社会从个别的自发性向一般的自觉的规范性调整的结果。法治本身所具有的稳定、连续、明确性，平等、公正、公开性，严密、规范、科学性，强制、至上、权威性，决定了它是人类社会追求文明进步的重要目标和标志。依法治国意味着用法律来调整人们之间的社会关系、权利与义务关系，建立一整套完善的法律制度和法治原则，并严格依法办事。这些都是社会文明进步的要求。事实证明，一个社会的法制越健全，文明程度越高，人们依法办事的意识也就越强。

第四，依法治国是保证国家长治久安的根本举措。发展是当代中国解决一切问题的关键，但稳定是发展的前提。要保持社会长期持续发展，必须维护社会稳定，而维护稳定最靠得住的办法是实行法治。依法治国的首要任务就是要实现国家的长治久安。法律的稳定、连续性，决定了它所设定的行为规则是一种恒则，不会因人事的变化而变化；法律的平等、公正、至上性，决定了一切组织和个人都必须无条件地自觉执行；法律的严密、科学和明确性，决定了国家的诸方面事务，都能公平、高效地进行，并具有普遍的约束力和广泛的可监督性；法律的强制、权威性，决定了它能够有效地维护国家政治生活、经济生活、社会生活的秩序。总之，依法治国，不仅是实现社会主义民主的根本保证，而且是进行现代化建设的必然要求，具有十分重要的意义。

二、 推进法治中国建设

建设法治中国，必须坚持依法治国、依法执政、依法行政共同推进，坚持法治国家、法治政府、法治社会一体建设。

第一，坚持科学立法，完善中国特色社会主义法律体系。经过多年的努力，我国已经形成以宪法为核心的中国特色社会主义法律体系，基本实现了有法可依。但是，按照全面建设社会主义现代化国家和推进法治中国建设的要求，进一步完善中国特色社会主义法律体系，任务依然艰巨。推进法治中国建设，要加强重点领域立法，拓展人民有序参与立法途径，使中国特色社会主义法律体系不断得到完善，为严格执法、公正司法、全民守法提供必要的法律依据。“有法可依”是中国特色社会主义法律体系建设的前提和基础，是全面推进依法治国建设的基本内容和首要任务。“有法可依”是从立法方面要求由国家权力机关按照法定程序，制定各种法律、法规和制度，不断健全和完善社会主义立法，形成全体人民共同遵守的法律制度。坚持科学立法，应着眼于以下三个方面的转变：推动立法从主要服务经济增长的速度、总量和规模，向更加注重服务于经济发展的效益、质量和方式，推动科学发展转变；从主要进行有关经济调节和市场监管的立法、致力于建立健全社会主义市场经济体制，向更加注重有关社会治理和公共服务的立法、同时着力建立社会主义和谐社会和服务型政府转变；从主要强调立法的数量和速度，向更加注重立法的质量和效果转变。坚持科学立法，必须完善立法体制。加强党对立法工作的领导，完善党对立法工作中重大问题决策的程序；健全有立法权的人大主导立法工作的体制机制，发挥人大及其常委会在立法工作中的主导作用；加强和改进政府立法制度建设，完善公众参与政府立法机制；明确立法权力边界，从体制机制和工作程序上有效防止部门利益和地方保护主义法律化。深入推进科学立法，必须加强人大对立法工作的组织协调，健全立法起草、论证、协调、审议机制，建立基层立法联系点制度，推进立法精细化。重点加强保障公民权利、完善社会主义市场经济体制、保障和改善民生、推进社会治理体制创新、促进文化事业和产业发展、保护生态环境、维护国家安全等领域与方面的立法。坚持科学立法，必须健全立法机关和社会公众沟通机制，拓宽公民有序参与立法途径，创新公众参与立法方式，扩大立法工作透明度和公众参与度，以保证立法遵循客观规律、集中公众智慧、实现人民利益。

第二，深化行政执法体制改革，深入推进依法行政。依法行政，就是行政机关依据法律授权和规定行使行政权力，管理公共事务，包含行政管理的全部过程和内容。在我国，行政机关承担着经济、政治、文化、社会等领域的管理任务，最大量的日常行政活动是通过实施法律法规、依法管理经济社会事务，我国约有80%的法律、90%的地方性法规和几乎所有的行政法规都是由行政机关执行的。行政执法在法律实施过程中处于举足轻重的地位，行政执法是否严格公正，直接体现各级政府依法执政的水平和程度，关乎人民群众的权益能否得到保障，违法犯罪行为能否得到严惩，经济社会秩序能否得到维护。自党的十六大明确提出“推进依法行政”以来，我国依法行政取得了重要成就，但仍存在许多问题，如乱执法、粗暴执法、执法寻租、贪赃枉法、执法不作为、不重视甚至违反执法程序等，有的问题甚至严重损害了党和政府的形象，造成了恶劣的社会影响。基于此，党的十八届三中、四中全会都把“深化行政执法体制改革”作为建设法治中国、全面推进依法治国的一项重要任务提出并做了具体部署。党的二十大亦强调要“扎实推进依法行政”，“深化行政执法体制改革”。完善行政执法体制，要以着力解决权责交叉、多头执政问题为重点，以建立权责统一、权威高效的行政执法体制为目标。在横向上，整合执法主体，相对集中执法权，推进综合执法，坚持严格规范公正文明执法，全面落实行政执法责任制；在纵向上，减少执法层级，加大关系群众切身利益的重点领域执法力度，特别是要加强食品药品、安全生产、环境保护、劳动保障、海域海洋等重点领域基层执法力量。要把完善行政执法程序、减少执法层级作为深化行政执法体制改革的重点，制定具体执法细则、裁量标准和操作流程。深化行政执法体制改革关系到各级政府所属大多数部门和数百万行政执法人员，要高度重视对深化行政执法体制改革的领导，着力解决人民群众反映强烈的突出问题，切实增强改革措施的系统性、协调性，既要有勇气和力度，又要积极稳妥地予以推进。

第三，深化司法体制改革，维护司法公正。司法体制是国家法律制度的重要组成部分，也是国家政治体制的重要组成部分。中国特色社会主义司法组织体系由各级司法机构（机关）构成，包括最高国家审判机关、最高国家检察机关和地方各级国家审判机关、检察机关，也包括具有司法职能的中央和地方各级国家司法行政机关、公安（警察）机关、安全机关以及这些机关的内部机构。我国司法体制改革主要是对国家司法机关（组织体系）和国家司法制度（法律制度），在宪法规定的司法体制基本框架内，实现自我创新、自我完善和自我发展。党的十八大提出，深化司法体制改革，要坚持和完善中国特色社会主义司法制度。党的十八届三中全会具体部署了确保依法独立公正行使审判权和检察权、健全司法权力运行机制、完善人权司法保障制度等方面的改革措施，为推进法治中国建设和深化司法体制改革指明了目标和任务。党的十八届四中全会进一步强调必须完善司法管理体制和司法权力运行机制，规范司法行为，加强对司法活动的监督，保证公正司法，提高司法公信力。党的二十大亦强调要“严格公正司法”，“深化司法体制综合配套改革，全面准确落实司法责任制，加快建设公正高效权威的社会主义司法制度，努力让人民群众在每一个司法案件中感受到公平正义”。司法体制改革的目标是按照公正司法和严格执法的要求，完善司法机关的机构设置、职权划分和管理制度，进一步健全权责明确、相互配合、相互制约、高效运行的司法体制，保障在全社会实现公平和正义。深化司法体制改革，要优化司法职权配置，健全司法权力分工负责、相互配合、相互制约的体制机制；严格规范司法行为，推进司法公正和司法公开，加快建设公平高效权威的社会主义司法制度，维护人民权益，让人民群众在每一个司法案件中都感受到公平正义；改革司法管理体制，推动省以下地方法院、检察院人财物统一管理，探索建立与行政区划适当分离的司法管辖制度；建立符合职业特点的司法人员管理制度，健全法官、检察官、人民警察人员统一招录、有序交流、逐级遴选机制，完善司法人员分类管理制度，健全法官、检察官、人民警察职业保障制度；加强人权司法保障，进一步规范查封、扣押、冻结、处理涉案财物的司法程序，健全冤假错案有效防范和及时纠正机制，严格实行非法证据排除规则。

第四，加强法治宣传教育，培育公民的法律意识和法治精神。法治宣传教育是实施依法治国基本方略，加强社会主义法治建设、建设社会主义法治国家的一项基础性工作。法律意识，通常反映了人们对法律的各种知识的了解和对法的重要性的认识。邓小平早就指出：“要讲法制，真正使人人懂得法律，使越来越多的人不仅不犯法，而且能积极维护法律。”[①] 由于我国缺少知法和守法的传统及法治观念，改革开放以来，我国有计划有步骤地开展了全国范围内的普法活动。实践表明，全民普法对于深入推进我国社会主义法制建设、提高广大干部群众的法律意识和法治观念、促进经济社会发展和维护社会稳定起到了重要的作用。人民群众是全面推进依法治国的基础力量，是法律实施的主体。坚持把全民普法和守法作为依法治国的长期基础性工作，通过法治宣传教育进社区、进乡村、进机关、进企业、进学校，深入开展法治宣传教育，弘扬社会主义法治精神，牢固树立依法治国、执法为民、公平正义、服务大局、党的领导的社会主义法治理念。

阅读书目

1. 毛泽东．论人民民主专政//毛泽东．毛泽东选集：第4卷．2版．北京：人民出版社，1991.

2. 邓小平．党和国家领导制度的改革//邓小平．邓小平文选：第2卷．2版．北京：人民出版社，1994.

3. 邓小平．关于政治体制改革问题//邓小平．邓小平文选：第3卷．北京：人民出版社，1993.

4. 江泽民．坚持和完善人民代表大会制度//江泽民．江泽民文选：第1卷．北京：

① 邓小平．邓小平文选：第2卷．2版．北京：人民出版社，1994：254.

人民出版社，2006.

5. 江泽民．高举邓小平理论伟大旗帜，把建设有中国特色社会主义事业全面推向二十一世纪//江泽民．江泽民文选：第2卷．北京：人民出版社，2006.

6. 胡锦涛．在首都各界纪念全国人民代表大会成立五十周年大会上的讲话//中共中央文献研究室．十六大以来重要文献选编：中．北京：中央文献出版社，2006.

7. 胡锦涛．坚定不移沿着中国特色社会主义道路前进　为全面建成小康社会而奋斗：在中国共产党第十八次全国代表大会上的报告．北京：人民出版社，2012.

8. 中共中央关于全面深化改革若干重大问题的决定．北京：人民出版社，2013.

9. 中共中央关于全面推进依法治国若干重大问题的决定．北京：人民出版社，2014.

10. 习近平．在中央政协工作会议暨庆祝中国人民政治协商会议成立70周年大会上的讲话．北京：人民出版社，2019.

11. 习近平．高举中国特色社会主义伟大旗帜　为全面建设社会主义现代化国家而团结奋斗：在中国共产党第二十次全国代表大会上的报告．北京：人民出版社，2022.

思考题

1. 为什么要坚持人民民主专政的国体？

2. 如何坚持和完善中国特色社会主义根本政治制度？

3. 如何坚持社会主义基本政治制度？

4. 深化政治体制改革，为什么必须以增强党和国家活力、调动人民积极性为根本目标？

5. 什么是依法治国？如何推进法治中国建设？

第九章

中国特色社会主义文化建设的理论

文化是一个国家、一个民族的灵魂。文化兴国运兴，文化强民族强。没有高度的文化自信，没有文化的繁荣兴盛，就没有中华民族伟大复兴。习近平指出："在新的起点上继续推动文化繁荣、建设文化强国、建设中华民族现代文明，是我们在新时代新的文化使命。"[①] 建设中国特色社会主义文化，就是要坚持中国特色社会主义文化发展道路，激发全民族文化创新创造活力，建设社会主义文化强国。

第一节　坚持中国特色社会主义文化发展道路

一、社会主义文化发展道路的历史选择

争取民族独立、人民解放和国家的繁荣富强即实现现代化，构成了鸦片战争以来中国历史和文化的主题。为了图强振兴，追赶世界潮流，中国人民经历了艰难的思想跋涉和痛苦的实践磨砺，终于选择了社会主义现代化道路，确立了以马克思主义为指导的社会主义文化发展方向。

鸦片战争失败后，西方文明源源不断地输入，对中国人民造成了强烈震撼。"中国向何处去"，成为此后中国先进分子思考的一个中心问题。毛泽东指出：鸦片战争以后，中国的先进人物以为西方资产阶级文化可以救中国，"要救国，只有维新，要维新，只有学外国。那时的外国只有西方资本主义国家是进步的，它们成功地建设了资产阶级的现代国家"[②]，但"帝国主义的侵略打破了中国人学西方的迷梦。很奇怪，为什么先生老是侵略学生呢？中国人向西方学得很不少，但是行不通，理想总是不能实现……就是这样，西方资产阶级的文明，资产阶级的民主主义，资产阶级共和国的方案，在中国人民的心目中，一齐破了产"[③]。这场文化论争虽然没有导致传统社会文化结构的根本转变，但却为后来的政治变革和文化变革创造了一定的条件。

辛亥革命失败后，正当大多数人陷入迷惘、彷徨与苦闷之时，一些政治敏感、思想

---

① 习近平．担负起新的文化使命　努力建设中华民族现代文明．人民日报，2023-06-03.

② 毛泽东．毛泽东选集：第4卷.2版．北京：人民出版社，1991：1470.

③ 同②1470-1471.

激进的中国知识分子发起了以“民主和科学”为主旨的新文化运动。在这场运动中，形成了一批以陈独秀、李大钊等为代表的具有初步共产主义思想的知识分子，他们信仰马克思主义，宣传十月革命，为马克思主义在中国的传播做出了重要贡献。经过五四运动的大力宣传，在中国共产党的领导下，马克思主义和社会主义成为一种时代潮流，引导中国文化迈向一个崭新的方向——新民主主义革命方向。新民主主义革命需要新民主主义文化。毛泽东说：“在‘五四’以后，中国产生了完全崭新的文化生力军，这就是中国共产党人所领导的共产主义的文化思想，即共产主义的宇宙观和社会革命论。”①“我们共产党人，多年以来，不但为中国的政治革命和经济革命而奋斗，而且为中国的文化革命而奋斗；一切这些的目的，在于建设一个中华民族的新社会和新国家。在这个新社会和新国家中，不但有新政治、新经济，而且有新文化。”② 这种“新文化”就是“民族的科学的大众的文化，就是人民大众反帝反封建的文化，就是新民主主义的文化，就是中华民族的新文化”③。新民主主义文化发展方向的确立，标志着中国近现代文化的选择与重建获得了历史性成功，为中国社会主义文化的建立提供了前提和基础。新中国成立以后，毛泽东又提出了一系列文化建设的观点，强调文学艺术要为人民大众服务，提出吸收民族文化的精华、剔除其封建性的糟粕，提倡百花齐放、百家争鸣、古为今用、洋为中用等，成为社会主义文化建设的重要指导方针。

中国特色社会主义文化，就其主要内容来说，同改革开放以来党中央一贯倡导的社会主义精神文明是一致的。1979 年，叶剑英在庆祝中华人民共和国成立 30 周年大会上发表讲话，首先提出了社会主义精神文明这一科学概念。以邓小平同志为主要代表的中国共产党人十分重视精神文明建设，提出了一系列重要思想。随着我国改革开放和社会主义现代化建设的发展，形成了社会主义精神文明建设的理论。其内容包括：社会主义精神文明是社会主义的本质特征，是社会主义现代化建设的重要保证；社会主义精神文明建设要以马克思列宁主义、毛泽东思想为指导；社会主义精神文明建设的根本任务是培育“四有”公民；精神文明重在建设，要坚持“两手抓、两手都要硬”；只有物质文明和精神文明都搞好，才是有中国特色的社会主义等。社会主义精神文明建设思想凝结着党对什么是社会主义、怎样建设社会主义这一当代中国基本问题的深入思考和不懈探索。1991 年，江泽民在庆祝建党 70 周年大会上发表讲话，提出了“有中国特色社会主义文化”的概念，并从经济、政治、文化相互协调发展的角度，阐述了中国特色社会主义文化建设的主要内容。在此基础上，党的十五大阐述了中国特色社会主义文化建设的基本纲领，标志着中国特色社会主义文化建设理论的形成。世纪之交，江泽民又指出，党要始终代表中国先进文化的前进方向，强调“在当代中国，发展先进文化，就是发展有中国特色社会主义的文化，就是建设社会主义精神文明”④。新世纪新阶段，以胡锦涛同志为主要代表的中国共产党人牢牢把握社会主义文化的前进方向，又提出了要建设社会主义核心价值体系，增强社会主义意识形态的吸引力和凝聚力；建设和谐文化，培育文明

---

① 毛泽东．毛泽东选集：第 2 卷．2 版．北京：人民出版社，1991：697.

② 同①663.

③ 同①708－709.

④ 江泽民．论“三个代表”．北京：中央文献出版社，2001：158.

风尚；弘扬中华文化，建设中华民族共有精神家园；发展文化事业和文化产业，不断推进文化创新等重要观点。2011 年，党的十七届六中全会通过了《中共中央关于深化文化体制改革　推动社会主义文化大发展大繁荣若干重大问题的决定》，指出坚持中国特色社会主义文化发展道路，深化文化体制改革，推动社会主义文化大发展大繁荣，必须全面贯彻党的十七大精神，高举中国特色社会主义伟大旗帜，以马克思列宁主义、毛泽东思想、邓小平理论和“三个代表”重要思想为指导，深入贯彻落实科学发展观，坚持社会主义先进文化前进方向，以科学发展为主题，以建设社会主义核心价值体系为根本任务，以满足人民精神文化需求为出发点和落脚点，以改革创新为动力，发展面向现代化、面向世界、面向未来的，民族的科学的大众的社会主义文化，培养高度的文化自觉和文化自信，提高全民族文明素质，增强国家文化软实力，弘扬中华文化，努力建设社会主义文化强国。党的十八大从坚持和发展中国特色社会主义的政治高度与宽广视野，进一步提出了建设社会主义文化强国的大政方针和目标要求，强调了建设社会主义文化强国，必须走中国特色社会主义文化发展道路。党的十九大提出：“要坚持中国特色社会主义文化发展道路，激发全民族文化创新创造活力，建设社会主义文化强国。中国特色社会主义文化，源自于中华民族五千多年文明历史所孕育的中华优秀传统文化，熔铸于党领导人民在革命、建设、改革中创造的革命文化和社会主义先进文化，植根于中国特色社会主义伟大实践。”[①] 党的二十大提出，推进文化自信自强，铸就社会主义文化新辉煌，“全面建设社会主义现代化国家，必须坚持中国特色社会主义文化发展道路，增强文化自信，围绕举旗帜、聚民心、育新人、兴文化、展形象建设社会主义文化强国，发展面向现代化、面向世界、面向未来的，民族的科学的大众的社会主义文化，激发全民族文化创新创造活力，增强实现中华民族伟大复兴的精神力量”[②]。

中国共产党对中国社会主义文化发展道路的认识发展和历史选择，集中体现了马克思主义文化理论与中国文化实际发展的有机结合，“是对中国特色社会主义道路认识的丰富和深化，鲜明回答了我国文化改革发展走什么路、朝着什么样的目标迈进这个带有方向性、战略性的重大问题”[③]。中国特色社会主义文化发展道路，就是在推进中国特色社会主义文化建设的过程中始终坚持为人民服务、为社会主义服务的方向，坚持百花齐放、百家争鸣的方针，坚持贴近实际、贴近生活、贴近群众的原则，推动社会主义精神文明和物质文明全面发展，建设面向现代化、面向世界、面向未来的，民族的科学的大众的社会主义文化。

改革开放以来，社会主义文化建设牢牢把握先进文化的前进方向，适应社会主义市场经济的要求，遵循精神文明建设的规律，取得了举世瞩目的成就。思想道德建设扎实推进，舆论引导能力显著增强，文学艺术日益繁荣。公共文化投入增加，文化设施和服务网络日趋完善。传承和弘扬优秀民族文化传统、保护民族文化遗产为全社会所重视。

---

① 习近平．决胜全面建成小康社会　夺取新时代中国特色社会主义伟大胜利：在中国共产党第十九次全国代表大会上的报告．北京：人民出版社，2017：41.

② 习近平．高举中国特色社会主义伟大旗帜　为全面建设社会主义现代化国家而团结奋斗：在中国共产党第二十次全国代表大会上的报告．北京：人民出版社，2022：42－43.

③ 中共中央关于深化文化体制改革　推动社会主义文化大发展大繁荣若干重大问题的决定．北京：人民出版社，2011：55.

文化创新能力有较大提高，创新成果不断涌现。文化“走出去”步伐加快，中华文化在世界上的影响力逐步增强。习近平总书记在庆祝改革开放40周年大会上的讲话强调，我们要加强文化领域制度建设，举旗帜、聚民心、育新人、兴文化、展形象，积极培育和践行社会主义核心价值观，推动中华优秀传统文化创造性转化、创新性发展，传承革命文化、发展先进文化，努力创造光耀时代、光耀世界的中华文化①。党的二十大提出，我们要坚持马克思主义在意识形态领域指导地位的根本制度，坚持为人民服务、为社会主义服务，坚持百花齐放、百家争鸣，坚持创造性转化、创新性发展，以社会主义核心价值观为引领，发展社会主义先进文化，弘扬革命文化，传承中华优秀传统文化，满足人民日益增长的精神文化需求，巩固全党全国各族人民团结奋斗的共同思想基础，不断提升国家文化软实力和中华文化影响力②。

二、中国特色社会主义文化的科学内涵和基本特征

文化是一个内涵丰富的范畴，有广义和狭义之分。广义的文化，是指人类在改造自然与社会的过程中所创造的物质财富和精神财富的总和。狭义的文化，是指作为观念形态的，与经济、政治并列的，有关人类社会生活的思想理论、道德风尚、文学艺术、教育和科学等精神方面的内容。文化是国家和民族的灵魂，集中体现了国家和民族的品格。文化的力量，深深熔铸在民族的生命力、创造力和凝聚力之中，是团结人民、推动发展的精神支撑。5 000多年悠久灿烂的中华文明，为人类文明进步做出了巨大贡献，是中华民族生生不息、国脉传承的精神纽带，是中华民族面临严峻挑战以及各种复杂环境屹立不倒、历经劫难而百折不挠的力量源泉。在开创中华民族美好未来的历史进程中，文化既为经济社会全面协调发展提供强大的精神动力，也是经济社会发展的重要内容。

文化有先进与落后之分。先进文化，就是符合人类社会发展方向、体现先进生产力发展要求、代表最广大人民根本利益、反映时代进步潮流的文化；与之相反的是落后文化。我们通常所说的文化，一般是指先进文化。社会主义文化属于先进文化的范畴，就其内容来说，同我们一贯倡导的社会主义精神文明是一致的，但又不完全相同。精神文明相对于物质文明和政治文明而言，文化相对于经济、政治而言。在当代中国，社会主义文化就是有中国特色的社会主义文化，“就是以马克思主义为指导，以培育有理想、有道德、有文化、有纪律的公民为目标，发展面向现代化、面向世界、面向未来的，民族的科学的大众的社会主义文化”③。

中国特色社会主义文化，是中国特色社会主义经济政治的反映，又是为中国特色社会主义经济政治服务的。它具有以下四个基本特征：

第一，浓厚的民族性。民族性是文化的天然属性，任何一种文化都是以自己的民族精神为依托的，中国特色社会主义文化也不例外。毛泽东指出：“新民主主义的文化是民

① 习近平．在庆祝改革开放40周年大会上的讲话．北京：人民出版社，2018：30.

② 习近平．高举中国特色社会主义伟大旗帜 为全面建设社会主义现代化国家而团结奋斗：在中国共产党第二十次全国代表大会上的报告．北京：人民出版社，2022：43.

③ 中共中央文献研究室．十五大以来重要文献选编：上．北京：人民出版社，2000：19.

族的。它是反对帝国主义压迫，主张中华民族的尊严和独立的。它是我们这个民族的，带有我们民族的特性。”① 社会主义文化要继承和发扬我国各民族历史上一切优秀的思想道德与文化成果，继承那些适应时代变化、能够推动人类进步和文明发展的文化。发扬民族文化，不仅是指古代文化，而且重点是发扬五四运动以来，特别是新中国成立以来，党在领导各族人民建设、巩固和发展社会主义的过程中，在精神和文化方面所取得的创造性成果。中国特色社会主义的文化，就是这种把社会主义内容与中华民族形式有机结合起来的新文化。

第二，鲜明的时代性。文化不是抽象的存在，每一个时代都有自己的文化。中国特色社会主义文化渊源于中华民族 5 000 多年的文明史，又植根于中国特色社会主义的伟大实践，反映我国社会主义初级阶段的政治、经济的基本特征，与社会主义的基本经济制度和政治制度相适应。当前我国正处在中国特色社会主义新时代，中国社会正在朝着社会主义市场经济体制的既定方向，为着全面建设社会主义现代化国家、实现中华民族伟大复兴的宏伟目标阔步前进，社会主义文化必然反映这些特征。文化是团结人民、推动发展的精神支撑。社会主义文化必然以社会主义现代化建设为中心，紧扣时代主题，“真实地反映丰富的社会生活，反映人们在各种社会关系中的本质，表现时代前进的要求和历史发展的趋势”②。

第三，兼容开放性。文化的发展过程是一个在与各种文化的冲撞、交流和融合中吐故纳新、取长补短的过程。开放是文化建设和发展的重要前提，没有文化的开放，文化建设就会走向故步自封，就不可能有创新和发展。中国特色社会主义文化是立足中国而又面向世界的，它以海纳百川的气魄和胸怀，面对人类创造的一切文明成果，充分显示其生命力和开放性。它要吸取世界各个国家和民族的优秀思想与文化成果。“任何一个民族、一个国家，都需要学习别的民族、别的国家的长处。”③ 只有吸收外来文化的积极成果，才能不断丰富和发展我们的民族文化；只有博采众长，在吸收外来文化成果的基础上，我们的民族文化才能与世界文明的发展同进步，源远流长。对中华优秀传统文化的继承，不是颂古非今；对外来文化的吸取，不是照抄照搬。对于传统文化和外来文化都要取其精华，去其糟粕，古为今用，洋为中用，推陈出新，继往开来。

第四，广泛的群众性。中国特色社会主义文化是人民大众的文化，它是由人民群众创造的，又是为人民群众服务的，人民群众是社会主义文化建设的主力军和传承者，同时也是文化成果的享受者。人民是创作的源泉，是文化的根基。建设中国特色社会主义文化，归根到底是为了满足人民群众日益增长的精神文化需要，不断丰富人们的精神世界，增强人们的精神力量，促进人的全面发展。社会主义文化的精神实质与人民大众的思想和要求息息相通。只有这种由人民群众创造并为人民群众服务的文化，才能在中国特色社会主义的伟大事业中更好地发挥凝聚和激励人民群众的作用。

---

① 毛泽东．毛泽东选集：第 2 卷．2 版．北京：人民出版社，1991：706．
② 邓小平．邓小平文选：第 2 卷．2 版．北京：人民出版社，1994：210．
③ 同②91．

三、中国特色社会主义文化建设的根本目标和基本方针

人是文化的创造者，又是文化的享有者和传承者。文化建设的目标和方针都是根据人发展的需要制定的。建设中国特色社会主义文化，归根到底是为了满足人民群众日益增长的精神文化需要，不断丰富人们的精神世界，增强人们的精神力量，促进人的全面发展。

（一）中国特色社会主义文化建设的根本目标

中国特色社会主义文化建设，要以马克思列宁主义、毛泽东思想、邓小平理论、“三个代表”重要思想、科学发展观、习近平新时代中国特色社会主义思想为指导，着力提高全民族的思想道德素质和科学文化素质，以培育有理想、有道德、有文化、有纪律的公民为目标。要坚持中国特色社会主义文化发展道路，激发全民族文化创新创造活力，坚定文化自信，建设社会主义文化强国。

新中国成立后，毛泽东对广大青年提出了“身体好、学习好、工作好”的希望，要求青年坚持走“又红又专”的道路，并提出德、智、体全面发展的教育方针，把德、智、体全面发展作为培养社会主义事业接班人的重要标准。党的十一届三中全会以后，邓小平把新时期社会主义事业接班人的基本要求概括为“四有”，即有理想、有道德、有文化、有纪律。在推进中国特色社会主义事业的实践中，结合发展了的实际，江泽民指出，要着力提高全民族的思想道德素质和科学文化素质，为经济发展和社会全面进步提供强大的精神动力与智力支持，培育适应社会主义现代化要求的一代又一代有理想、有道德、有文化、有纪律的公民，并强调这是我国文化建设长期而艰巨的任务。

“四有”是建设社会主义对人才素质提出的综合要求。其中，有理想、有道德、有纪律，是对公民思想道德素质方面的要求；有文化则是对公民科学文化素质方面的要求。思想道德素质和科学文化素质有机统一、协调发展。这就要求我们在社会主义文化建设中，始终按照“四有”这样一个整体的科学标准去培养人才，提高人的素质，正确认识有理想、有道德、有文化、有纪律四个方面的有机联系。

理想是目标。人生的理想决定着一个人的发展方向，社会主义、共产主义的理想信念，决定着社会主义现代化建设事业的根本方向。树立崇高的理想和信念，既是建设中国特色社会主义的长远目标，也是发展中国特色社会主义文化的客观要求。实现社会主义现代化，需要一代又一代胸怀远大理想、勇于开拓创新的人才为之奋斗。在我们前进的道路上，还有许多困难需要克服，只有靠理想和信念，才能团结人民、坚定信心去争取胜利。正如邓小平所指出的那样：“我们一定要经常教育我们的人民，尤其是我们的青年，要有理想。”①

道德是基础。道德是一种社会意识形态，它是调整人与人之间以及个人与社会之间关系的行为规范的总和。在社会主义制度下，我们所提倡的是集体主义的思想道德，其

① 邓小平．邓小平文选：第3卷．北京：人民出版社，1993：110.

核心是全心全意为人民服务。同时，又要进行爱国主义、集体主义和艰苦奋斗的教育，引导人们树立正确的世界观、人生观和价值观。随着社会主义市场经济体制的建立，与社会主义市场经济相适应的新的思想道德观念不断被催生出来，同时市场经济自身的缺陷及消极因素也反映到人们的思想道德和人与人的关系上来，更应该不断提高全民族的思想道德水平。教育全体公民具有社会主义的思想道德，不仅对于提高全民族的整体素质有着不可替代的作用，而且对于整个社会主义事业具有特别重要的意义。

文化是条件。有文化，是指社会主义公民应当具有良好的现代科学文化素质，拥有建设社会主义所必需的科学文化知识，这是衡量一个国家和民族文明程度的重要标志。文化科学知识可以使人明德达理、陶冶心灵、提高识别善恶是非的能力。掌握丰富的科学文化知识，不仅有助于人们坚定共产主义的理想信念，而且有助于人们培养良好的思想道德，促进社会主义道德规范的形成，从而成为全面发展的人。在我们这样一个有十几亿人口、资源相对不足、经济文化比较落后的国家，发展科学文化事业，提高人的科技文化素质，“把经济建设转到依靠科技进步和提高劳动者素质的轨道上来，真正把教育摆在优先发展的战略地位，努力提高全民族的思想道德素质和科学文化素质”①，是实现现代化的根本大计。

纪律是保证。有纪律就是要遵纪守法，这是“四有”公民所必备的重要素质，也是公民维护和发展自身权益的条件，是社会稳定、经济发展的保障。纪律是指社会的各种组织要求所属成员共同遵守业已确立的秩序、执行命令和履行职责的一种行为规范。有纪律是实现有理想的保证，有了理想，还要有纪律才能实现。邓小平指出：“我们历来提倡有理想、有道德、有文化、有纪律，其中最重要的是有理想、有纪律。”②“理想就是社会主义现代化……要搞四个现代化，使中国发展起来，就要有纪律、有秩序地进行建设。”③ 没有严格的组织纪律做保证，再远大美好的理想也只是一句空话。

以培育“四有”新人为目标，切实提高全民族的思想道德素质和科学文化素质，是社会主义现代化建设的需要。社会主义现代化建设既需要劳动者具有高度的思想觉悟和道德水平，又需要有严格的纪律和较高的科学文化水平。“四有”是现代条件下衡量人的综合素质的科学标准。这四个方面的内容相辅相成，构成培育社会主义新人的完整体系，成为社会主义文化建设的目标。

文化强国是指一个国家具有强大的文化力量。这种力量既表现为具有高度文化素养的国民，也表现为发达的文化产业，还表现为强大的文化软实力。当今时代，文化在综合国力竞争中的地位日益重要，谁占据了文化发展的制高点，谁就能够更好地在激烈的国际竞争中掌握主动权。建设社会主义文化强国，就是要着力推动社会主义先进文化更加深入人心，不断开创全民族文化创造活力持续迸发、社会文化生活更加丰富多彩、人民基本文化权益得到更好保障、人民思想道德素质和科学文化素质全面提高、中华文化影响力不断增强的新局面，建设中华民族共有精神家园。

建设社会主义文化强国，必须坚定文化自信，提高国家文化软实力。坚定文化自信，

---

① 江泽民．江泽民文选：第1卷．北京：人民出版社，2006：369.

②③ 邓小平．邓小平文选：第3卷．北京：人民出版社，1993：209.

事关国运兴衰，事关文化安全，事关民族精神的独立性。文化自信来自历史积淀、来自时代潮流、来自创造创新。既要看到我国文化发展的辉煌成就和积极态势，又要清醒认识我国文化发展的历史和现状，更好地把握文化发展的规律，积极应对全球文化发展的挑战，以主动担当的精神加快文化发展步伐，在传承中华优秀传统文化的基础上发展社会主义先进文化。文化软实力集中体现了一个国家基于文化而具有的凝聚力和生命力，以及由此产生的吸引力和影响力。提高国家文化软实力，要努力弘扬中华文化的优秀品质和精神，推进中华文化在新时代的创新发展，不断展示中华文化的永恒魅力，努力夯实国家文化软实力的根基；要讲好中国故事，传播好中国声音，阐释好中国特色，注重国家形象塑造，增强对外话语的创造力、感召力和公信力，提高国际话语权；要不断拓展对外传播平台和载体，创新对外话语表达方式和传播渠道，使当代中国价值观念走向世界，提高当代中国价值观念的国际影响力和认同度。

坚定文化自信，建设社会主义文化强国，必须推动文化事业和文化产业发展繁荣。要以马克思主义为指导，坚守中华文化立场，立足当代中国现实，结合当今时代条件，发展面向现代化、面向世界、面向未来的，民族的科学的大众的社会主义文化，走中国特色社会主义文化发展道路，建设中国特色社会主义文化。我们要担负起新的文化使命，在实践创造中进行文化创造，在历史进步中实现文化进步。

（二）中国特色社会主义文化建设的基本方针

中国共产党在领导中国特色社会主义文化建设的实践中，坚持以马克思主义为指导，坚持为人民服务、为社会主义服务的方向，坚持百花齐放、百家争鸣的方针，坚持贴近实际、贴近生活、贴近群众，积极推进文化创新，不断深化对文化发展规律的认识，形成了指导社会主义文化建设的一系列重要方针和原则。

第一，坚持以马克思主义为指导。中国特色社会主义文化建设必须坚持以马克思主义为指导。江泽民强调指出：“坚持马克思列宁主义、毛泽东思想的指导地位，是我们立党立国的根本，也是社会主义文化建设的根本，决定着我国文化事业的性质和方向。只有这样，我们的文化建设才能沿着正确的道路健康发展，抵制和消除一切落后的腐朽的思想文化影响，不断创造出先进的健康的社会主义崭新文化，培养出适应社会主义现代化建设需要的有理想、有道德、有文化、有纪律的新人。”① 党的十八大明确指出，要推进马克思主义中国化时代化大众化，坚持不懈用中国特色社会主义理论体系武装全党、教育人民，深入实施马克思主义理论研究和建设工程，建设哲学社会科学创新体系，推动中国特色社会主义理论体系进教材进课堂进头脑。广泛开展理想信念教育，把广大人民团结凝聚在中国特色社会主义伟大旗帜之下。党的十九大提出，发展中国特色社会主义文化，就是以马克思主义为指导，坚守中华文化立场，立足当代中国现实，结合当今时代条件，发展面向现代化、面向世界、面向未来的，民族的科学的大众的社会主义文化，推动社会主义精神文明和物质文明协调发展。党的二十大提出，我们要坚持马克思主义在意识形态领域指导地位的根本制度，坚持创造性转化、创新性发展，以社会主义

① 江泽民．江泽民文选：第1卷．北京：人民出版社，2006：158－159.

核心价值观为引领，发展社会主义先进文化，弘扬革命文化，传承中华优秀传统文化，满足人民日益增长的精神文化需求，巩固全党全国各族人民团结奋斗的共同思想基础，不断提升国家文化软实力和中华文化影响力①。

第二，坚持为人民服务、为社会主义服务的方向。为什么人的问题，是文化建设的根本问题。人民是社会物质财富的创造者，也是精神财富的创造者。一切进步文化，都源于人民、为了人民、属于人民。人民创造历史的活动，是文化建设的丰厚土壤和源头活水。要坚持以人民为中心，尊重人民主体地位，保障人民文化权益，鼓励人民参与文化创新创造，实现满足人民文化需求和增强人民精神力量相统一。社会主义文化必须坚持为人民服务，充分体现人民的利益和愿望，满足人民不同层次的、多方面的、丰富的、健康的精神需要，激发人民建设社会主义的积极性，不仅决定着文化建设的目标和方向，也决定着文化的性质。建设中国特色社会主义文化，必须坚持为人民服务、为社会主义服务的方向，把满足人民群众的精神文化需求作为文化建设的出发点和落脚点，不断促进人们思想道德素质和科学文化素质的提高，努力实现最广大人民的文化利益，满足人民群众多层次、多样化、多方面的精神文化需求。

第三，坚持百花齐放、百家争鸣的方针。“双百”方针是毛泽东在20世纪50年代中期提出的。百花齐放，是指艺术上的不同形式和不同风格可以自由发展；百家争鸣，是指科学上不同的学派可以自由争论。这是促进艺术发展、科学进步，繁荣社会主义文化的正确方针。新的历史时期，邓小平强调指出：“我们要永远坚持百花齐放、百家争鸣的方针。”②“双百”方针是对我国文化建设经验教训的深刻总结，反映了文化发展的内在规律。在宪法规定的范围内，努力营造生动活泼、求真务实的良好氛围，充分发扬学术民主和艺术民主，在学术问题上提倡不同观点和学派的自由讨论，在艺术创作上提倡不同艺术风格和流派的争鸣与切磋，提倡健康说理的批评和反批评，防止用行政的力量去强制推行一种风格、一种学派，禁止另一种风格、另一种学派。坚持“双百”方针，要注意区分学术问题、思想认识问题和政治问题的界限。坚持弘扬主旋律，提倡多样化，并使二者统一起来，努力创作出更多更好的既反映时代精神，又为人民群众所喜闻乐见的优秀作品。

第四，坚持贴近实际、贴近生活、贴近群众，不断推进文化创新。社会主义先进文化建设必须坚持以人为本，符合贴近实际、贴近生活、贴近群众的基本原则，发挥人民在文化建设中的主体作用，实现文化发展为了人民，文化发展依靠人民，文化发展成果由人民共享，促进人的全面发展。人民群众建设中国特色社会主义的生动实践，是文化发展与创新的丰厚土壤和不竭源泉。文化建设只有坚持“三贴近”，才能回答和解决现实问题、反映生活本质、满足群众的文化需求。坚持“三贴近”的方针，就要立足于社会主义初级阶段的实际，深入改革开放和现代化建设的实践，不断推进文化观念、体制机制的改革及内容、形式、手段的创新，增强文化发展活力；就要尊重人民群众的主体地位和首创精神，准确把握人民群众精神文化需求发展变化的特点，积极探索新形势下服

---

① 习近平．高举中国特色社会主义伟大旗帜　为全面建设社会主义现代化国家而团结奋斗：在中国共产党第二十次全国代表大会上的报告．北京：人民出版社，2022：43.

② 邓小平．邓小平文选：第2卷．2版．北京：人民出版社，1994：256.

务群众的有效途径和办法，多给人民群众提供新的优秀精神文化产品。

第五，坚持继承和发扬民族优秀文化传统，同时吸收和借鉴人类文明成果的方针。文化既承接着过去又昭示着未来，既是民族的又是世界的。每一个国家和民族在走向现代化的历程中，都面临着既要保留自己的文化传统，又要吸收外来文化营养的问题。建设中国特色社会主义文化，一方面，要继承中华民族的优秀文化传统，并使之在新的历史条件下发扬光大；另一方面，又要博采众长，积极借鉴和吸收人类文明的共同成果。对于民族传统文化要取其精华、去其糟粕，并结合时代的特点加以发展，推陈出新，使它不断发扬光大。建设中国特色社会主义文化，离不开人类文明的共同成果。文化上的对外开放和交流是中国特色社会主义文化建设的重要条件。要坚持以我为主、为我所用的原则，开展多种形式的对外文化交流，博采世界各国文化之长，广泛地吸取营养来发展自己，并向世界展示中国文化的建设成就，增强中华文化的国际影响力。

第六，坚持一手抓繁荣、一手抓管理的方针。繁荣是文化建设的永恒主题，管理是文化繁荣发展的有力保障，两者紧密联系，相互促进。文化发展重在建设，要把文化建设作为一个长期推进的过程。加强和改善党对文化工作的领导，是建设社会主义文化强国的根本保证，也是加强党的执政能力建设和先进性建设的内在要求。必须从战略和全局出发，把握文化发展规律，健全领导体制机制，改进工作方式方法，增强领导文化建设本领。要坚持科学管理、依法管理，综合运用法律、行政、经济、行业自律等手段，推进文化领域管理工作的法制化、规范化、制度化建设；要树立新的文化发展观，积极推进文化体制改革，解放和发展文化生产力。

四、中国特色社会主义文化建设的战略地位

中国特色社会主义文化建设，是整个中国特色社会主义事业的重要组成部分，反映了社会主义发展的本质要求，在社会主义现代化建设中具有十分重要的战略地位。

第一，中国特色社会主义文化是中国特色社会主义的重要组成部分。中国特色社会主义是经济、政治、文化、社会和生态协调发展的整体。我们进行社会主义现代化的目的，是把我国建设成为一个富强民主文明和谐美丽的社会主义现代化强国。物质贫穷不是社会主义；没有民主就没有社会主义；愚昧无知，失去理想，精神贫乏也不是社会主义；没有安定和谐的社会秩序也无法建设社会主义；而生态文明建设则对社会主义提出了更高的要求。发展中国特色社会主义文化、建设社会主义精神文明，是社会主义经济、政治、社会和生态基本特征在观念形态上的反映，同时，又对经济政治和社会建设起着巨大的促进作用。文化建设为经济建设、政治建设、社会建设、生态文明建设营造稳定的文化氛围、良好的环境条件。只有经济、政治、文化、社会、生态文明建设相互促进、协调发展，中国特色社会主义事业才能健康发展。只有物质文明、政治文明、精神文明、社会文明和生态文明都搞好，才能实现社会主义现代化，从根本上建设和发展中国特色社会主义。

第二，中国特色社会主义文化是综合国力的重要标志，是凝聚和激励全国各族人民的重要力量。综合国力，是一个国家所拥有的赖以存在和发展的全部实力的总和。综合

国力，主要是经济实力、技术实力，这种物质力量是基础，但也离不开民族精神、民族凝聚力，精神力量也是综合国力的重要组成部分。党的十八大明确指出，文化实力和竞争力是国家富强、民族振兴的重要标志。党的十九大指出，文化兴国运兴，文化强民族强。没有高度的文化自信，没有文化的繁荣兴盛，就没有中华民族伟大复兴。党的二十大提出，推进文化自信自强，铸就社会主义文化新辉煌。中华民族历经磨难而绵延不绝，一个重要原因就是有着深厚的文化传统和强烈的文化认同。一个民族的觉醒首先是文化的觉醒，一个国家的强盛离不开文化的支撑。任何社会的生存和发展，都需要有一种普遍的社会认同和凝聚能力，以维护社会的协调与稳定，这种社会认同和凝聚能力主要来源于文化。文化作为一种软实力体现着一个国家或地区的文化发展状况和建设成果，蕴含着推动经济与社会全面发展的精神动力和智力因素，其核心是国民整体素质的提高和人的创新能力的充分发挥。建设中国特色社会主义文化是提高综合国力、实现社会主义现代化的战略需要。随着世界多极化、经济全球化的深入发展和科学技术的日新月异，文化与经济、政治相互交融的程度不断加深，与科学技术的结合更加紧密，经济的文化含量日益提高，文化的经济功能越来越强，文化已经成为国家核心竞争力的重要因素。中国特色社会主义文化必将通过知识体系、价值观念、思想信仰和行为规范，对广大社会成员产生巨大的凝聚和激励作用。

第三，中国特色社会主义文化是社会主义现代化建设的重要目标与思想保证。党的十九大指出，满足人民过上美好生活的新期待，必须提供丰富的精神食粮。全面建设社会主义现代化国家既需要殷实富足的物质生活，也需要健康丰富的文化生活。党的二十大指出，中国式现代化是物质文明和精神文明相协调的现代化。物质富足、精神富有是社会主义现代化的根本要求。物质贫困不是社会主义，精神贫乏也不是社会主义。我们不断厚植现代化的物质基础，不断夯实人民幸福生活的物质条件，同时大力发展社会主义先进文化，加强理想信念教育，传承中华文明，促进物的全面丰富和人的全面发展①。现在，人们的精神文化需求日趋旺盛，全社会求知求乐求美的愿望更加强烈。与之相比，我国文化发展的总体水平还不高，同经济社会发展不相适应，同全面建设社会主义现代化国家的要求不相适应，同人民群众日益增长的精神文化需求不相适应。这就迫切要求我们把发展社会生产力同提高全民族的文明素质结合起来，进一步加大文化建设力度，加快文化发展步伐，更好地满足人们的精神需求，丰富人们的精神世界，增强人们的精神力量，促进人的全面发展。中国特色社会主义文化能够使人们在共同利益的基础上，形成共同理想和道德准则，进而激发劳动者的生产热情，从而为社会主义现代化建设提供精神动力；能够培养国家所需要的各方面的人才，提高劳动者的科学文化素质，开发人的智力资源，使蕴藏在人民群众中无穷无尽的创造力发挥出来，从而为改革开放和社会主义现代化建设提供强有力的智力支持；能够引导人们认同和接受社会主义制度，帮助人民树立正确的世界观、人生观和价值观，从而为改革开放和社会主义现代化建设提供强有力的思想保证。

---

① 习近平．高举中国特色社会主义伟大旗帜　为全面建设社会主义现代化国家而团结奋斗：在中国共产党第二十次全国代表大会上的报告．北京：人民出版社，2022：22－23.

第二节　培育和践行社会主义核心价值观

一、社会主义核心价值体系的提出及意义

一个民族、一个国家在其发展过程中，都要由社会成员普遍认同的价值体系来维持。在这个价值体系中居于核心地位、起主导作用的就是核心价值体系。核心价值体系是维系一个社会的精神纽带，是推动经济社会全面发展的精神动力，是指引社会前进方向的精神旗帜。社会主义核心价值体系是在我国经济体制深刻变革、社会结构深刻变动、利益格局深刻调整、思想观念深刻变化的新形势下，总结新中国成立以来，特别是改革开放以来思想道德建设和文化建设经验的基础上提出来的。在此之前，虽然没有正式提出这一概念，但社会主义核心价值体系的基本内涵和主要内容一直是思想道德建设的重要构成内容。

新中国成立以来，“共同理想”一直是中国共产党团结全体人民、发展党派民族关系极为重要的口号。改革开放以来，“有理想”成为“四有”公民的第一条标准。1986年，党的十二届六中全会通过的《中共中央关于社会主义精神文明建设指导方针的决议》提出了“用共同理想动员和团结全国各族人民”的历史任务。1996年，党的十四届六中全会把“在全民族牢固树立建设有中国特色社会主义的共同理想”确定为今后15年精神文明建设的最主要目标之一。党的十五大提出，在全社会形成共同理想和精神支柱，是有中国特色社会主义文化建设的根本。党的十六届六中全会，正式把“中国特色社会主义共同理想”作为社会主义核心价值体系的重要内容。

中国共产党一贯重视弘扬和培育民族精神。新中国成立后，毛泽东多次强调要把民族自信心提高起来。邓小平也指出，必须发扬爱国主义精神，提高民族自尊心和民族自信心。1994年，中共中央在《爱国主义教育实施纲要》中强调，开展爱国主义教育的目的是振奋民族精神，增强民族凝聚力。党的十六大首次对民族精神的内涵做了全面概括：在5 000多年的发展中，中华民族形成了以爱国主义为核心的团结统一、爱好和平、勤劳勇敢、自强不息的伟大民族精神。2003年12月，胡锦涛在全国宣传思想工作会议上提出，坚持把弘扬和培育民族精神作为宣传思想战线极为重要的任务。党的十六届六中全会，把以爱国主义为核心的民族精神作为社会主义核心价值体系的重要内容。

时代精神是民族精神在特定时代条件下的展现。党在各个历史时期都十分重视时代精神的总结和宣传，形成了井冈山精神、长征精神、延安精神、抗战精神、大庆精神、雷锋精神等不同的时代精神。在2003年召开的全国宣传思想工作会议上，胡锦涛强调，要宣传和弘扬解放思想、锐意改革、艰苦创业、开拓创新的精神。在2006年召开的党的十六届六中全会上，以改革创新为核心的时代精神与以爱国主义为核心的民族精神一起被确立为社会主义核心价值体系的基本内容。

知荣知耻是中华民族的传统美德。党历来重视荣辱观教育。改革开放以来，邓小平强调指出：“中国人民有自己的民族自尊心和自豪感，以热爱祖国、贡献全部力量建设社

会主义祖国为最大光荣，以损害社会主义祖国利益、尊严和荣誉为最大耻辱。”[①] 江泽民指出，要在全党全社会大力提倡高尚的社会主义思想道德和发扬中华民族优良的传统，以艰苦奋斗、勤俭朴素为荣，以铺张浪费、奢侈挥霍为耻。2006 年 3 月，胡锦涛在看望出席全国政协十届四次会议的民盟、民进界委员时发表讲话，明确提出了社会主义荣辱观。在党的十六届六中全会上，这一思想亦被确立为社会主义核心价值体系的重要内容。

2006 年 10 月，党的十六届六中全会通过的《中共中央关于构建社会主义和谐社会若干重大问题的决定》，第一次鲜明地提出了建设社会主义核心价值体系的重大命题，明确了核心价值体系的基本内容，把社会主义核心价值体系概括为四个方面，即马克思主义指导思想、中国特色社会主义共同理想、以爱国主义为核心的民族精神和以改革创新为核心的时代精神、社会主义荣辱观。这四个方面的内容，相互联系、相互贯通、相互促进，是一个有机统一的整体，都是社会主义意识形态最重要的组成部分。强调“社会主义核心价值体系是建设和谐文化的根本”，要“建设社会主义核心价值体系”。党的十七大对建设社会主义核心价值体系进行了总体部署，强调要建设社会主义核心价值体系，增强社会主义意识形态的吸引力和凝聚力。党的十八大进一步指出，社会主义核心价值体系是兴国之魂，决定着中国特色社会主义发展方向。要深入开展社会主义核心价值体系学习教育，用社会主义核心价值体系引领社会思潮、凝聚社会共识。党的十九大强调必须坚持社会主义核心价值体系，指出文化自信是一个国家、一个民族发展中更基本、更深沉、更持久的力量。必须坚持马克思主义，牢固树立共产主义远大理想和中国特色社会主义共同理想，培育和践行社会主义核心价值观，不断增强意识形态领域主导权和话语权，推动中华优秀传统文化创造性转化、创新性发展，继承革命文化，发展社会主义先进文化，不忘本来、吸收外来、面向未来，更好构筑中国精神、中国价值、中国力量，为人民提供精神指引。党的二十大指出，全面建设社会主义现代化国家，必须以社会主义核心价值观为引领，发展社会主义先进文化，弘扬革命文化，传承中华优秀传统文化，满足人民日益增长的精神文化需求，巩固全党全国各族人民团结奋斗的共同思想基础，不断提升国家文化软实力和中华文化影响力。

社会主义核心价值体系是社会主义制度的内在精神和生命之魂，是中国共产党一贯倡导的思想道德和价值观念的集中体现，是中华民族传统美德在新的时代条件下的丰富和发展。社会主义核心价值体系首次将党所倡导的思想和人民所认同的价值观念有机统一起来，确立为社会的主流价值体系，为统一思想、维护和谐提供了思想基础和共同纽带。

二、牢牢掌握意识形态领域工作领导权

党的十九大提出，牢牢掌握意识形态工作领导权。意识形态关乎旗帜、关乎道路、关乎国家政治安全，意识形态决定文化前进方向和发展道路。必须推进马克思主义中国化时代化大众化，建设具有强大凝聚力和引领力的社会主义意识形态，使全体人民在理

① 邓小平．邓小平文选：第 3 卷．北京：人民出版社，1993：3.

想信念、价值理念、道德观念上紧紧团结在一起。党的二十大提出，建设具有强大凝聚力和引领力的社会主义意识形态。意识形态工作是为国家立心、为民族立魂的工作。掌握意识形态工作领导权，要旗帜鲜明坚持马克思主义指导地位。马克思主义深刻揭示了自然界、人类社会、人类思维发展的普遍规律，为人类社会发展进步指明了方向。马克思主义坚持实现人民解放、维护人民利益的立场，以实现人的自由而全面的发展和全人类解放为己任，反映了人类对理想社会的美好憧憬。马克思主义是中国共产党的根本指导思想，是立党立国的根本。坚持以马克思主义为指导要贯穿党和国家各项工作的始终，必须旗帜鲜明、毫不动摇。坚持以马克思主义为指导，必须深化对马克思主义基本理论的学习和掌握，用马克思主义的科学理论武装头脑，运用马克思主义的立场、观点和方法解决现实问题，不断推进马克思主义中国化时代化大众化，把马克思主义与中国的具体实际相结合，与时俱进地坚持和发展马克思主义，坚定不移地捍卫马克思主义在意识形态领域的指导地位。既不能背离马克思主义，也不能离开当代中国实际，教条化地理解马克思主义。

掌握意识形态工作领导权，要加快构建中国特色哲学社会科学。党的十九大提出，深化马克思主义理论研究和建设，加快构建中国特色哲学社会科学，加强中国特色新型智库建设。党的二十大提出，深入实施马克思主义理论研究和建设工程，加快构建中国特色哲学社会科学学科体系、学术体系、话语体系，培育壮大哲学社会科学人才队伍。加强全媒体传播体系建设，塑造主流舆论新格局①。哲学社会科学是人们认识世界、改造世界的重要工具，是推动历史发展和社会进步的重要力量，与意识形态工作密切相关，哲学社会科学工作开展得好与坏，对马克思主义指导地位的巩固至关重要。构建中国特色哲学社会科学，能够保证意识形态工作的方向和立场，是掌握意识形态工作领导权的内在要求。加快构建中国特色哲学社会科学的首要任务是旗帜鲜明坚持以马克思主义为指导，深化马克思主义理论研究和建设，克服马克思主义被边缘化、空泛化、标签化，在哲学社会科学学科中“失语”、教材中“失踪”、论坛上“失声”的倾向，自觉把中国特色社会主义理论贯穿研究和教学全过程，转化为清醒的理论自觉、坚定的政治信念、科学的思维方法。要按照立足中国、借鉴国外，挖掘历史、把握当代，关怀人类、面向未来的思路，着力构建中国特色哲学社会科学，在指导思想、学科体系、学术体系、话语体系等方面充分体现中国特色、中国风格、中国气派；要实施哲学社会科学创新工程，搭建哲学社会科学创新平台，全面推进哲学社会科学各领域创新；同时还要注重建设中国特色新型智库，以智库建设为依托充分发挥哲学社会科学资政育人功能，为哲学社会科学工作者立时代之潮头、通古今之变化、发思想之先声，为党和人民述学立论、建言献策搭建平台。智库建设要把重点放在提高研究质量、推动内容创新上，要加强决策部门同智库的信息共享和互动交流，把党政部门政策研究同智库对策研究紧密结合起来，引导和推动智库建设健康发展、更好发挥作用。

掌握意识形态工作领导权，要坚持正确的舆论导向。习近平总书记指出，“要坚持以

---

①　习近平．高举中国特色社会主义伟大旗帜　为全面建设社会主义现代化国家而团结奋斗：在中国共产党第二十次全国代表大会上的报告．北京：人民出版社，2022：43－44.

正确舆论引导人，做到所有工作都有利于坚持中国共产党领导和我国社会主义制度，有利于推动改革发展，有利于增进全国各族人民团结，有利于维护社会和谐稳定”①。舆论历来是影响社会发展的重要力量，正确的舆论导向是新闻舆论工作的灵魂和生命。舆论导向正确是党和人民之福，舆论导向错误是党和人民之祸。好的舆论可以成为发展的“推进器”、民意的“晴雨表”、社会的“黏合剂”、道德的“风向标”，不好的舆论可以成为民众的“迷魂汤”、社会的“分离器”、杀人的“软刀子”、动乱的“催化剂”。党的十九大提出，高度重视传播手段建设和创新，提高新闻舆论传播力、引导力、影响力、公信力。掌握意识形态工作领导权，必须坚持正确的舆论导向，以正确的舆论引导人，让主旋律更加响亮、正能量更加强劲，文化自信得到充分彰显。

掌握意识形态工作领导权，要建设风清气正的网络空间。党的十九大提出，加强互联网内容建设，建立网络综合治理体系，营造清朗的网络空间。党的二十大进一步指出，健全网络综合治理体系，推动形成良好网络生态。中国互联网络信息中心（CNNIC）发布的第53次《中国互联网络发展状况统计报告》显示，截至2023年12月，我国网民规模达10.92亿人，较2022年12月增长2 480万人，互联网普及率达77.5%。互联网已成为最重要的舆论传播和意识形态工作的主渠道主阵地。网络空间天朗气清、生态良好，符合人民利益。要加强网络空间的建设和管理，打造网络意识形态的坚强阵地，唱响主旋律、发出好声音、凝聚正能量，形成强势的网络主流舆论，构建风清气正的网络意识形态主阵地。大力净化网上舆论环境，坚决抵制各种错误思潮和观点，坚决守住网络舆论阵地。要本着对社会负责、对人民负责的态度，依法加强网络空间治理，建立网络综合治理体系。尤其要加强网络内容建设，做强网上正面宣传，加强网上舆论引导，把握好网上舆论引导的时、度、效，培育积极健康、向上向善的网络文化，营造一个风清气正的网络空间。意识形态工作者必须具有网络思维、掌握网络技术、运用网络手段，进行有针对性的灵活多样的舆论引导和思想教育。

掌握意识形态工作领导权，要落实好意识形态工作责任制。建立意识形态工作责任制，是加强党对意识形态工作领导的重大举措。党的十九大提出，落实意识形态工作责任制，加强阵地建设和管理，注意区分政治原则问题、思想认识问题、学术观点问题，旗帜鲜明反对和抵制各种错误观点。党的二十大进一步指出，牢牢掌握党对意识形态工作领导权，全面落实意识形态工作责任制，巩固壮大奋进新时代的主流思想舆论。健全用党的创新理论武装全党、教育人民、指导实践工作体系②。落实意识形态责任制，根本在于加强组织领导，强化责任担当。总的要求是敢抓敢管、敢于亮剑，做到守土有责、守土负责、守土尽责。要及时掌握意识形态形势和动态，对各种政治性、原则性、导向性问题要敢抓敢管，对各种错误思想必须敢于亮剑，帮助明辨是非。要增强责任担当，旗帜鲜明支持正确思想言论，要加强阵地建设和管理，落实主体责任，防止给错误思想观点传播提供渠道。

---

① 习近平．论党的宣传思想工作．北京：中央文献出版社，2020：185.

② 习近平．高举中国特色社会主义伟大旗帜　为全面建设社会主义现代化国家而团结奋斗：在中国共产党第二十次全国代表大会上的报告．北京：人民出版社，2022：43.

三、积极培育和践行社会主义核心价值观

习近平总书记指出，核心价值观是一个民族赖以维系的精神纽带，是一个国家共同的思想道德基础。如果没有共同的核心价值观，一个民族、一个国家就会魂无定所、行无依归。为什么中华民族能够在几千年的历史长河中生生不息、薪火相传、顽强发展呢？很重要的一个原因就是中华民族有一脉相承的精神追求、精神特质、精神脉络[①]。核心价值观是文化软实力的灵魂、文化软实力建设的重点。这是决定文化性质和方向的最深层次要素。

社会主义核心价值观包括三个层面，即国家层面的富强、民主、文明、和谐，社会层面的自由、平等、公正、法治，公民个人层面的爱国、敬业、诚信、友善。三个层面的价值要求融为一体，既体现了社会主义本质要求，继承了中华优秀传统文化，也吸收了世界文明有益成果，体现了时代精神，是当代中国精神的集中体现，凝结着全体人民共同的价值追求。

社会主义核心价值观是在社会主义核心价值体系基础上提炼出来的。党的十六届六中全会把社会主义核心价值体系概括为四个方面，即马克思主义指导思想、中国特色社会主义共同理想、以爱国主义为核心的民族精神和以改革创新为核心的时代精神、社会主义荣辱观。这四个方面的内容，相互联系、相互贯通、相互促进，是一个有机统一的整体。社会主义核心价值观是社会主义核心价值体系的内核凝练和集中表达，体现着社会主义核心价值体系的根本性质和基本特征，反映着社会主义核心价值体系的丰富内涵和实践要求。社会主义核心价值观和社会主义核心价值体系都体现了社会主义意识形态的本质要求，体现了社会主义制度在思想和精神层面的质的规定性，凝结着社会主义先进文化的精髓，是中国特色社会主义道路、理论、制度和文化的价值表达，是实现中华民族伟大复兴中国梦的价值引领。

培育和践行社会主义核心价值观，要以培养担当民族复兴大任的时代新人为着眼点。时代新人既是传播社会主义核心价值观的主力军，又是社会主义核心价值观的主体践行者。青年的价值取向决定了未来整个社会的价值取向，而青年又处在价值观形成和确立的关键时期，抓好这一时期的价值观养成十分重要。这就像穿衣服扣扣子一样，如果第一粒扣子扣错了，剩余的扣子都会扣错。人生的扣子从一开始就要扣好。坚定对社会主义核心价值观的认同，将社会主义核心价值观转化为情感认同和自觉行为，发挥时代新人的积极性、主动性和创造性，使其投身到社会主义核心价值观的传播中，在勤学、修德、明辨、笃实方面做出表率，养成日常行为准则，用自己的言行感染周围的人，当好践行社会主义核心价值观的先锋和模范。

培育和践行社会主义核心价值观，要把社会主义核心价值观融入社会生活各个方面。要强化教育引导、实践养成、制度保障，发挥社会主义核心价值观对国民教育、精神文明创建、精神文化产品创作生产和传播的引领作用。要将社会主义核心价值观融入社会

① 习近平．在文艺工作座谈会上的讲话．北京：人民出版社，2015：22.

生活，让人们在实践中感知它、领悟它，使社会主义核心价值观的养成成为一种习惯，在落细、落小、落实上下功夫。要把社会主义核心价值观的要求融入各种精神文明创建活动之中，让人民群众积极参与其中，培育文明新风尚，形成有利于培育和践行社会主义核心价值观的生活情境和社会氛围，使社会主义核心价值观体现在社会生活的方方面面，转化为人们的情感认同和行为习惯，成为人们生活的重要组成部分，要使社会主义核心价值观的影响像空气一样无所不在、无时不有。党的二十大提出广泛践行社会主义核心价值观。社会主义核心价值观是凝聚人心、汇聚民力的强大力量。弘扬以伟大建党精神为源头的中国共产党人精神谱系，用好红色资源，深入开展社会主义核心价值观宣传教育，深化爱国主义、集体主义、社会主义教育，着力培养担当民族复兴大任的时代新人。推动理想信念教育常态化制度化，持续抓好党史、新中国史、改革开放史、社会主义发展史宣传教育，引导人民知史爱党、知史爱国，不断坚定中国特色社会主义共同理想。用社会主义核心价值观铸魂育人，完善思想政治工作体系，推进大中小学思想政治教育一体化建设。坚持依法治国和以德治国相结合，把社会主义核心价值观融入法治建设、融入社会发展、融入日常生活①。

培育和践行社会主义核心价值观，要坚持全民行动、干部带头，从家庭做起、从娃娃抓起。全民行动就是要在全社会弘扬和培育社会主义核心价值观，使之成为全体人民的共同价值追求和自觉遵循的行为准则。干部带头就是要党员干部带头培育和践行社会主义核心价值观，以身作则发挥模范带头作用，以高尚人格感召群众、带动群众践行社会主义核心价值观。从家庭做起、从娃娃抓起就是要重视家庭建设，注重家庭美德、注重家教家风，促进家庭和睦，促进亲人相亲相爱，促进下一代健康成长，促进老年人老有所养。培育和践行社会主义核心价值观还必须从小抓起、从学校抓起。要把社会主义核心价值观的基本内容和要求渗透到学校教育教学之中，体现在学校日常管理中，做到进教材、进课堂、进头脑。

培育和践行社会主义核心价值观，必须立足中华优秀传统文化。党的十九大提出，深入挖掘中华优秀传统文化蕴含的思想观念、人文精神、道德规范，结合时代要求继承创新，让中华文化展现出永久魅力和时代风采。中华优秀传统文化是中华民族的精神命脉，是涵养社会主义核心价值观的重要源泉。习近平总书记指出："中华优秀传统文化已经成为中华民族的基因，植根在中国人内心，潜移默化影响着中国人的思想方式和行为方式。今天，我们提倡和弘扬社会主义核心价值观，必须从中汲取丰富营养，否则就不会有生命力和影响力。"② 中华文明绵延数千年，创造了博大精深的中华文化，有其独特的价值体系。培育和践行社会主义核心价值观，要利用好中华优秀传统文化蕴含的丰富的思想道德资源，深入挖掘中华优秀传统文化蕴含的思想观念、人文精神、道德规范，结合时代要求继承创新，推动中华传统文化创造性转化、创新性发展，让中华文化展现出永久魅力和时代风采，使其成为涵养社会主义核心价值观的重要源泉。党的二十大进一步提出，坚持和发展马克思主义，必须同中华优秀传统文化相结合。只有植根本国、

---

① 习近平．高举中国特色社会主义伟大旗帜 为全面建设社会主义现代化国家而团结奋斗：在中国共产党第二十次全国代表大会上的报告．北京：人民出版社，2022：44.

② 习近平．论党的宣传思想工作．北京：中央文献出版社，2020：75.

本民族历史文化沃土，马克思主义真理之树才能根深叶茂。中华优秀传统文化源远流长、博大精深，是中华文明的智慧结晶，其中蕴含的天下为公、民为邦本、为政以德、革故鼎新、任人唯贤、天人合一、自强不息、厚德载物、讲信修睦、亲仁善邻等，是中国人民在长期生产生活中积累的宇宙观、天下观、社会观、道德观的重要体现，同科学社会主义价值观主张具有高度契合性。我们必须坚定历史自信、文化自信，坚持古为今用、推陈出新，把马克思主义思想精髓同中华优秀传统文化精华贯通起来、同人民群众日用而不觉的共同价值观念融通起来，不断赋予科学理论鲜明的中国特色，不断夯实马克思主义中国化时代化的历史基础和群众基础，让马克思主义在中国牢牢扎根①。

习近平总书记在文化传承发展座谈会上指出，中华优秀传统文化有很多重要元素，共同塑造出中华文明的突出特性。中华文明具有突出的连续性，从根本上决定了中华民族必然走自己的路。如果不从源远流长的历史连续性来认识中国，就不可能理解古代中国，也不可能理解现代中国，更不可能理解未来中国。中华文明具有突出的创新性，从根本上决定了中华民族守正不守旧、尊古不复古的进取精神，决定了中华民族不惧新挑战、勇于接受新事物的无畏品格。中华文明具有突出的统一性，从根本上决定了中华民族各民族文化融为一体、即使遭遇重大挫折也牢固凝聚，决定了国土不可分、国家不可乱、民族不可散、文明不可断的共同信念，决定了国家统一永远是中国核心利益的核心，决定了一个坚强统一的国家是各族人民的命运所系。中华文明具有突出的包容性，从根本上决定了中华民族交往交流交融的历史取向，决定了中国各宗教信仰多元并存的和谐格局，决定了中华文化对世界文明兼收并蓄的开放胸怀。中华文明具有突出的和平性，从根本上决定了中国始终是世界和平的建设者、全球发展的贡献者、国际秩序的维护者，决定了中国不断追求文明交流互鉴而不搞文化霸权，决定了中国不会把自己的价值观念与政治体制强加于人，决定了中国坚持合作、不搞对抗，决不搞“党同伐异”的小圈子②。

第三节　加强思想道德建设和教育科学文化建设

一、加强思想道德建设

人民有信仰，国家有力量，民族有希望。要提高人民思想觉悟、道德水准、文明素养，提高全社会文明程度。思想道德建设解决的是整个中华民族的精神支柱和精神动力问题。在发展社会主义市场经济的过程中，把依法治国与以德治国紧密结合起来，加强社会主义思想道德建设，是建设社会主义文化强国的重要内容和中心环节，决定着中国特色社会主义发展的方向。

加强思想道德建设，要把社会主义核心价值体系建设作为首要任务，融入国民教育、精神文明建设全过程，贯穿改革开放和社会主义现代化建设各领域，体现到精神文化产

---

① 习近平．高举中国特色社会主义伟大旗帜　为全面建设社会主义现代化国家而团结奋斗：在中国共产党第二十次全国代表大会上的报告．北京：人民出版社，2022：18.

② 担负起新的文化使命　努力建设中华民族现代文明．人民日报，2023-06-03.

品创作生产方面，用社会主义核心价值体系引领社会思潮、凝聚社会共识。要坚持用马克思列宁主义、毛泽东思想、邓小平理论、“三个代表”重要思想、科学发展观、习近平新时代中国特色社会主义思想武装全党、教育人民，深入进行党的基本理论、基本路线、基本纲领和基本经验的教育；广泛开展理想信念教育，深化中国特色社会主义和中国梦宣传教育，弘扬民族精神和时代精神，加强爱国主义、集体主义、社会主义教育，引导人们树立正确的历史观、民族观、国家观、文化观。要坚持宣传教育、示范引导、实践养成与制度建设相衔接，倡导富强、民主、文明、和谐，倡导自由、平等、公正、法治，倡导爱国、敬业、诚信、友善，积极培育和践行社会主义核心价值观，并使之成为全体人民的共同价值追求。

加强思想道德建设，要全面提高公民道德素质。改革开放以来，我国公民道德建设取得长足进步，社会思想道德主流积极向上的同时，社会道德领域里还存在不少亟待解决的问题，道德失范、诚信缺失，理想信念冷漠、人生价值观扭曲，是非、善恶、美丑界限混淆，拜金主义、享乐主义、极端个人主义有所滋长，以权谋私、造假欺诈、见利忘义、损人利己现象时有发生。这些问题冲击着社会的道德底线，严重败坏社会风气，损害正常经济社会秩序。党的十八大提出，全面提高公民道德素质，要坚持依法治国和以德治国相结合，加强社会公德、职业道德、家庭美德、个人品德教育，弘扬中华传统美德，弘扬时代新风；推进公民道德建设工程，弘扬真善美、贬斥假恶丑，引导人们自觉履行法定义务、社会责任、家庭责任，营造劳动光荣、创造伟大的社会氛围，培育知荣辱、讲正气、作奉献、促和谐的良好风尚。党的十九大提出，深入实施公民道德建设工程，推进社会公德、职业道德、家庭美德、个人品德建设，激励人们向上向善、孝老爱亲，忠于祖国、忠于人民。加强和改进思想政治工作，深化群众性精神文明创建活动。弘扬科学精神，普及科学知识，开展移风易俗、弘扬时代新风行动，抵制腐朽落后文化侵蚀。推进诚信建设和志愿服务制度化，强化社会责任意识、规则意识、奉献意识。党的二十大进一步提出，提高全社会文明程度。实施公民道德建设工程，弘扬中华传统美德，加强家庭家教家风建设，加强和改进未成年人思想道德建设，推动明大德、守公德、严私德，提高人民道德水准和文明素养。统筹推动文明培育、文明实践、文明创建，推进城乡精神文明建设融合发展，在全社会弘扬劳动精神、奋斗精神、奉献精神、创造精神、勤俭节约精神，培育时代新风新貌。加强国家科普能力建设，深化全民阅读活动。完善志愿服务制度和工作体系。弘扬诚信文化，健全诚信建设长效机制。发挥党和国家功勋荣誉表彰的精神引领、典型示范作用，推动全社会见贤思齐、崇尚英雄、争做先锋①。

深入开展道德领域突出问题专项教育和治理，加强政务诚信、商务诚信、社会诚信和司法公信建设；加强和改进思想政治工作，注重人文关怀和心理疏导，培育自尊自信、理性平和、积极向上的社会心态；深化群众性精神文明创建活动，广泛开展志愿服务，推动学雷锋活动、学习宣传道德模范常态化。

---

① 习近平．高举中国特色社会主义伟大旗帜 为全面建设社会主义现代化国家而团结奋斗：在中国共产党第二十次全国代表大会上的报告．北京：人民出版社，2022：44－45.

加强思想道德建设，要把先进性要求同广泛性要求结合起来，鼓励支持一切有利于解放和发展社会主义生产力的思想道德，一切有利于国家统一、民族团结、社会进步的思想道德，一切有利于追求真善美、抵制假恶丑、弘扬正气的思想道德，一切有利于履行公民权利与义务、用诚实劳动争取美好生活的思想道德。建立与社会主义市场经济相适应、与社会主义法律规范相协调、与中华民族传统美德相承接的社会主义思想道德体系，团结和引导亿万人民积极向上，不断提高全民族的思想道德水平。

二、发展科学和教育事业

发展科学和教育事业是中国特色社会主义文化建设的基础，是增强国家综合国力和国际竞争力的决定性因素。综合国力竞争，科技是关键，教育是基础，人才是核心。大力发展社会主义科学和教育事业，实施科教兴国战略，是我们坚定不移的方针。党的二十大提出，教育、科技、人才是全面建设社会主义现代化国家的基础性、战略性支撑。必须坚持科技是第一生产力、人才是第一资源、创新是第一动力，深入实施科教兴国战略、人才强国战略、创新驱动发展战略，开辟发展新领域新赛道，不断塑造发展新动能新优势。我们要坚持教育优先发展、科技自立自强、人才引领驱动，加快建设教育强国、科技强国、人才强国，坚持为党育人、为国育才，全面提高人才自主培养质量，着力造就拔尖创新人才，聚天下英才而用之①。

发展科学技术事业，增强科技创新能力。马克思指出，劳动生产力是随着科学和技术的不断进步而不断发展的。纵观人类文明的发展史，科学技术的每一次重大突破，都会引起生产力的深刻变化和人类社会的巨大进步。18 世纪中叶的技术革命，使人类进入了蒸汽时代，实现了从手工工业到机器工业的转变。19 世纪 70 年代的技术革命，使人类进入了电气时代。20 世纪 40 年代特别是七八十年代以来，科学技术突飞猛进，人类进入了电子时代。当今世界正经历着一场以信息技术为代表的新的技术革命。电子信息技术的普遍应用，电子信息产业的巨大发展，正在把世界推进一个新的时代。邓小平指出："四个现代化，关键是科学技术的现代化。没有现代科学技术，就不可能建设现代农业、现代工业、现代国防。没有科学技术的高速度发展，也就不可能有国民经济的高速度发展。"② 我国经济的持续发展，离不开科学技术，要在 21 世纪中叶把我国建设成为富强民主文明和谐美丽的社会主义现代化强国，就必须重视科学技术的进步。科学技术是第一生产力。科学技术进步愈益成为经济发展的决定性因素。在科学技术快速发展的今天，一个民族的科学素养、一个国家科学知识的普及程度，从根本上决定着这个国家和民族的生产力发展水平。我们一定要正确把握世界科技迅猛发展的趋势，充分估量未来科学技术特别是高科技对社会经济、现代化进程和综合国力的巨大影响，把加快科技进步放在经济和社会发展的关键地位，把经济建设转到依靠科技创新和提高劳动者素质上来。为此，就要努力提高科技水平，普及科技知识，掌握科学方法，在全社会形成弘扬

---

① 习近平．高举中国特色社会主义伟大旗帜　为全面建设社会主义现代化国家而团结奋斗：在中国共产党第二十次全国代表大会上的报告．北京：人民出版社，2022：33 - 34.

② 邓小平．邓小平文选：第 2 卷．2 版．北京：人民出版社，1994：86.

科学精神，鼓励创新、反对迷信和伪科学的良好氛围；就要深化科技体制改革，解决科技与经济脱节、科技和教育脱节等原有科技体制的弊端，建立与社会主义市场经济相适应的科技新体制，促进科技成果转化为现实生产力，促进科学技术的繁荣；就要制定科学和技术长远发展规划，加强科学基础设施建设，积极建立国家创新体系，普及科学知识、弘扬科学精神，提高全民族的科学素养。

发展科学事业，必须坚持哲学社会科学与自然科学并重。哲学社会科学是人们认识世界、改造世界的重要工具，是推动历史发展和社会进步的重要力量，其发展水平反映了一个民族的思维能力、精神品格、文明素质，体现了一个国家的综合国力和国际竞争力[①]。一个国家的发展水平，既取决于自然科学发展水平，也取决于哲学社会科学发展水平。一个没有发达的自然科学的国家不可能走在世界前列，一个没有繁荣的哲学社会科学的国家也不可能走在世界前列。当前，我国正处于改革发展的关键时期，急需掌握和运用哲学社会科学，充分发挥哲学社会科学认识世界、传承文明、创新理论、咨政育人、服务社会的作用尤为重要。要立足国情，立足当代，以重大现实问题为主攻方向，推动理论创新和知识创新，着力研究回答关系党和国家发展的前瞻性、全局性、战略性问题，努力建设具有中国特色、中国风格、中国气派的哲学社会科学。构建中国特色哲学社会科学是一个系统工程，是一项极其繁重的任务，要加强顶层设计，统筹各方面力量协同推进。要实施哲学社会科学创新工程，搭建哲学社会科学创新平台，全面推进哲学社会科学各领域创新。哲学社会科学事业是党和人民的重要事业，哲学社会科学战线是党和人民的重要战线。加强和改善党对哲学社会科学工作的领导，是繁荣发展我国哲学社会科学事业的根本保证。

优先发展教育，建设人力资源强国。习近平总书记指出，教育是民族振兴、社会进步的重要基石，是功在当代、利在千秋的德政工程，对提高人民综合素质、促进人的全面发展、增强中华民族创新创造活力、实现中华民族伟大复兴具有决定性意义[②]。建设教育强国是中华民族伟大复兴的基础工程，必须把教育事业放在优先位置，加快教育现代化，办好人民满意的教育。要全面贯彻党的教育方针，落实立德树人根本任务，发展素质教育，推进教育公平，培养德智体美劳全面发展的社会主义建设者和接班人。推动城乡义务教育一体化发展，高度重视农村义务教育，办好学前教育、特殊教育和网络教育，普及高中阶段教育，努力让每个孩子都能享有公平而有质量的教育。完善职业教育和培训体系，深化产教融合、校企合作。加快一流大学和一流学科建设，实现高等教育内涵式发展。健全学生资助制度，使绝大多数城乡新增劳动力接受高中阶段教育、更多接受高等教育。支持和规范社会力量兴办教育。加强师德师风建设，培养高素质教师队伍，倡导全社会尊师重教。办好继续教育，加快建设学习型社会，大力提高国民素质。

三、推动文化事业和文化产业发展繁荣

党的十九大提出，推动文化事业和文化产业发展。满足人民过上美好生活的新期待，

---

① 习近平．在哲学社会科学工作座谈会上的讲话．北京：人民出版社，2016：2.

② 习近平．论党的宣传思想工作．北京：中央文献出版社，2020：372.

必须提供丰富的精神食粮。文化是一个国家、一个民族的灵魂，是人民的精神家园，也是政党的精神旗帜。推动文化事业和文化产业发展，建设社会主义文化强国是实现中华民族伟大复兴的迫切需要。中华民族有着几千年的文化积淀，中国是一个文化大国，但不是一个文化强国。在新时代，我们要以更大的力度、更实的措施加快建设社会主义文化强国，培育和践行社会主义核心价值观，推动中华优秀传统文化创造性转化、创新性发展，让中华文明的影响力、凝聚力、感召力更加充分地展示出来。党的二十大进一步指出，繁荣发展文化事业和文化产业。坚持以人民为中心的创作导向，推出更多增强人民精神力量的优秀作品，培育造就大批德艺双馨的文学艺术家和规模宏大的文化文艺人才队伍。坚持把社会效益放在首位、社会效益和经济效益相统一，深化文化体制改革，完善文化经济政策。实施国家文化数字化战略，健全现代公共文化服务体系，创新实施文化惠民工程。健全现代文化产业体系和市场体系，实施重大文化产业项目带动战略。加大文物和文化遗产保护力度，加强城乡建设中历史文化保护传承，建好用好国家文化公园。坚持以文塑旅、以旅彰文，推进文化和旅游深度融合发展。广泛开展全民健身活动，加强青少年体育工作，促进群众体育和竞技体育全面发展，加快建设体育强国①。

改革开放 40 多年来，我国文化产业从弱到强，逐渐发展壮大，走出了一条具有中国特色的文化产业发展之路。特别是党的十八大以来，文化企业发展迅速，文化产业增速也不断加快，远远高于同期 GDP 增速。我国文化产业的发展不断为人民群众提供高品质的精神食粮，改变了历史上供需严重不平衡的市场关系。但与世界文化强国相比，我国文化产业还存在较大差距。无论是从文化产业增加值占 GDP 的比重看，还是从文化产业的结构看，都需要不断努力，加快发展和调整。当前，尤其需要在促进均衡发展上继续努力，把我国文化产业做大做强。党的十八大以来，党和国家更加关注文化产业发展，推出一系列文化体制改革举措，如制定《深化文化体制改革实施方案》《国家“十三五”时期文化发展改革规划纲要》《“十四五”文化发展规划》《中华人民共和国电影产业促进法》等，这些重要的文化发展政策极大地推动了我国文化产业发展。

发展文化事业，要坚持政府主导，按照公益性、基本性、均等性、便利性的要求，加强文化基础设施建设，完善公共文化服务网络，让人民群众广泛享有免费或优惠的基本公共文化服务，在满足人民群众基本文化需求的基础上，提升国民素质。发展文化产业，要按照全面协调可持续的要求，推动文化产业跨越式发展，在满足人民多样化精神文化需求的基础上，使之成为国民经济支柱性产业，为推动科学发展提供重要支撑。要坚持以人民为中心的导向深化文化体制改革，完善文化管理体制，加快构建把社会效益放在首位、社会效益和经济效益相统一的体制机制，激发全民族文化创造活力。繁荣发展社会主义文艺，完善公共文化服务体系，深入实施文化惠民工程，丰富群众性文化活动，满足人们过上美好生活的文化期待。加强文化保护利用和文化遗产保护传承。健全现代文化产业体系和市场体系，创新生产经营机制，完善文化经济政策，培育新型文化业态，推动文化大发展大繁荣。加强中外人文交流，以我为主、兼收并蓄。推进国际传

① 习近平．高举中国特色社会主义伟大旗帜 为全面建设社会主义现代化国家而团结奋斗：在中国共产党第二十次全国代表大会上的报告．北京：人民出版社，2022：45.

播能力建设，讲好中国故事，展现真实、立体、全面的中国，提高国家文化软实力。党的二十大提出："增强中华文明传播力影响力。坚守中华文化立场，提炼展示中华文明的精神标识和文化精髓，加快构建中国话语和中国叙事体系，讲好中国故事、传播好中国声音，展现可信、可爱、可敬的中国形象。加强国际传播能力建设，全面提升国际传播效能，形成同我国综合国力和国际地位相匹配的国际话语权。深化文明交流互鉴，推动中华文化更好走向世界。"①

阅读书目

1. 毛泽东．新民主主义论//毛泽东．毛泽东选集：第2卷．2版．北京：人民出版社，1991.

2. 邓小平．在中国文学艺术工作者第四次代表大会上的祝词//邓小平．邓小平文选：第2卷．2版．北京：人民出版社，1994.

3. 江泽民．当代中国共产党人的庄严使命//江泽民．江泽民文选：第1卷．北京：人民出版社，2006.

4. 胡锦涛．高举中国特色社会主义伟大旗帜　为夺取全面建设小康社会新胜利而奋斗：在中国共产党第十七次全国代表大会上的报告．北京：人民出版社，2007.

5. 中共中央宣传部．社会主义核心价值体系学习读本．北京：学习出版社，2009.

6. 中共中央关于深化文化体制改革　推动社会主义文化大发展大繁荣若干重大问题的决定．北京：人民出版社，2011.

7. 习近平．决胜全面建成小康社会　夺取新时代中国特色社会主义伟大胜利：在中国共产党第十九次全国代表大会上的报告．北京：人民出版社，2017.

8. 习近平．在哲学社会科学工作座谈会上的讲话．北京：人民出版社，2016.

9. 习近平．高举中国特色社会主义伟大旗帜　为全面建设社会主义现代化国家而团结奋斗：在中国共产党第二十次全国代表大会上的报告．北京：人民出版社，2022.

思考题

1. 如何理解中国特色社会主义文化的含义和特征？
2. 如何理解中国特色社会主义文化建设的战略地位？
3. 如何培育和践行社会主义核心价值观？
4. 如何牢牢掌握意识形态工作的领导权？
5. 如何推进中国特色社会主义文化强国建设？

① 习近平．高举中国特色社会主义伟大旗帜　为全面建设社会主义现代化国家而团结奋斗：在中国共产党第二十次全国代表大会上的报告．北京：人民出版社，2022：45－46.

第十章

中国特色社会主义社会建设的理论

带领人民创造美好生活，是中国共产党始终不渝的奋斗目标。新中国成立后，虽然并未明确提出“社会建设”的任务，但改善人民生活和社会治理的工作在实际中不断推进，社会建设始终内在于社会主义现代化建设之中。改革开放以后，伴随着体制改革的不断深入和经济社会的快速发展，“社会建设”作为现代化建设的一项重要任务被及时提出，并在实践中不断发展完善。2004 年，党的十六届四中全会明确将“构建社会主义和谐社会”作为加强党的执政能力建设的重要内容。2007 年，党的十七大将社会建设与经济建设、政治建设、文化建设并列，提出要“加快推进以改善民生为重点的社会建设”。党的十八大以来，以习近平同志为核心的党中央坚持以人民为中心的发展思想，顺应人民对美好生活的期待，坚持以保障改善民生和加强社会治理为重点，大力推进社会建设的理论创新、实践创新和制度创新，形成一系列新理念新思想新战略，为推进新时代中国特色社会主义社会建设提供了科学指引。

第一节　社会建设思想的提出

一、社会建设思想提出的依据

民生是人民幸福之基、社会和谐之本。增进民生福祉是我们党坚持立党为公、执政为民的本质要求。新中国成立 70 多年来，特别是改革开放 40 多年来，我国的社会建设事业取得长足发展，人民生活水平显著提高，民生保障和社会治理体系不断完善、能力不断增强。在这一过程中，中国特色社会主义社会建设理论逐渐形成并发展。社会建设思想的产生与发展有着深厚的文化渊源、理论基础和实践基础。

（一）社会建设思想的文化渊源

人类社会自从有了阶级和阶级压迫，就有了社会的不公平、不平等，也就有了人们对建设美好社会、实现社会和谐的追求。一部人类社会的历史，在某种意义上就是人们追求美好社会理想的历史。

在中国古代，《论语》中有“和为贵”之说；墨子提出了“兼相爱”的理想社会方案；孟子描绘了“老吾老以及人之老，幼吾幼以及人之幼”的社会状态；《礼记·礼运》

中描绘了“大道之行也，天下为公。选贤与能，讲信修睦，故人不独亲其亲，不独子其子，使老有所终，壮有所用，幼有所长，矜寡孤独废疾者，皆有所养”这样一种理想社会。在中国近代史上，太平天国运动的领袖洪秀全提出要建立“有田同耕，有饭同食，有衣同穿，有钱同使，无处不均匀，无人不饱暖”的社会；资产阶级维新派代表康有为提出要建立一个“人人相亲，人人平等，天下为公”的理想社会。

当然，在我国传统文化思想中，和谐并不是无原则的、排除矛盾、消弭差异的和谐，而是有原则的、整体的、动态的和谐。孔子认为真正的和谐必须有严格的原则规范，并提出了“中庸”观，主张“和”与“中”。儒家主张施政使民，贵乎“执中”；天地万物，贵乎“中和”；君子言行，贵乎“中庸”。这种和谐是对立面的相互作用、相互消长、相互转化，是整体的、动态的和谐，推动着事物的变化发展，推动着社会历史的进步。

中华文明中关于社会建设的思想主张虽然带有不同时代和提出者阶级地位的烙印，并且由于没有认识到剥削社会的本质，也没有找到实现社会变革的正确途径，结果只能陷于空想。但却在一定程度上反映了广大人民群众对美好生活的向往，因而成为中国特色社会主义社会建设思想的文化镜鉴。

（二）社会建设思想的理论基础

社会主义思想从诞生之日起，就把实现和谐的社会状态看作未来社会建设所追求的价值目标。空想社会主义的先驱们在批判资本主义带来的各种灾难和罪恶的同时，幻想构建出一个没有剥削压迫、人人平等的理想社会。19 世纪初空想社会主义达到了一个高峰，出现了一批杰出的代表人物及其著作。1803 年，法国空想社会主义者傅立叶在《全世界和谐》中预言，不合理不公正的社会制度，终将被新的和谐制度、和谐社会所代替。1824 年，英国空想社会主义者欧文带着 4 个儿子和一些门徒来到美国，进行“新和谐公社”的共产主义新村试验。尽管资本主义的汪洋大海很快淹没了欧文的“新和谐”孤岛，但欧文的试验引起了美国和西欧的广泛关注。1842 年，德国空想社会主义者魏特林在《和谐与自由的保证》一书中，把资本主义社会称为“病态社会”，把社会主义社会直接称为“和谐与自由的社会”，并且指出，新社会的“和谐”不是“个人和谐”，而是“全体和谐”，马克思曾经称赞这本书是工人阶级“史无前例的光辉灿烂的处女作”。1848 年，马克思和恩格斯在《共产党宣言》中对圣西门、傅立叶、欧文等空想社会主义者的著作和有关主张给予了肯定，明确提出：“提倡社会和谐”是“它们关于未来社会的积极的主张”。同时，马克思和恩格斯深刻分析了空想社会主义者的历史局限性和理论缺陷，认为他们没有认识到资本主义社会的本质矛盾，也没有找到实现社会变革的正确途径，结果只能陷于空想。

马克思和恩格斯创立了科学社会主义，使社会主义实现了从空想到科学的历史性跨越。社会主义社会建设理论是科学社会主义理论体系的重要组成部分。马克思在他的《1844 年经济学哲学手稿》，以及他与恩格斯合著的《德意志意识形态》《共产党宣言》等著作中，清楚地勾勒了社会主义社会建设的发展目标及途径举措。马克思、恩格斯认为：“代替那存在着阶级和阶级对立的资产阶级旧社会的，将是这样一个联合体，在那里，每个人的自由发展是一切人的自由发展的条件。”① 人的全面发展，必须要求人、自然、社会之间的内在和谐，要求人们在政治、经济、文化等方面协调发展。马克思和恩格斯对未来社会的发展过程、发展方向和一般特征做出了科学的预测与设想：在生产资料公有制基础上组织生产，满足全体社会成员的需要；对社会生产进行有计划的指导和调节，实行等量劳动领取等量产品的按劳分配原则；通过无产阶级专政和社会主义高度发展，最终实现向消灭阶级、消灭剥削、实现人的全面而自由发展的共产主义社会过渡。

列宁把马克思主义基本原理与俄国实际和时代特征相结合，实现了社会主义由理论、运动到制度的跨越。列宁在领导俄国十月革命和社会主义建设的过程中，就建设社会主义社会提出了一系列重要思想。他明确提出：只有社会主义才可能广泛推行和真正支配根据科学原则进行的产品的社会生产与分配，以便使所有劳动者过最美好、最幸福的生活；生气勃勃的创造性的社会主义是由人民群众自己创立的；社会主义国家应当大力帮助农民，消除城乡对立；必须把国民经济的一切大部门建立在同个人利益的结合上面；必须发扬民主，改革国家机关，精简机构，反对官僚主义，最大限度地发挥人民群众的积极性和创造性；必须时时处处千方百计地巩固党同群众的联系；等等。马克思、恩格斯、列宁关于未来社会的科学设想，指明了社会主义社会建设的前进方向，为建设中国特色社会主义社会提供了深厚的理论积淀。

（三）中国特色社会主义社会建设理论的实践基础

社会主义制度建立以后，对于如何结合具体国情开展社会建设的问题，各社会主义国家在实践过程中都有一个逐步认识的过程。苏联作为世界上第一个社会主义国家，由于缺乏经验和认识上的偏差，曾把阶级对抗和社会矛盾混同起来，认为在社会主义社会已经消灭了阶级对抗，也就不存在社会矛盾了，整个社会只有统一、团结、和谐、一致，而看不到社会存在的利益差别、矛盾、冲突甚至对抗，这种观点是造成苏联后来肃反扩大化及社会主义社会建设出现严重偏差的重要历史原因。

重视社会建设，不断提高人民群众的物质文化生活水平，促进人的全面发展，是中国共产党一贯自觉肩负的社会责任。早在土地革命战争时期，毛泽东就明确指出：“一切群众的实际生活问题，都是我们应当注意的问题。假如我们对这些问题注意了，解决了，满足了群众的需要，我们就真正成了群众生活的组织者，群众就会真正围绕在我们的周围，热烈地拥护我们。”② 在新民主主义革命时期中国共产党的局部执政实践中，进行土地革命，关心群众疾苦，大力兴办教育，重视发展医疗卫生事业，妥善处理各种社会关系等，可以说是党开展社会建设的最初尝试。

新中国成立以后，中国共产党领导人民彻底完成了民主革命的任务，国民经济得到迅速恢复和发展，巩固了人民民主专政，建立起社会主义制度，为党全面发展社会事业和改善民生奠定了基本政治前提与制度基础。这一时期，文化教育事业取得很大的成就，

① 马克思，恩格斯．马克思恩格斯选集：第1卷．3版．北京：人民出版社，2012：422.
② 毛泽东．毛泽东选集：第1卷．2版．北京：人民出版社，1991：137.

人民生活水平明显提高，就业人数逐年增加，整个社会处于和谐和良性运行状态。中国共产党一方面肯定了当时出现的团结稳定局面，另一方面又指出这个社会仍存在矛盾和冲突，1956年毛泽东在《论十大关系》中就描述过地方和地方之间、中央和地方之间、政府和企业之间都有矛盾。这个时期，中国建立了高度集中的计划经济体制，经济主体和利益主体的多元分化受到严格限制，因此这些矛盾是在控制与服从的关系中解决的，社会在控制与服从的统一中实现了静态的和谐。虽然这种社会控制方式也带来了经济增长和社会发展，但是增长的代价也很大。1957年后，一方面，中国共产党针对过去一些社会主义国家存在的否定社会矛盾所造成的思想混乱，提出要正确认识和处理两类社会矛盾，特别是要把正确处理人民内部矛盾作为党和国家政治生活的主题，提出了全面建设社会主义的任务，我国的社会主义建设在十分困难的条件下，取得了重大成绩；另一方面，片面地强调社会矛盾和阶级斗争，发动了一次又一次的政治运动，企图依靠阶级斗争去推动生产力的发展和生产关系的变革，并最终导致“文化大革命”的爆发，结果不但背离了经济建设这一主要任务，而且使社会建设进程受到严重挫折。这种状况直到党的十一届三中全会后实行改革开放的政策才得到根本解决。

社会主义建设正反两方面的经验一再证明，社会建设并非消除一切矛盾和冲突，而是在正视差别和矛盾存在的前提下，运用正确合理的方式手段化解矛盾，推动社会发展。处理和解决矛盾的方式与途径不能简单化，企图长期用高度集中的计划经济体制及政府权威的“严密”安排，或用阶级斗争的方式“从天下大乱到天下大治”推动社会发展，都无法真正实现社会主义社会建设的目的。只有合理运用经济的、政治的、文化的、法律的等多种手段化解矛盾、解决冲突，将“不同”统一于社会主义的“共同”之下，坚持社会主义道路，维护广大人民的根本利益，激发社会主义的创造活力，促进社会发展，才能实现社会的和谐稳定。

改革开放以来，伴随我国经济的快速发展，社会建设逐渐形成体系化制度化的设计。社会建设的实践过程反映了建设富强民主文明和谐美丽的社会主义现代化强国的内在要求，体现了全党全国各族人民的共同愿望，是当代中国经济社会发展的现实需要。在改革开放的历史进程中，我国社会主义市场经济体制日趋完善，社会活力极大释放，国民经济迅速发展，综合国力大幅提高，人民生活显著改善；社会主义物质文明、政治文明、精神文明、社会文明、生态文明建设和党的建设不断加强；社会主义民主法制不断发展，政党、民族、宗教、阶层之间和海内外同胞之间更加团结，社会长期保持繁荣稳定。尤其是党的十八大以来，以习近平同志为核心的党中央顺应我国社会主要矛盾的发展变化，把人民对美好生活的向往作为奋斗目标，深入贯彻以人民为中心的发展思想，一大批惠民举措落地实施，民生事业发展取得空前成就，人民获得感显著增强。中国人民的生活实现了从贫困到温饱到总体小康再到全面小康的历史性跨越，正向更加美好的生活迈进。最为关键的是，我国社会大局保持长期稳定，与世界上不少国家和地区的动荡形成鲜明对比，成为世界上最有安全感的国家之一。社会建设取得的历史性成就，充分体现了中国特色社会主义的优越性，为社会建设理论创新提供了生动的现实依据。

然而，在社会建设过程中，不可避免地出现了一些需要解决的问题和矛盾。主要是：

资源能源紧缺压力加大，对经济社会发展的瓶颈制约日益突出，转变经济发展方式要求十分迫切；城乡发展不平衡、地区发展不平衡、经济社会发展不平衡的矛盾更加突出，缩小发展差距和促进经济社会协调发展任务艰巨；人民群众的物质文化需要不断提高并更趋多样化，社会利益关系更趋复杂，特别是受经济文化发展水平等多方面的限制，统筹兼顾各方面利益的难度加大；体制创新进入攻坚阶段，深化改革，扩大开放，进一步触及深层矛盾和问题；劳动者就业结构和方式不断变化，人员流动性大大加强，社会组织和管理面临新问题；人民群众的民主法制意识不断增强，政治参与的积极性不断提高，对发展社会主义民主政治和落实依法治国基本方略提出了新要求；各种思想文化相互激荡，人们受各种思想观念影响的渠道明显增多、程度明显加深，人们思想活动的独立性、选择性、多变性、差异性明显增强；社会上存在的消极腐败现象以及各类严重犯罪活动等也对社会稳定与和谐造成了严重影响。社会建设逐渐遇到许多新问题、出现许多新特征，在此基础上不断推进中国特色社会主义社会建设理论的创新与发展，是应对新的形势任务发展变化的客观需要，也是实现党的历史使命的必然要求。

二、中国特色社会主义社会建设理论的形成与发展

新世纪新阶段，随着社会的全面发展和进步，社会建设的地位和作用更加凸显。2002年11月，党的十六大强调指出，21世纪头20年，对我国来说，是一个必须紧紧抓住并且可以大有作为的重要战略机遇期。我们要根据党的十五大提出的到2010年、建党100年和新中国成立100年的发展目标，在21世纪头20年，集中力量，全面建设惠及十几亿人口的更高水平的小康社会，并初步描绘了更高水平小康社会的特征，即“经济更加发展、民主更加健全、科教更加进步、文化更加繁荣、社会更加和谐、人民生活更加殷实”①。

2004年9月，党的十六届四中全会通过了《中共中央关于加强党的执政能力建设的决定》，提出了加强“五种执政能力建设”的思想。这五种能力是：提高驾驭社会主义市场经济的能力、发展社会主义民主政治的能力、建设社会主义先进文化的能力、构建社会主义和谐社会的能力、应对国际局势和处理国际事务的能力。值得注意的是，这是党第一次把“构建社会主义和谐社会的能力”作为党的执政能力主要内容予以阐述。该决定还指出：“形成全体人民各尽其能、各得其所而又和谐相处的社会，是巩固党执政的社会基础、实现党执政的历史任务的必然要求。要适应我国社会的深刻变化，把和谐社会建设摆在重要位置，注重激发社会活力，促进社会公平和正义，增强全社会的法律意识和诚信意识，维护社会安定团结。”同时，该决定还就提高党构建社会主义和谐社会的能力要求进行了详细的规定：全面贯彻尊重劳动、尊重知识、尊重人才、尊重创造的方针，不断增强全社会的创造活力；妥善协调各方面的利益关系，正确处理人民内部矛盾；加强社会建设和管理，推进社会管理体制创新；健全工作机制，维护社会稳定；坚持党的群众路线，加强和改进新形势下的群众工作。这体现了党对执政能力建设的认识在不断

① 江泽民．江泽民文选：第3卷．北京：人民出版社，2006：543.

深化。

2005 年 2 月，胡锦涛在省部级主要领导干部提高构建社会主义和谐社会能力专题研讨班上指出："我们所要建设的社会主义和谐社会，应该是民主法治、公平正义、诚信友爱、充满活力、安定有序、人与自然和谐相处的社会。"[①] 随后，他又在主持中央政治局第二十次集中学习时，着重提出了加强社会建设的问题。他强调：做好任何一项工作都离不开理论指导，与社会主义经济、政治、文化建设一样，我们对社会主义社会建设的理论研究和实践探索还有大量工作要做。因而尤其需要在实践的基础上加强理论研究。要加强马克思主义、毛泽东思想、邓小平理论和"三个代表"重要思想关于社会主义社会建设理论的研究，并用来指导我们构建社会主义和谐社会的各项工作。要加强对我国历史上关于社会建设理论的研究，按照去伪存真、去粗取精的要求，努力做到古为今用。要注意研究国外社会建设理论，借鉴其积极成果。至此，社会建设正式被中央作为中国特色社会主义事业建设的重要举措提上了议事日程。

2006 年 10 月，党的十六届六中全会通过了《中共中央关于构建社会主义和谐社会若干重大问题的决定》，提出"社会和谐是中国特色社会主义的本质属性"等一系列新论断，使社会主义和谐社会理论系统化、理论化；同时把一系列关于社会建设的概念第一次写入中央文件，如"社会结构""社会体制""社会组织""社会工作""社会政策""社会心态"等，并明确提出要"着力发展社会事业、促进社会公平正义"，"推动社会建设与经济建设、政治建设、文化建设协调发展"，"更加注重解决发展不平衡问题，更加注重发展社会事业"，清晰地勾画出社会主义和谐社会的壮美前景，为我们正确认识、全面把握和积极构建社会主义和谐社会指明了方向。

2007 年 10 月，党的十七大首次把"社会建设"作为中国特色社会主义总体布局的一个重要方面加以阐述，从而使中国特色社会主义经济建设、政治建设、文化建设、社会建设"四位一体"的总体布局在党的全国代表大会上得到确认。在论述"加快推进以改善民生为重点的社会建设"时，胡锦涛指出：社会建设与人民幸福安康息息相关。必须在经济发展的基础上，更加注重社会建设，着力保障和改善民生，推进社会体制改革，扩大公共服务，完善社会管理，促进社会公平正义，努力使全体人民学有所教、劳有所得、病有所医、老有所养、住有所居，推动建设和谐社会。对此党中央做了明确部署：优先发展教育，建设人力资源强国；实施扩大就业的发展战略，促进以创业带动就业；深化收入分配制度改革，增加城乡居民收入；加快建立覆盖城乡居民的社会保障体系，保障人民基本生活；建立基本医疗卫生制度，提高全民健康水平；完善社会管理，维护社会安定团结。经过多年的理论求索和实践探索，和谐社会与社会建设在全党和全国各族人民中深入人心、形成共识。

2012 年 11 月，党的十八大在坚持十七大关于推进社会建设的理论的同时，进一步强调"在改善民生和创新管理中加强社会建设"，并指出，要多谋民生之利，多解民生之忧，解决好人民最关心最直接最现实的利益问题，在学有所教、劳有所得、病有所医、老有所养、住有所居上持续取得新进展，努力让人民过上更好生活。为了实现"五有"

---

① 中共中央文献研究室．十六大以来重要文献选编：中．北京：中央文献出版社，2006：706.

目标，党的十八大从教育、就业、收入分配、社会保障、医疗卫生、社会管理六个方面做了具体部署。这表明，中国共产党始终把提高人民物质文化生活水平，作为改革开放和社会主义现代化建设的根本目的，表明党对中国特色社会主义社会建设理论的认识已进到一个新的境界。

2012 年 11 月 15 日，新当选的第十八届中央政治局常委与中外记者见面，习近平发表了热情洋溢而又意蕴深刻的讲话。在讲话中，他一共提了 19 次“人民”。他还强调：我们的人民热爱生活，期盼有更好的教育、更稳定的工作、更满意的收入、更可靠的社会保障、更高水平的医疗卫生服务、更舒适的居住条件、更优美的环境，期盼孩子们能成长得更好、工作得更好、生活得更好。人民对美好生活的向往，就是我们的奋斗目标。这里习近平尽管没有专门论述社会建设，但他的讲话已表明，新的中央领导集体将会继续推进以民生为重点的社会建设，努力使人民过上好日子。

2013 年 11 月，党的十八届三中全会通过了《中共中央关于全面深化改革若干重大问题的决定》，对我国社会建设做出了新部署，设定了新目标，提出了新要求，开启了我国社会建设新航程。党的十八大明确指出：加强社会建设，必须加快推进社会体制改革。为此，党的十八届三中全会进一步明确社会体制改革的原则和路径，并指出社会事业和社会治理创新总的精神是全面深化改革，这意味着要触碰社会建设中“原来不敢触碰的领域”。一是推进社会事业改革创新。主要包括：深化教育领域综合改革，健全促进就业创业体制机制，形成合理有序的收入分配格局，建立更加公平可持续的社会保障制度，深化医药卫生体制改革。二是创新社会治理体制。党的十八大在提及改进社会治理方式时，在以往所界定的“党委领导、政府负责、社会协同、公众参与”16 字方针之后加上了“法治保障”4 字，这凸显了社会建设领域尤其需要加强法治。

2017 年党的十九大宣告，中国特色社会主义进入新时代，社会主要矛盾已经转化为人民日益增长的美好生活需要和不平衡不充分的发展之间的矛盾。新的历史方位和新的矛盾，给党的社会建设提出了新的要求。习近平强调，带领人民创造美好生活，是我们党始终不渝的奋斗目标。必须始终把人民利益摆在至高无上的地位，让改革发展成果更多更公平惠及全体人民，朝着实现全体人民共同富裕不断迈进。在此基础上，十九大从教育、就业、人民收入、医疗、脱贫攻坚、社会治理、国家安全等方面做了具体部署。

2022 年党的二十大立足于“以中国式现代化推进中华民族伟大复兴”的历史新征程，明确社会建设总的要求是在发展中保障和改善民生，鼓励共同奋斗创造美好生活，不断实现人民对美好生活的向往；强调要抓住人民最关心最直接最现实的利益问题，深入群众、深入基层，为新时代社会建设指明了根本着力点；进一步明确社会建设要注重健全基本公共服务体系，提高公共服务能力，聚焦于扎实推进共同富裕；进一步要求在社会基层治理中坚持和发展新时代“枫桥经验”，完善网格化管理、精细化服务、信息化支撑的基层治理平台，着力建设人人有责、人人尽责、人人享有的社会治理共同体。

三、中国特色社会主义社会建设理论提出的重大意义

中国特色社会主义社会建设是中国特色社会主义事业总体布局的重要组成部分，是

中国式现代化建设的一项重大战略任务。它的提出与发展，是对“什么是社会主义、怎样建设社会主义”这一基本问题的又一次理论升华，是对“建设什么样的社会主义现代化强国、怎样建设社会主义现代化强国”这一基本问题的全新阐释，是对马克思主义社会建设理论的重要丰富和发展，对于促进我国经济社会协调发展和全面进步，实现全面建设社会主义现代化强国的奋斗目标，具有十分重要的价值意蕴。

（一）中国特色社会主义社会建设理论的理论价值

中国特色社会主义社会建设理论体现了广大人民群众的根本利益和共同愿望，是对共产党执政规律、社会主义建设规律、人类社会发展规律认识的深化，是对科学社会主义理论的丰富和发展。

第一，深化了对共产党执政规律的认识。中国共产党是中国特色社会主义事业的领导核心，是立党为公、执政为民的执政党。社会建设能够广泛调动各方面的积极性，妥善协调各方面的利益关系，切实维护与实现社会公平和正义，全体人民能够平等友爱、融洽相处，人与自然处于和谐状态，是党执政为民的目的和要求的充分体现。中国特色社会主义社会建设理论的创新与发展，反映了中国共产党对执政规律、执政方略的新认识，标志着党对执政规律的探索达到了一个新的高度。

第二，深化了对社会主义建设规律的认识。社会主义运动在苏联和东欧一些社会主义国家遭受的严重挫折，为我们提供的深刻的教训之一，就是执政的共产党在改革过程中没有处理好社会成员及经济、政治、文化、社会的和谐发展问题，没有把社会公正和提高人民生活水平提到应有的重要位置。中国共产党人坚持以人民为中心的发展思想，不断拓展现代化建设战略布局。党的十二大要求社会主义物质文明和精神文明的提高，党的十五大提出经济建设、政治建设、文化建设应共同发展，党的十七大确立了经济建设、政治建设、文化建设、社会建设“四位一体”的总体布局。构建社会主义和谐社会的战略思想，进一步深化了党对社会主义建设规律的认识，丰富了中国特色社会主义理论。党的十八大以来，以习近平同志为核心的党中央深刻把握社会主要矛盾的转化，坚持在发展中保障和改善民生的理论，明确促进社会公平正义的理论，创造性提出精准扶贫的理论，完善关于共同富裕的理论，发展和创新社会治理的理论，以一系列系统化体系化的思想理论丰富了对社会主义建设规律的认识。

第三，深化了对人类社会发展规律的认识。实现社会和谐，建设美好社会，始终是人类孜孜以求的社会理想。马克思和恩格斯创立的唯物史观，揭示了社会的本质、发展动力和发展规律，使人类的社会和谐理想变成了科学；他们创立的唯物辩证法，揭示了社会系统内各种要素之间的普遍联系、对立统一和相互转化的规律，阐明了社会结构、人与社会、人与自然以及人与人之间的辩证关系；他们关于“自由人联合体”和“人的自由而全面发展”的表述，指出了未来高级的和谐社会的目标模式。中国共产党关于社会建设的理论，遵循了马克思主义基本原理，顺应了人类历史潮流，把马克思和恩格斯关于未来社会的科学构想与中国具体实际相结合，逐步将其变成社会发展的现实目标和具体措施，符合人类历史发展规律的要求，是党对马克思主义关于社会主义社会建设理论的丰富和发展。

（二）中国特色社会主义社会建设理论的实践意义

社会建设直接关系到民生事业和国家长治久安，是社会主义本质的内在要求，是中国特色社会主义“五位一体”总体布局的重要组成部分，直接关乎人民的获得感、幸福感、安全感，关系到党的事业兴旺发达和国家的长治久安，关系到巩固党执政的社会基础、实现党执政的历史任务。因此，中国特色社会主义社会建设理论的提出和贯彻落实对于满足人民日益增长的美好生活需要有着十分重要的实践意义。

第一，建设社会主义社会是实现中国最广大人民的根本利益所在。广大人民群众既是社会主义社会的建设者，又是社会建设成果的享有者。社会建设需要人人参与、人人尽力，同时，又要让全体人民共享改革和发展的成果，人民群众的政治、经济、文化、社会等方面的权利和利益得到充分保障，做到发展为了人民、发展依靠人民、发展成果由人民共享，促进人的全面发展。切实做好社会建设的各项工作，将社会建设的各项要求落到实处，有利于进一步解决好人民群众最关心、最直接、最现实的利益问题，实现好、维护好、发展好最广大人民的根本利益。

第二，中国特色社会主义社会建设理论为全面建成小康社会提供了思想指导，关乎全面建设社会主义现代化国家的顺利推进。改革开放以来，中国发生了翻天覆地的变化，所取得的成就世界有目共睹，但进入 21 世纪，出现了不少新问题，经济发展与社会发展、人与自然、人与社会、人与人之间的矛盾更加复杂，和谐关系遇到前所未有的挑战。解决这些矛盾和问题，是我们全面建设社会主义现代化国家、实现中华民族伟大复兴中国梦的重要前提。中国共产党关于社会建设的总体部署，为我们认识和解决经济社会发展中出现的各种矛盾和问题，推进社会主义现代化建设指明了方向、明确了路径。党的十九大在全面建成社会主义现代化强国的“两步走”战略安排中，对推进社会建设提出更为长远的目标追求。在从 2020 年到 2035 年基本实现社会主义现代化的战略部署中，明确提出到 2035 年法治社会基本建成，社会文明程度达到新的高度；人民生活更为宽裕，中等收入群体比例明显提高；城乡区域发展差距和居民生活水平差距显著缩小，基本公共服务均等化基本实现，全体人民共同富裕迈出坚实步伐；现代社会治理格局基本形成，社会充满活力又和谐有序。在从 2035 年到本世纪中叶建成富强民主文明和谐美丽的社会主义现代化强国的战略部署中，明确提出到本世纪中叶物质文明、政治文明、精神文明、社会文明、生态文明将全面提升，实现国家治理体系和治理能力现代化，全体人民共同富裕基本实现，我国人民将享有更加幸福安康的生活。

第三，推进社会建设也是应对外部挑战的重要条件。和平与发展仍是时代的主题，但国际形势继续处于深刻复杂的变化之中。世界百年未有之大变局加速演进，经济全球化趋势不断深入发展，科技进步突飞猛进，国际产业升级和转移速度加快，各国注重经济发展和国际经济技术合作，区域经济一体化进程加速。从总体上看，这些因素给我国的改革发展带来了难得机遇和有利条件。同时，也必须清醒地看到，当今世界仍然很不安宁，各种矛盾错综复杂，影响和平与发展的不稳定不确定因素依然存在。加强中国特色社会主义社会建设，保持国内安定和谐的社会政治局面，增强民族凝聚力和抗风险能力，有利于我们在复杂多变的国际形势下，更好地应对来自外部的各种挑战和风险，维护国家主权、安全和发展利益，把国内的事情办好，始终保持国家统一、民族团结、社会稳定的局面。

第二节　推进以保障和改善民生为重点的社会建设

一、抓住人民群众最关心最直接最现实的利益问题

中国共产党团结带领全国各族人民进行伟大社会革命，根本目的就是让人民过上好日子。群众利益无小事，民生问题大于天。民生工作离老百姓最近，同老百姓生活最密切。人民群众期盼更好的教育、更稳定的工作、更满意的收入、更可靠的社会保障、更高水平的医疗卫生服务、更舒适的居住条件、更优美的环境，期盼着孩子们能成长得更好、工作得更好、生活得更好。习近平强调，共产党就是为人民谋幸福的，人民群众什么方面感觉不幸福、不快乐、不满意，我们就在什么方面下功夫，千方百计为群众排忧解难。

（一）办好人民满意的教育

教育是民族振兴、社会进步的重要基石，是国之大计、党之大计。习近平强调，教育是对中华民族伟大复兴具有决定性意义的事业，建设教育强国是中华民族伟大复兴的基础工程。因此，办好人民满意的教育，保证人民享有接受教育的机会，是党和政府义不容辞的责任。必须把教育事业放在优先位置，深化教育改革，加快教育现代化。

第一，优先发展教育，坚持党对教育工作的全面领导。全面贯彻党的教育方针，坚持教育为社会主义现代化建设服务、为人民服务，把立德树人作为教育的根本任务，培养德智体美劳全面发展的社会主义建设者和接班人。在教育过程中，坚持社会主义办学方向，坚持马克思主义指导地位，加快推进教育现代化、建设教育强国。

第二，推进教育改革创新，促进教育公平。改革是教育事业发展的强大动力，深化教育教学改革，重视改革的系统设计和整体安排，加快重要领域和关键环节改革步伐，进一步消除制约教育发展和创新的体制机制障碍，形成与社会主义市场经济体制和全面建设社会主义现代化国家相适应的教育体制机制。完善职业教育和培训体系，深化产教融合、校企合作，加强高等教育创新型、应用型、技能型人才培养。加快一流大学和一流学科建设，实现高等教育内涵式发展。健全学生资助制度，使绝大多数城乡新增劳动力接受高中阶段教育、更多接受高等教育。支持和规范社会力量兴办教育。

第三，促进教育公平。推动城乡义务教育一体化发展，高度重视农村义务教育，办好学前教育、特殊教育和网络教育，普及高中阶段教育，努力让每个孩子都能享有公平而有质量的教育。不断提升绝大多数初中毕业生继续接受高中阶段教育的比重，持续提高农村地区学生考上大学尤其是重点大学的比例，充分保证社会向上流动的频率。

第四，加强教师队伍建设。着力提升教师素质、优化队伍结构，着力加强中青年教师和创新团队建设，健全教师管理制度，努力造就一支师德高尚、业务精湛、结构合理、

充满活力的高素质专业化教师队伍。

（二）实现更高质量的就业

就业是最基本的民生、最大的民生，是劳动者赖以生存和发展的基础、共享经济发展成果的基本条件，关系到亿万劳动者及其家庭的切身利益。习近平总书记指出："就业是最大的民生工程、民心工程、根基工程，必须抓紧抓实抓好。"[①] 促进就业是保障和改善民生的头等大事。当前，在就业总量压力持续加大的同时，就业结构性矛盾更加突出，以高校毕业生为主体的青年就业问题成为就业矛盾的焦点，农村富余劳动力转移就业任务十分艰巨，长期失业人员和就业困难人员实现再就业难度依然较大，劳动者素质与能力不适应科技创新和产业转型升级要求的矛盾更加尖锐，加快转变经济发展方式和调整经济结构也不可避免地带来劳动力和就业结构调整，就业形势严峻。

实施更加积极的就业政策，关系亿万人民的切身利益，关系改革发展稳定大局。第一，落实就业优先战略，健全就业促进机制，促进高质量充分就业。坚持把促进就业放在经济社会发展的优先位置是保障劳动者就业和再就业的战略举措。在充分就业方面，建立经济发展和扩大就业的联动机制，健全政府促进就业责任制度。

第二，支持劳动者多渠道就业，做好重点人群就业工作。多渠道就业是保障劳动者更加充分就业的重要途径。引导劳动者转变就业观念，鼓励多渠道多形式就业，促进创业带动就业，不断完善创业扶持政策，通过持续推进"大众创业、万众创新"，形成政府激励创业、社会支持创业、劳动者勇于创业新机制。重点做好以高校毕业生为重点的青年就业工作和农村转移劳动力、城镇困难人员、退役军人就业工作。

第三，加强就业服务和管理。加强职业技能培训，提升劳动者就业创业能力，增强就业稳定性。完善就业服务，完善城乡均等的公共就业创业服务体系，增强失业保险制度预防失业、促进就业功能。健全人力资源市场，完善就业服务体系，增强失业保险对促进就业的作用。健全劳动标准体系和劳动关系协调机制，加强劳动保障监察和争议调解仲裁，构建和谐劳动关系，倡导劳模精神和工匠精神，使人人都可以有尊严地工作。

（三）缩小收入差距

收入是民生之源，是改善民生、实现发展成果由人民共享最重要最直接的方式。合理的收入分配制度是社会公平的重要体现。要坚持和完善按劳分配为主体、多种分配方式并存的分配制度，健全劳动、资本、技术、管理等生产要素按贡献参与分配的制度，初次分配和再分配都要处理好效率与公平的关系，再分配更加注重公平。

逐步提高居民收入在国民收入分配中的比重，提高劳动报酬在初次分配中的比重，努力实现居民收入增长和经济发展同步、劳动报酬增长和劳动生产率提高同步。着力提高低收入者收入，逐步提高最低工资标准，建立企业职工工资正常增长机制和支付保障机制。创造条件让更多群众拥有财产性收入。保护合法收入，调节过高收入，清理规范隐形收入，取缔非法收入，增加低收入者收入，扩大中等收入群体规模，逐渐形成橄榄

---

① 中共中央文献研究室．习近平关于社会主义社会建设论述摘编．北京：中央文献出版社，2017：67.

型分配格局。扩大转移支付，强化税收调节，打破经营垄断，创造机会公平，整顿分配秩序，逐步扭转收入分配差距扩大趋势。发挥第三次分配作用，发展慈善事业，改善收入和财富分配格局。

（四）加强社会保障体系建设

社会保障是民生安全网、社会稳定器，与人民幸福安康息息相关，事关改革开放和社会主义现代化事业全局。改革开放以来特别是党的十八大以来，我国社会保障体系建设取得了重要进展，逐渐完善了适应社会主义市场经济发展要求的社会保障体系框架，为维护改革发展稳定大局发挥了重要作用。同时，我国社会保障体系还不完善，社会保障覆盖率还不高，保障水平还比较低，地区和各类保障制度之间的衔接还不通畅，城镇个体劳动者和灵活就业人员、农民工、被征地农民、农村务农人员社会保障问题突出，养老保险、医疗保险等社会保障基金承载着巨大支付压力。

按照兜底线、织密网、建机制的要求，全面建成覆盖全民、城乡统筹、权责清晰、保障适度、可持续的多层次社会保障体系。全面实施全民参保计划。完善城镇职工基本养老保险和城乡居民基本养老保险制度，尽快实现养老保险全国统筹。完善统一的城乡居民基本医疗保险制度和大病保险制度，协同推进基本医疗保险、大病保险、补充医疗保险、商业健康保险，在保基本基础上满足人民群众多样化多层次的保障需求。完善失业、工伤保险制度。建立全国统一的社会保险公共服务平台。统筹城乡社会救助体系，完善最低生活保障制度。坚持男女平等基本国策，保障妇女儿童合法权益。完善社会救助、社会福利、慈善事业、优抚安置等制度，健全农村留守儿童和妇女、老年人关爱服务体系。发展残疾人事业，加强残疾康复服务。坚持房子是用来住的、不是用来炒的定位，加快建立多主体供给、多渠道保障、租购并举的住房制度，让全体人民住有所居。

（五）实施健康中国战略

医药卫生事业关系亿万人民健康，关系千家万户幸福，关系经济发展和社会和谐，关系国家前途和民族未来，是一个十分重大的民生问题，也是一项极其崇高并非常特殊的事业。改革开放尤其是党的十八大以来，我国人民健康和医疗卫生水平大幅提高，“人民至上、生命至上”的理念逐渐达成社会共识，现代医院管理制度、全民医保制度、药品供应保障制度和综合监管制度正在形成之中。

实施健康中国战略，就要努力实现人人安康、民族永续发展。要把全生命周期健康管理理念贯穿城市规划、建设、管理全过程各环节。深化医药卫生体制改革，全面建立中国特色基本医疗卫生制度、医疗保障制度和优质高效的医疗卫生服务体系，健全现代医院管理制度。加强基层医疗卫生服务体系和全科医生队伍建设。全面取消以药养医，健全药品供应保障制度。坚持预防为主，深入开展爱国卫生运动，倡导健康文明生活方式，预防控制重大疾病。实施食品安全战略，让人民吃得放心。坚持中西医并重，传承发展中医药事业。支持社会办医，发展健康产业。促进生育政策和相关经济社会政策配套衔接，加强人口发展战略研究。积极应对人口老龄化，构建养老、孝老、敬老政策体系和社会环境，推进医养结合，加快老龄事业和产业发展，全面实现老有所养、老有所乐。

二、在发展中保障和改善民生

在发展中保障和改善民生，带领人民创造美好生活，是中国共产党始终不渝的奋斗目标，也是加强社会建设的基本着力点。在全面建设社会主义现代化国家的新征程上，必须坚持把实现好、维护好、发展好最广大人民根本利益作为发展的出发点和落脚点，坚持发展的根本目的是增进民生福祉，坚持巩固拓展脱贫攻坚成果，进而推进人的全面发展，全体人民共同富裕取得更为明显的实质性进展。

（一）增进民生福祉是发展的根本目的

增进民生福祉是坚持立党为公、执政为民的本质要求。中国共产党是代表绝大多数人民的党，任何时候都把群众利益放在第一位。在100多年的奋斗历程中，中国共产党始终坚守为中国人民谋幸福、为中华民族谋复兴的初心使命，无论是在新民主主义革命时期、社会主义革命和建设时期、改革开放和社会主义现代化建设新时期，还是在中国特色社会主义新时代，始终不渝为实现人民利益而奋斗，始终致力于实现好、维护好、发展好最广大人民根本利益，不断实现人民对美好生活的向往。检验党工作成效的最终标准，就是看广大人民群众是否得到真实惠，社会民生是否得到真改善。

增进民生福祉是提高社会生产力的根本目的。习近平指出："适应人民群众需求变化，努力办好各项民生事业，让老百姓的日子越过越好，是社会主义生产的根本目的。"①马克思主义认为，在资本主义社会，生产表现为人的目的，而人并不是生产的目的。关注人本身的发展，是社会主义和资本主义的根本区别之一。社会主义社会是人民当家作主的社会，这就决定了社会主义生产要以增进民生福祉为根本目的。而离开社会生产力的提升、离开发展谈改善民生则是无源之水、无本之木。民生是做好经济建设的"指南针"，持续不断改善民生，既能有效解决群众后顾之忧，调动人们发展生产的积极性，又能释放居民消费潜力，拉动内需增长，催生新的经济增长点，为经济社会发展提供强大的内生动力。只有让人民共享经济、政治、文化、社会、生态等各方面发展成果，才能不断提高人民素质，促进人的全面发展。所以，在社会建设的实际工作中，要全面把握民生和发展相互牵动、互为条件的关系，既通过发展经济为持续改善民生奠定坚实物质基础，又通过持续不断改善民生为经济发展创造更多有效需求，实现民生与发展的有效对接、良性循环、相得益彰。

改善民生既要尽力而为，又要量力而行。要坚持从维护最广大人民根本利益的高度，多谋民生之利，多解民生之忧，根据经济发展和财力状况逐步提高人民生活水平，让群众得到看得见、摸得着的实惠，让发展成果更多更公平惠及全体人民。民生工作是老百姓直接感受中国共产党领导先进性的重要途径，来不得半点虚假，从人民群众直接关心的事情做起，从让人民群众满意的事情做起，不能裹足不前、铢施两较、该花的钱也不花，也不好高骛远、寅吃卯粮、口惠而实不至。但是，民生改善是一个从不均衡到均衡、

① 习近平．习近平谈治国理政：第4卷．北京：外文出版社，2022：159.

从低层次到高层次的过程，要认识到我国仍处于并将长期处于社会主义初级阶段这一最大的国情，不能脱离现阶段实际状况提出过高目标。党和政府致力于改善民生，不能大包大揽，不能做过多过高的承诺，要多做雪中送炭的重点民生工作。“一勤天下无难事”，要通过各种途径让全体人民意识到，劳动是财富的源泉，也是幸福的源泉。要引导民众树立劳动最光荣、劳动最崇高、劳动最伟大、劳动最美丽的观念，进一步激发劳动热情、释放创造潜能。

（二）巩固拓展脱贫攻坚成果

中国共产党从成立之日起，就坚持把为中国人民谋幸福、为中华民族谋复兴作为初心使命，团结带领中国人民为创造自己的美好生活进行了长期艰苦奋斗。消除贫困、改善民生、逐步实现共同富裕，是社会主义的本质要求，是中国共产党的重要使命。扶贫开发事关全面建成小康社会，事关人民福祉，事关巩固党的执政基础，事关国家长治久安，事关我国国际形象。改革开放尤其是党的十八大以来，党团结带领人民实施了大规模、有计划、有组织的扶贫开发，着力解放和发展社会生产力，着力保障和改善民生，取得了前所未有的伟大成就。改革开放以来，我国实施大规模扶贫开发，使7亿多农村贫困人口摆脱贫困，取得了举世瞩目的伟大成就，谱写了人类反贫困历史上的辉煌篇章。但是，我国贫困人口基数庞大，截至2012年，现行标准下的农村贫困人口仍然高达9 899万。这些贫困人口大多分散在交通信息闭塞、自然条件恶劣、经济发展落后的地方，脱贫成本之高、难度之大，超越以往。党的十八大以来，以习近平同志为核心的党中央实施精准扶贫、精准脱贫战略，加大扶贫投入，创新扶贫方式，取得了举世瞩目的重大历史性成就。在党领导人民打赢脱贫攻坚战的过程中坚持并发展以下六点原则：

第一，坚持党的领导，夯实组织基础。充分发挥各级党委总揽全局、协调各方的领导核心作用，严格执行脱贫攻坚一把手负责制，省市县乡村五级书记一起抓。切实加强贫困地区农村基层党组织建设，使其成为带领群众脱贫致富的坚强战斗堡垒。

第二，坚持政府主导，增强社会合力。强化政府责任，引领市场、社会协同发力，鼓励先富帮后富，构建专项扶贫、行业扶贫、社会扶贫互为补充的大扶贫格局。

第三，坚持精准扶贫，提高扶贫成效。扶贫开发贵在精准，重在精准，必须解决好扶持谁、谁来扶、怎么扶的问题，做到扶真贫、真扶贫、真脱贫，切实提高扶贫成果可持续性，让贫困人口有更多的获得感。

第四，坚持保护生态，实现绿色发展。牢固树立绿水青山就是金山银山的理念，把生态保护放在优先位置，扶贫开发不能以牺牲生态为代价，探索生态脱贫新路子，让贫困人口从生态建设与修复中得到更多实惠。

第五，坚持群众主体，激发内生动力。继续推进开发式扶贫，处理好国家、社会帮扶和自身努力的关系，发扬自力更生、艰苦奋斗、勤劳致富精神，充分调动贫困地区干部群众积极性和创造性，注重扶贫先扶智，增强贫困人口自我发展能力。

第六，坚持因地制宜，创新体制机制。突出问题导向，创新扶贫开发路径，由“大水漫灌”向“精准滴灌”转变；创新扶贫资源使用方式，由多头分散向统筹集中转变；创新扶贫开发模式，由偏重“输血”向注重“造血”转变；创新扶贫考评体系，由侧重考核地区生产总值向主要考核脱贫成效转变。

中国共产党长期不懈的奋斗努力使我国历史性地解决了绝对贫困问题。农村贫困人口全部脱贫，为实现全面建成小康社会目标做出了关键性贡献。党的十八大以来，平均每年 1 000 多万人脱贫，相当于一个中等国家的人口脱贫。贫困人口收入水平明显提高，全部实现"两不愁三保障"，脱贫群众不愁吃、不愁穿，义务教育、基本医疗、住房安全有保障。脱贫地区经济快速发展，整体面貌发生历史性巨变，行路难、吃水难、用电难、通信难、上学难、就医难等问题得到历史性解决。脱贫攻坚的实践过程，激发了广大脱贫群众的奋发向上的精气神，文明新风得到广泛弘扬，艰苦奋斗、苦干实干、用自己的双手创造幸福生活的精神在广大贫困地区蔚然成风。中国脱贫事业的巨大成就，为全球减贫事业做出了重大贡献，创造了减贫治理的中国样本，提前 10 年实现《联合国 2023 年可持续发展议程》减贫目标，赢得国际社会广泛赞誉。

但是，脱贫摘帽不是终点，而是新奋斗、新生活的起点，要切实做好巩固脱贫攻坚成果同乡村振兴有效衔接的各项工作，建立解决相对贫困的长效机制，使得脱贫攻坚的成果更巩固、更可持续。健全防止返贫动态监测和帮扶机制，对易返贫致贫人口及时发现、及时帮扶，守住防止规模性返贫底线，持续加大就业和产业帮扶力度，完善易地搬迁后续帮扶工作。接续推进脱贫地区乡村振兴，持续做好有组织劳务输出工作，对符合条件的就业困难人员进行就业援助，在基础设施建设领域吸纳更多脱贫人口和低收入人口就地就近就业，坚持和完善东西部协作和对口支援、社会力量参与帮扶等机制。加强农村低收入人口常态化帮扶，开展动态监测，实行分层分类帮扶，注重提升低收入人口内生发展能力，对丧失劳动能力且无法就业获得收入的人口，扩大社会保障覆盖范围，及时给予专项救助、临时救助。

第三节 打造共建共治共享的社会治理格局

一、党对社会治理认识的深化

（一）社会治理的科学内涵

党的十八届三中全会制定的全面深化改革的总目标是完善和发展中国特色社会主义制度，推进国家治理体系和治理能力现代化。其中，国家治理体系是党领导人民管理国家的制度体系，包括经济、政治、文化、社会、生态文明和党的建设等各领域的体制、机制与法律安排，是一整套紧密相连、相互协调的国家制度。社会治理是社会建设的重要任务，是国家治理的重要组成部分，关系到国家安全、社会安定、人民安康，必须加强和创新社会治理，打造共建共治共享的社会治理格局，建设人人有责、人人尽责、人人享有的社会治理共同体。

社会治理现代化包括社会治理体系现代化和治理能力现代化两个方面。社会治理体系和治理能力是一个有机整体，相辅相成，有了科学的社会治理体系才能孕育高水平的治理能力，不断提高社会治理能力才能充分发挥社会治理体系的效能，不断健全完善社会治理体系。解决中国各种社会问题，实现各项既定目标，关键要靠社会治理现代化也就是社会治理体系和治理能力的现代化。所谓社会治理体系和治理能力的现代化，就是使社会治理体系制度化、科学化、规范化、程序化、精细化，使社会治理者善于运用法治思维、法治方法、法律制度治理社会，把中国特色社会主义各方面的制度优势转化为治理社会的效能[①]。推进社会治理现代化对于解决社会突出问题、适应经济社会发展、实现中华民族伟大复兴中国梦，具有重要意义。

（二）党对社会治理的认识历程

新中国成立以来，党和国家始终高度重视社会管理，为形成和发展适应我国国情的社会管理制度进行了长期探索和实践，取得了重大成绩，积累了宝贵经验。改革开放以来，我们顺应社会经济发展形势不断推进社会管理改革创新，党的十四届三中全会提出加强政府的社会管理职能。党的十六大以后，中国共产党适应新世纪新阶段我国发展的阶段性特征和新的发展要求，明确社会主义经济建设、政治建设、文化建设、社会建设“四位一体”的中国特色社会主义事业总体布局，突出强调要切实抓好包括社会管理在内的社会建设。2004 年，党的十六届四中全会提出，要加强社会建设和管理，推进社会管理体制创新，深入研究社会管理规律，完善社会管理体系和政策法规，建立健全党委领导、政府负责、社会协同、公众参与的社会管理格局，拓宽服务领域，形成社会管理和服务合力。2006 年，党的十六届六中全会强调，加强社会管理，维护社会稳定是构建社会主义和谐社会的必然要求，必须创新社会管理体制，整合社会管理资源，提高社会管理水平，在服务中实施管理，在管理中体现服务。2007 年，党的十七大指出，要健全社会管理格局，健全基层社会管理体制，最大限度激发社会创造活力，最大限度增加和谐因素，最大限度减少不和谐因素。

2012 年，党的十八大在社会建设部分再一次强调创新社会管理，尽管依然把它和教育、就业、医疗卫生等并列讲，但与十七大的一个明显不同就是，标题的表述把“民生”和“社会管理”并列起来讲社会建设，这样就把社会管理从民生中突出出来。2013 年，党的十八届三中全会明确了全面深化改革的总目标，同时规定了在社会建设方面的具体目标，即紧紧围绕更好保障和改善民生、促进社会公平正义深化社会体制改革，改革收入分配制度，促进共同富裕，推进社会领域制度创新，推进基本公共服务均等化，加快形成科学有效的社会治理体制，确保社会既充满活力又和谐有序。《中共中央关于全面深化改革若干重大问题的决定》部署了全面深化改革的主要任务和重大举措。值得注意的是，该决定把教育、就业、收入分配、社会保障、医药卫生都归结为社会事业，而把社会治理单独列为一个问题重点说明。

2014 年 3 月 5 日，习近平在参加全国人大上海代表团审议政府工作报告时明确指出，加强和创新社会治理，关键在于体制创新，核心是人。要求把工作重心落到城乡社区。强调指出，治理体现的是系统治理、依法治理、源头治理、综合施策。社会治理是一门

① 徐猛．社会治理现代化的科学内涵、价值取向及实现路径．学术探索，2014（5）．

科学，要着力提高干部素质，把培养一批专家型的城市管理干部作为重要任务，用科学态度、先进理念、专业知识去建设和管理城市，号召努力走出一条符合特大城市特点和规律的社会治理新路子。

2017年，党的十九大明确提出："打造共建共治共享的社会治理格局。加强社会治理制度建设，完善党委领导、政府负责、社会协同、公众参与、法治保障的社会治理体制，提高社会治理社会化、法治化、智能化、专业化水平。"由此可见，党的十九大将社会治理置于国家发展全局高度，在更高层次更大系统中对其进行立体化全方位谋划，提出了更高要求。

2022年，党的二十大进一步强调，要"完善社会治理体系。健全共建共治共享的社会治理制度，提升社会治理效能"，将社会治理置于维护国家安全和社会稳定的宏大视野下考量，更加明确了社会治理在社会建设总体工作布局中的重要地位；强调要突出基层治理的功能，将矛盾化解在基层、化解在萌芽状态；明确社会治理的目标是建设人人有责、人人尽责、人人享有的社会治理共同体。党的二十大对于社会治理的功能、重点、目标都做出了进一步谋划和阐释。

党的十八大以来，以习近平同志为核心的党中央深入研究社会治理事业的新形势新任务新特点，着力推进社会治理理念创新、制度创新、实践创新，明确提出"社会治理"这一重大命题。"社会治理"概念的提出，表明党的执政理念由政府自上而下的"管理"转变为政府自上而下与社会自下而上相结合的"治理"，是中国共产党全面审视和科学分析我国经济社会发展现状和态势提出的新思想。管理与治理虽非截然对立，但至少有如下显著区别：一是主体不同。管理的主体只是政府，而治理的主体还包括社会组织乃至个人，需要形成合力。二是权源不同。政府的管理权来自权力机关的授权。尽管权力机关授权从根本上说是人民授权，但人民授权毕竟是间接的。而治理权当中的相当一部分由人民直接行使，这便是所谓的自治、共治。三是运作不同。管理的运作模式是单向的、强制的、刚性的，因而管理行为的合法性常受质疑，其有效性常难保证。治理的运作模式是复合的、合作的、包容的，治理行为的合理性受到更多重视，其有效性大大增加①。

二、建设社会文明、促进社会和谐

社会文明是社会主义社会建设的重要目标和特征，全面提高社会文明发展水平是国家发展的需要，是人民的共同期盼。社会和谐是中国特色社会主义的本质属性，是党不懈追求的社会理想。当前，我国社会结构正在发生深刻变化，社会矛盾多元多样多发，打造社会治理新格局，实现社会治理现代化，是建设社会文明、促进社会和谐的必然要求。没有和谐稳定的社会环境，社会文明就无从谈起，一切改革发展也无从谈起，再好的规划和方案都难以实现，已经取得的成果也会失去。

第一，正确处理人民内部矛盾。正确处理人民内部矛盾尤其是涉及广大人民群众切

① 江必新．推进国家治理体系和治理能力现代化．光明日报，2013－11－15．

身利益的矛盾，是保持社会安定团结良好局面的关键。完善社会矛盾排查预警机制，善于运用大数据技术、信息化手段，努力做到早发现、早预防、早处置。完善重大决策社会稳定风险评估机制，从源头上预防和减少矛盾。完善矛盾纠纷多元化解机制，运用大数据技术、信息化手段，逐步完善社会矛盾排查预警机制，完善重大决策社会稳定风险评估机制，从源头上预防和减少矛盾。积极推动人民调解、行政调解、司法调解衔接联动，推进诉讼与非诉讼方式有机衔接，建立规范完善的公众参与规则程序，提高矛盾纠纷多元化解的整体效果和效力。善于引导群众运用法律手段解决问题，推动形成办事依法、遇事找法、解决问题用法、化解矛盾靠法的良好环境。

第二，健全公共安全体系。公共安全连着千家万户，是社会安定、社会秩序良好的重要体现，是人民安居乐业的重要保障。抓紧建立健全安全生产责任体系，各级党政一把手要亲力亲为，各地区各部门、各类企业要坚持安全生产高标准、严要求，实行党政同责、一岗双责、齐抓共管、失职追责。强化预防治本，健全预警应急机制，加大监管执法力度，及时排查化解安全隐患，实行安全生产和重大安全生产事故风险“一票否决”，坚决遏制重特大安全事故频发势头。推动建立行业公共安全风险评估、化解和管控制度，确保行业发展与公共安全同步推进。实施食品安全战略，用最严谨的标准、最严格的监管、最严厉的处罚、最严肃的问责，确保人民群众“舌尖上的安全”。切实加大投入，加强全民安全意识教育，不断提升全社会的防灾减灾救灾能力。

第三，加快社会治安防控体系建设。着眼于提升整体效能，推进立体化、信息化，努力构建全方位的公共安全防控网络，坚决遏制严重刑事犯罪高发态势，保护人民人身权、财产权、人格权。政法机关和广大干警要为人民群众安居乐业提供有力法律保障。统筹城市公共安全综合治理，努力实现城市安全运行。以“全域覆盖、全网共享、全时可用、全程可控”为目标，深入推进公共安全视频监控建设联网应用。依法打击和惩治黄赌毒黑拐骗等违法犯罪活动，进一步保障人民群众的生命财产安全。

第四，加强社会心理服务体系建设。人是社会的主体。加强和改进思想政治工作，更加注重人文关怀和心理疏导。把社会主义核心价值观融入社会发展各方面，加强社会公德、职业道德、家庭美德、个人品德建设，激励人们向上向善、孝老爱亲，忠于祖国、忠于人民。弘扬科学精神，普及科学知识，开展移风易俗、弘扬时代新风行动，抵制腐朽落后文化侵蚀。推进诚信建设和志愿服务制度化，强化社会责任意识、规则意识、奉献意识。

第五，加强城乡社区治理体系建设。城乡社区是社会治理的最基本单元，是党和政府联系、服务居民群众的“最后一公里”，要加强社区治理体系建设，推动社会治理重心向基层下移。完善以基层党组织为核心、全社会共同参与的基层社会治理新格局，将党的领导贯穿基层社区治理的全过程各环节，统筹发挥社会力量协同作用，尽可能把资源、服务、管理放到基层，使基层有职有权有物，更好地为群众提供精准有效的服务和管理。加强城市常态化管理，创新流动人口服务管理，更多运用市场化、法治化手段，促进人口有序流动。加强农村社会治理，主动从源头化解农村社会矛盾，学习推广新时代“枫桥经验”，争取做到“小事不出村，大事不出镇，矛盾不上交”。

三、创新社会治理体制机制

（一）完善社会治理体系

完善党委领导、政府负责、民主协商、社会协同、公众参与、法治保障、科技支撑的社会治理体系。要加强和改善各级党委对社会治理的领导，提高党对社会治理的领导能力，加强党委对社会治理的统筹谋划和组织领导，切实发挥党委领导核心作用。要积极发挥各级政府负责社会治理的职能，采取多种措施和途径，切实搞好公共服务、公共管理、公共安全，健全利益表达、利益协调、利益保护机制。要全面落实各级党委和政府社会治理主体责任，把加强和创新社会治理纳入各级党委和政府重要议事日程，纳入地方党政领导班子和领导干部政绩考核指标体系，规范党政各部门社会治理职能，形成权责明晰、奖惩分明、分工负责、齐抓共管的社会治理责任链条。同时，要保障全体人民参与社会建设、社会治理的权利，维护全体人民享有社会治理成果的权益，发挥社会各方面协同作用和广大群众的主体作用，形成社会治理的整体合力。

（二）完善政府治理和社会调节、居民自治良性互动的体制机制

习近平指出，注重动员组织社会力量共同参与，发动全社会一起来做好维护社会稳定工作，努力形成社会治理人人参与、人人尽力、人人共享的良好局面。扩大开放公共服务市场，通过政府购买服务、健全激励补偿机制等办法，鼓励和引导企事业单位、社会组织、人民群众积极参与社会治理。深化基层组织和部门、行业依法治理，支持各类社会主体自我约束、自我管理，发挥市民公约、乡规民约、行业规章、团体章程等社会规范在社会治理中的积极作用。注重社会组织培育和引导，改革社会组织管理制度，推动社会组织明确权责、规范自律、依法自治，积极参与社会治理全过程。

（三）提高社会治理社会化、法治化、智能化、专业化水平

激发全社会活力，坚持群众观点和群众路线，群众的事多同群众商量，群众的事多依靠群众，提高社会治理社会化水平。充分发挥法治对社会治理的引领、规范和保障作用，运用法治思维和法治方式化解矛盾，引导群众依法行使权利、表达诉求、解决纠纷，更好引导和规范社会生活，努力实现法安天下，提高社会治理法治化水平。加强社会治理基础制度建设，建立国家人口基础信息库、统一社会信用代码制度和相关实名登记制度，完善社会信用体系，更多运用互联网、大数据等信息技术手段，充分发挥互联网功能，提高网络综合治理能力，持续推进社会治理的科学化、精细化，在观念、标准、手段、目标等方面下一番“绣花”功夫，提高社会治理智能化水平。建设高素质专业化干部队伍和社会治理各类人才队伍，善于运用先进的理念和专业的方法提升社会治理效能，坚持系统思维，增强社会治理整体性和协同性，提高预测预警预防各类风险的能力，增强社会治理预见性、精准性、高效性，提高社会治理专业化水平。

阅读书目

1. 毛泽东．关于正确处理人民内部矛盾的问题//中共中央文献研究室．毛泽东文集：第 7 卷．北京：人民出版社，1999.

2. 江泽民．正确处理社会主义现代化建设中的若干重大关系//江泽民．江泽民文选：第 1 卷．北京：人民出版社，2006.

3. 胡锦涛．在省部级主要领导干部提高构建社会主义和谐社会能力专题研讨班上的讲话//中共中央文献研究室．十六大以来重要文献选编：中．北京：中央文献出版社，2006.

4. 中共中央关于构建社会主义和谐社会若干重大问题的决定．北京：人民出版社，2006.

5. 中共中央关于全面深化改革若干重大问题的决定．北京：人民出版社，2013.

6. 中共中央文献研究室．习近平关于社会主义社会建设论述摘编．北京：中央文献出版社，2017.

思考题

1. 如何理解中国特色社会主义社会建设理论的发展历程？
2. 党的十八大以来，我国社会建设事业取得的历史性成就有哪些？
3. 保障和改善民生的重点领域有哪些？
4. 如何理解“社会管理”向“社会治理”的转变？

第十一章
中国特色社会主义生态文明建设理论

大自然是人类赖以生存发展的基本条件。尊重自然、顺应自然、保护自然，是全面建设社会主义现代化国家的内在要求。建设社会主义生态文明，就是要谋求人与自然和谐相处、共生共荣的发展状态，树立和践行绿水青山就是金山银山的理念，融入经济建设、政治建设、文化建设、社会建设各方面和全过程，推动绿色发展，统筹山水林田湖草沙一体化保护和系统治理，提升生态系统多样性、稳定性、持续性；就是要努力建设美丽中国，实现中华民族永续发展。党的十八大将生态文明建设纳入中国特色社会主义“五位一体”总体布局，党的十九大明确了到21世纪中叶把我国建设成为富强民主文明和谐美丽的社会主义现代化强国的目标，凸显了社会主义生态文明建设的重要地位。新时代新征程，要深入贯彻落实习近平生态文明思想，全面推进美丽中国建设，实现中华民族永续发展。

第一节　生态文明建设理论的建构

一、生态文明的内涵

人类社会经历了原始文明、农业文明和工业文明。生态文明是工业文明发展到一定阶段的产物，是超越工业文明的新型文明，是在对工业文明带来严重生态安全问题进行深刻反思基础上提出的一种人与自然和谐相处的文明形态。

生态文明，有广义和狭义之分。从广义上讲，生态文明是指人类遵循人、自然、社会和谐发展的客观规律，改造自然与社会而取得的物质和精神成果的总和。它既包括人类保护自然环境和生态安全的自觉意识，也包括人类为保护自然环境和生态安全所创设的法律、制度与政策，还包括人类在具体维护生态平衡时所必需的科学技术与相关组织机构，以及人类在构建人与自然和谐关系的过程中的实际行动等方面的内容，是以人与自然、人与人、人与社会和谐共生、良性循环、全面发展、持续繁荣为基本宗旨的文明形态，是自然生态与社会生态的统一。从狭义上讲，生态文明则主要是指人与自然的关系，是人以自然资源的承载力为基础、以自然规律为准则、以可持续的社会经济政策为手段、以致力于构建一个人与自然和谐发展的社会为目标的文明形态。坚持生态文明的发展理念，是人们尊重自然、保护自然、与自然和谐相处的体现，是人们在发展的过程中为探索人与自然的和谐相处所做出的新的努力，标志着人类在与自然的相处中所达到的新阶段。

首先，生态文明是人类文明的新形态。党的十八大指出："我们一定要更加自觉地珍爱自然，更加积极地保护生态，努力走向社会主义生态文明新时代。"① 这表明，我们正在着力进行建设的生态文明，是自人类社会诞生以来相继出现的原始文明、农业文明和工业文明之后的一种人类文明的新形态。这种新形态文明建设的重要性，不仅表现在它与经济、政治、文化和社会建设处于同等重要的地位，而且体现在其必须"融入经济建设、政治建设、文化建设、社会建设各方面和全过程"②。提出生态文明的发展理念，就是对人类现有的文明形态的否定和超越。工业文明的发展，为人类社会创造了巨大的物质财富，大大提升了人们认识自然和改造自然的能力，使人类在很多时候改变了在自然面前束手无策的被动局面。可是在这种工业文明理念的指导下，人类的行为对自然的索取和挑战达到了无以复加的地步。尽管我们在过去的300年中创造的物质财富大大超过了人类社会诞生以来所有历史阶段创造的所有物质财富的总和，但在这种理念下人类对自然的索取和对自然环境的破坏已经引发了自然界的一系列问题。近些年来频繁多发的严重自然灾害和全球性的生态危机，就是自然对人类的报复，这种报复的日益频繁和其后果的日益严重不断向人类社会昭示：人类所生存的地球再也经不起工业文明的发展模式了，工业文明的发展已经走到了尽头。

其次，生态文明是人与自然和谐发展的文明。它既考虑人的发展，又必须考虑自然环境的承载能力。当今世界面临的生态环境问题，主要是由于人类在不科学的发展理念指导下，片面追求自身需要的满足而没有充分考虑生态环境的承载能力，没有统筹解决好人与环境和自然资源之间的关系造成的。这种人与自然关系紧张甚至恶化的局面，是片面追求经济的快速发展、一味向自然索取的必然结果。生态文明的本质，就是认定生态环境是人类一切社会经济发展的基础，所有的发展都要从这个基础的承载能力出发，不顾生态基础的承载能力的盲目发展，最终只能是得不偿失。建设生态文明所要解决的正是这种因为过多地强调人而忽视自然的发展理念所导致的一系列问题，是人类统筹人与自然的双重需要，在满足人类自身需要的同时又充分考虑人类的自然本性，与自然和谐相处，是人类充分认识自身和自然界发展的客观规律的体现，也是共产主义者为达到自己所毕生追求的目标——实现人的真正自由而全面的发展的努力的必然趋向。

二、生态文明建设理论建构的历史过程

改革开放以来，随着我国经济和社会发展对生态环境要求的日益紧迫，党对生态文明建设的认识也在不断深化。面对全球生态环境持续恶化、可持续发展日渐成为各国的共同追求，面对我国资源约束趋紧、环境污染严重、生态系统退化的严峻形势，必须站在中国特色社会主义全面发展和中华民族永续发展的高度，增强生态危机意识。以江泽民同志为主要代表的中国共产党人适时提出了可持续发展的战略，要求全党充分认识生态文明理念的重要性、必要性和紧迫性，强调"要促进人和自然的协调与和谐，使人们

---

① 本书编写组．十八大报告辅导读本．北京：人民出版社，2012：42.

② 同①39.

在优美的生态环境中工作和生活。坚持实施可持续发展战略，正确处理经济发展同人口、资源、环境的关系，改善生态环境和美化生活环境，改善公共设施和社会福利设施。努力开创生产发展、生活富裕和生态良好的文明发展道路”①。在此基础上，党的十六大把生态环境与政治、经济、文化一起作为全面建设小康社会的目标之一。

党的十六大以来，以胡锦涛同志为主要代表的中国共产党人，立足于新的实践和新的发展，把生态问题提到了文明的新高度。党的十六届三中全会提出了全面协调可持续的发展观以及统筹人与自然和谐发展的理念。2004 年 3 月，胡锦涛在中央人口资源环境工作座谈会上对可持续发展的目标提出了具体要求，他指出：“可持续发展，就是要促进人与自然的和谐，实现经济发展和人口、资源、环境相协调，坚持走生产发展、生活富裕、生态良好的文明发展道路，保证一代接一代地永续发展。”② 2007 年，生态文明第一次出现在党的全国代表大会报告中。党的十七大指出：“建设生态文明，基本形成节约能源资源和保护生态环境的产业结构、增长方式、消费模式。循环经济形成较大规模，可再生能源比重显著上升。主要污染物排放得到有效控制，生态环境质量明显改善。生态文明观念在全社会牢固树立。”③ 党的十七届四中全会把生态文明建设提升到与经济建设、政治建设、文化建设、社会建设并列的战略高度，并作为中国特色社会主义事业总体布局的有机组成部分；党的十七届五中全会提出要把“绿色发展，建设资源节约型、环境友好型社会”，“提高生态文明水平”作为“十二五”时期的重要战略任务。

党的十八大以来，以习近平同志为核心的党中央高度重视生态文明建设，不断深化对中国特色社会主义生态文明建设的认识，提出了一系列新理念新政策新举措，把生态文明建设摆在改革发展和现代化建设全局位置。党的十八大将生态文明建设与经济建设、政治建设、文化建设和社会建设并列，并把“大力推进生态文明建设”作为一项重要内容独立出来单独加以论述，反映了党已经将对生态文明建设的认识提到了战略布局的高度。党的十八届三中全会通过的《中共中央关于全面深化改革若干重大问题的决定》提出要用制度保护生态环境，强调要“建立系统完整的生态文明制度体系，实行最严格的源头保护制度、损害赔偿制度、责任追究制度，完善环境治理和生态修复制度”④，反映了党在思想上越来越重视生态文明建设的同时，在行动上也迈出了新步伐。党中央在关于制定“十三五”规划的建议中，将绿色发展作为引领我国发展的重要理念之一，指出要“坚持绿色发展，着力改善生态环境”⑤。党的十九大明确了到 21 世纪中叶把我国建设成富强民主文明和谐美丽的社会主义现代化强国的目标，十三届全国人大一次会议又将这一目标载入国家根本法，凸显了建设美丽中国的重大意义。党的二十大则深刻阐述了人与自然和谐共生是中国式现代化的重要特征这一重大命题，强调“尊重自然、顺应自然、保护自然，是全面建设社会主义现代化国家的内在要求”⑥，对推动绿色发展、促进人与自然和谐共生做出重大战略部署。

---

① 中共中央文献研究室．十五大以来重要文献选编：下．北京：人民出版社，2003：1926.
② 中共中央文献研究室．十六大以来重要文献选编：上．北京：中央文献出版社，2005：850.
③ 中共中央文献研究室．十七大以来重要文献选编：上．北京：中央文献出版社，2009：16.
④ 中共中央关于全面深化改革若干重大问题的决定．北京：人民出版社，2013：52.
⑤ 中共中央文献研究室．十八大以来重要文献选编：中．北京：中央文献出版社，2016：804.
⑥ 本书编写组．党的二十大报告辅导读本．北京：人民出版社，2022：45.

三、生态文明建设理论建构的依据

生态文明建设的理论建构立足于新世纪新阶段，特别是新时代发展的特点，认真的研究和深刻的总结，有着坚实的理论基础、丰富的思想渊源和深刻的现实背景。

（一）生态文明建设理论建构的理论依据

马克思和恩格斯对人与自然关系问题的深刻认识，奠定了中国共产党生态文明建设的理论基础。

第一，马克思和恩格斯的自然优先观。马克思认为，人是自然界的一部分，自然并不是与人对立和分离的存在，而是与人一体化的有机整体。他曾明确地指出："人直接地是自然存在物。"① "人靠自然界生活。这就是说，自然界是人为了不致死亡而必须与之处于持续不断的交互作用过程的、人的身体。所谓人的肉体生活和精神生活同自然界相联系，不外是说自然界同自身相联系，因为人是自然界的一部分。"② 恩格斯也指出："人本身是自然界的产物，是在自己所处的环境中并且和这个环境一起发展起来的"③；"我们每走一步都要记住：我们决不像征服者统治异族人那样支配自然界，决不像站在自然界之外的人似的去支配自然界——相反，我们连同我们的肉、血和头脑都是属于自然界和存在于自然界之中的"④。马克思和恩格斯还认为，自然界是人类物质生产实践活动的内在要素，任何经济社会形态的存在与发展，都必须以自然界为基础，自然界和劳动共同创造了财富。作为人类认识和改造的对象，自然界是"劳动本身的要素"⑤，是自然资源和劳动力一起，共同构成了形成财富的两个最原始的要素。马克思指出："正象生产的第一天一样，形成产品的原始要素，从而也就是形成资本物质成分的要素，即人和自然，是同时起作用的。"⑥ 恩格斯也认为，劳动与自然界在一起才能使劳动成为一切财富的源泉，因为自然界为劳动提供材料，劳动把材料转变成财富。马克思和恩格斯的论述从根本上改变了以往人类对自然界的片面理解，对于我们今天从事社会主义现代化建设仍然具有重要的现实意义。可见，在马克思和恩格斯看来，人类以及人类意识都是自然和环境的产物，人不可能在脱离自然以后仍然还能生存和发展。

第二，马克思和恩格斯的人类与自然界的辩证统一观。人与自然的关系问题是人们在生产和生活实践中面临的首要问题，也是马克思和恩格斯生态观的主题。马克思和恩格斯认为，人与自然之间是既相依存又相对立的辩证统一体。一方面，自然界是人类生活的物质基础和人类实践活动的对象，人类要想持续生存与发展，就必须改造自然界，从事生产活动；另一方面，正是在改造自然界的生产和生活实践中，人才使自己的类本质得到确认。马克思认为，人类在改造自然的活动中存在着人与自然的认识与被认识的

① 马克思，恩格斯．马克思恩格斯全集：第3卷．2版．北京：人民出版社，2002：324.
② 马克思，恩格斯．马克思恩格斯选集：第1卷．3版．北京：人民出版社，2012：55-56.
③ 马克思，恩格斯．马克思恩格斯选集：第3卷．3版．北京：人民出版社，2012：410.
④ 同③998.
⑤ 马克思，恩格斯．马克思恩格斯全集：第42卷．北京：人民出版社，1979：114.
⑥ 马克思，恩格斯．马克思恩格斯全集：第23卷．北京：人民出版社，1972：662.

关系。人在改造自然的实践活动中，要探索自然的本质和规律，同时要发挥自己的主观能动性。由于认识活动的能动性，人在认识自然的过程中还会在思维中实现“自然的人化”，可以说客体的主体化和主体的客体化；在历史的经济发展过程中，客体的自然的因素在工业文明以前的环境下占据优先地位，相反，主体干涉的因素在工业社会的条件下，则越来越对自然给予的物质发挥自己强大的作用。马克思和恩格斯强调，我们在认识自然的过程中要做到利用主观和客观两个尺度。如果只从主观尺度出发而忽略了客观尺度，就会形成人类中心主义，形成资本主义式的掠夺性的开发，必然会引起生态环境的恶化。人们对客观世界的改造只能建立在尊重自然和自然规律的基础上。那种凭借自己的主观意志一味以自己为中心而不考虑自然环境的承载能力的行为最终必然会受到自然界的无情惩罚。正如恩格斯所指出的：“不要过分陶醉于我们人类对自然界的胜利。对于每一次这样的胜利，自然界都对我们进行报复。每一次胜利，起初确实取得了我们预期的结果，但是往后和再往后却发生完全不同的、出乎预料的影响，常常把最初的结果又消除了。”[①] 因此，建立人与自然相互协调的关系是人类生存与发展的重要保障。作为一个相互依赖、相互作用的有机整体，人与自然只有和谐相处，才能实现持续发展，共生共荣。

（二）生态文明建设理论建构的思想渊源

中国古代的生态哲学思想、以毛泽东同志为主要代表的中国共产党人和以邓小平同志为主要代表的中国共产党人的保护生态观念是生态文明建设理论建构的重要思想渊源。

第一，中国古代的生态哲学思想。在中国古代，人们习惯将人与自然的关系称作天人关系，所谓的“天人合一”，说的就是人与自然和谐相处，实现人与自然合而为一、融为一体的理想状态。中国古代的很多思想家都认为人是自然界的一部分，中国传统文化中蕴藏着丰富而又深刻的生态智慧。人与自然的沟通，最早可以追溯到伏羲氏通过“仰观天象，俯察地理，近取诸身，远取诸物”而发明的八卦。《周易・系辞下》有这样的记载：“古者包牺氏之王天下也，仰则观象于天，俯则观法于地，观鸟兽之文，与地之宜，近取诸身，远取诸物，于是始作八卦，以通神明之德，以类万物之情。”春秋战国时期，老子提出：“道大，天大，地大，人亦大。域中有四大，而人居其一焉。人法地，地法天，天法道，道法自然。”老子强调人必须按照自然规律办事，以谋求人与自然之间的和谐。《庄子・大宗师》开篇就指出：“知天之所为，知人之所为者，至矣。”庄子把正确认识天地自然与人的属性和关系作为一个人是否具有学识的最高境界。庄子的“天地与我并生，而万物与我为一”，正是他从物性平等出发，主张万物与人融为一体，实现人与自然和谐发展的体现。在庄子看来，“天地有大美而不言，四时有明法而不议，万物有成理而不说。圣人者，原天地之美而达万物之理。是故至人无为，大圣不作，观于天地之谓也”。他认为自然界本身已经为其安排好了自身的美好秩序，人生活在其中只要顺其自然，自然就能达到“无为而无不为”的境界。需要指出的是，中国古代文化在强调人应该尊重自然、顺应自然的同时，并不主张人消极地等待和被动地接受自然的安排，相反却倡导人应该在认识并尊重自然规律的前提下采取积极的态度适应环境、达成目的。“天

① 马克思，恩格斯．马克思恩格斯选集：第3卷．3版．北京：人民出版社，2012：998.

行健，君子以自强不息；地势坤，君子以厚德载物”说的就是这个道理。

第二，中国共产党人的保护生态观念。新中国成立后，党在大力从事以重工业为重点的经济建设时，并没有忘记保护生态环境，并对我国社会主义建设中的生态环境问题进行了探索。在这一过程中，毛泽东形成的关于兴修水利的思想、关于工业要在沿海和内地均衡布局的思想、关于绿化“对农业，对工业，对各方面都有利”① 的思想、关于资源要有计划地利用的思想、关于厉行节约的思想，以及“夫妇之间应该订出一个家庭计划，规定一辈子生多少孩子”② 的思想等，都是他在保护生态环境、维护生态平衡方面积极探索所取得的成果。虽然也认识到如果对自然界没有认识，或者认识不清楚，就会碰钉子，自然界就会处罚我们，会抵抗，但在“大跃进”时期，由于当时中国工业化的总体水平还不够高、经济发展的规模还不大，人与自然的矛盾尚不够突出等因素，仍强调人的主观能动性，强调“人定胜天”，要求人们不断地去改造自然，进而“向自然界开战”，这为后来党制定更正确的生态战略提供了宝贵的历史经验。

党的十一届三中全会以后，以邓小平同志为主要代表的中国共产党人，认真总结党从事社会主义建设的经验教训，以世界各国在追求经济高速发展时所带来的资源短缺、环境污染和生态恶化为鉴，在提出以经济建设为中心，“发展是硬道理”的同时，也提出了在制定和实施经济与社会发展规划时应该正确处理经济发展与环境保护的关系。邓小平指出：“核电站我们还是要发展，油气田开发、铁路公路建设、自然环境保护等，都很重要。”③ 他提出的判断社会主义建设得失的三个有利于标准，就是主张经济发展的速度应该与质量和效益相统一、经济社会发展应该与人民生活质量的提高相统一，其实质，归根结底就是要在实现经济发展的同时注意生态环境的保护，以实现中华民族的长远和持续发展。

由此可见，中国的传统文化中所蕴含的人是自然界的一部分和人与自然和谐相处的思想与今天我们所进行的生态文明建设有着内在的一致性。这些闪烁着生态智慧的思想之所以经久不衰，历久弥新，就是因为它们把握住了人与自然之间关系的真谛，就是因为在以它们为指导来处理人与自然之间的关系时取得了积极的效果。它们同以毛泽东同志为主要代表的中国共产党人和以邓小平同志为主要代表的中国共产党人的保护生态观念一起，共同构成了中国特色社会主义生态文明建设理论建构的思想渊源。

（三）生态文明建设理论建构的现实背景

中国共产党提出“大力推进生态文明建设”，将其置于“五位一体”总体布局来安排，既是立足于中国的基本国情，适应我国在社会主义现代化进程中所面临的日益严重的资源和环境危机的客观需要，也是回应全球生态问题、深度参与全球生态环境保护的战略抉择。

第一，我国经济建设和社会发展取得的巨大成就，为实施生态文明建设战略提供了必要的物质和技术基础。党的十一届三中全会以来，经过 40 多年的发展，我国的经济总

---

① 中共中央文献研究室．毛泽东文集：第 6 卷．北京：人民出版社，1999：475.

② 中共中央文献研究室．毛泽东文集：第 7 卷．北京：人民出版社，1999：153.

③ 邓小平．邓小平文选：第 3 卷．北京：人民出版社，1993：363.

量稳居世界第二位，“社会生产力、经济实力、科技实力迈上一个大台阶，人民生活水平、居民收入水平、社会保障水平迈上一个大台阶，综合国力、国际竞争力、国际影响力迈上一个大台阶，国家面貌发生新的历史性变化”[①]。所有这些，为党和国家提出并深入贯彻实施生态文明建设理论奠定了必要的物质与技术基础。

第二，我国继续发展面临的生态环境问题的日益严峻，成为实施生态文明建设战略的必然要求。改革开放以来，我国在经济建设取得巨大成就的同时，也积累了一系列问题。其中最为严重的一个问题就是生态环境的恶化。生态环境直接影响到人们的身体健康和生活质量，不断恶化的生态环境如大气污染、水污染、水土流失现象严重等必然会激起人民群众的不满，引发社会问题，从而影响社会主义现代化建设的大局。另外一个十分突出的问题则是因为经济增长方式的粗放所导致的资源能源短缺问题。我国的人口规模巨大，而在能源以及其他重要战略资源储备总量方面则只占世界储备总量相当小的份额，发展中大国和人均资源短缺成为我国发展的突出矛盾。长期以来，我们坚持以经济建设为中心，追求经济发展的高速度，但始终没有处理好人口、资源与环境的协调问题，而且经济发展方式粗放，导致我国已经成为世界上资源最为短缺、污染最为严重、生态环境最为恶化的国家之一。然而，我国单位产品资源能源消耗量却比西方发达国家高出许多，这无疑加大了我国在资源和环境方面面临的压力，同时也加快了我国在发展中产生的问题的积累速度。破解这些难题，正是生态文明建设理论建构的直接原因。

第三，建设生态文明是国际社会共同关心的普遍问题，是人类社会发展的必然趋向。生态问题是没有国界的，它毫无疑问地成为国际社会所共同关心的问题。生态危机所导致的恶劣后果，任何国家都难以幸免。在努力改善人与自然关系、实现人与自然和谐发展的过程中，任何国家都不能置身事外。1972 年在瑞典斯德哥尔摩举行的联合国人类环境会议、1992 年在巴西里约热内卢举行的联合国环境和发展会议、2009 年在丹麦哥本哈根举行的联合国气候变化大会、2015 年联合国可持续发展峰会通过的《2030 年可持续发展议程》以及 2016 年签署的《巴黎协定》等，都是世界各国齐心协力应对生态环境恶化问题的重要标志。近些年来，西方资本主义国家涌现的生态社会主义和生态学马克思主义等社会思潮直指生态问题，并提出了一些解决生态问题的建议。绿党主张，人是自然界的一部分，人是立于自然之中而不是跃居自然之上的，人类应该合理地利用和开发有限的自然资源，发展生态经济，强调维护和实现生态系统的平衡，反对破坏生态系统的人类行为；生态社会主义认为，人类只有一个赖以生存和发展的世界，而今的生态危机是属于全球化的没有国界的全球性危机，保护生态环境是全人类共同的责任和使命，也是全人类的共同利益所在，世界各国人民应该携起手来，同舟共济，共同治理全球生态环境问题，造福自身及子孙后代；生态学马克思主义则认为导致当今全球性生态危机的原因是多方面的，但更主要的是因为资本主义生产方式的产生和发展，指出人类走出生态危机的根本出路就是建立“稳态”的社会主义经济模式。适应世界各国保护环境、维护生态，追求人与自然和谐共处的潮流，结合中国的现实国情，反思自身在发展中产生

---

① 胡锦涛．坚定不移沿着中国特色社会主义道路前进　为全面建成小康社会而奋斗：在中国共产党第十八次全国代表大会上的报告．北京：人民出版社，2012：6－7.

的问题，以实现中华民族的健康和永续发展，则是中国共产党生态文明建设理论建构的国际背景。在这一国际大背景下，我国在推进国内生态文明建设的同时，深度参与全球气候治理，落实减排承诺。积极参与应对全球气候变化谈判，推动建立公平合理、合作共赢的全球气候治理体系。推动《2030年可持续发展议程》和《巴黎协定》的落实，积极承担与我国国力相适应的义务，成为全球生态文明建设的重要参与者、贡献者、引领者。

第二节　推进社会主义生态文明建设的基本要求

一、促进人与自然和谐共生

党的十九大指出，“人与自然是生命共同体，人类必须尊重自然、顺应自然、保护自然”[①]。人与自然的关系是人类社会最基本的关系。自然界是人类社会产生、存在和发展的基础与前提，人类可以通过社会实践活动有目的地利用自然、改造自然，但人类归根到底是自然的一部分，必须呵护自然，不能盲目地凌驾于自然之上，人类的行为方式必须符合自然规律。人与自然是相互依存、相互联系的整体，对自然界不能只讲索取不讲投入、只讲利用不讲建设。保护自然环境就是保护人类，建设生态文明就是造福人类。

促进人与自然和谐共生是中国式现代化的本质要求。党的二十大深刻阐述了人与自然和谐共生是中国式现代化的重要基本特征，并对促进人与自然和谐共生做出重大战略部署。我国作为一个有14亿多人口的发展中大国，环境容量有限，生态系统脆弱，生态环境状况尚未得到根本扭转，要迈入现代化社会，高消耗、高污染的模式是行不通的，资源环境的压力不可承受。所以，要坚持节约优先、保护优先、自然恢复为主的方针，像保护眼睛一样保护自然和生态环境，坚持可持续发展，坚定不移走生产发展、生活富裕、生态良好的文明发展道路。这是对西方以资本为中心、物质主义膨胀、先污染后治理的现代化发展道路的超越。在生产力布局、城镇化建设、重大项目建设中，必须充分考虑自然条件、资源环境承载能力以及环境的可持续发展等问题；在推进生态文明建设的过程中，必须正确地对待原始文明、农业文明和工业文明中反映自然生态发展规律的具有积极意义的成果，形成节约资源和保护环境的空间格局、产业结构、生产方式、生活方式。

促进人与自然和谐共生是满足人民对美好生活向往的必然选择。随着我国社会主要矛盾发生变化，人民群众对优美生态环境的期望值更高，对生态环境问题的容忍度更低，成为这一主要矛盾的重要方面。良好生态环境是最公平的公共产品，是最普惠的民生福祉。当前，我国生态环境同人民群众对美好生活的期盼相比，同建设美丽中国的目标相比，还有较大差距，加快改善生态环境质量已成为人民群众追求高品质生活的共同呼声。

---

① 中国共产党第十九次全国代表大会文件汇编．北京：人民出版社，2017：40.

因此，既要创造更多物质财富和精神财富以满足人民日益增长的美好生活需要，也要提供更多优质生态产品以满足人民日益增长的优美生态环境需要。

促进人与自然和谐共生是推动高质量发展的应有之义。高质量发展是体现新发展理念的发展，是绿色发展成为普遍形态的发展。我国仍是发展中国家，工业化、城镇化尚未完成，产业结构和能源结构具有明显的高碳特征，实现碳达峰、碳中和任务艰巨，资源环境对经济发展的约束日益趋紧。必须站在人与自然和谐共生高度谋划发展，促进经济社会全面绿色转型，推动实现更高质量、更有效率、更加公平、更可持续、更为安全的发展。

二、树立和践行绿水青山就是金山银山理念

习近平很早就用金山银山、绿水青山做比喻，生动形象、入木三分地阐明了经济发展与环境保护之间的辩证关系，提出了“绿水青山就是金山银山”的重要理念，为建设生态文明、建设美丽中国提供了根本遵循。金山银山和绿水青山的关系，归根到底就是正确处理经济发展同生态环境保护的关系。这是实现可持续发展的内在要求，是坚持绿色发展、推进生态文明建设首先必须解决的重大问题。

树立和践行绿水青山就是金山银山理念，必须正确处理经济发展同生态环境保护的关系。经济发展不应是对资源和生态环境的竭泽而渔，生态环境保护也不应是舍弃经济发展的缘木求鱼，而是要坚持在发展中保护、在保护中发展，实现经济社会发展与人口、资源、环境相协调。要坚持和贯彻新发展理念，深刻认识保护生态环境就是保护生产力、改善生态环境就是发展生产力，坚决摒弃以牺牲生态环境换取一时一地经济增长的做法，让良好生态环境成为人民生活改善的增长点、成为经济社会持续健康发展的支撑点、成为展现我国良好形象的发力点，让中华大地天更蓝、山更绿、水更清、环境更优美大踏步进入生态文明新时代。

三、加快发展方式绿色转型

加快发展方式绿色转型，是党的二十大立足建设中国式现代化国家、推进中华民族伟大复兴做出的重大战略部署。党的二十大指出：“推动经济社会发展绿色化、低碳化是实现高质量发展的关键环节。”[①] 加快发展方式绿色转型，就是要改变过多依赖增加物质资源消耗、过多依赖规模粗放扩张、过多依赖高能耗高排放产业的发展模式，按照促进人与自然和谐共生的要求，从“有没有”转向发展“好不好”、质量“高不高”，构建科技含量高、资源消耗低、环境污染少的产业结构，大幅提高经济绿色化程度，有效降低发展的资源环境代价。

加快绿色发展方式转型，重点是加快推进产业结构、能源结构、交通运输结构、消费方式等调整优化。要加快产业结构绿色转型这个关键，减少过剩和落后产能，增加新

① 本书编写组. 党的二十大报告辅导读本. 北京：人民出版社，2022：45.

的增长动能，推动战略性新兴产业、高技术产业、现代服务业加快发展。加快建立绿色生产和消费的法律制度与政策导向，建立健全绿色低碳循环发展的经济体系，构建市场导向的绿色技术创新体系，面向市场需求促进绿色技术的研发、转化、推广，用绿色技术改造形成绿色经济。要促进能源结构绿色转型，推进能源生产和消费革命，构建清洁低碳、安全高效的能源体系，推进资源全面节约和循环利用，实施国家节水行动，降低能耗、物耗，实现生产系统和生活系统循环连接。调整交通运输结构，就是要大力发展多式联运，加快大宗货物和中长途货物运输“公转铁”“公转水”，减少公路运输量，增加铁路运输量，提高沿海港口集装箱铁路集疏港比例。加快充电桩等新型基础设施建设。倡导绿色消费，绿色消费是倒逼生产方式绿色转型的重要推动力。倡导简约适度、绿色低碳的生活方式，反对奢侈浪费和不合理消费，使绿色消费成为每一个公民的责任，从自身做起，从自己的每个行为做起，自觉为美丽中国建设做贡献。

四、生态文明建设必须融入经济、政治、文化、社会建设各方面和全过程

党的十八大提出，要把生态文明建设放在突出地位，融入经济建设、政治建设、文化建设、社会建设各方面和全过程，这是对我国社会主义现代化建设在新的发展阶段提出的新的要求，也是推进生态文明建设本身的要求。大力推进生态文明建设，涉及生产方式和生活方式各个方面的变革。它既需要我们做好生态文明建设本身的相对独立的工作，更需要我们把生态文明的理念、原则和目标等融入社会主义现代化建设事业的各个方面和全过程。把生态文明建设融入经济建设，就要建立以循环经济为核心的生态经济体系，走新型工业化道路，调整和优化经济结构，培育发展循环经济，积极发展生态农业、生态工业和现代服务业，努力倡导绿色消费，走出一条科技先导型、资源节约型、清洁生产型、生态保护型、循环经济型的经济发展途径；把生态文明建设融入政治建设，就要大力推进政治体制改革，不断扩大人民民主，推进依法治国，建设法治国家和法治政府，使司法公信力不断提升，人权得到切实尊重和保障，人与自然、人与人、人与社会关系更加和谐；把生态文明建设融入文化建设，就要大力发展生态文化产业和事业，发展生态哲学、生态伦理学、生态经济学、生态法学、生态文艺学等学科，并努力发挥它们在生态文明建设中的作用，不断提高全社会的生态意识、生态观念、生态思维和生态生产能力；把生态文明建设融入社会建设，就要坚持以人为本的发展理念，坚持执政为民，重视增加居民收入和改善民生，努力实现发展成果由人民共享，努力缩小收入差距和实现社会公平，实现人民群众富裕程度普遍提高、生活质量明显改善、人居环境更加美化。

第三节　推进社会主义生态文明建设的重大意义

“建设生态文明，是关系人民福祉、关乎民族未来的长远大计”[①]，“是中华民族永续

① 胡锦涛．坚定不移沿着中国特色社会主义道路前进　为全面建成小康社会而奋斗：在中国共产党第十八次全国代表大会上的报告．北京：人民出版社，2012：39.

发展的千年大计”[①]。大力推进社会主义生态文明建设，对于我们实现建设美丽中国、实现中华民族伟大复兴的中国梦和实现中华民族的永续发展具有重要意义。

一、推进生态文明建设是建设美丽中国的需要

党的十八大提出了“努力建设美丽中国，实现中华民族永续发展”的宏伟目标。党的十九大再次强调了建设美丽中国这一目标要求。所谓美丽中国，既是人与自然和谐相处、共生共荣的中国，也是人与人及其社会融洽相处、和谐发展的中国。建设美丽中国，二者不可偏废其一。

建设美丽中国，必须促进人与自然和谐相处。一直以来，为追求经济发展的高速度，我们在资源能源和生态环境方面付出了极其严重的代价。比如说在资源能源消耗方面，我国与西方发达国家相比资源能源产出效率极低；在生态环境方面，水土流失、江河污染、雾霾天气、雨雪冰冻、酸雨横行等种种生态退化现象愈演愈烈。这些问题的产生，可以说都是工业文明的发展理念所导致的必然结果。如果继续以这种发展理念指导我们的现代化建设，势必会使古老的中华文明重蹈古埃及文明、古巴比伦文明、古地中海文明和美洲玛雅文明等古老文明灭亡的覆辙，将中华民族带进灭亡的深渊。面对这些在工业文明理念指导下的发展过程中产生的棘手的问题，如果仍然用工业文明的传统思路显然是解决不了的，唯一的办法就是转变发展思路，以生态文明建设为契机，大力发展生态技术，果断抛弃传统工业生产“资源—产品—废弃物”的先污染、后治理的发展方式，转而走进“资源—产品—再生资源”的边发展边治理的良性循环，以在新的基础上实现人与自然的和谐相处和持续发展。

建设美丽中国，更要处理好人与人及其社会之间的关系。追求发展的高速度所带来的恶劣影响不仅体现在资源能源和生态环境方面，也体现在人与人、人与社会的关系上。如果说环境污染所导致的后果主要体现在自然对人的报复，体现在自然不再给人类新鲜的空气、洁净的水和没有公害的食品；那么工业文明的发展方式所引发的人与人、人与社会之间的危机则主要表现在每个人都追逐实现自身利益最大化的过程中因个人能力和方法手段的不同所导致的贫富分化加剧和诚信缺失。党的十一届三中全会以前，由于我们一度追求“一大二公”的绝对平均的社会主义，各方面建设社会主义的积极性得不到发挥，影响了社会主义现代化建设进程。党的十一届三中全会以来，党中央转变发展理念，冲破“绝对平均主义”的桎梏，允许一部分地区、一部分人因为有利条件而先发展、先富起来，这种理念对促进我国经济进步和社会发展的确起到了巨大作用，但也导致了地区差异加大和两极分化现象的产生并且这种现象呈现出越来越严重的局面。如不迅速采取有效措施改变现状，对个人利益的无止境追求所引发的诚信危机势必引发深层的社会危机，地区发展差距的加大和贫富分化的加剧也势必会激化社会矛盾，进而影响到改革发展稳定大局。加强以保护生态环境、发展循环经济，实现人与自然、人与人、人与

---

① 习近平．决胜全面建成小康社会　夺取新时代中国特色社会主义伟大胜利：在中国共产党第十九次全国代表大会上的报告．北京：人民出版社，2017：23.

社会和谐共生为基本宗旨的生态文明建设，对统筹解决发展中产生的人与人、人与社会之间的各种矛盾和问题无疑也具有重要意义。

二、推进生态文明建设是实现中华民族伟大复兴中国梦的重要内容

实现中华民族伟大复兴，是中华民族近代以来最伟大的梦想，实现这一梦想就要坚持走中国特色社会主义道路、坚持中国特色社会主义理论，统筹推进经济建设、政治建设、文化建设、社会建设、生态文明建设“五位一体”总体布局。作为“五位一体”总体布局的重要组成部分，生态文明建设是实现中国梦的重要内容。“拥有天蓝、地绿、水净的美好家园，是每个中国人的梦想，是中华民族伟大复兴的中国梦的重要组成部分”①。木桶原理告诉我们，决定一只水桶能盛多少水的往往不是最长的那块木板而是最短的那块木板。我们正在从事的中国特色社会主义建设伟大事业也正是由经济建设、政治建设、文化建设、社会建设和生态文明建设这五个方面共同组成的一只木桶，以往我们只注重经济建设，关注物质文明的实现和满足而对生态文明建设的重视不够，在唯经济增长、唯 GDP 论的错误指导下，尽管我们在经济建设方面取得了巨大的成就，但同时也导致了生态文明建设的长期滞后。不难想象，如果我们不能尽快地补齐社会主义现代化建设中“五位一体”的生态文明建设这块短板，即使我们能够将经济建设这块木板造得很长，最终也会因为生态文明建设这块短板的作用而使已经取得的成果得而复失。生态文明建设的效果直接关系到全面推进中华民族伟大复兴的梦想，因此，作为实现中华民族伟大复兴的中国梦的重要内容，大力推进生态文明建设，对于我们最终实现这一伟大梦想具有重大意义。

三、生态文明建设是破解发展中难题和实现我国高质量发展的需要

几百年来工业化进程创造了前所未有物质财富，但大量消耗资源能源，也带来了触目惊心的环境污染和生态破坏，特别是近年来，气候变化、生物多样性丧失、荒漠化加剧、极端气候事件频发，给人类生存和发展带来严重挑战。在这样背景下，我国经济在发展过程中，曾经一度出现非常倚重高投入、低产出、粗放型的经济增长方式，这不仅严重影响了经济的健康发展，而且使我们在享受经济高速增长的同时，也体味到了因高增长而带来的苦果，如能源紧张、资源短缺、生态退化、环境恶化、气候变化、灾害频发等。新世纪以来，特别是党的十八大以来，我国大力推动生态文明理论创新、实践创新和制度创新，生态文明建设布局更加成熟，绿色低碳发展迈出坚实步伐，生态系统质量稳步提升，制度体系建设更加系统，生物多样性保护有效加强，积极参与全球环境治理，经济社会发展绿色转型迈出新步伐。但是也要看到，我国生态本底脆弱，生态保护任重道远，取得的成效还是阶段性的；人与自然关系复杂，叠加全球气候变化带来的不确定性，对一些重大专业问题的认识不够深入；作为发展中国家，工业化、城镇化尚未

---

① 中共中央文献研究室．十八大以来重要文献选编：上．北京：中央文献出版社，2014：626－627.

完成，产业结构、能源结构具有明显的高碳特征，资源环境对经济发展的约束日益趋紧等等。如何落实党的二十大提出的“高质量发展是全面建设社会主义现代化国家的首要任务”？继续推进生态文明建设是实现高质量发展的关键环节。我国经济已由高速增长阶段转向高质量发展阶段。生态文明，作为工业文明发展到一定阶段的产物，是超越工业文明的人类文明新形态，是在对工业文明带来的严重的生态安全问题进行深刻反思的基础上形成的。这种文明以“基本形成节约能源资源和保护生态环境的产业结构、增长方式、消费模式”等作为其基本内容和主要目标，是党中央审视当代世界文明发展大势和中国建设现代化国家的现实要求所提出的新的发展理念。加强生态文明建设，是破解发展中产生的难题、推动实现我国高质量发展、实现人与自然和谐共存的必由之路。

阅读书目

1. 胡锦涛. 坚定不移沿着中国特色社会主义道路前进　为全面建成小康社会而奋斗：在中国共产党第十八次全国代表大会上的报告. 北京：人民出版社，2012.

2. 中共中央关于全面深化改革若干重大问题的决定. 北京：人民出版社，2013.

3. 中共中央国务院关于加快推进生态文明建设的意见. 北京：人民出版社，2015.

4. 习近平. 决胜全面建成小康社会　夺取新时代中国特色社会主义伟大胜利：在中国共产党第十九次全国代表大会上的报告. 北京：人民出版社，2017.

5. 习近平. 高举中国特色社会主义伟大旗帜　为全面建设社会主义现代化国家而团结奋斗：在中国共产党第二十次全国代表大会上的报告. 北京：人民出版社，2022.

思考题

1. 中国特色社会主义生态文明建设理论是如何建构的？
2. 推进生态文明建设的基本要求有哪些？
3. 如何认识生态文明建设的重要意义？

第十二章
中国特色社会主义国防和军队建设

建设巩固的国防和强大的人民军队，关系国家和民族的前途命运。历史有力证明，落后就要挨打，没有国防和军队现代化，就不会有国家的现代化，就不会有中华民族伟大复兴。随着中国特色社会主义进入新时代，必须坚持走中国特色强军之路，推动军民融合深度发展。习近平指出："强国必须强军，军强才能国安。"[①] 这是洞察历史规律、把握时代大势做出的重大论断。

第一节 人民军队建设的基本思想和军事战略

一、人民军队建设的基本思想

中国人民解放军是中国共产党领导的人民军队。在中国共产党的领导下，人民军队走过了光辉的道路，为新民主主义革命的胜利和新中国的建立、为保卫社会主义革命和社会主义建设做出了不朽的贡献。改革开放以来，为了使军队更好地担负起保卫国家领土、领空、领海主权和海洋权益，维护祖国统一和安全的神圣使命，邓小平明确提出必须把我军建设成为一支强大的现代化、正规化的革命军队。江泽民提出了"政治合格、军事过硬、作风优良、纪律严明、保障有力"的总要求。胡锦涛提出了人民解放军要为党巩固执政地位提供重要的力量保证、为维护国家发展的重要战略机遇期提供坚强的安全保障、为维护国家利益提供有力的战略支撑、为维护世界和平与促进共同发展发挥重要作用的"三个提供、一个发挥"的要求。新时代，习近平提出了建设一支听党指挥、能打胜仗、作风优良的人民军队的强军目标。

（一）人民军队的历史使命

人民军队是执行党的政治任务的武装集体，党和人民所需就是军队使命任务所系。中国人民解放军是在中国共产党绝对领导下的人民军队，唯一宗旨是全心全意为人民服务。邓小平强调，我军要"始终不渝地坚持自己的性质。这个性质是，党的军队，人民的军队，社会主义国家的军队……我们的军队始终要忠于党，忠于人民，忠于国家，忠

---

① 习近平．习近平谈治国理政：第4卷．北京：外文出版社，2022：11.

于社会主义”[①]。几十年来，人民军队在党的领导下，走过了光辉的道路，为新民主主义革命的胜利和新中国的成立、为保卫社会主义革命和社会主义建设做出了不朽的贡献。历史一再证明，中国人民解放军是人民民主专政的坚强柱石，是捍卫社会主义祖国的钢铁长城，是社会主义现代化建设的重要力量。今天，中国人民解放军作为保卫与建设社会主义的强大力量，在中国特色社会主义事业发展全局中仍然具有十分重要的地位。

新时代，党和人民赋予我军的使命任务，概括起来就是“四个战略支撑”，即为巩固中国共产党领导和我国社会主义制度提供战略支撑，为捍卫国家主权、统一、领土完整提供战略支撑，为维护国家海外利益提供战略支撑，为促进世界和平与发展提供战略支撑。这是支撑中华民族实现伟大复兴的战略要求，也是人民军队全部价值之所在。

“四个战略支撑”，深刻阐明了人民军队的政治属性，反映了党和军队之间的天然联系，要求军队坚定站在党的旗帜下，坚决维护国家政权安全、制度安全，坚决维护政治社会大局稳定；阐明了人民军队的根本职能，要求军队有效维护国家安全，在实现中华民族伟大复兴的历史进程中顶住压力阻力、扛住挑战风险，真正执干戈以卫社稷；阐明了人民军队的战略功能，要求军队逐步加强安全保障，有效维护海外利益安全；阐明了人民军队的国际责任，要求人民军队适应国际体系变革、构建人类命运共同体的战略需要，在维护和平的国际环境和周边环境、营造有利战略态势上发挥更大作用[②]。中国越发展壮大，遇到的阻力和压力就会越大，面临的风险就会越多。习近平指出：“我们捍卫和平、维护安全、慑止战争的手段和选择有多种多样，但军事手段始终是保底手段。”[③] 军事实力任何时候都是硬核实力，只有把这个硬核实力搞上去了，才能更好发挥塑造安全态势、遏控危机冲突、打赢局部战争的战略功能，才能筑牢国家安全的有力屏障。只有以强大军事实力为后盾，政治安全、国土安全等其他安全才能托底，国家的总体安全和人民的幸福生活才有保障，实现国家繁荣富强的主动权才能牢牢掌握在自己手中。

（二）加强人民军队建设的基本方针

新中国成立初期，毛泽东在全国军事系统党的高级干部会议上，首次提出了要把我军建设成为一支优良的现代化、正规化革命军队的思想，同时规划了国防现代化建设的蓝图和步骤。1981 年 9 月，邓小平明确提出必须把我军建设成为一支强大的现代化、正规化的革命军队的总目标。改革开放以来，党紧紧围绕国防和军队现代化建设这个主题，始终坚持把国防现代化作为现代化的重要组成部分，把军队革命化、现代化、正规化建设作为统一的整体，全面加强、协调推进。

第一，革命化决定军队建设的性质和方向，同时为实现现代化提供强大的精神动力。加强军队的革命化建设，必须始终毫不动摇坚持党对军队的绝对领导的根本原则。坚持党对军队的绝对领导，是军队和国防建设的首要问题，是人民军队根本的建军原则和特

---

① 邓小平．邓小平文选：第 3 卷．北京：人民出版社，1993：334.
② 中共中央宣传部．习近平新时代中国特色社会主义思想三十讲．北京：学习出版社，2018：271.
③ 习近平．习近平著作选读：第 1 卷．北京：人民出版社，2023：626.

有的政治优势，是确保党从思想上、政治上、组织上牢牢掌握部队的关键，是人民军队永远不变的军魂。始终不渝地坚持党对人民军队的绝对领导，是人民军队建设最为宝贵的历史经验。弘扬人民军队优良传统，永葆人民军队的性质、本色和作风，使之始终成为党绝对领导下的人民军队，是革命化建设的重大历史任务，也是革命化建设的核心。为此，必须坚持用中国特色社会主义理论武装全军，持续培育当代革命军人核心价值观，大力发展先进军事文化，深入进行军队历史使命、理想信念、战斗精神和社会主义核心价值观教育，大力弘扬听党指挥、服务人民、英勇善战的优良传统；必须始终坚持人民军队的根本宗旨，进一步加强军政军民团结，巩固和发展军政军民关系；必须充分尊重广大官兵的主体地位和创造精神，巩固和发展人民军队团结、友爱、和谐、纯洁的内部关系。

第二，现代化是军队建设的中心，是其战斗力水平最直接的反映。军队的全部工作都要围绕现代化来展开。军队的现代化建设包括武器装备、军事人才、后勤保障、体制编制和军事理论的现代化等基本内容。我军现代化建设处在机械化任务尚未完成、同时又面临信息化任务的特殊历史时期。军队建设的主要矛盾就在于现代化水平与打赢信息化条件下局部战争的要求还不相适应，军事能力与履行我军历史使命的要求还不相适应。因此，推进现代化建设，要以建设信息化军队、打赢信息化战争为目标，坚持以机械化为基础，以信息化为主导，推进机械化和信息化复合发展，充分发挥信息能力在战斗力生成中的主导作用。

第三，正规化是军队建设的基础，也是其现代化的必然要求。没有军队的正规化，就没有军队的现代化。加强军队的正规化建设，就是要实行统一的指挥、统一的制度、统一的编制、统一的纪律、统一的训练，增强组织性、计划性、准确性和纪律性，走法治化、制度化的道路。坚持依法治军、从严治军，完善军事法规，搞好部队的科学管理，强化质量建设，把军队建设进一步纳入法治化轨道并在此基础上提高正规化水平，提升部队战斗力。

（三）实现党在新形势下的强军目标

建设强大人民军队，是中国共产党始终不渝的战略任务和奋斗目标。在中国革命、建设、改革的各个历史时期，党根据形势任务的变化，及时提出明确的发展目标，实现军事理论与时俱进，引领军队建设实践向前发展。毛泽东领导制定了建设优良的现代化、正规化革命军队的总方针，邓小平提出了建设一支强大的现代化、正规化的革命军队的总目标，江泽民提出了“政治合格、军事过硬、作风优良、纪律严明、保障有力”的总要求，胡锦涛提出了按照革命化、现代化、正规化相统一的原则加强军队全面建设的思想。所以这些，都深刻揭示了军队建设的客观规律，指引我军从小到大、由弱到强，不断取得新的胜利。党的十八大后，习近平鲜明提出党在新形势下的强军目标。2013 年 3 月，在十二届全国人大一次会议解放军代表团全体会议上，他明确指出，建设一支听党指挥、能打胜仗、作风优良的人民军队，是党在新形势下的强军目标，并强调“全军要准确把握这一强军目标，用以统领军队建设、改革和军事斗争准备，努力把国防和军队建设提高到一个新水平”。这一目标是对我军建设任务的新概括新定位，它回答了为什么要强军、强军目标是什么、怎样走中国特色强军之路的重大问题，体现了新的形势和任务对军队建设的新要求，是我们党在新形势下建军治军的总方略。

第一，听党指挥是灵魂，决定军队建设的政治方向。全面加强人民军队党的建设，确保枪杆子永远听党指挥。健全贯彻军委主席负责制体制机制。坚持党对人民军队的绝对领导是人民军队永远不变的军魂。90 多年来，人民军队之所以能够始终保持强大的凝聚力向心力战斗力，经受住各种考验，不断从胜利走向胜利，最根本的就是靠党的坚强领导。我军是党缔造的，一诞生便与党紧紧地联系在一起，始终在党的绝对领导下行动和战斗。我军作为执行党的政治任务的武装集团，必须把听党指挥作为军队建设的首要。中国共产党是马克思主义政党，是全心全意为人民服务的政党，只有毫不动摇坚持党对军队的绝对领导，我军才能从根本上保证人民军队的性质，才能有效履行肩负的历史使命，更好地完成党和人民赋予的各项任务、维护国家和人民的根本利益。坚决听党指挥是建军之魂、强军之魂。这是党长期执政、国家长治久安的根本法宝，也是一切敌人最惧怕我们的一点。无论战争形态怎么演变，军队建设内外环境怎么变化，军队组织形态怎么调整，都必须始终不渝地坚持党对军队绝对领导的根本原则和制度。新形势下，军队要坚持贯彻执行党的理论和路线、方针、政策不动摇，始终高举中国特色社会主义伟大旗帜，坚定中国特色社会主义道路自信、理论自信、制度自信、文化自信，始终忠于党、忠于社会主义、忠于祖国、忠于人民，确保部队绝对忠诚、绝对纯洁、绝对可靠。

第二，能打胜仗是核心，反映军队的根本职能和军队建设的根本指向。军队首先是一个战斗队，是为打仗而存在的，更确切地说是为打赢战争而存在的。党的二十大提出，全面加强练兵备战，提高人民军队打赢能力。研究掌握信息化智能化战争特点规律，创新军事战略指导，发展人民战争战略战术。打造强大战略威慑力量体系，增加新域新质作战力量比重，加快无人智能作战力量发展，统筹网络信息体系建设运用。优化联合作战指挥体系，推进侦察预警、联合打击、战场支撑、综合保障体系和能力建设。深入推进实战化军事训练，深化联合训练、对抗训练、科技练兵。加强军事力量常态化多样化运用，坚定灵活开展军事斗争，塑造安全态势，遏控危机冲突，打赢局部战争①。习近平在庆祝中国人民解放军建军 90 周年大会上强调："人民军队永远是战斗队，人民军队的生命力在于战斗力。"如果军队在战场上打不赢，会产生严重的政治后果。我军素以能征善战著称于世，创造过许多辉煌的战绩。但能打胜仗的能力标准是随着战争实践发展而不断变化的，以前能打胜仗不等于现在能打胜仗。我们坚持走和平发展道路，决不干称王称霸的事，决不会搞侵略扩张，但如果有人要把战争强加到我们头上，我们必须能决战决胜。能打胜仗，就是要确保部队召之即来、来之能战、战之必胜。坚持一切建设和工作向能打胜仗聚焦，按照打仗的要求搞建设抓准备。当前，我军的现代化水平与国家安全需要相比差距还很大，与世界先进军事水平相比差距还很大，我军打现代化战争能力不够，各级干部指挥现代化战争能力不够，这些问题依然很现实地摆在我们面前。新形势下，我们要强化官兵当兵打仗、带兵打仗、练兵打仗思想，牢固树立战斗力这个唯

① 习近平．高举中国特色社会主义伟大旗帜　为全面建设社会主义现代化国家而团结奋斗：在中国共产党第二十次全国代表大会上的报告．北京：人民出版社，2022：55－56.

一的根本的标准，保持箭在弦上、引而待发的高度戒备态势，发扬我军大无畏的英雄气概和英勇顽强的战斗作风，提高我军信息化条件下威慑和实战能力。确保做到脑子里永远有任务、眼睛里永远有敌人、肩膀上永远有责任、胸膛里永远有激情。

第三，作风优良是保证，关系军队的性质、宗旨、本色。作风优良才能塑造英雄部队，作风松散可以搞垮常胜之师。在长期的军事实践中，人民军队形成了一整套光荣传统和优良作风，具体体现在坚定正确的政治方向、理论联系实际的思想作风、求真务实的工作作风、英勇顽强的战斗作风、勤俭节约的生活作风等方面。把这些宝贵的精神财富一代代传下去，关系军队建设全局，关系军队形象和战斗力建设。作风优良是我军的鲜明特色和政治优势，要把改进作风工作不断引向深入，贯彻到军队建设和管理的每个环节，为建设强大军队打好作风基础。新形势下，要坚持全心全意为人民服务的根本宗旨，坚持依法治军、从严治军，坚持艰苦奋斗，坚持求真务实，巩固和发展团结友爱和谐纯洁的内部关系，保持部队高度集中统一，保持人民军队长期形成的良好形象。当前，保持优良作风必须着力解决作风方面的突出问题，下大力气整肃军纪，坚决反对形式主义、官僚主义、享乐主义和奢靡之风，旗帜鲜明反对腐败、反对特权，认真解决管理松懈、作风松散、纪律松弛问题，做到信念不动摇、思想不松懈、斗志不衰退、作风不涣散。建强人民军队党的组织体系，推进政治整训常态化制度化，持之以恒正风肃纪反腐。

听党指挥、能打胜仗、作风优良，三者互相联系、密不可分，统一于建设强大人民军队的实践，体现了坚持根本建军原则、军队根本职能、特有政治优势的高度统一，体现了永远站在人民立场、捍卫人民根本利益的本质要求，明确了强军兴军的目标图、路线图、展开图。实现强军目标必须紧紧扭住强军之魂、强军之要、强军之基，坚持走中国特色强军之路。

二、人民战争及其军事战略

在长期革命战争实践中，人民军队形成了一整套积极防御战略思想，坚持战略上防御与战役战斗上进攻的统一，坚持防御、自卫、后发制人的原则，坚持“人不犯我，我不犯人；人若犯我，我必犯人”。积极防御的战略方针，是中国革命战争总的战略方针，是毛泽东军事战略思想的主要内容，在中国革命战争中发挥了重要的指导作用。新中国成立后，我们的军事战略方针也一直是积极防御。新的历史时期，邓小平强调，我们的战略方针是积极防御，以国家利益为最高准则来处理问题。我们是社会主义国家，永远不称霸，永远不去侵略人家。

积极防御的战略方针，就是把防御原则提升到指导战争全局的地位，作为指导战争全局的总原则，或者说，就是以积极的攻势行动粉碎敌人进攻的防御作战。它是指导战争的准备、实施和一切作战行动的基本依据。

实行积极防御的战略方针，从根本上讲，是由我国的社会主义性质决定的。我国是社会主义国家，无论过去、现在还是将来，都不谋求世界或地区范围内的霸权，不参加任何军事集团，不进行任何形式的军备竞赛，更不会发动战争去侵略别的国家。我们加强国防和军队现代化，完全是为了防御。我国实行积极防御的战略方针不是权宜之计，而是根本性的国策，即使将来我们的国防实力大大增强了，我们的方针也还是积极防御。

实行积极防御的战略方针，也是保卫社会主义现代化建设的需要。在当前和今后相当长的时期内，我国社会主义现代化建设仍将在复杂多变的国际环境中进行，我国安全问题的综合性、复杂性、多变性进一步增强，这就决定了我们的防御不是被动挨打的“消极防御”，而是“积极防御”，就是说，坚持“人不犯我，我不犯人；人若犯我，我必犯人”的自卫立场和后发制人战略原则，在积极防御战略方针的指导下，加强国防建设和军队建设，加强战争准备，防止或遏制战争的爆发，为我国现代化建设争取尽可能多的和平时间和有利的国际环境。

在当代，现代信息技术在战争中的地位更加突出。对我国安全构成重大威胁的未来战争，将很可能是现代信息技术条件下的局部战争。把军事斗争准备基点由应付一般条件下的局部战争转到打赢现代信息技术条件下的局部战争上来，突出海上军事斗争和军事斗争准备，有效控制重大违纪，妥善应对连锁反应，坚决捍卫国家领土主权、统一和安全。这一方针既明确了新形势下我军军事斗争准备的目标和任务，又抓住了我军建设的主要矛盾，是对积极防御战略思想的重大发展。

第二节　全面推进国防和军队现代化建设

一、坚持走中国特色强军之路

习近平指出：“中华民族实现伟大复兴，中国人民实现更加美好生活，必须加快把人民军队建设成为世界一流军队。”[①] 党的十九大对全面推进国防和军队现代化做出新的战略安排：到 2020 年，国防和军队建设要基本实现机械化，信息化建设取得重大进展，战略能力有大的提升；到 2035 年，基本实现国防和军队现代化；到 21 世纪中叶，把人民军队全面建成世界一流军队。这一部署，绘就了建设强大人民军队的路线图和时间表。党的二十大提出，如期实现建军一百年奋斗目标，加快把人民军队建成世界一流军队，是全面建设社会主义现代化国家的战略要求。必须贯彻习近平强军思想，贯彻新时代军事战略方针，坚持党对人民军队的绝对领导，坚持政治建军、改革强军、科技强军、人才强军、依法治军，坚持边斗争、边备战、边建设，坚持机械化信息化智能化融合发展，加快军事理论现代化、军队组织形态现代化、军事人员现代化、武器装备现代化，提高捍卫国家主权、安全、发展利益战略能力，有效履行新时代人民军队使命任务[②]。坚持走中国特色强军之路，要牢固树立战斗力这个唯一的根本的标准，坚持政治建军、改革强军、科技强军、人才强军、依法治军。

第一，要牢固树立战斗力这个唯一的根本的标准。军队强不强，关键看打仗；战场打不赢，一切等于零。我军的根本职能是打仗，把战斗力作为唯一的根本的标准，是有

① 习近平．习近平谈治国理政：第 2 卷．北京：外文出版社，2017：415.

② 习近平．高举中国特色社会主义伟大旗帜　为全面建设社会主义现代化国家而团结奋斗：在中国共产党第二十次全国代表大会上的报告．北京：人民出版社，2022：55.

效履行我军根本职能的内在要求，是维护国家安全的必然选择，也是提高军队建设质量效益的客观需要。由大向强、将强未强之际，往往是国家安全的高风险期。经过 40 多年的改革开放，特别是党的十八大以来，我国的综合国力、核心竞争力、抵御风险能力显著增强，国际地位和国际影响力显著提高。但与此同时，世界从来没有像今天这样关注中国、重视中国，我国周边安全环境变数骤增。我国地缘战略环境日趋复杂，存在多重不稳定因素；我国海上安全环境更趋复杂，对我国安全战略全局的影响更突出；维护国家统一的任务也非常艰巨。此外，现实世界安全和虚拟世界安全相互影响，敌对势力把互联网、手机等新兴载体作为寻衅滋事和扩散升级社会矛盾的重要渠道。这些都给我们维护国家安全增加了新的难度。习近平指出："强国必须强军，军强才能国安。"国防和军队建设是国家安全的坚强后盾，打赢能力是维护国家安全的战略能力。面对国家安全环境的深刻变化，面对强国强军的时代要求，必须紧紧扭住能打仗、打胜仗这个强军之要，始终坚持用战斗力标准衡量和检验一切工作，指导和推动各项建设。不论搞建设、抓战备，还是用干部、配资源，都要用战斗力尺子量一量，自觉按照战斗力标准实施决策指导、选拔任用干部、评定工作成效，形成有利于提高战斗力的舆论导向、工作导向、用人导向、政策导向，以刚性措施推动战斗力标准硬起来、实起来。

第二，必须坚持政治建军、改革强军、科技强军、人才强军、依法治军。政治建军是人民军队的立军之本。政治工作是我军的看家本领，是我军的最大特色、最大优势，是我军同一切其他性质军队的最大区别。新形势下，我军政治工作只能加强不能削弱，只能前进不能停滞，只能积极作为不能被动应付。要着力培养有灵魂、有本事、有血性、有品德的新一代革命军人，把铸牢军魂作为政治工作的核心任务，锻造具有铁一般信仰、铁一般信念、铁一般纪律、铁一般担当的过硬部队，永葆人民军队性质、宗旨、本色。改革是我军发展壮大、制胜未来的关键一招。必须大刀阔斧实施改革强军战略，着力解决制约国防和军队建设的体制性障碍、结构性矛盾、政策性问题，完善和发展中国特色社会主义军事制度，推进军队组织形态现代化，加快构建能够打赢信息化战争、有效履行使命任务的中国特色现代军事力量体系。科技是现代战争的核心战斗力，必须坚持向科技创新要战斗力。2014 年 5 月，习近平在上海考察时强调："谁牵住了科技创新这个'牛鼻子'，谁走好了科技创新这步先手棋，谁就能占领先机、赢得优势。"要全面实施科技强军战略，坚持自主创新的战略基点，瞄准世界军事科技前沿，加快战略性、前沿性、颠覆性技术发展，争取实现弯道超车，不断提高科技创新对人民军队建设和战斗力发展的贡献率。强军之道，要在得人。人才是推动我军高质量发展、赢得军事竞争和未来战争主动的关键因素，必须实施新时代人才强军战略，锻造德才兼备的高素质、专业化新型军事人才。一支现代化军队必然是法治军队。军队越是现代化，越是信息化，越是要法治化。深入推进依法治军、从严治军，是实现强军目标的必然要求。要强化法治信仰和法治思维，将法治内化为政治信念和道德修养，外化为行为准则和自觉行动。坚持依法治官、依法治权。着力构建系统完备、严密高效的军事法规制度体系、军事法治实施体系、军事法治监督体系、军事法治保障体系，提高国防和军队建设法治化水平。

二、推动军民融合深度发展

国防和军队建设关系国家安危与发展全局，富国和强军是发展中国特色社会主义、实现中华民族伟大复兴的两大基石。党的十八大以来，习近平在坚持和发展中国特色社会主义历史进程中，着眼实现中华民族伟大复兴的中国梦，紧紧围绕富国和强军两大基石，推进军民融合深度发展，取得了一系列历史性的伟大成就。习近平指出："我们要实现中华民族伟大复兴，必须坚持富国和强军相统一，努力建设巩固国防和强大军队。"①

加快推进国防和军队现代化，在全面建设社会主义现代化进程中实现富国和强军的统一。富国和强军的统一，就是既要通过推进国家经济社会发展，为国防和军队现代化建设提供更充裕的物质与技术条件；又要通过加强国防和军队现代化建设，为国家发展提供更加坚强的安全保障和战略支持，使富国和强军相互促进、共同发展。历史表明，落后要挨打，富裕也可能挨打，只有实现富国和强军的统一，国家才能真正富强，人民才能安居乐业。一个民族要自立于世界民族之林，必须有经济实力做基础，保持经济的持续快速发展。坚持以经济建设为中心，集中力量把经济搞上去，是解决包括国防建设在内的当代中国所有问题的前提和基础。但是，经济发展了并不等于国防就会自然强大，富国是强军的基础，强军是富国的重要保障。像我们这样一个大国，如果不注重在发展经济的同时加强国防和军队建设，就不可能获得应有的国际地位，也难以有效保障经济建设的成果，而且会在诸多方面受制于人。经过改革开放40多年的快速发展，我国的经济总量已居世界前列，具有了完备的现代工业体系和强大的科技实力，具有了强军的条件和物质基础，提出富国强军战略恰逢其时，是抓住和用好战略机遇期的正确抉择。

实现富国和强军统一的关键，是要统筹好国家经济建设和国防建设的关系。毛泽东曾认为，经济建设和国防建设是全党、全军和全国人民的两件大事，要在经济发展的基础上使国防建设不断得到增强。加强国防"可靠的办法就是把军政费用降到一个适当的比例，增加经济建设费用。只有经济建设发展得更快了，国防建设才能够有更大的进步"②。邓小平明确提出，新时期军队要以现代化建设为中心，走有中国特色的精兵之路，不断增加国防实力，为国家改革开放和现代化建设提供强有力的安全保障；同时，又要服从和服务于国家经济建设的大局，积极支持和参与国家的经济建设。实践反复证明，经济建设和国防建设的关系处理不好，就会走弯路、吃苦头。实现富国和强军的统一，要站在战略的高度，把国防和军队的现代化建设筹划好，全面贯彻经济建设和国防建设两头兼顾、协调发展的方针。

新时代，统筹经济建设和国防建设，在全面建设社会主义现代化过程中实现富国和强军的统一，就要根据新发展理念的要求，从国家发展的总体战略出发，合理确定国防和军队建设布局，通过科学的发展规划，把国防和军队现代化建设融入国家现代化建设的战略全局，使国防和军队现代化进程与国家现代化进程相一致，使经济建设和国防建

---

① 习近平．习近平谈治国理政：第1卷．2版．北京：外文出版社，2018：219.

② 中共中央文献研究室．毛泽东文集：第7卷．北京：人民出版社，1999：27.

设相互促进。坚持走中国特色军民融合式发展路子，使国防经济与社会经济、军用技术与民用技术的结合越来越紧密，军队建设和作战对经济、科技和社会的依赖性不断增强，为实现国防和军队现代化提供丰厚的资源与持续发展的后劲。同时，要不断增强全民国防观念和国防意识，提高国防动员和后备力量建设质量，巩固军政军民团结。

长期以来，我国积极推进军民融合实践，取得了丰硕成果，促进了经济实力和国防实力的同步增长。同时又要看到，我国军民融合发展刚进入由初步融合向纵深融合的过渡阶段，必须坚持问题牵引，正确把握与处理经济建设和国防建设的关系，在“统”字上下功夫，在“融”字上做文章，在“新”字上求突破，在“深”字上见实效。

把军民融合发展上升为国家战略。要加强集中统一领导，贯彻落实总体国家安全观和新形势下军事战略方针，突出问题导向，强化顶层设计，加强需求统合，统筹增量存量，同步推进体制和机制改革、体系和要素融合、制度和标准建设，加快形成全要素、多领域、高效益的军民融合深度发展格局，逐步构建军民一体化的国家战略体系和能力。

推进军民融合深度发展，必须立足国情，走出一条中国特色军民融合路子，把军民融合发展理念与决策部署贯彻落实到经济建设和国防建设全领域全过程。坚持国家主导和市场运作相统一，综合运用规划引导、体制机制、政策扶持、法治保障以及市场化等手段，最大程度凝聚军民融合发展合力，实现经济建设和国防建设综合效益最大化。

推进军民融合深度发展，根本出路在改革创新。要以扩大开放、打破封闭为突破口，不断优化体制机制和政策制度体系，推动融合体系重塑和重点领域统筹。要把军民融合发展战略和创新驱动发展战略有机结合起来，加快建立军民融合创新体系，培育先行先试的创新示范载体，拓展军民融合发展新空间，探索军民融合发展新路子。

推进军民融合深度发展，要善于运用法治思维和法治方式推动工作，加快推进军民融合相关法律法规立改废释工作。要优化军民融合发展的制度环境，坚决拆壁垒、破坚冰、去门槛，加快调整完善市场准入制度，从政策导向上鼓励符合条件的企业、人才、技术、资本、服务等在军民融合发展上有更大作为。

推进军民融合深度发展，必须向重点领域聚焦用力，以点带面推动整体水平提升。基础设施建设和国防科技工业、武器装备、人才培养、军队保障社会化、国防动员等领域军民融合潜力巨大，强化资源整合力度，盘活养好存量资源，优化配置增量资源，发挥军民融合深度发展的最大效益。海洋、太空、网络空间、生物、新能源等领域军民共用性强，要在筹划设计、组织实施、成果使用全过程贯彻军民融合理念和要求，抓紧解决突出问题，加快形成多维一体、协同推进、跨越发展的新兴领域军民融合发展格局。

三、积极推进中国特色的军事变革

当今世界，以信息技术为核心的高新技术的发展，有力地促进了世界军事变革的发展。信息化正在成为新军事变革的本质和核心，各发达国家都把信息化作为军队现代化建设的主要目标。这场世界性的新军事变革，要求我们进一步增强忧患意识和使命意识，积极推进中国特色的军事变革。

第一，推进中国特色的军事变革，必须积极创新和发展军事理论。先进的军事理论历来是军队建设健康发展的必要条件，是战争的重要制胜因素。当前，世界各国都十分重视军事理论的研究并涌现出来不少关于未来军队和未来战争的新学说、新观点。我国也在研究中取得了一些可喜的成果。但是，与国外特别是一些军事强国相比，我们的军事理论研究特别是对高技术战争的研究还很不深入、很不系统。我们要按照信息化的要求，着眼于新世纪新阶段我军建设环境的深刻变化，关注世界军事革命和中国特色军事科学的发展动态，积极推进军事理论的创新发展。

第二，推进中国特色的军事变革，必须努力培养高素质的军事人才。人才为政事之本，也是建军治军之本。培养大批思想政治素质和军事素质优良的高素质新型军事人才，是中国特色军事变革的重要内容。没有大批高素质的人才，就无法掌握新的武器装备，无法创造和运用新的战法，也就不可能赢得未来战争的胜利。要重点抓好指挥军官队伍、参谋队伍、科学家队伍、技术专家队伍和士官队伍建设，特别是要大力选拔培养优秀年轻干部，努力造就一大批高素质的复合型指挥人才、智囊型参谋人才和专家型科技人才，为军队现代化建设和军事斗争准备提供可靠的人才保证。

第三，推进中国特色的军事变革，必须继续推进军队的体制编制改革。随着战争形态的演变和改革开放的深化，我军体制编制不合理的问题日益突出，必须以结构调整和完善政策制度为重点进行改革调整。在改革调整中，要正确认识和处理继承优良传统与发展创新的关系，借鉴外军经验与坚持我军特色的关系，军队调整改革与国家整个改革的关系，深化改革与保持部队稳定的关系。就是说，要朝着规模适度、结构合理、指挥灵便的方向努力，要有利于加强统一领导，有利于军队的教育训练和管理，有利于未来作战的需要。通过改革调整，逐步形成一套既有中国特色又符合现代军队建设规律的科学的组织模式、制度安排和运作方式。

第四，推进中国特色的军事变革，必须走跨越式发展道路。要以机械化为基础，以信息化为主导，实现机械化和信息化建设的复合式发展；要坚持科技强军战略，依靠科技进步和创新，发展高新技术武器装备，实施人才战略工程，开展信息化条件下军事训练，全面建设现代后勤，切实转变战斗力生成模式；要坚持突出重点，分清主次，有所为有所不为，在最关键的领域努力实现跨越式发展；要坚持勤俭建军，注重科学管理，使有限的国防资源发挥出最大效益。

第五，推进中国特色的军事变革，必须努力加强质量建设，坚定不移地走中国特色的精兵之路。在现代战争环境下，军队质量具有决定性的意义。随着高新技术广泛运用于军事领域，争夺质量优势已成为当今世界各大国军队建设的重要发展趋势。中国特色的精兵之路，核心是一个“精”字。精，既是对“量”的要求，更是对“质”的要求。减少数量，提高质量，是我军现代化建设的一条基本方针。减少数量，并不等于质量会自然而然地提高。要真正达到精兵的要求，必须实现我军由数量规模型向质量效能型、由人力密集型向科技密集型转变。要紧紧围绕建设一支革命化、现代化、正规化的人民军队的总目标，体现“精兵、利器、合成、高效”的原则，努力优化结构，加强管理，通过提高质量来提高部队战斗力。

国防和军队建设是全党全国各族人民的共同事业，要紧紧依靠人民建设军队、建设国防，不断增强国防实力；要广泛开展国防教育，增强全民国防观念，完善国防动员体系，加强国防动员建设，提高预备役部队和民兵建设质量，在全社会形成关心国防、热爱国防、建设国防、保卫国防的局面；要加强人民武装警察部队建设，更好履行维护国家安全和社会稳定、保障人民安居乐业的职责使命；要坚持拥军优属、拥政爱民，积极开展军民共建，巩固军政军民团结，巩固和发展“同呼吸、共命运、心连心”的军政军民关系。各级党组织、政府和人民群众要一如既往地支持国防和军队建设，开创国防和军队建设的新局面。

阅读书目

1. 习近平．建设一支听党指挥、能打胜仗、作风优良的人民军队//习近平．习近平谈治国理政：第1卷．2版．北京：外文出版社，2018.

2. 习近平．充分发挥政治工作对强军兴军的生命线作用//习近平．习近平谈治国理政：第2卷．北京：外文出版社，2017.

3. 习近平．全面实施改革强军战略//习近平．习近平谈治国理政：第2卷．北京：外文出版社，2017.

4. 习近平．加快形成军民融合深度发展格局//习近平．习近平谈治国理政：第2卷．北京：外文出版社，2017.

5. 习近平．把强军事业不断推向前进//习近平．习近平谈治国理政：第2卷．北京：外文出版社，2017.

思考题

1. 如何坚持富国和强军相统一？

2. 如何理解新时代强军目标？

3. 如何推进军民融合深度发展？

第十三章

中国特色国家统一的科学构想

实现祖国的完全统一，是中华儿女的共同期盼。完成祖国统一大业，是我们国家的核心利益，是全体中国人民不可动摇的坚强意志。“一个国家，两种制度”（以下简称“一国两制”）是中国共产党人在为实现祖国完全统一而奋斗的进程中形成和发展起来的、具有中国特色的关于国家统一的科学构想。实现祖国的完全统一，必须坚持“一国两制”的基本方针。在香港和澳门顺利回归祖国后，中国共产党为继续推进祖国统一大业，最终解决台湾问题，创造性地提出了新形势下解决台湾问题的方针政策，丰富和发展了“一国两制”的科学构想。

第一节　“一国两制”科学构想的形成和发展

一、毛泽东等对解决祖国统一问题的设想

“一国两制”是中国共产党人从中国实际出发，在解决台湾问题、香港问题和澳门问题的过程中提出的实现祖国完全统一的科学构想。这一科学构想的提出，是中国共产党长期坚持统一祖国方针的产物。

中华人民共和国成立后，由于诸多因素的影响，国家还没有实现完全的统一，香港问题、澳门问题和台湾问题依然是我们实现国家统一必须解决的问题。其中，香港问题和澳门问题是历史上殖民主义侵略遗留下来的问题，分别属于中国和英国之间、中国和葡萄牙之间的问题。台湾问题是中国国内战争遗留下来的问题，属于中国的内政问题。完成祖国统一大业，是包括台湾同胞、港澳同胞和海外侨胞在内的全中国人民的共同心愿，也是中国共产党和中国政府肩负的崇高历史使命。中国共产党在实现祖国统一问题上的立场是坚定不移的，并且根据形势的不断变化，相继提出了一系列实现祖国统一的战略设想。

关于港澳问题，中华人民共和国成立后，中国共产党和中国政府坚持香港、澳门是中国的领土，不承认外国强加给中国人民的不平等条约；同时，根据当时的国际国内形势，对香港、澳门这两个历史遗留问题，期望在条件成熟时通过谈判予以和平解决，未解决之前维持现状。毛泽东曾经说过，香港还是暂时不收回来好，我们不急，目前对我们还有用处。1960 年，周恩来将上述立场做了进一步归纳，提出了“长期打算，充分利

用”的战略方针。

关于台湾问题，由于外国势力的阻挠和台湾当局的抗拒，海峡两岸长期处于分离状态。新中国成立后，以毛泽东同志为主要代表的中国共产党人一直把解决台湾问题、实现祖国完全统一作为自己神圣的历史使命，并根据国内外形势的发展变化，先后制定和实施了武力解放台湾、和平解放台湾的方针，提出了一系列解决祖国统一问题的设想。

（一）武力解放台湾的方针

1949 年 3 月，鉴于国民党在全国的失败已成定局，蒋介石可能把落脚点放在台湾，新华社发表了题为《中国人民一定要解放台湾》的时评，指出中国人民（包括台湾人民）绝对不能容忍国民党反动派把台湾作为最后挣扎的根据地。中国人民解放斗争的任务就是解放全中国，直到解放台湾、海南岛和属于中国的最后一寸土地为止。这是中国共产党首次提出“解放台湾”的口号。1949 年 12 月，中共中央发表了《告前线将士和全国同胞书》，明确提出 1950 年的任务就是解放台湾、西藏、海南岛，肃清中国境内的一切残余敌人。毛泽东和中共中央曾经做出武力解放台湾的计划，并责成粟裕和萧劲光负责领导筹划台湾战役，调集军队，加强训练，积极进行准备。1950 年 6 月，朝鲜战争爆发后，中国人民解放军的战略重点由东南转向东北，解放台湾的计划由此搁置。

朝鲜战争结束后，由于美国政府坚持敌视中华人民共和国，支持国民党军队加紧对大陆沿海的武装骚扰和海空袭击，台湾当局加紧推动与美国签订“共同防御条约”，1954 年，台湾海峡两岸紧张局势再现。1954 年 7 月，中国共产党和中国政府再次提出解放台湾的任务，表示不能承认美国军事干涉和占领台湾。中国人民解放军于 9 月 3 日开始炮击金门，向国际社会特别是向美国表明中国人民解放台湾的决心和立场。12 月，蒋介石集团与美国政府签订了“共同防御条约”，把台湾、澎湖列岛置于美国的“保护伞”下，阻挠中国统一。对此，周恩来发表严正声明，指出所谓“共同防御条约”根本是非法的、无效的，强调“一切关于所谓台湾‘独立国’、台湾‘中立化’和‘托管’台湾的主张实际上都是割裂中国领土，侵犯中国主权和干涉中国内政，都是中国人民绝对不能同意的”①。同时，周恩来代表中国政府表示中国人民一定要解放台湾，实现自己祖国的完全统一。随后，中国人民解放军发动渡海战役，解放了一江山岛和大陈岛。

（二）和平解放台湾的方针

20 世纪 50 年代中期前后，国际形势特别是中国周边的形势发生了重大变化。从国际看，朝鲜半岛和印度支那地区战火的平息，中印、中缅关系问题的解决，使一度紧张的亚太地区局势趋向缓和，主张缓和台海地区紧张局势的呼声也随之升高，不少国家还为此提出了种种解决办法。从国内看，中国大陆正在进行社会主义改造和第一个五年计划的经济建设，需要一个和平的国际环境；同时，台湾局势发生变化，美蒋在合作中出现了矛盾。根据国内外形势的变化，中国共产党及时调整了对台政策，提出了和平解放台湾的主张。一方面，敦促美国政府与中国政府谈判。迫于强大的国际舆论的压力，美

---

① 中华人民共和国外交部长周恩来关于美蒋“共同防御条约”的声明．人民日报，1954－12－09.

国政府最终于1955年7月向中国政府表示愿意进行大使级会谈。中美大使级会谈，先在日内瓦，后在华沙，从1955年8月开始一直谈到1970年，核心就是美国从台湾撤兵。另一方面，中国共产党向台湾当局提出了和平解放台湾的倡议。1955年3月，周恩来在人大常委会会议上，首次提出中国人民愿意在可能的条件下采取和平的方式解决祖国统一问题；同年4月，毛泽东、周恩来提出“在可能的条件下，争取用和平的方式解放台湾”。1955年5月，毛泽东在同印度尼西亚总理阿里·沙斯特罗阿米佐约谈话时说：“朝鲜战争和印度支那战争最后都是用谈判解决的，台湾问题也可以用谈判解决”①，“和平为上”②；7月，周恩来在一届全国人大二次会议上表示，中国人民解放台湾有两种可能的方式，即战争的方式与和平的方式。中国人民愿意在可能的条件下，争取用和平的方式解放台湾。这是党的领导人第一次公开提出和平解放台湾的主张，标志着我党对台政策已由“解放台湾”向“和平统一”方向转变。1956年1月，毛泽东在第六次最高国务会议上正式提出了“第三次国共合作”的构想。他说：“国共已经合作了两次，我们还准备进行第三次合作。”③ 此外，毛泽东提出了“和为贵”“爱国一家”“爱国不分先后”等政策主张。毛泽东、周恩来还在不同场合进一步阐述过和平解放台湾、实现祖国统一的具体设想，如省亲会友、来去自由，既往不咎、立功受奖，国共合作、爱国一家，和平解放、互不破坏。毛泽东表示：如果台湾统一，一切可以照旧。

1958年8月，为了打击美国“划峡而治”的阴谋，中国人民解放军炮轰金门。金门炮战有力地打击了美国政府策划“两个中国”“划峡而治”的图谋，加剧了美蒋之间的矛盾，同时也说明蒋介石在维护一个中国的立场上同大陆有着共同的语言。为了维护国家和民族的根本利益，中国共产党适时提出了“联蒋抵美”的策略。1958年，由毛泽东起草的、以国防部部长彭德怀名义发布的《告台湾同胞书》等公告，公布了对台湾的新政策。在给福建前线人民解放军的命令中，毛泽东严正指出，台、澎、金、马整个地收复回来，完成祖国统一，这是中国人民的神圣任务，这是中国内政。虽然发生了金门炮战，但国共两党坚持一个中国的立场是一致的。此后，两岸都调整了政策，由过去激烈的军事对抗，转为以政治对抗为主、军事对抗为辅的对峙状态。

1958年10月，毛泽东向新加坡《南洋商报》的一位撰稿人表示：台湾如果回归祖国，照他们（指蒋介石等）自己的方式生活。水里的鱼都是有地区性的，毛儿盖的鱼到别的地方就不行。美国不要蒋时，蒋可以来大陆，来了就是大贡献，就是美国的失败。蒋同美国的连理枝解散，同大陆连起来，根还是他的，可以活下去，可以搞他的一套。关于军队问题，毛泽东表示：可以保存，我不压他裁兵，不要他简政，让他搞“三民主义”。1960年5月，毛泽东主持中共中央政治局常委会议，研究对台工作问题，认为台湾宁可放在蒋氏父子手里，不可落到美国人手中；对蒋介石我们可以等待，解放台湾的任务不一定要我们这一代完成，可以留交下一代人去办；现在要蒋过来也有困难，逐步地创造些条件，一旦时机成熟就好办了。1960年10月，毛泽东与美国友人斯诺谈话时又提出：“我们要用和平的方法解决台湾问题。我国好多地方就是用和平方法解决的。北

---

① 中华人民共和国外交部，中共中央文献研究室．毛泽东外交文选．北京：中央文献出版社，1994：211.
② 同①212.
③ 童小鹏．风雨四十年：第2部．北京：中央文献出版社，1996：273.

京就是用和平方法解决的，还有湖南、云南、新疆。”①

1963 年，周恩来根据两岸关系的最新形势，在总结对台工作经验的基础上，将党提出的一系列和平解决台湾问题的思想、政策和主张归纳为“一纲四目”。“一纲”即台湾必须统一于中国。“四目”为：(1) 台湾统一于祖国后，除外交必须统一于中央外，台湾之军政大权、人事安排等悉委于蒋介石；(2) 台湾所有军政及建设费用，不足之数，悉由中央政府拨付（注：当时台湾每年赤字约 8 亿美元）；(3) 台湾的社会改革可以从缓，必俟条件成熟，并征得蒋介石的意见，协商决定后进行；(4) 互约不派特务，不做破坏对方团结之举。毛泽东一再表示，台湾当局只要一天守住台湾，不使台湾从中国分裂出去，大陆就不改变目前的对台政策。1963 年 1 月，周恩来通过由张治中致函陈诚的方式，将“一纲四目”告知台湾当局。

以毛泽东同志为主要代表的中国共产党人为实现祖国统一所做的多方面努力，粉碎了美国制造的“两个中国”的图谋，实现了中国与多国邦交的正常化，确立了国际社会普遍承认的一个中国的格局，为最终解决台湾问题创造了不可或缺的条件。毛泽东、周恩来等提出的关于祖国统一的创造性设想，虽未变成现实，却极具启示意义，它为后来党提出“一国两制”科学构想提供了重要基础。

二、“一国两制”科学构想的提出及发展

（一）“一国两制”科学构想的提出

“一国两制”，是邓小平同志从国家和民族大义出发，考虑台湾、香港、澳门的历史和现状，为实现台湾与祖国大陆统一，恢复我国政府对香港、澳门行使主权，以和平方式实现祖国统一而提出的科学构想。

“一国两制”科学构想是根据当时世界的现实提出来的。20 世纪 70 年代末 80 年代初，国际形势渐趋缓和，和平与发展逐渐成为时代主题。社会主义和资本主义两种制度虽然同时存在，相互竞争，但拥有一个共同的世界市场。维护和平、促进发展成为国际关系的主流，探索和平解决国际争端的新途径是国际社会的一大趋势。这就为用和平方式解决台湾和港澳问题提供了有利的国际条件，为在一个统一的国家内，实现两种社会制度的共存和竞争提供了客观可能性。1979 年 1 月中美建交，美国承认中华人民共和国是中国唯一合法政府，并承认中国的立场，即世界上只有一个中国，台湾是中国的一部分。解决台湾问题的国际障碍因素基本消除。

“一国两制”科学构想是在尊重历史的条件下提出来的。台湾、香港和澳门自古以来就是中国领土不可分割的一部分，中国必须统一。统一问题“首先是个民族问题，民族的感情问题。凡是中华民族子孙，都希望中国能统一，分裂状况是违背民族意志的”②。对于解决国家统一的方式问题，邓小平强调：“只能有两种方式，一种是和平方式，一种

---

① 中共中央文献研究室．毛泽东文集：第 8 卷．北京：人民出版社，1999：217.

② 邓小平．邓小平文选：第 3 卷．北京：人民出版社，1993：170.

是非和平方式。”[①] 而采用和平方式解决问题，就必须考虑到台湾、香港和澳门的实际情况。“就香港问题而言，三方面都能接受的只能是‘一国两制’，允许香港继续实行资本主义，保留自由港和金融中心的地位，除此以外没有其他办法。”[②] 采用和平方式解决台湾问题，则充分考虑了台湾当局和台湾人民的处境、利益与前途。如果不能和平解决，只有用武力解决，这对各方都是不利的[③]。1949 年以后中国的国家主体，经过社会主义改造已经是社会主义制度，而台、港、澳则实行资本主义制度。这种由历史原因造成的差异，是实现祖国和平统一进程中不可回避的事实。面对这种情况，能够照顾各方面利益并能够被各方面接受的方案，实际上只能是“一国两制”。

“一国两制”科学构想是依据振兴中华、实现祖国现代化的客观实际提出来的。党的十一届三中全会以后，伴随着党和国家工作重心的转移，集中力量进行社会主义现代化建设成为国内的中心任务。实现现代化，需要一个稳定的国内环境与和平的国际环境。妥善地解决台、港、澳问题，既有利于政治、经济环境的稳定，也有利于通过这几座特殊的桥梁，使中国走向世界的道路更加宽广。

“一国两制”科学构想的提出有一个过程。早在党的十一届三中全会前，邓小平就阐述过解决台湾问题要尊重台湾现实的思想。1978 年 12 月，党的十一届三中全会公报首次以“台湾回到祖国怀抱，实现统一大业”来代替“解放台湾”的提法。1979 年元旦，全国人大常委会发表《告台湾同胞书》，郑重宣告关于台湾回归祖国、实现国家统一的大政方针，指出在解决统一问题时，一定要考虑现实情况，尊重台湾现状和台湾各界人士的意见，采取合情合理的政策和办法，不使台湾人民蒙受损失，并建议两岸尽快实现通航、通邮、通商。与此同时，中国政府命令人民解放军从当天起停止对金门等岛屿的炮击。《告台湾同胞书》的发表，标志着中国共产党对台方针政策的重大转变。同年 1 月，邓小平在美国参、众两院解释中国政府对台湾的主张时说：我们不再用“解放台湾”这个提法了，只要台湾回归祖国，我们将尊重那里的现实和现行制度[④]。同年 12 月，邓小平在会见日本首相大平正芳时又指出，对台湾，我们的条件很简单，那就是台湾的制度不变，生活方式不变，台湾与外国的民间关系不变，包括外国在台湾的投资、民间交往照旧。条件只有一个，那就是台湾要作为中国不可分割的一部分。这些论述已经蕴含着“一国两制”的思想。

1981 年 9 月 30 日，在中华人民共和国第 32 个国庆节前夕，全国人大常委会委员长叶剑英发表了被称为“叶九条”的谈话，第一次全面阐述了中国政府关于台湾回归祖国、实现和平统一的基本方针。其要点是：建议举行中国共产党和中国国民党两党对等谈判，实行第三次国共合作；提出通邮、通商、通航、探亲、旅游以及开展学术、文化、体育交流的主张；提出国家统一后，台湾可作为特别行政区，享有高度的自治权，并可保留军队，台湾现行社会、经济制度不变，生活方式不变，同外国的经济、文化关系不变；提出台湾当局和各界代表人士，可担任全国性政治机构的领导职务，参与国家管理。

---

① 邓小平．邓小平文选：第 3 卷．北京：人民出版社，1993：101.

② 同①102.

③ 中共中央宣传部．邓小平同志建设有中国特色社会主义理论学习纲要．北京：学习出版社，1995：81.

④ 中共中央文献研究室．邓小平年谱（1975—1997）：上．北京：中央文献出版社，2004：478.

1982年1月，邓小平指出："九条方针是以叶副主席的名义提出来的，实际上就是一个国家两种制度。"① 这是邓小平第一次明确提出"一个国家，两种制度"的概念。

1982年9月，邓小平在会见英国首相撒切尔夫人时，阐明了中国政府准备用"一个国家，两种制度"的办法来解决香港问题的立场。他指出："香港继续保持繁荣，根本上取决于中国收回香港后，在中国的管辖之下，实行适合于香港的政策。香港现行的政治、经济制度，甚至大部分法律都可以保留，当然，有些要加以改革。香港仍将实行资本主义，现行的许多适合的制度要保持。"② 邓小平后来说，解决香港问题的重大原则就是在这次谈话中定下来的。1982年12月，五届全国人大五次会议通过的《中华人民共和国宪法》第31条明确规定，国家在必要时得设立特别行政区。在特别行政区内实行的制度按照具体情况由全国人民代表大会以法律规定。这就为"一国两制"的实施提供了法律依据。

1983年6月，邓小平在会见美国新泽西东大学教授杨力宇时，进一步阐述了实现台湾和祖国大陆和平统一的构想，后来被称为"邓六条"。其内容包括：台湾问题的核心是祖国统一，希望国共两党共同完成统一，大家都对中华民族做出贡献；坚持一个中国，制度可以不同，但在国际上代表中国的，只能是中华人民共和国；不赞成"完全自治"的提法，"完全自治"就是"两个中国"，自治应有一定的限度，条件是不能损害统一的国家的利益；统一后，台湾作为特别行政区，可以实行同大陆不同的制度，可以有其他省、市、自治区所没有而为自己所独有的某些权力，台湾还可以有自己的军队，只是不能构成对大陆的威胁；和平统一不是大陆把台湾吃掉，当然也不能是台湾把大陆吃掉，所谓"三民主义统一中国"是不现实的；举行国共两党平等会谈，实行第三次国共合作，不提中央与地方谈判，万万不可让外国插手。邓小平的这一讲话，使"一国两制"的科学构想更加完备和充实。1984年6月，邓小平接见香港客人时明确指出："我们的政策是实行'一个国家，两种制度'，具体说，就是在中华人民共和国内，十亿人口的大陆实行社会主义制度，香港、台湾实行资本主义制度。"③ 1985年3月，六届全国人大三次会议正式把"一国两制"确定为中国的一项基本国策。

（二）"一国两制"科学构想的发展

1987年11月，台湾当局开放台湾居民赴大陆探亲，海峡两岸近38年的隔绝状态终于被打破。进入20世纪90年代以后，一方面，海峡两岸关系发展出现了良好的势头。两岸人员往来以及科技、教育、文化、体育等各个领域的交流进一步加强，两岸经济往来更加密切。1992年，海峡两岸关系协会与台湾地区的海峡交流基金会达成各自以口头方式表述"海峡两岸均坚持一个中国原则"的"九二共识"，在此基础上开启了两岸事务性商谈。1993年4月，"海协会"会长汪道涵和"海基会"董事长辜振甫在新加坡成功举行了"汪辜会谈"，签署了《汪辜会谈共同协议》等四项协议，标志着两岸关系迈出了历史性的重要一步。另一方面，蒋经国去世后继任的台湾当局领导人李登辉，拒不接受

---

① 中共中央文献研究室．邓小平年谱（1975—1997）：下．北京：中央文献出版社，2004：797.

② 邓小平．邓小平文选：第3卷．北京：人民出版社，1993：13.

③ 同②58.

“一个中国的原则”，推动所谓“本土化”、“台湾化”和“脱中国化”，推行“两个中国”的分裂政策，使“台独”势力膨胀，“台独”思潮蔓延。两岸关系跌宕起伏，经历着复杂的发展变化。

面对新变化，以江泽民同志为主要代表的中国共产党人一再重申，我们坚定不移地按照“一国两制”的方针，积极促进祖国统一。中国共产党愿意同中国国民党尽早接触，以便创造条件，就正式结束两岸敌对状态、逐步实现和平统一进行谈判。1995 年 1 月 30 日，江泽民在中共中央台湾工作办公室等单位举办的新春茶话会上发表了题为《为促进祖国统一大业的完成而继续奋斗》的重要讲话，就推动祖国和平统一进程提出了著名的八项主张。第一，坚持一个中国的原则，是实现和平统一的基础和前提。中国的主权和领土决不容许分割，任何制造“台湾独立”的言论和行动，都应坚决反对。第二，对于台湾同外国发展民间性经济文化关系，我们不持异议。但是，反对台湾以搞“两个中国”“一中一台”为目的的所谓“扩大国际生存空间”的活动。第三，进行海峡两岸和平统一谈判，是我们的一贯主张。在一个中国的前提下，什么问题都可以谈。作为第一步，双方可先就“在一个中国的原则下，正式结束两岸敌对状态”进行谈判，并达成协议。第四，努力实现和平统一，中国人不打中国人。我们不承诺放弃使用武力，绝不是针对台湾同胞，而是针对外国势力干涉中国统一和搞“台湾独立”的图谋的。第五，大力发展两岸经济交流与合作，以利于两岸经济共同繁荣，造福整个中华民族。继续加强两岸同胞的相互往来和交流，增进了解和互信，采取实际步骤加速实现直接“三通”。第六，中华文化始终是维系全体中国人的精神纽带，也是实现和平统一的一个重要基础，两岸同胞要共同继承和发扬中华文化的优秀传统。第七，充分尊重台湾同胞的生活方式和当家作主的愿望，保护台湾同胞一切正当权益。第八，欢迎台湾当局领导人以适当身份前来访问，我们也愿意接受台湾方面的邀请，前往台湾。八项主张表明了中国共产党和平解决台湾问题的决心和诚意，指明了发展两岸关系的正确方向，是完成祖国统一大业的纲领性文件，丰富和发展了“一国两制”科学构想。

2003 年后，“台独”势力在分裂祖国的道路上越走越远，台海局势日益严峻。以胡锦涛同志为主要代表的中国共产党人，针对台海局势的新变化、新情况、新特点，做出了关于新世纪新阶段新形势下对台工作的一系列重大决策和战略部署，创造性地提出了具有鲜明时代特色的新论述新主张，采取了一系列新举措。2005 年 3 月 4 日，胡锦涛在看望参加全国政协十届三次会议民革、台盟和台联界委员时，提出了新形势下发展两岸关系的四点意见，即坚持一个中国原则决不动摇，争取和平统一的努力决不放弃，贯彻寄希望于台湾人民的方针决不改变，反对“台独”分裂活动决不妥协。这对做好新形势下的对台工作具有重大的指导意义。同年 3 月 14 日，十届全国人大三次会议审议通过了《反分裂国家法》，将中央关于解决台湾问题的大政方针以法律的形式固定下来，充分体现了我们以最大的诚意、尽最大的努力争取和平统一的一贯主张，同时表明了全中国人民维护国家主权和领土完整，决不允许“台独”分裂势力以任何名义、任何方式把台湾从中国分裂出去的共同意志和坚定决心。《反分裂国家法》的颁布实施，对于打击和遏制“台独”分裂活动，促进两岸关系和平发展，推进祖国和平统一进程，维护台湾海峡地区和平稳定，维护国家主权和领土完整，维护中华民族的根本利益，具有重大的战略意义。

2005 年 4—5 月，中共中央和胡锦涛先后邀请中国国民党主席连战、亲民党主席宋楚瑜率团访问大陆，开展两岸政党交流与对话并分别发表公报，达成多项共识。在会谈和公报中，胡锦涛提出了构建和平稳定发展的两岸关系等新的主张。2012 年 11 月，党的十八大强调指出，解决台湾问题、实现祖国完全统一，是不可阻挡的历史进程。和平统一最符合包括台湾同胞在内的中华民族的根本利益。实现和平统一首先要确保两岸关系和平发展。必须坚持“和平统一、一国两制”方针，坚持发展两岸关系、推进祖国和平统一进程的八项主张，全面贯彻两岸关系和平发展重要思想，巩固和深化两岸关系和平发展的政治、经济、文化、社会基础，为和平统一创造更充分的条件。

党的十八大以来，以习近平同志为核心的党中央坚持一个中国原则和“九二共识”，推动两岸关系和平发展，实现两岸领导人历史性会晤，加强两岸经济文化交流合作，妥善应对台湾局势变化，坚决反对和遏制“台独”分裂势力，有力维护台海和平稳定。党的十九大进一步强调，一个中国原则是两岸关系的政治基础。体现一个中国原则的“九二共识”明确界定了两岸关系的根本性质，是确保两岸关系和平发展的关键。承认“九二共识”的历史事实，认同两岸同属一个中国，两岸双方就能开展对话，协商解决两岸同胞关心的问题，台湾任何政党和团体同大陆交往也不会存在障碍。强调要秉持“两岸一家亲”理念，尊重台湾现有的社会制度和台湾同胞生活方式，愿意率先同台湾同胞分享大陆发展的机遇。同时，明确表示要坚决维护国家主权和领土完整，决不容忍国家分裂的历史悲剧重演。党的二十大强调继续全面准确、坚定不移贯彻“一国两制”、“港人治港”、“澳人治澳”、高度自治的方针，坚持和完善“一国两制”制度体系，坚持依法治港治澳，维护宪法和基本法确定的特别行政区宪制秩序，落实中央对特别行政区全面管治权，坚定落实“爱国者治港”“爱国者治澳”原则。坚持贯彻新时代党解决台湾问题的总体方略，坚定不移推进祖国统一大业。我们始终尊重、关爱、造福台湾同胞，继续致力于促进两岸经济文化交流合作，推动两岸共同弘扬中华文化，促进两岸同胞心灵契合。解决台湾问题是中国人自己的事，要由中国人来决定。我们坚持以最大诚意、尽最大努力争取和平统一的前景，但决不承诺放弃使用武力，保留采取一切必要措施的选项，这针对的是外部势力干涉和极少数“台独”分裂分子及其分裂活动，绝非针对广大台湾同胞。国家统一、民族复兴的历史车轮滚滚向前，祖国完全统一一定要实现，也一定能够实现！

第二节 “一国两制”科学构想的内容及成功实践

一、“一国两制”科学构想的主要内容

“一国两制”科学构想作为中国特色社会主义理论的重要组成部分，是一个完整的体系，其基本内涵是：在祖国统一的前提下，国家的主体坚持社会主义制度；台湾、香港和澳门是中国不可分割的部分，它们作为中国的特别行政区，保持原有的资本主义制度和生活方式长期不变。在国际上代表中国的，只能是中华人民共和国。具体地说，有以

下四个方面：

第一，坚持一个中国原则。世界上只有一个中国，中国的主权和领土完整是不容分割的。在国际上代表全中国人民的唯一合法政府，只能是中华人民共和国政府。坚持一个中国，而不是“两个中国”或者“一中一台”，体现了我们国家和民族的最高利益，是“一国两制”科学构想的核心，是发展两岸关系与实现祖国和平统一的政治前提和根本保证。虽然台海两岸尚未统一，但大陆和台湾同属一个中国的事实从未改变。坚持一个中国原则，没有回旋余地，更不能妥协退让。正如邓小平所说：“以‘一国两制’解决香港、澳门问题，确定了它们是中国的一部分，以这个方针解决台湾问题，台湾实行的制度等，一切都不变，只有一条，必须确定是中国的地方。”①

第二，允许“两制”并存。邓小平指出：“‘一国两制’也要讲两个方面。一方面，社会主义国家里允许一些特殊地区搞资本主义，不是搞一段时间，而是搞几十年、成百年。另一方面，也要确定整个国家的主体是社会主义。否则怎么能说是‘两制’呢？那就变成‘一制’了。”② 在统一的中华人民共和国里，占全国总人口的绝大多数、占全国土地面积绝大部分的大陆，是这个统一国家的主体，坚定不移地实行社会主义制度；台湾、香港、澳门作为这个统一国家不可缺少和不可分割的一部分，实行资本主义制度。在统一的中华人民共和国里，大陆的社会主义制度和台湾、香港、澳门的资本主义制度长期共存、共同发展，谁也不吃掉谁，大家都对中华民族的发展做出贡献。

第三，实行高度自治。按照“一国两制”科学构想实现祖国统一后，台湾、香港、澳门作为特别行政区，享有不同于中国其他省、自治区、直辖市的高度自治权。除外交事务和防务由中央政府管理，特别行政区拥有行政管理权、立法权、独立的司法权和终审权；特别行政区依法自行制定经济、贸易、金融货币、教育、科技和文化等方面的政策，继续同各国各地区及有关国际组织保持和发展经济文化关系；特别行政区保持财政独立，实行独立的税收制度，中央政府不征税；特别行政区人民的各项合法权利和自由，外国在这里的经贸活动和投资利益等，都依法受到保护。台湾还可以保留自己的军队，中央政府不派军队到台湾去，也不派其他人员驻台。

第四，尽最大努力争取和平统一，但不承诺放弃使用武力。中国作为一个主权国家，可以采取自己认为必要的一切手段来维护本国主权和领土的完整。在采取何种方式处理本国内部事务的问题上，中国政府并无义务对任何外国或图谋分裂中国的人做出承诺。邓小平指出：“我们坚持谋求用和平的方式解决台湾问题，但是始终没有放弃非和平方式的可能性，我们不能作这样的承诺。”③“不能排除使用武力，我们要记住这一点，我们的下一代要记住这一点。这是一种战略考虑。”④ 和平统一，有利于港澳台和祖国大陆的共同发展，有利于统一后的长期繁荣稳定，也有利于维护亚太地区的和平与稳定。不承诺放弃使用武力，不是针对香港、澳门和台湾同胞的，而是针对外国势力干涉中国统一和“台独”分裂势力搞“台湾独立”图谋的。

---

① 邓小平深入阐明“一国两制”方针．人民日报，1987-04-17.
② 邓小平．邓小平文选：第3卷．北京：人民出版社，1993：219.
③ 同②86-87.
④ 同②87.

“一国两制”不是短暂的临时性政策，而是一个长期不变的战略方针，是全国人大经过法律程序制定的重要法律，是一项基本国策，因此具有权威性和长期的稳定性，不会随便发生变化。同时这个构想正确，人民拥护，它有利于港澳台地区的长期稳定、繁荣和发展，有利于中国实现现代化，符合中华民族的根本利益。这也是“一国两制”方针长期不变的保证。

二、“一国两制”科学构想的重大意义

邓小平指出：“我们的社会主义制度是有中国特色的社会主义制度，这个特色，很重要的一个内容就是对香港、澳门、台湾问题的处理，就是‘一国两制’。这是个新事物。这个新事物不是美国提出来的，不是日本提出来的，不是欧洲提出来的，也不是苏联提出来的，而是中国提出来的，这就叫做中国特色。”[①] “一国两制”科学构想，丰富和发展了马克思主义，是中国特色社会主义实践中的伟大创举，是中国特色社会主义理论体系的有机组成部分，具有重要的理论意义和实践意义。

（一）“一国两制”科学构想的理论意义

用“一国两制”的方式实现祖国统一，是中国共产党从本国实际出发，创造性地运用马克思主义基本原理提出的一个科学构想，其理论意义主要表现在以下几个方面：

第一，“一国两制”科学构想是马克思主义实事求是思想路线的具体体现。马克思主义的最基本出发点就是主张一切从实际出发，实事求是。用“一国两制”科学构想实现祖国统一，是实事求是思想的创造性运用。新中国成立后，大陆实行的是社会主义的经济制度和政治制度，港澳台实行的是资本主义的经济制度和政治制度。由于诸多复杂的原因，在社会的经济发展状况和物质文化生活方面，大陆和港澳台相比，存在一定的差距，要港澳台民众放弃他们的生活方式，改变他们的生活习惯，接受大陆的政治、经济制度，难以办到；同时，也不利于港澳台的稳定。只有实行“一国两制”才易于为各方所接受。正是在这种情况下，才提出用“一个国家，两种制度”的办法来解决港澳台问题。邓小平曾经讲，“如果‘一国两制’的构想是一个对国际上有意义的想法的话，那要归功于马克思主义的辩证唯物主义和历史唯物主义，用毛泽东主席的话来讲就是实事求是”[②]。

第二，“一国两制”科学构想是对马克思主义国家学说的重大发展。社会主义国家应该采取什么样的国家政权组织形式？马克思认为应该采取共和国形式。列宁在实践中创造了苏维埃制度，作为实行无产阶级专政的形式。毛泽东在我国建立了人民民主专政的国家政权，形成了人民代表大会制度和单一制的国家结构形式。“一国两制”则是一个全新的构想，在传统的单一制国家结构形式里，政治制度是单一的，如我国的人民民主专政，国家结构形式是单一的，地方政府都是在中央政府的统一领导下，按照统一的法律、

---

① 邓小平．邓小平文选：第3卷．北京：人民出版社，1993：218.
② 同①101.

法规和政令施政。而按“一国两制”科学构想形成的国家结构，就不再是传统的单一制国家结构形式，而是一种新的单一制国家结构形式。一方面，它具有传统的单一制国家结构形式的特征；另一方面，它又具有复合制的国家结构形式的某些特征，在港澳台这些特别行政区里，按资本主义制度及原则行事，这些特别行政区政府具有超越单一制国家机构中地方政府的权力，如独立的司法权和终审权、财政权、关税权、货币发行权、经济涉外事务权等。这在马克思主义的经典著作中和在世界历史上都找不到，这一构想充分体现了马克思主义原则性与灵活性的统一，在理论和实践上对传统的国家结构形式有重大突破，是对马克思主义国家学说的重大发展。

第三，“一国两制”科学构想是对马克思主义统一战线理论的运用和发展。统一战线是中国革命胜利的法宝，是科学社会主义的重要原理。统一战线的本质在于求同存异，最大限度地团结一切可以团结的力量，调动一切积极因素，以夺取革命和建设事业的胜利。“一国两制”科学构想把中共统一战线的范围与内容扩展到空前广阔和宏大的程度，给统一战线理论增添了新的内容。按照邓小平对“爱国者”标准的界定，凡赞成拥护祖国统一的人，不论海内海外，不论属于哪个阶级、政党和集团，也不问其政治信仰如何，都团结在“爱国一家”的旗帜下，实现振兴中华的共同愿望。因此，“一国两制”科学构想把统一战线置于爱国主义的基础之上，以爱国为最高标准，从而扩大了统一战线的范围和对象，把社会各阶级和团体之间的联盟发展为两种社会制度之间所有爱国者的联盟。这种具有超越社会制度和意识形态特征的爱国统一战线的形成，真正体现了中华民族为实现祖国和平统一、实现民族伟大复兴的一切爱国力量的广泛组合。

第四，“一国两制”科学构想是对和平共处五项原则的运用和发展。和平共处五项原则是处理国际关系必须遵循的普遍准则。“一国两制”科学构想创造性地把和平共处原则用于解决一个国家内部不同社会制度的地区之间的关系，既是对和平共处原则的灵活运用和重要发展，也是对社会主义建设理论的丰富和发展。邓小平指出：“根据中国自己的实践，我们提出‘一个国家，两种制度’的办法来解决中国的统一问题，这也是一种和平共处。”① 当今世界，社会主义和资本主义两种制度并存，社会主义代替资本主义是历史的发展趋势，但由于主客观方面的原因，社会主义还难以在短时期内在世界范围内代替资本主义，在相当长的时期内，两种制度和平共处、共同发展，是历史的必然选择。实行“一国两制”，在台湾和港澳特别行政区保留资本主义制度，既尊重了彼此的现实，维护了各自的利益，保护了各方的积极性，又在一个统一的主权国家内，对内有竞争、有互补，对外有协作、有互助，增强整体对外能力；既有利于港澳台地区的繁荣和发展，又可促进祖国大陆社会主义生产力的发展。正如邓小平所说，“和平共处的原则不仅在处理国际关系问题上，而且在一个国家处理自己内政问题上，也是一个好办法”②。

（二）“一国两制”科学构想的实践意义

“一国两制”科学构想的实践意义，不仅在于它为解决中国历史遗留的复杂问题找到

① 邓小平．邓小平文选：第3卷．北京：人民出版社，1993：96－97.
② 同①97.

了有效的途径，而且在于它为和平解决国际上复杂的历史遗留问题提供了极好的范例。

第一，"一国两制"科学构想，开辟了用和平方式解决中国历史遗留问题、实现祖国统一的新途径。按照"一国两制"方式实现祖国统一，把原则的坚定性和策略的灵活性有机地统一起来，既可以避免武力统一可能造成的不良后果，也为统一后的和谐发展奠定了基础。在这里，主权统一是最高原则，决不能动摇。邓小平曾经严正指出："主权问题不是一个可以讨论的问题。"[①]"如果中国在一九九七年，也就是中华人民共和国成立四十八年后还不把香港收回，任何一个中国领导人和政府都不能向中国人民交代，甚至也不能向世界人民交代。如果不收回，就意味着中国政府是晚清政府，中国领导人是李鸿章!"[②] 他还曾尖锐地指出，任何一届中国政府，都不能对台湾问题处理不当之后，还指望继续得到支持者的信任。而统一的具体方式则可以照顾到各方面的利益。"用三民主义统一中国"不现实，用社会主义去统一香港、澳门、台湾，难以被有关方面接受。只有承认"两制"的现实，充分照顾到港澳台的利益，才能找到有关各方都能接受的方案，才能保证这些地区在祖国和平统一后的繁荣和稳定。"一国两制"科学构想既牢牢坚持了一个中国的原则，紧紧抓住了祖国统一这个主题，坚决维护了国家的主权与领土的完整，又在国家主体上坚持社会主义制度的前提下，允许非主体的资本主义制度长期存在及特别行政区实行高度自治，体现了照顾历史实际和现实可能的灵活性。这种原则坚定性和策略灵活性的结合，充分展示了中国共产党的政治远见和政治魄力，为解决中国历史遗留的复杂问题找到了有效的途径，不仅使香港、澳门问题获得圆满解决，而且为台湾问题的解决提供了良好的路径。

第二，"一国两制"科学构想的实施，不仅为中国的和平统一开创了光明的前景，而且为其他国家和地区解决国际争端与类似遗留问题提供了新思路及新模式。当今世界，由于历史或现实的诸种原因，各国、各地区还有很多复杂的现实问题和历史遗留问题需要解决，有的国家还处于分裂状态。如何寻求最佳方案解决一些国家和地区之间的历史遗留问题，是很多国家和地区都在认真思考的问题。"一国两制"的理论和实践表明，不同社会制度的地区、不同性质和不同发展水平的经济可以在一个国家内长期共存、和平共处、共同发展。我国通过"一国两制"方针圆满解决了历史遗留问题，无疑为世界各国、各地和平解决争端提供了新的经验。它告诉我们，在当今世界，不同社会制度的国家之间、不同的政治力量之间，完全可以长期和平共处，共同促进和维护世界的和平与稳定。正如邓小平指出的："世界上一系列争端都面临着用和平方式来解决还是用非和平方式来解决的问题。总得找出个办法来，新问题就得用新办法来解决。香港问题的成功解决，这个事例可能为国际上许多问题的解决提供一些有益的线索。"[③]

三、"一国两制"科学构想的成功实践

在"一国两制"科学构想的指导下，中国共产党领导中国人民同一切阻挠破坏中国

①② 中共中央宣传部．邓小平同志建设有中国特色社会主义理论学习纲要．北京：学习出版社，1995：85.
③ 邓小平．邓小平文选：第3卷．北京：人民出版社，1993：59－60.

统一的势力进行了坚决的斗争，顺利实现了香港、澳门的回归，有力地推动了台海两岸关系的发展。

香港、澳门问题是历史上殖民主义侵略遗留下来的问题。香港是英国殖民主义者通过向中国发动鸦片战争，强迫清政府签订《南京条约》《北京条约》《展拓香港界址专条》等不平等条约而强占的。澳门是葡萄牙殖民主义者通过强迫清政府签订不平等的《中葡北京条约》而强占的。新中国成立初期，党对解决香港、澳门问题进行了积极的探索，采取暂时不动、待时机成熟时再收回的策略。1960 年党中央进一步将上述立场归结为“长期打算，充分利用”的工作方针。

进入 20 世纪 80 年代，中英两国就香港回归问题正式开始接触和谈判。从 1982 年 9 月至 1984 年 9 月，两国代表经过 22 轮艰苦谈判，终于达成协议。1984 年 12 月，中英两国政府领导人在北京正式签署了《中华人民共和国政府和大不列颠及北爱尔兰联合王国政府关于香港问题的联合声明》及三个附件，宣布中华人民共和国将于 1997 年 7 月 1 日对香港恢复行使主权；中国政府将根据《中华人民共和国宪法》第 31 条的规定，在香港设立直辖于中央政府的特别行政区，同时保持香港的制度和生活方式不变。1985 年 5 月 27 日，中英两国政府互换批准书，中英联合声明正式生效，香港问题和平解决的大局已定。1990 年 4 月，七届全国人大三次会议通过了《中华人民共和国香港特别行政区基本法》。该基本法既坚持了国家统一、主权和领土完整，又明确规定香港作为特别行政区保持原有的资本主义制度，为香港顺利回归提供了坚实的法律基础。

在中英就解决香港问题谈判的过程中，澳门回归祖国的各项准备工作也在积极有序地进行。从 1986 年 6 月到 1987 年 3 月，中葡两国先后举行了四轮会谈。1987 年 4 月，《中华人民共和国政府和葡萄牙共和国政府关于澳门问题的联合声明》在北京正式签署，宣布中国政府将于 1999 年 12 月 20 日对澳门恢复行使主权并设立澳门特别行政区。1993 年 3 月 31 日，八届全国人大一次会议审议通过了《中华人民共和国澳门特别行政区基本法》，为澳门的顺利回归提供了法律依据。

1997 年 7 月 1 日，中英两国政府举行香港政权交接仪式，中国政府恢复对香港行使主权，香港回到了祖国的怀抱。1999 年 12 月 20 日，中葡两国政府举行澳门政权交接仪式，历经 400 多年沧桑的澳门重新回到了祖国的怀抱。香港、澳门相继回归祖国，是“一国两制”科学构想的重要成果，是中国共产党对中华民族的重大历史性贡献。香港、澳门回归祖国，不仅创造了广大香港、澳门同胞当家作主、充分发挥聪明才智的理想环境，为香港、澳门的建设和发展提供了广阔的新天地，使香港、澳门能够分享日益强大的社会主义祖国在国际舞台上的荣誉和尊严，提升了香港、澳门的国际形象；也提高了中国的国际地位和威望，进一步改善了我国同许多国家的关系，有力地促进了我国改革开放和现代化建设。面对反中乱港势力，党中央审时度势，做出健全中央依照宪法和基本法对特别行政区行使全面管治权、完善特别行政区同宪法和基本法实施相关制度机制的重大决策，推动建立健全特别行政区维护国家安全的法律制度和执行机制，审议并颁布《中华人民共和国香港特别行政区维护国家安全法》，完善香港特别行政区选举制度，落实“爱国者治港”原则，支持特别行政区完善公职人员宣誓制度。中央人民政府依法设立驻香港特别行政区维护国家安全公署，香港特别行政区依法设立维护国家安全委员会。中央坚定支持香港特别行政区行政长官和特别行政区政府依法施政，坚决防范和遏制外部势力干预港澳事务，严厉打击分裂、颠覆、渗透、破坏活动。全面支持香港、澳门更好融入国家发展大局，高质量建设粤港澳大湾区，支持港澳发展经济、改善民生，增强港澳同胞国家意识和爱国精神。这一系列标本兼治的举措，推动香港由乱到治并进入由治及兴新阶段，为推进依法治港治澳、促进“一国两制”实践行稳致远打下了坚实基础。

香港、澳门回归祖国，不仅使“一国两制”由科学构想变为现实，丰富了“一国两制”的理论和实践，而且对早日解决台湾问题发挥了积极的示范作用。香港、澳门的回归事实证明，“一国两制”方针是正确的、可行的，具有强大的生命力。台湾与香港、澳门虽然有所不同，但它们都是中国的一部分，都实行不同于大陆的社会制度。香港、澳门实行“一国两制”的成功实践，对解决台湾问题已经和正在产生重要的推动作用。随着时间的推移，祖国大陆日新月异的变化和香港、澳门的稳定繁荣，使“一国两制”显示出越来越强大的生命力和影响力。

第三节　坚持“一国两制”，推进祖国统一

一、推进祖国统一是实现中华民族伟大复兴必然要求

台湾岛位于祖国大陆架的东南缘，北临东海，东北接琉球群岛；东滨太平洋；南界巴士海峡，与菲律宾相邻；西隔台湾海峡与福建省相望。设有台北、高雄等 6 个台湾当局“直辖市”，基隆等 3 个市，新竹等 13 个县。面积约 3.6 万平方公里。台湾岛是中国第一大岛，自古以来就是中国领土不可分割的一部分。台湾人民同大陆人民同根、同宗、同源，承继的是相同的文化传统。

从地理位置看，台湾与庙岛群岛、舟山群岛、海南岛等构成一条海上“长城”，是中国东南沿海的天然屏障，素有“四省左护”“七省藩篱”之说；台湾南与海南岛相映，形成“双目”，北和舟山群岛呼应，构成“犄角”，足以掩护我国东南沿海六省市及该方向的战略纵深；台湾既是亚欧大陆东入太平洋的桥头堡，也是从海洋西进亚欧大陆的跳板，是我国东南沿海重要的战略屏障；台湾扼守着西太平洋南北航线的要冲，是太平洋与印度洋相连的重要通道；台湾不仅是我国和太平洋地区各国联系的枢纽，而且是我国唯一可直接进入太平洋的出海口，是我国通向远洋的大门。

历史上，荷兰、西班牙、英国、美国、法国和日本等多个国家入侵过台湾，其中日本侵占台湾长达 50 年之久。1895 年日本通过侵略战争从中国割占台湾、澎湖列岛。第二次世界大战期间，《开罗宣言》和《波茨坦公告》等有关国际条约明确规定要将台湾、澎湖列岛归还中国。日本无条件投降后，台湾回归中国，1945 年 10 月 25 日台湾光复，中国政府恢复对台湾行使主权。

台湾问题是中国内战遗留下来的问题。1949 年 10 月 1 日，中华人民共和国中央人民政府宣告成立，取代国民政府成为全中国的唯一合法政府和在国际上的唯一合法代表。

这是在同一国际法主体没有发生变化的情况下新政权取代旧政权，中国的主权和固有领土疆域并未由此而改变，中华人民共和国政府理所当然地应该完全享有和行使中国的主权，其中包括对台湾的主权。但此后国民党统治集团退踞台湾，抗拒统一，图谋反攻大陆。1950 年，正当中国人民解放军准备着手解放台湾时，朝鲜战争爆发，美国军队进入台湾和台湾海峡地区，阻挠中国人民解放军解放台湾，从政治上、经济上、军事上扶持国民党政权，形成台湾与大陆长期分裂对峙的局面。1954 年 12 月，美国政府又与台湾当局签订了所谓的“共同防御条约”，将中国的台湾置于美国的“保护”之下。美国政府继续干预中国内政的错误政策，造成了台湾海峡地区长期的紧张对峙局势，台湾问题自此亦成为中美两国间的重大争端。相对于解决港澳问题而言，解决台湾问题尤为复杂。港澳问题是通过与英国和葡萄牙政府谈判恢复行使主权的问题，台湾问题则是内政问题，但又受到某些外国势力的干涉。

首先，解决台湾问题的复杂性，是由某些外国势力在中国统一问题上设置的障碍造成的。《中美建交联合公报》声明，美国承认中华人民共和国政府是中国的唯一合法政府。在此范围内，美国人民将同台湾人民保持文化、商务和其他非官方联系；美国承认中国的立场，即只有一个中国，台湾是中国的一部分。自此，中美关系实现正常化。但中美建交不过三个月，美国国会竟通过了所谓“与台湾关系法”，并经美国总统签署生效。“与台湾关系法”以美国国内立法的形式，做出了许多违反《中美建交联合公报》和国际法原则的规定，严重损害了中国人民的权益。美国政府根据这个关系法，继续向台湾出售武器和干涉中国内政，阻挠台湾与大陆的统一。美国的干涉是台湾问题之所以复杂化、国际化并长期难以解决的症结所在。与此同时，日本右翼势力坚持反华立场，也企图重新染指台湾。这种对中国内政的粗暴干涉，阻碍了中国的和平统一进程，同时也危害了亚太地区乃至世界的和平与稳定。

其次，解决台湾问题的复杂性，是由“台独”势力的膨胀和蔓延造成的。“台独”是寄生在中华民族肌体上的一大毒瘤。所谓“台独”，就是“台湾独立建国”，亦即割断台湾与大陆之间的历史文化联系，彻底将台湾从祖国母体中分离出去。“台独”的产生有着复杂的社会历史根源和国际背景，极少数“台独”分子鼓吹“独立”，甚至投靠外国，妄图将台湾从中国分裂出去，这是违背包括台湾同胞在内的全中国人民的根本利益的。在蒋介石和蒋经国时代，“台独”在岛内没有市场。1988 年 1 月蒋经国去世、李登辉继任台湾当局领导人后，逐步背弃一个中国原则，台湾岛内局势随后发生了重大、复杂的变化，“台独”分裂势力的活动不断加剧、日趋猖獗，给两岸关系和平稳定发展造成了严重影响。陈水扁上台以后，顽固坚持“台独”分裂立场，拒不接受一个中国原则，加紧推动“渐进式台独”活动，尤其是企图利用公投、鼓吹“制宪”进行“台独”活动，将两岸关系推向危险的边缘。如今，陈水扁虽然已经下台，但“台独”及其影响依然存在，与“台独”的斗争，必将是一个长期的过程。

最后，解决台湾问题的复杂性，还表现在由于近代以来台湾曾长期脱离祖国，后来又实行了与大陆不同的社会制度，许多台湾民众对大陆缺少了解等方面。此外，台湾地区混乱的政治生态、扭曲的政治制度，也增加了解决台湾问题的难度。

民族复兴、国家统一是大势所趋、大义所在、民心所向。一水之隔、咫尺天涯，两岸迄今尚未完全统一是历史遗留给中华民族的创伤。两岸中国人应该共同努力谋求国家统一，抚平历史创伤。广大台湾同胞都是中华民族一分子，要做堂堂正正的中国人，认真思考台湾在民族复兴中的地位和作用，把促进国家完全统一、共谋民族伟大复兴作为无上光荣的事业。

台湾的前途在于国家统一，台湾同胞福祉系于民族复兴。两岸关系和平发展是维护两岸和平、促进两岸共同发展、造福两岸同胞的正确道路。两岸关系和平发展要两岸同胞共同推动，靠两岸同胞共同维护，由两岸同胞共同分享。中国梦是两岸同胞共同的梦，民族复兴，国家强盛，两岸中国人才能过上富足美好的生活。在中华民族走向伟大复兴的进程中，台湾同胞定然不会缺席。两岸同胞要携手同心，共圆中国梦，共担民族复兴的责任，共享民族复兴的荣耀。台湾问题因民族弱乱而产生，必将随着民族复兴而终结！[①]

二、推动两岸关系和平发展，推进祖国统一大业

党的十八大以来，在以习近平同志为核心的党中央的坚强领导下，在两岸同胞共同努力下，党和国家对台工作取得重要进展，祖国统一大业取得重要积极成果。两岸领导人实现 1949 年以来首次会晤，开创了领导人直接对话沟通的先河，实现两岸政治关系历史性突破，掀开了两岸关系历史性的一页，两岸关系和平发展和政治互动推到了新高度。党和国家秉持“两岸一家亲”理念，推动两岸关系和平发展，出台一系列惠及广大台胞的政策，加强两岸经济文化交流合作。2019 年 1 月，习近平在《告台湾同胞书》发表 40 周年纪念会上，全面阐述了党和国家立足新时代、在民族复兴伟大征程中推进祖国和平统一的重大政策主张，形成了新时代党解决台湾问题的总体方略。这一总体方略具有划时代意义，是做好新时代对台工作的根本遵循和行动指南。新时代对台总体方略，科学回答了新时代如何推动两岸关系和平发展、团结台湾同胞共同致力于实现中华民族伟大复兴和祖国统一的时代命题，丰富了新时代坚持“一国两制”和推进祖国统一基本方略的重要内涵，鲜明表达了坚决反对“台独”分裂、反对外来势力干涉的严正立场，清晰画出了不容逾越的红线，既充分表明了我们推动祖国统一的决心和诚意，也充分考虑与回应了台湾同胞的需求和关切，充分体现了对台湾同胞利益福祉的关心和关怀，为新时代两岸关系的发展指明了前进方向。党的二十大充分肯定了新时代以来党中央对台坚决开展反分裂、反干涉重大斗争所展现的维护国家主权和领土完整、反对“台独”的坚强决心和强大能力，坚决反对外部势力干涉，牢牢把握住两岸关系主导权和主动权。

新时代党解决台湾问题基本方略的主要内容包括：

第一，必须坚持一个中国原则。一个中国原则是两岸关系的政治基础，推动两岸关系和平发展，最根本的是坚持一个中国原则。一个中国原则具有不可动摇的事实和法理依据。尽管海峡两岸尚未完全统一，但中国主权和领土从未分割，大陆和台湾同属一个中国的事实从未改变。只要坚持一个中国原则，两岸关系就能改善和发展，台湾同胞就

① 习近平．在《告台湾同胞书》发表 40 周年纪念会上的讲话．新华网，2019－01－02.

能受益。背离一个中国原则，就会导致两岸关系紧张动荡，损害台湾同胞切身利益。习近平明确指出："承认'九二共识'的历史事实，认同两岸同属一个中国，两岸双方就能开展对话，协商解决两岸同胞关心的问题，台湾任何政党和团体同大陆交往也不会存在障碍。"① 这是对两岸关系和平发展的经验总结，也为扭转当前两岸关系和平发展受挫局面指明了根本出路。一段时间以来，两岸关系形势变得复杂严峻，两岸关系和平发展面临诸多挑战，其根源就是民进党当局拒不承认"九二共识"，破坏了两岸关系和平发展的政治基础。只有回到"九二共识"政治基础上来，两岸关系的发展才能拨云见日、重回正轨。

第二，不断探索"两制"台湾方案。制度不同，不是统一的障碍，更不是分裂的借口。"一国两制"是实现国家统一的最佳方式，体现了海纳百川、有容乃大的中华智慧，既充分考虑了台湾的现实情况，又有利于统一后台湾地区的长治久安。"一国两制"的提出，本来就是为了照顾台湾现实情况，维护台湾同胞利益福祉。两岸同胞是一家人，两岸的事是两岸同胞的家里事，当然也应该由家里人商量着办。习近平在《告台湾同胞书》发表 40 周年纪念会上明确提出："我们愿意同台湾各党派、团体和人士就两岸政治问题和推进祖国和平统一进程的有关问题开展对话沟通，广泛交换意见，寻求社会共识，推进政治谈判。我们郑重倡议，在坚持'九二共识'、反对'台独'的共同政治基础上，两岸各政党、各界别推举代表性人士，就两岸关系和民族未来开展广泛深入的民主协商，就推动两岸关系和平发展达成制度性安排。"② "一国两制"在台湾的具体实现形式会充分考虑台湾现实情况，会充分吸收两岸各界意见和建议，会充分照顾到台湾同胞利益和感情。在确保国家主权、安全、发展利益的前提下，和平统一后，台湾同胞的社会制度和生活方式等将得到充分尊重，台湾同胞的私人财产、宗教信仰、合法权益将得到充分保障。两岸双方应该本着对民族、对后世负责的态度，凝聚智慧，发挥创意，聚同化异，争取早日解决政治对立，实现台海持久和平，达成国家统一愿景，让我们的子孙后代在祥和、安宁、繁荣、尊严的共同家园中生活成长。

第三，秉持"两岸一家亲"理念。推动两岸关系和平发展，利益在两岸同胞，动力也在两岸同胞。两岸同胞同根同源、同文同种，心之相系、情之相融，本是命运与共的骨肉兄弟、血浓于水的一家人。"两岸一家亲"是习近平提出并大力倡导的两岸关系和平发展理念，丰富了党的对台工作思想。"两岸一家亲"，亲就亲在两岸是割舍不断的命运共同体，两岸同胞是一家人，大家有着共同的血脉、共同的历史、共同的文化、共同的命运。回顾历史，两岸同胞共同开发了祖国的大好河山，共同抵御外敌入侵，共同推动了国家发展进步，共同延续了中华文明。面向未来，实现中华民族伟大复兴的中国梦是两岸同胞共同的梦，是需要两岸同胞共同努力来实现的梦。2015 年 11 月 7 日，习近平在与台湾地区领导人马英九会面时指出："同胞亲情的力量，终于在上世纪 80 年代冲开了两岸封锁的大门。"随着"两岸一家亲"理念日益深入人心，同胞亲情将会不断增强，为

---

① 习近平．决胜全面建成小康社会　夺取新时代中国特色社会主义伟大胜利：在中国共产党第十九次全国代表大会上的报告．北京：人民出版社，2017：56.

② 习近平．为实现民族伟大复兴　推进祖国和平统一而共同奋斗：在《告台湾同胞书》发表 40 周年纪念会上的讲话．北京：人民出版社，2019：7-8.

两岸关系和平发展提供强大的推动力。秉持“两岸一家亲”理念，就要理解台湾同胞因特殊历史遭遇和不同社会环境而形成的心态，尊重台湾现有的社会制度和台湾同胞生活方式，愿意用真诚、善意、亲情拉近两岸同胞的心理距离，做到将心比心、推心置腹。我们愿意率先同台湾同胞分享大陆发展的机遇，逐步为台湾同胞在大陆学习、创业、就业、生活提供与大陆同胞同等的待遇，把这些有利于增进两岸同胞亲情和福祉的好事办好。

第四，推进两岸经济社会融合发展。两岸同胞血脉相连。亲望亲好，中国人要帮中国人。促进两岸融合发展不断走向深入，是实现两岸和平统一的重要基础。两岸开展经济合作具有得天独厚的优势，促进两岸经济社会融合发展符合两岸同胞共同利益。两岸交流开启以来，经济合作在拓展、人员往来在增加。据有关部门统计，1987 年两岸人员往来不足 5 万人次，两岸贸易额仅 15 亿美元；2017 年两岸人员往来达到 939 万人次，两岸贸易额达到 1 993.9 亿美元。在新时代，祖国大陆各项事业取得了历史性成就、发生了历史性变革，继续推进两岸经济社会融合发展基础更好了、条件更充分了。我们对台湾同胞一视同仁，将继续率先同台湾同胞分享大陆发展机遇，为台湾同胞台湾企业提供同等待遇，让大家有更多获得感。在两岸经济合作中，要充分考虑双方社会民众的心理感受，努力扩大两岸民众的受益面和获得感，让两岸同胞参与越多，受益越多。和平统一之后，台湾将永保太平，民众将安居乐业。有强大祖国做依靠，台湾同胞的民生福祉会更好，发展空间会更大，在国际上腰杆会更硬、底气会更足，更加安全、更有尊严。扩大两岸经济合作，关键是要把习近平提出的加强宏观经济政策沟通、拓展产业合作、加快扩大双向投资、深化金融服务业合作、维护在大陆投资的台资企业合法权益、欢迎台湾同胞积极参与“一带一路”建设、欢迎台湾以适当方式加入亚洲基础设施投资银行等主张落到实处。两岸要应通尽通，可以率先实现金门、马祖同福建沿海地区通水、通电、通气、通桥。要推动两岸文化教育、医疗卫生合作，社会保障和公共资源共享，支持两岸邻近或条件相当地区基本公共服务均等化、普惠化、便捷化。

第五，推动两岸同胞共同弘扬中华文化。国家之魂，文以化之，文以铸之。中华民族有绵延 5 000 多年的灿烂文明，中华优秀传统文化植根在两岸同胞内心深处，是两岸同胞的“根”与“魂”。两岸同胞是中华文化的传人，血脉里流动的都是中华民族的血，精神上坚守的都是中华民族的魂。要推进两岸文化交流，加强两岸教育交流，两岸要共同传承和弘扬中华优秀传统文化，推动其实现创造性转化、创新性发展，阐发好中华文化的时代内涵，厚植两岸同胞的精神纽带，不断增强中华文化自信、中华民族自信。共同弘扬中华文化，最重要的是两岸同胞要以心相交、尊重差异、增进理解，不断增强民族认同、文化认同、国家认同。两岸同胞要交流互鉴、对话包容，推己及人、将心比心，加深相互理解，增进互信认同。要秉持同胞情、同理心，以正确的历史观、民族观、国家观化育后人，弘扬伟大民族精神。亲人之间，没有解不开的心结。久久为功，必定能达到两岸同胞心灵契合。

第六，坚决反对“台独”分裂势力及其活动。统一是历史大势，是正道。“台独”是历史逆流，是绝路。当前，对两岸关系和平发展的最大现实威胁是“台独”势力及其活动。习近平在会见时任台湾地区领导人马英九时明确指出：“‘台独’煽动两岸同胞敌意和对立，损害国家主权和领土完整，破坏台海和平稳定，阻挠两岸关系发展，只会给两岸同胞带来深重祸害。对此，两岸同胞要团结一致、坚决反对。”广大台湾同胞具有光荣的爱国主义传统，是大陆同胞的骨肉天亲。我们坚持寄希望于台湾人民的方针，一如既往尊重台湾同胞、关爱台湾同胞、团结台湾同胞、依靠台湾同胞，全心全意为台湾同胞办实事、做好事、解难事。广大台湾同胞不分党派、不分宗教、不分阶层、不分军民、不分地域，都要认清“台独”只会给台湾带来深重祸害，坚决反对“台独”分裂势力及其分裂活动，共同追求和平统一的光明前景。我们愿意以最大诚意、尽最大努力争取和平统一的前景，是因为以和平方式实现统一，对两岸同胞和全民族最有利。我们不承诺放弃使用武力，保留采取一切必要措施的选项，针对的是外部势力干涉和极少数“台独”分裂分子及其分裂活动，绝非针对台湾同胞。两岸同胞要共谋和平、共护和平、共享和平。

国家要统一、民族要振兴，是任何力量也阻挡不了的历史大趋势，两岸统一是中华民族走向伟大复兴的历史必然。中国共产党在实现祖国统一问题上的立场是坚定不移的。我们深信，随着我国综合实力的不断壮大，国际地位的继续增强，两岸关系必将有更大的发展，祖国完全统一的目标一定能够实现。

阅读书目

1. 邓小平．一个国家，两种制度//邓小平．邓小平文选：第3卷．北京：人民出版社，1993.

2. 江泽民．为促进祖国统一大业的完成而继续奋斗//江泽民．江泽民文选：第1卷．北京：人民出版社，2006.

3. 胡锦涛．坚持一个中国原则，促进祖国统一大业//中共中央文献研究室．十六大以来重要文献选编：中．北京：中央文献出版社，2006.

4. 反分裂国家法．人民日报，2005-03-15.

5. 胡锦涛．在庆祝香港回归祖国十周年大会暨香港特别行政区第三届政府就职典礼上的讲话．人民日报，2007-07-02.

6. 习近平．为实现民族伟大复兴　推进祖国和平统一而共同奋斗：在《告台湾同胞书》发表40周年纪念会上的讲话．北京：人民出版社，2019.

思考题

1. 如何理解实现祖国完全统一是中华民族的根本利益所在?

2. “一国两制”科学构想是如何形成和发展的?

3. “一国两制”科学构想的基本内容和重要意义是什么?

4. 如何理解台湾问题的实质及新时代中国共产党解决台湾问题的方针政策?

第十四章

国际战略与对外交往的理论

人类只有一个地球，各国共处一个世界。建设中国特色社会主义既需要有一个稳定的国内环境，也需要有一个和平的国际环境。科学判断国际形势的变化，制定和实施正确的国际战略和外交政策，对于争取和维护世界和平、创造良好的国际环境极为重要。第二次世界大战结束后，特别是改革开放以来，中国共产党在准确分析国际形势、科学判断时代特征的基础上，制定和实施了一系列正确的国际战略和外交政策。中国坚持走和平发展道路，实行独立自主的和平外交政策，在和平共处五项原则的基础上同所有国家发展友好合作，既通过维护世界和平发展自己，又通过自身发展维护世界和平，为构建人类命运共同体、促进人类进步事业发展做出了重要的贡献。

第一节　国际形势判断与国际战略思想

一、战后国际形势的变化与毛泽东的国际战略思想

第二次世界大战后，国际形势发生了深刻的变化，世界的中心转向了美国和苏联，美国成为资本主义国家中的政治经济强国，苏联成为社会主义阵营中的政治军事强国。美国采用马歇尔计划恢复西欧经济，而苏联则成立经互会恢复东欧经济，两极格局形成，军事上美国与西欧一些国家成立北大西洋公约组织（简称“北约”），而苏联则与东欧国家成立了华沙条约组织（简称“华约”）。世界进入冷战阶段。与此同时，社会主义国家突破一国范围，形成了一个包括欧、亚、拉美三大洲的社会主义体系。民族解放运动蓬勃发展，殖民主义体系瓦解，发展中国家体系开始形成，并成为世界社会主义运动的同盟军。1955 年万隆会议的召开，20 世纪 60 年代不结盟运动的诞生，以“七十七国集团”为代表的一系列发展中国家国际组织的成立等，标志着一个新的“第三世界”的形成。组成“第三世界”的许多国家在国际事务中不同程度地采取既不依附于美国也不从属于苏联的独立自主的和平外交路线，使战后美苏两极对峙的世界政治格局大为改观，注入了南北矛盾的新因素。

毛泽东根据第二次世界大战后国际社会战争与和平问题突出的情况，一方面指出，世界反动力量确在准备第三次世界大战，战争危险是存在着的；另一方面强调，世界人民的民主力量超过世界反动力量，并且正在向前发展，必须和必将克服战争危险。正是

基于这种判断，中国共产党领导人民勇敢地将新民主主义革命进行到底，建立了全国政权。中华人民共和国成立后，党密切关注世界上各种力量的消长和各种矛盾的变化，在战争与和平问题上，继续坚持新的世界大战既有可能发生也有可能防止的两点论。

与此同时，毛泽东还逐步提出了两个中间地带和三个世界划分的战略思想。早在1946年8月，毛泽东在同美国记者安娜·路易斯·斯特朗的谈话中就指出，在美国和苏联中间隔着极其辽阔的地带。进入20世纪60年代，随着世界各种政治力量的进一步分化和改组，毛泽东进一步指出："我们现在提出这么一个看法，就是有两个中间地带：亚洲、非洲、拉丁美洲是第一个中间地带；欧洲、北美加拿大、大洋洲是第二个中间地带。日本也属于第二个中间地带。"① 这两个中间地带的国家都反对美国的控制和干涉，反对苏美称霸世界。1964年1月21日，《人民日报》发表的社论在阐述毛泽东上述思想时指出，我们要依靠第一中间地带，使之成为反对美帝国主义的主力军；团结第二中间地带力量，使之成为反对美帝国主义的同盟者。两个中间地带战略思想的实质是：根据形势的发展，不把帝国主义世界看成铁板一块，对其各个不同组成部分予以区别，以便联合一切可能联合的力量，反对主要敌人。两个中间地带思想的提出，标志着毛泽东对世界力量分化组合有了新的认识，为中国同亚非拉等第一中间地带国家加强团结与合作，特别是改善和发展与第二中间地带的西方资本主义国家的关系，打开外交工作的新局面奠定了思想基础。根据这样的判断，在当时的国际关系格局下，中国不仅对发展与亚非拉国家的关系继续采取积极的态度，而且对建立和改善同西方国家的关系给予了一定程度的重视。

1974年，毛泽东又提出了三个世界划分的战略思想。他对来访的赞比亚总统卡翁达说："美国、苏联是第一世界。中间派，日本、欧洲、澳大利亚、加拿大，是第二世界。咱们是第三世界。"② 他还指出，第三世界人口很多，"亚洲除了日本，都是第三世界。整个非洲都是第三世界，拉丁美洲也是第三世界"③。同年4月，邓小平率中国代表团出席联合国大会第六届特别会议，在大会发言中准确阐述了毛泽东关于三个世界划分的理论和我国的对外政策，引起了世界各国广泛的关注。

毛泽东关于三个世界划分的战略思想，呈现如下特点：一是对亚非拉发展中国家整体力量的关注和倚重，强调中国站在第三世界一边，加强同第三世界国家的团结，看到了经过民族独立运动与解放斗争而建立的亚非拉国家在世界格局中的地位和影响。二是对美苏两霸格局的挑战。毛泽东提出中间地带和第二世界、第三世界都是针对两极和第一世界的。三是改变了以往以社会制度和阶级属性为标准划分世界政治力量的传统做法，比较准确地反映了新的世界格局。三个世界划分的战略思想，对争取第二世界国家共同反霸，推动中国同美国、日本建立正常关系的决策，团结世界人民反对霸权主义，改变世界政治力量对比，逐步摆脱一度在国际上比较孤立的困境，改善我国的国际环境，提高我国的国际威望，起了重要的作用。

毛泽东还根据战后国际形势的发展，先后提出了各国的事情应由各国人民自己来管，

---

① 中华人民共和国外交部，中共中央文献研究室．毛泽东外交文选．北京：中央文献出版社，1994：509.

② 中共中央文献研究室．毛泽东文集：第8卷．北京：人民出版社，1999：441.

③ 同②442.

反对帝国主义的干涉和称霸；国家不分大小强弱都是平等的，反对以大压小、以强凌弱；支持世界被压迫民族的解放运动和各国人民的革命斗争；结成广泛的反帝反霸斗争的国际统一战线等著名论断。

二、当代国际形势的发展变化与时代主题的判断

所谓时代主题，是指在一定历史时期内反映世界基本特征并对世界形势的发展具有全局性影响和战略性意义的问题，是在一定历史条件下世界历史发展进程中需要解决的主要问题。列宁说过，只有“首先考虑到各个‘时代’的不同的基本特征（而不是个别国家的个别历史事件），我们才能够正确地制定自己的策略；只有了解了某一时代的基本特征，才能在这一基础上去考虑这个国家或那个国家的更具体的特点”①。世界发展的每一历史时代，都有其最突出的矛盾和所要解决的根本任务。而这些对于世界形势的发展具有全局性影响和战略性意义的问题，就成为那一时代的主要特征。随着世界矛盾的变化和国际形势的发展，时代主题也要发生变化。对于时代主题的科学判断，是观察与解决世界各种问题的基本着眼点和立足点，是制定正确的国际战略和对外政策的重要基础与基本依据。和平与发展成为当今时代的主题，这一结论是根据邓小平关于和平与发展是当代世界两大问题的科学论断而得出的。

19世纪末20世纪初，资本主义由自由竞争发展到垄断阶段，世界处于激烈的动荡之中。帝国主义国家之间为了争夺世界霸权，在20世纪上半叶先后发动了两次世界大战。战争给人类带来了巨大的灾难，也促进了殖民地半殖民地被压迫人民和民族的觉醒，社会主义革命、民族解放和民主革命此起彼伏、风起云涌。“战争与革命”成为这个时代的主题。第二次世界大战结束以前的世界历史，证实了列宁关于帝国主义时代经济政治发展不平衡的规律，必然导致世界范围的列强战争，并激发各种矛盾乃至无产阶级革命的论断是正确的。然而，第二次世界大战以后，特别是20世纪70年代末以来，国际形势发生了许多重大的变化，整个世界局势趋于缓和，形成了有利于维护世界和平、促进人类发展的总趋势。这是当年列宁所没有预见到的。

邓小平敏锐地觉察到了时代潮流的新变化。他根据世界各种战略力量实力对比的消长与变化，根据世界经济、科学技术的发展态势以及由此产生的一系列新矛盾、新问题，对时代主题做出了新判断。邓小平指出：“现在世界上真正大的问题，带全球性的战略问题，一个是和平问题，一个是经济问题或者说发展问题。和平问题是东西问题，发展问题是南北问题。概括起来，就是东西南北四个字。南北问题是核心问题。”② 1987年党的十三大确认了和平与发展是当今世界的两大主题这一科学判断。

邓小平对时代主题判断的基本点是：第一，世界大战在一个相当长的时期内是可以避免的，我们争取较长时期的和平是有可能的；第二，和平与发展是当今世界的两大问题，这两大问题是东西方之间、发达国家与发展中国家之间矛盾全局的集中体现；第三，

---

① 列宁．列宁全集：第26卷．2版．北京：人民出版社，1988：143.
② 邓小平．邓小平文选：第3卷．北京：人民出版社，1993：105.

和平与发展是相互制约、相互作用的，各国的共同发展需要和平的国际环境，维护世界的和平则需要各国的共同发展；第四，和平与发展成为时代主题，并不意味着这两个问题已经解决。“世界和平与发展这两大问题，至今一个也没有解决。”①

和平与发展成为当今时代的主题，这是世界各种矛盾发展变化和世界抑制战争因素不断增长的合力作用的结果。首先，和平成为世界人民共同的愿望。两次世界大战的浩劫给人类留下了深重灾难和沉痛教训，世界各国人民渴望和平发展，不仅发展中国家人民需要和平发展，发达国家人民也渴望和平发展。旷日持久的反战运动和维护和平的正义呼声，对防止新的世界大战和限制地区冲突起了积极的作用；同时，随着世界向多极化方向发展，对霸权主义战争政策的牵制力量在日益增强，具有打世界大战资格的美苏两个超级大国在军事力量上处于均势，谁都没有夺取全胜的把握。其次，发展已成为不可遏止的世界潮流，世界经济的发展加深了各国利益的相互交织和相互依赖，任何一个国家和民族，都在努力寻求符合本国和本民族发展的道路。生存与发展是广大发展中国家的首要任务，改变贫穷落后面貌，当务之急和根本出路在于抓住机遇，加快发展。广大发展中国家力量的发展，尤其是中国的发展壮大，对世界和平与发展起着不可低估的作用；发达国家也面临着再发展问题；南北差距扩大，发达国家越来越富，而发展中国家越来越穷，这个问题最终只能依靠发展来解决。

世界相对和平的新历史条件，为各国尤其是广大发展中国家带来了难得的发展机遇。发展问题之所以带有战略性和全局性，是因为它不仅与第三世界各国人民的进步事业，也与全人类社会的文明进步紧密相连。发展不仅是每个民族、每个国家繁荣昌盛的基础，也是人类文明迈向更高阶段的基础。没有全人类的协调、平衡、坚实的经济和社会发展，就没有持久的世界和平与稳定，已经实现的和平与稳定也难以巩固。邓小平强调，应当把发展问题提到全人类的高度来认识，要从这个高度去观察问题和解决问题。只有这样才会真正懂得发展问题既是发展中国家自己的责任，也是发达国家的责任。在和平稳定中谋求发展，是当今世界的头等大事。谋求发展，不仅成为各国关注的核心，也成为一种现实可能。日新月异的科学技术成为推动人类社会发展变化的重要力量。

以江泽民同志、胡锦涛同志为主要代表的中国共产党人，通过对世纪之交国际形势深刻变化的分析，坚持和发展了和平与发展是当今时代主题的科学判断。党的十八大重申，当今世界正在发生深刻复杂变化，和平与发展仍然是时代主题。弱肉强食不是人类共存之道，穷兵黩武无法带来美好世界。要和平不要战争，要发展不要贫穷，要合作不要对抗，推动建设持久和平、共同繁荣的和谐世界，是各国人民的共同愿望。明确主张在国际关系中要弘扬平等互信、包容互鉴、合作共赢的精神，共同维护国际公平正义，并表示中国将继续坚定不移致力于维护世界和平、促进共同发展。

党的十八大以来，以习近平同志为核心的党中央统筹国内国际两个大局，深入开展全方位外交，推动全球治理新变革，谱写出中国外交新华章。世界正处于大发展大变革大调整时期，和平与发展仍然是时代主题。世界多极化、经济全球化、社会信息化、文化多样化深入发展，全球治理体系和国际秩序变革加速推进，各国相互联系和依存日益

① 邓小平．邓小平文选：第3卷．北京：人民出版社，1993：383.

加深，国际力量对比更趋平衡，和平发展大势不可逆转。同时，世界面临的不稳定性不确定性突出，世界经济增长动能不足，贫富分化日益严重，地区热点问题此起彼伏，恐怖主义、网络安全、重大传染性疾病、气候变化等非传统安全威胁持续蔓延，人类面临许多共同挑战。对此，党和国家全面推进中国特色大国外交，推动构建人类命运共同体，坚定维护国际公平正义，倡导践行真正的多边主义，旗帜鲜明反对一切霸权主义和强权政治，毫不动摇反对任何单边主义、保护主义、霸凌行径。完善外交总体布局，积极建设覆盖全球的伙伴关系网络，推动构建新型国际关系。展现负责任大国担当，积极参与全球治理体系改革和建设，全面开展抗击新冠疫情国际合作，赢得广泛国际赞誉，我国的国际影响力、感召力、塑造力显著提升。

三、世界多极化和经济全球化趋势的发展

第二次世界大战后世界格局的演变，经历了从社会主义与资本主义两大阵营对立到美苏两个超级大国争霸世界，再到两极格局终结、走向多极化的曲折发展过程。20 世纪 80 年代末 90 年代初，苏联解体、东欧剧变，标志着存在 40 多年的两极格局的终结，国际形势发生了战后最为深刻的变化。世界多极化和经济全球化的趋势成为当今国际形势最显著的特征。

（一）世界多极化在曲折中发展

所谓世界多极化，就是指在一定时期里对国际关系有重大影响的国家和国家集团互相作用而形成的世界多极化新格局的一种发展趋势，其主要政治力量在全球实力分布状态的一种集中反映。1990 年 3 月，当苏联国内局势动荡但尚未解体的时候，邓小平就曾对多极化问题做出分析。他指出："美苏垄断一切的情况正在变化。世界格局将来是三极也好，四极也好，五极也好，苏联总还是多极中的一个，不管它怎么削弱，甚至有几个加盟共和国退出去。所谓多极，中国算一极。"[①] 在这里，邓小平实际上已经指出了世界格局多极化的发展趋势。

苏联解体后，以美苏两个超级大国争霸世界为特征的两极格局终结，世界进入了新旧格局转换的新时期。面对国际形势的重大变化，中国共产党对冷战后国际局势的发展趋势做出新的判断，对世界多极化的发展趋势做出了全面的论述。

第一，世界多极化的发展趋势不可逆转。中国共产党分析了两极格局终结后，世界多极化发展的趋势，指出："多极化趋势在全球或地区范围内，在政治、经济等领域都有新的发展，世界上各种力量出现新的分化和组合。大国之间的关系经历着重大而又深刻的调整。各种区域性、洲际性的合作组织空前活跃。广大发展中国家的总体实力在增强。"[②] 世界多极化的深入发展是中国共产党对冷战后国际形势发展趋势及其表现做出的一个新判断。

---

① 邓小平．邓小平文选：第 3 卷．北京：人民出版社，1993：353.
② 江泽民．江泽民文选：第 2 卷．北京：人民出版社，2006：39.

第二，世界多极化将是一个长期和曲折的演进过程。由于霸权主义和强权政治的存在，单极与多极的矛盾，称霸与反霸的斗争将长期存在，世界各种力量的发展仍不平衡。多极化格局的形成需要经历相当长的历史时期，其间会充满各种政治力量之间的激烈斗争。又由于这种多极化是与日益发展的经济全球化和科技进步相互结合、相互促进的，世界多极化在目前还只是一种发展趋势，它的最终形成将经历一个长期、曲折、复杂的渐进过程。

第三，世界多极化具有重要意义。“世界多极化格局的形成尽管还是一个长期的过程，但这种趋势已成为不可阻挡的历史潮流，对促进世界的和平、稳定与发展具有十分重要的意义。”① 极少数大国或大国集团垄断国际事务、支配其他国家命运的时代，已一去不复返了。多极化趋势，反映了国际关系深刻变化的历史发展规律和时代特征，多极化格局使世界各种“力量中心”逐渐形成既相互借鉴又相互制约与制衡的关系，有利于避免新的世界大战的爆发，有利于削弱和抑制霸权主义、强权政治；多极化发展趋势，符合世界各国人民的利益，有利于建设一个持久和平、共同繁荣的和谐世界，也有利于广大发展中国家抓住机遇、发展自己。

第四，中国应对世界多极化的主张和对策。我国是一个发展中国家，我国的改革、发展和稳定都需要一个长期、稳定的国际和平环境，而致力于建立一个多极世界，符合世界发展的客观规律和时代特征，有利于体现各国人民的共同意愿和利益，有利于世界各种力量在平等互利的基础上加强协调对话，加强合作，不搞对抗，共同维护世界的和平、稳定与发展。中国主张顺应历史潮流，维护全人类的共同利益，愿与国际社会共同努力，积极促进世界多极化，推动多种力量和谐并存，保持国际社会的稳定。世界多极化的发展趋势能否成为现实，最终取决于世界各大力量中心的综合国力状况，中国要在世界多极化的曲折发展进程中占据优势地位，积极发挥大国的作用，必须不断增强综合国力，通过自己的发展促进世界多极化趋势的发展。

（二）经济全球化加速推进

经济全球化，是指随着国际社会分工和科学技术的发展以及生产社会化程度的提高，世界各国、各地区的经济活动越来越超出一国和地区的范围而相互联系与密切结合的趋势。战后几十年的冷战，伴随着“北约”和“华约”两大军事组织的对峙，在经济上一直是以欧共体和经互会为代表的两个互不往来的、分割的“平衡市场”。进入 20 世纪 90 年代，由于苏联解体等原因，东西方经济往来的重要障碍消除了，全球的经济联系比过去密切多了。经济全球化的微观载体——跨国公司的生产经营和规模迅速发展，成为影响世界经济发展的重要因素。伴随全球化的进程，区域经济集团化倾向不断发展，北美自由贸易区、欧盟、拉美南方共同市场、亚太经合组织等世界经济组织开始有了实质性意义。与此同时，信息化的发展，又使全球化的技术手段得到解决，它使生产要素的流转速度空前加快，生产要素流转的成本大大地降低，从而推动了国际贸易、跨国投资和国际金融等领域的迅速发展。可以肯定，全球化还会发展，现在只是一个阶段，全球化

① 中共中央文献研究室．江泽民论有中国特色社会主义（专题摘编）．北京：中央文献出版社，2002：513.

成为当代世界经济的重要特征之一，也是世界经济发展的趋势。

经济全球化主要表现在四个方面。一是贸易全球化。世界市场的形成使各国市场逐渐融为一体，并极大地促进了世界贸易发展，全球贸易的增长率在近20年来始终高于生产的增长速度。国际贸易的范围不断扩展，世界市场的容量越来越大，各国对世界市场的依赖程度也日益增大，各国的生产和消费越来越紧密地联系与融合起来。二是投资全球化。自20世纪80年代以来，国际投资的增长速度高于国际贸易的增长速度，而且资本流向从过去仅有发达国家输出资本，发展为发展中国家也对外输出资本（包括向发达国家输出）。三是金融全球化。各国金融命脉更为紧密地与国际市场联系在一起。迅速扩展的跨国银行，遍布全球的电脑网络，使遍布世界的巨额资本和庞大的金融衍生品在全球范围内流动。四是跨国公司生产与经营的全球化。随着经济全球化趋势的发展，跨国公司日趋活跃，已成为经济全球化的载体和全球经济的核心，推动了生产要素在全球的流动，促进了全球和一些地区生产、消费的发展。跨国公司是世界对外投资和对外贸易增长的支柱，也是世界科技发展的主力军和先进管理方式的推广者，它以其强大的经济实力主导着全球经济的发展趋势，成为推动经济全球化最主要的因素。

经济全球化是一把"双刃剑"。它既给各国的发展提供了新的条件，也不同程度地带来了风险。一方面，经济全球化是人类社会生产力发展的必然结果和客观要求，是商品和生产跨国界发展的结果，推动了全球生产力的大发展；另一方面，经济全球化又同资本主义生产关系向全球的扩展紧密联系着，在很大程度上是资本主义生产关系的产物，在加速世界经济增长的同时，也带来了一些负面影响。比如增多了各国和全球共同面临的社会经济问题，加剧了国际竞争，增加了国际风险，并对一些国家特别是发展中国家的主权和民族工业造成了严重冲击，使全球经济失衡加剧，南北差距日益拉大。因此，对于发展中国家来说，经济全球化是一个难得的历史机遇，也是一个巨大的挑战。西方发达国家虽是经济全球化的主要受益者，但也面临着由其带来的一系列新的社会经济问题的挑战。

面对经济全球化带来的机遇和挑战，各国应本着责任与风险共担的精神，加强国际交流与合作，逐步改变不公正不合理的国际经济秩序，构建互惠共赢的多边经济体制，使经济全球化朝着平等、互惠、共赢、共存的方向发展。中国作为开放的、发展中的国家，必须按照趋利避害的原则，坚定不移地实行对外开放政策，始终不渝地奉行互利共赢的开放战略，适应经济全球化趋势的发展，积极参与国际经济合作与竞争，充分利用经济全球化带来的各种有利条件和机遇。中国坚持经济全球化正确方向，推动贸易和投资自由化便利化，推进双边、区域和多边合作，促进国际宏观经济政策协调，共同营造有利于发展的国际环境，共同培育全球发展新动能，反对保护主义，反对"筑墙设垒""脱钩断链"，反对单边制裁、极限施压。中国愿加大对全球发展合作的资源投入，致力于缩小南北差距，坚定支持和帮助广大发展中国家加快发展。同时，对西方发达国家在经济全球化进程中所具有的巨大影响力和可能导致的风险保持清醒的认识。坚持独立自主，加强防范工作，注意循序渐进，不断提高防范和抵御风险的能力，以切实维护我国的经济安全，更好地发展和壮大自己。

四、中国和平发展道路的战略选择

实现和平发展，是中国人民的真诚愿望和不懈追求。坚持走和平发展道路，是中国共产党和中国政府自改革开放以来，从国内国际发展面临的新形势出发，根据时代发展潮流和中国人民的根本利益所做出的重大战略抉择。习近平在中法建交50周年纪念大会上指出："中国梦需要和平，只有和平才能实现梦想。"中国人民将通过这条道路，努力把自己的国家建设成为富强民主文明和谐美丽的社会主义现代化强国，同时又以中国的发展促进世界和平和共同发展，不断对人类进步事业做出新的更大贡献。

早在2004年8月，胡锦涛在第十次驻外使节会议上就明确提出中国要高举和平、发展、合作的旗帜，坚持和平发展的道路，争取和平稳定的国际环境来发展自己，又以自己的发展来促进世界的和平与进步。2005年12月，《中国的和平发展道路》白皮书发表，首次以政府文告的形式系统地阐述了中国走和平发展道路的政治主张。2011年9月，《中国的和平发展》白皮书发表，再次系统阐述了中国走和平发展道路的历史必然性，进一步明确了中国走和平发展道路的内涵和目标。党的十八大以来，以习近平同志为核心的党中央统筹国内国际两个大局，始终高举和平、发展、合作、共赢的旗帜，始终不渝走和平发展道路，恪守维护世界和平、促进共同发展的外交政策宗旨，坚定不移在和平共处五项原则基础上发展同各国的友好合作，推动建设相互尊重、公平正义、合作共赢的新型国际关系。

中国走和平发展道路，不是权宜之计，更不是外交辞令，而是思想自信和实践自觉的有机统一。中国走和平发展道路，体现了中国共产党和中国政府对时代大势的宏观驾驭及对历史与现实的准确把握，凝结着中华民族的优秀品格和自强精神，是中国人民的真诚愿望和不懈追求，是中国政府和人民根据时代发展潮流与自身根本利益做出的战略抉择。

首先，走和平发展道路是基于中国特色社会主义的必然选择。社会主义的性质和基本制度决定了我国必须走和平发展的道路。邓小平指出："我们搞的是有中国特色的社会主义，是不断发展社会生产力的社会主义，是主张和平的社会主义。"① 中国要发展，必须实行对外开放，但主要是依靠自己的力量，不靠扩张，不靠损害他国利益来谋求自身的发展。中国发展的根本目的是为人民谋福祉，提高人民的物质文化生活水平，发展为了民生，用于民生，而不是用来争霸世界；发展不仅要造福中国人民，还要造福世界其他国家的人民。中国现在要走和平发展道路，将来强大了也要走和平发展道路。

其次，走和平发展道路是基于中国自身根本利益的必然选择。中国是一个拥有14亿多人口、面临众多难题的最大的发展中国家。中国要实现现代化、实现全体人民的共同富裕，需要一代又一代人的努力奋斗。在这一历史进程中，我们需要稳定的国内环境，也需要和平的国际环境。改革开放以来，中国经济社会发展虽然取得了巨大的成就，人民生活不断得到改善，但社会主义初级阶段的基本国情没有变，中国作为世界最大的发展中国家的国际地位没有变。加快发展，不断提高人民生活水平，始终是党执政兴国的

① 邓小平．邓小平文选：第3卷．北京：人民出版社，1993：328.

第一要务，也是国家的根本利益之所在。推进现代化建设、完成祖国统一大业、维护世界和平与促进共同发展，这三大历史任务哪一项都离不开发展。中国迫切需要一个和平、稳定的国际环境来加快自己的发展。我们坚持走和平发展道路，有利于进一步营造和平的国际环境和友好的周边环境，保障我国各项历史性任务的顺利完成。

再次，走和平发展道路是基于中国历史文化传统做出的必然选择。中华民族是热爱和平的民族。渴望和平、追求和谐，是中国人民的精神特征，贯穿于中华民族发展的始终。中华文化本质上就是一种“和”的文化，包含“和平”“和谐”“包容”“和为贵”等丰富内涵。从“止戈为武”的“武”字含义，到以“和为贵”对和平的渴望；从积极倡导和平共处五项原则，到提出构建人类命运共同体的主张，无不散发着“和”文化的光辉。可以说，坚持和平发展是基于民族特点和优秀传统文化的战略抉择。

最后，走和平发展道路是顺应当今世界发展潮流的必然选择。科学判断国内外形势，制定正确的方针政策，是我国改革开放和现代化建设不断取得成功的重要前提。当今世界，求和平、谋发展、促合作已经成为不可阻挡的时代潮流。中国走和平发展道路，正是基于对时代特点的正确把握，与时代发展潮流相一致，与世界上大多数国家和人民的愿望相吻合。中国将始终不渝地高举和平、发展、合作、共赢的旗帜，坚定不移地走和平发展道路，同世界各国人民一道，共同推进人类和平与发展的崇高事业。

中国坚定不移走和平发展道路，始终不渝倡导合作共赢理念。但是，走和平发展道路、倡导合作共赢是有底线的，这就是坚决维护国家核心利益。习近平指出：“我们要坚持走和平发展道路，但决不能放弃我们的正当权益，决不能牺牲国家核心利益。任何外国不要指望我们会拿自己的核心利益做交易，不要指望我们会吞下损害我国主权、安全、发展利益的苦果。”① 中国主权、安全、发展利益和民族尊严绝不允许任何势力侵犯，同时任何力量也不能动摇我们坚持和平发展的信念。中国的和平发展道路，是新中国成立以来特别是改革开放以来，经过艰辛探索和不断实践逐步形成的。改革开放 40 多年的历史已经证明，和平发展是中国基于自身国情、社会制度、文化传统做出的战略抉择，顺应时代潮流，符合中国根本利益，符合周边国家利益，符合世界各国利益。中国无论发展到什么程度，永远不称霸，永远不搞扩张，始终做世界和平的建设者、全球发展的贡献者、国际秩序的维护者。

第二节　推动构建人类命运共同体

一、建设持久和平、普遍安全、共同繁荣、开放包容、清洁美丽的世界

党的十八大以来，习近平以卓越的政治家和战略家的宏大视野与战略思维，高瞻远瞩地提出构建人类命运共同体的理念。这是习近平新时代中国特色社会主义思想的重要组成部分，是当代中国对世界的重要思想和理论贡献，已经成为中国引领时代潮流和人

① 习近平．习近平谈治国理政：第 1 卷．2 版．北京：外文出版社，2018：249．

类文明进步方向的鲜明旗帜。

2013 年 3 月，习近平在莫斯科国际关系学院的演讲中，首次提出建设“命运共同体”的理念。他指出：“各国相互联系、相互依存的程度空前加深，人类生活在同一个地球村里，生活在历史和现实交汇的同一个时空里，越来越成为你中有我、我中有你的命运共同体。”[①] 2015 年 9 月，在第 70 届联合国大会一般性辩论中，习近平发表题为《携手构建合作共赢新伙伴，同心打造人类命运共同体》的演讲，将建立合作共赢新型国际关系与打造命运共同体紧密相连，正式提出了“要构建人类命运共同体”的表述，并对如何构建人类命运共同体的问题进行了系统思考。2017 年 1 月，习近平在联合国日内瓦总部发表题为《共同构建人类命运共同体》的演讲，全面阐述了通过建设持久和平的世界、普遍安全的世界、共同繁荣的世界、开放包容的世界以及清洁美丽的世界，打造五位一体的人类命运共同体的总路径和总布局。2017 年 11 月 1 日，就在党的十九大结束不久，第 72 届联合国大会负责裁军和国际安全事务第一委员会会议通过了“防止外空军备竞赛进一步切实措施”和“不首先在外空放置武器”两份安全决议，“构建人类命运共同体”理念纳入联合国安全决议。2017 年 12 月 1 日，习近平在中国共产党与世界政党高层对话会上进一步明确指出：“人类命运共同体，顾名思义，就是每个民族、每个国家的前途命运都紧紧联系在一起，应该风雨同舟，荣辱与共，努力把我们生于斯、长于斯的这个星球建成一个和睦的大家庭，把世界各国人民对美好生活的向往变成现实。”[②] 在这次会议上，习近平强调，我们构建人类命运共同体，就是要努力建设一个远离恐惧、普遍安全，远离贫困、共同繁荣，远离封闭、开放包容，山清水秀、清洁美丽的世界。这就进一步深化了人类命运共同体的思想内涵。

构建人类命运共同体理念的核心就是“建设持久和平、普遍安全、共同繁荣、开放包容、清洁美丽的世界”[③]。具体而言，主要体现在以下五个方面：

第一，在政治上，要相互尊重、平等协商，坚决摒弃冷战思维和强权政治，走对话而不对抗、结伴而不结盟的国与国交往新路。人类历史上战乱频仍，生灵涂炭，教训惨痛而深刻。要和平、不要战争是各国人民朴素而真实的愿望。建设一个持久和平的世界，根本要义在于国家之间要构建平等相待、互商互谅的伙伴关系。大国往往是决定战争与和平的关键因素，也对地区和世界和平与发展负有更大责任。大国要尊重彼此核心利益和重大关切，管控矛盾分歧，努力构建不冲突不对抗、相互尊重、合作共赢的新型关系。大国对小国要平等相待，不搞唯我独尊、恃强凌弱的霸道。国家间出现矛盾和分歧，要通过平等协商处理，以最大诚意和耐心，坚持对话解决分歧。只有各国都走和平发展道路，各国才能共同发展，国与国才能和平相处。

第二，在安全上，要坚持以对话解决争端、以协商化解分歧，统筹应对传统和非传统安全威胁，反对一切形式的恐怖主义。当前，国际安全形势动荡复杂，传统安全威胁

---

① 习近平．习近平谈治国理政：第 1 卷．2 版．北京：外文出版社，2018：272.

② 习近平．携手建设更加美好的世界：在中国共产党与世界政党高层对话会上的主旨讲话．人民日报，2017-12-02.

③ 习近平．决胜全面建成小康社会 夺取新时代中国特色社会主义伟大胜利：在中国共产党第十九次全国代表大会上的报告．北京：人民出版社，2017：58-59.

和非传统安全威胁相互交织，安全问题的内涵和外延都在进一步拓展，同时人类越来越利益交融、安危与共。在这种新形势下，冷战思维、军事同盟、追求自身绝对安全那一套已经行不通了，各方应树立共同、综合、合作、可持续的新安全观。国家不论大小、强弱、贫富以及历史文化传统、社会制度存在多大差异，都要尊重和照顾其合理安全关切。要恪守尊重主权、独立和领土完整、互不干涉内政等国际关系基本准则，统筹维护传统和非传统安全。各国都有平等参与地区安全事务的权利，也都有维护地区安全的责任，要以对话协商、互利合作的方式解决安全难题。

第三，在经济上，要同舟共济，促进贸易和投资自由化便利化，推动经济全球化朝着更加开放、包容、普惠、平衡、共赢的方向发展。发展是第一要务，适用于各国，而人类命运共同体追求的是共同发展。要增强各国发展能力，发展归根到底要靠本国自身努力，各国要根据自身禀赋特点，制定适合本国国情的发展战略。要改善国际发展环境，各国要共同维护国际和平，以和平促进发展，以发展巩固和平。要创造良好外部制度环境，加强全球经济治理，健全发展协调机制，各国特别是主要经济体要加强宏观经济政策协调。要维护世界贸易组织规则，支持开放、透明、包容、非歧视性的多边贸易体制，推动建设开放型世界经济。要优化发展伙伴关系，最大限度解决南北之间和地区内部发展失衡问题，让发展成果更多惠及全体人民，为世界经济全面可持续增长提供新动力。

第四，在文化上，要尊重世界文明多样性，以文明交流超越文明隔阂、文明互鉴超越文明冲突、文明共存超越文明优越。人类文明多样性是世界的基本特征，也是人类进步的源泉，多样带来交流，交流孕育融合，融合产生进步。不同文明凝聚着不同民族的智慧和贡献，没有高低之别，更无优劣之分。文明差异不应该成为世界冲突的根源，而应该成为人类文明进步的动力。要促进和而不同、兼收并蓄的文明交流对话，在竞争比较中取长补短，在交流互鉴中共同发展，使文明交流互鉴成为增进各国人民友谊的桥梁、推动人类社会进步的动力、维护世界和平的纽带。

第五，在生态上，要坚持环境友好，合作应对气候变化，保护好人类赖以生存的地球家园。人类可以利用自然、改造自然，但归根结底是自然的一部分，必须呵护自然，不能凌驾于自然之上。建设生态文明关乎人类未来。要解决好工业文明带来的矛盾，以人与自然和谐相处为目标，实现世界的可持续发展和人的全面发展。要坚持走绿色、低碳、循环、可持续发展之路，平衡推进 2030 年可持续发展议程，采取行动应对气候变化等新挑战，不断开拓生产发展、生活富裕、生态良好的文明发展道路，构筑尊崇自然、绿色发展的全球生态体系。

二、积极发展全球伙伴关系

推动构建人类命运共同体，必须积极发展全球伙伴关系，扩大同各国的利益交汇点。党的十八大以来，以习近平同志为核心的党中央以周边和大国为重点，以发展中国家为基础，以多边为舞台，以深化务实合作、加强政治互信、夯实社会基础、完善机制建设为渠道，全面发展同各国友好合作，不断完善我国全方位、多层次、立体化的外交布局，打造覆盖全球的“朋友圈”，与各国人民结伴而行、共创美好未来。

第一，推进大国协调和合作，构建总体稳定、均衡发展的大国关系框架。大国之间相处，要不冲突、不对抗、相互尊重、合作共赢。中俄互为最主要、最重要的战略协作伙伴，两国关系在各自外交全局和对外政策中都占据优先地位，两国要巩固战略和政治互信，增强在涉及对方核心利益问题上的相互支持；扩大务实合作，深化人文交流；密切在国际和地区事务中的协调和配合，维护世界和平、安全、稳定。中美两国作为世界前两大经济体，在维护世界和平稳定、促进全球发展繁荣方面肩负着特殊的重要责任。发展长期健康稳定的中美关系，符合两国人民根本利益，也是国际社会普遍期待。当前中美关系正处在新的历史起点上，已经变成“你中有我，我中有你”的利益共同体。本着相互尊重、互利互惠的原则，聚焦合作、管控分歧，确保中美关系长期稳定健康发展。欧洲是多极化世界的重要一极，是中国的全面战略伙伴。要从战略高度看待中欧关系，将中欧两大力量、两大市场、两大文明结合起来，共同打造中欧和平、增长、改革、文明四大伙伴关系，提升中欧全面战略伙伴关系的全球影响力，为世界发展繁荣做出更大贡献。全面深化金砖伙伴关系，致力于推进经济务实合作，致力于加强发展战略对接，致力于推动国际秩序朝更加公正合理方向发展，致力于促进人文民间交流，开启金砖合作新局面。

第二，按照亲诚惠容理念和与邻为善、以邻为伴周边外交方针深化同周边国家关系。周边是我国安身立命之所、发展繁荣之基。中国始终将周边置于外交全局的首要位置，视促进周边和平、稳定、发展为己任，深化同周边国家的互利合作和互联互通，共同打造周边命运共同体。东北亚、东南亚、中亚是我国周边外交的战略重点，也是我国海外利益集中、交往密切、对外辐射影响力较强的地区。坚定致力于实现朝鲜半岛无核化目标，坚定致力于维护半岛和平稳定，坚定致力于通过对话协商解决问题。严格遵循中日四个政治文件精神和四点原则共识，确保两国关系沿着正确方向发展。中国和东南亚山水相连，血脉相通。坚定发展同东盟的友好合作，坚定支持东盟发展壮大，坚定支持东盟共同体建设，坚定支持东盟在东亚区域合作中发挥主导作用。中国和南亚各国是重要的合作伙伴。我们愿同南亚各国和睦相处，愿为南亚发展添砖加瓦。中国高度重视发展同中亚各国的友好合作关系，将其视为外交优先方向。我们希望同中亚国家一道，不断增进互信、巩固友好、加强合作、促进共同繁荣。中国愿意把自身发展同周边国家发展更紧密地结合起来，欢迎周边国家搭乘中国发展“快车”“便车”，让中国发展成果更多惠及周边，让大家一起过上好日子。

第三，秉持正确义利观和真、实、亲、诚理念加强同发展中国家团结合作。广大发展中国家是我国走和平发展道路的同路人。我国虽然取得巨大发展成就，但仍然是发展中国家。践行正确义利观，义利相兼，义重于利，切实加强同发展中国家的团结合作，把我国发展与广大发展中国家共同发展紧密联系起来。中非历来是休戚与共的利益共同体和命运共同体，加强同非洲国家的团结合作是我国长期坚持的战略选择，对非合作要讲“真、实、亲、诚”。中非应该以全面战略合作伙伴关系建设为引领，继承真诚友好的光荣传统，把互助合作精神发扬光大，坚持互利共赢的平等合作、开放包容的多方合作、能力导向的务实合作、绿色低碳的可持续发展、基础优先的重点合作。“海内存知己，天涯若比邻。”中国与拉美和加勒比国家虽然相距遥远，但友好关系源远流长，双方将共同致力于构建政治上真诚互信、经贸上合作共赢、人文上互学互鉴、国际事务中密切协作、整体合作和双边关系相互促进的中拉关系五位一体新格局，打造中拉携手共进的命运共同体。中国同阿拉伯国家彼此是相互尊重、相互认同、相互信赖的好朋友、好兄弟、好伙伴，双方将弘扬丝绸之路精神，促进文明互鉴、尊重道路选择、坚持合作共赢、倡导对话和平，不断深化全面合作、共同发展的中阿战略合作关系。

三、积极参与全球治理体系改革和建设

中国秉持共商共建共享的全球治理观，参与全球治理体系改革和建设，贡献中国智慧和力量，这是习近平新时代中国特色社会主义思想在对外工作领域的重要体现，是中国特色大国外交理论的重要内涵，即中国为世界和平与发展事业做出的重要贡献。

（一）积极参与全球治理体系改革和建设是时代发展的必然要求

第一，国际力量对比消长，加速推动全球治理体系变革。2008 年国际金融危机发生以来，新兴市场国家和一大批发展中国家快速发展，国际影响力不断增强，国际力量对比发生了近代以来最具革命性的变化。目前，新兴市场国家和发展中国家经济占全球经济总量的比重已超过发达经济体，对全球经济增长的贡献率达到 80%。西方国家也面临着第二次世界大战以来最为严重的政治、经济和社会危机。增强新兴市场国家和发展中国家的代表性和话语权，使全球治理体系更好反映国际经济力量对比新格局，是构建更加公正合理的国际政治经济新秩序的必然要求。

第二，加强全球治理是应对全球性挑战的主要途径。现行全球治理体系主要建立于第二次世界大战结束后，跟不上时代发展、不适应现实需要的地方越来越多。随着各方面治理赤字积重难返，国际社会对变革全球治理体系的呼声日益高涨。世界面临一系列传统和非传统安全威胁，各种全球性挑战层出不穷。“没有哪个国家能够独自应对人类面临的各种挑战，也没有哪个国家能够退回到自我封闭的孤岛。”① 各国唯有合作加强全球治理，才能共同应对挑战，实现同舟共济。

第三，积极参与全球治理体系改革和建设是中国担当大国责任的应有之义。我国综合国力不断增强，国际地位实现前所未有的提升，国际影响力、感召力、塑造力进一步提高，日益走近世界舞台中央。中国同世界的关系进入新阶段，国内国际两个大局联系更加紧密。全球治理体系和国际秩序变革加速推进，处于重要的历史转折点上，对我国发展的影响越来越深刻。习近平指出：“世界那么大，问题那么多，国际社会期待听到中国声音、看到中国方案，中国不能缺席。”在全球治理体系变革等关乎人类前途命运的重大课题上，中国将始终做世界和平的建设者、全球发展的贡献者、国际秩序的维护者。

（二）全球治理体系改革和建设的核心理念原则是共商共建共享

党的十八大以来，我国积极参与全球治理体系改革和建设，提出并践行共商共建共

① 习近平．决胜全面建成小康社会 夺取新时代中国特色社会主义伟大胜利：在中国共产党第十九次全国代表大会上的报告．北京：人民出版社，2017：58.

享的全球治理观，坚持真正的多边主义，推进国际关系民主化，推动全球治理朝着更加公正合理的方向发展。共商共建共享的全球治理观主要包括：

一是坚持主权平等、公平正义。主权平等是国际关系最重要的准则，也是全球治理必须遵循的首要原则。国家不分大小、强弱、贫富，都是国际社会的平等成员，都应该平等参与决策、享受权利、履行义务。全球治理离不开各国的发展与合作，各主权国家承担着全球治理的主要责任。要不断推进国际关系民主化，尊重各国人民自主选择发展道路的权利，维护国际公平正义，反对把自己的意志强加于人，反对干涉别国内政。

二是坚持共商共建共享、合作共赢。全球治理体系变革是大家的事，要坚持大家的事大家一起商量着办，尤其要让发展中国家更多参与到全球治理体系中来，获得与其地位和影响相符合的更多代表性和话语权。要通过充分协商形成全球治理体系变革方案的共识，共同书写国际规则，让全球治理体系更加平衡地反映大多数国家特别是广大发展中国家的意愿和利益。我们坚持要合作而不要对抗，要双赢、多赢、共赢而不要单赢，确保改革发展的成果惠及各方，让不同国家、不同阶层、不同人群共享全球治理的好处。

三是坚持与时俱进、改革创新。全球治理体系改革要从实际出发，坚持问题导向，通过改革创新不断完善现有全球治理体系。改革不可能一蹴而就，要循序渐进，确保全球治理更加公正、高效，适应时代要求。中国主张坚定维护以《联合国宪章》宗旨和原则为核心的国际秩序，推动国际货币基金组织、世界银行等治理机制改革，增加新兴市场国家和发展中国家的代表性和发言权。中国支持二十国集团、上海合作组织、金砖国家等发挥积极作用。对海洋、极地、网络、外空、核安全、气候变化等新兴领域，各国应共同建立新机制、制定新规则，使之成为合作共赢的新疆域。

（三）中国为全球治理体系改革和建设做出重要贡献

党的十八大以来，我国积极参与全球治理体系改革和建设，维护以联合国为核心的国际体系、以国际法为基础的国际秩序、以《联合国宪章》宗旨和原则为基础的国际关系基本准则，维护和践行真正的多边主义，坚决反对单边主义、保护主义、霸权主义、强权政治，积极推动经济全球化朝着更加开放、包容、普惠、平衡、共赢的方向发展，为全球治理体系建设做出重大贡献。

第一，创新和丰富全球治理理念。党的十八大以来，以习近平同志为核心的党中央深入挖掘中华文化中积极的处世之道和治理理念同当今时代的共鸣点，将习近平新时代中国特色社会主义思想与全球治理体系改革相结合，提出一系列具有鲜明中国特色的全球治理观。诸如合作共赢理念、新型大国关系、正确义利观、发展观、合作观、安全观、全球化观等，特别是我们提出了共建“一带一路”倡议和构建人类命运共同体的理念，在国际上引起广泛反响，已多次载入联合国有关文件。中国的全球治理观植根于中国传统文化，继承发展了新中国成立以来的外交思想和理念，反映了人类共同价值追求和当代国际关系现实，符合《联合国宪章》所确定的国际关系基本准则，极大地丰富和发展了国际关系理论，为全球治理体系改革和建设贡献了中国智慧、提供了中国方案。

第二，编织全球治理体系中的发展中国家合作网。中国牢牢把握发展的阶段性特征，坚持发展中国家定位，在全球治理体系改革问题上为发展中国家主持公道，更好地维护发展中国家的共同利益。中国发起一系列以发展中国家为主体的国际组织及合作机制，实现了多边机制在发展中国家的网络化全覆盖，努力补强全球治理体系中的南方短板，推动金砖国家、上海合作组织等机制在区域和全球治理中发挥更大作用。中国秉持开放、包容、合作、共赢的金砖精神，推动建立金砖国家新开发银行及应急储备安排，扩大人文交流，探索“金砖+”合作模式，举行新兴市场国家与发展中国家对话会等，引领构建全方位、多层次的金砖合作架构，将其打造为新兴市场国家和发展中国家参与全球治理的重要平台。

第三，积极参与应对全球性挑战。面对此起彼伏的国际地区热点问题和层出不穷的各种全球性挑战，中国担当大国责任，提出中国方案，贡献中国力量，发挥建设性作用。我国建设性参与国际和地区热点问题政治解决，在气候变化、减贫、反恐、网络安全和维护地区安全等领域发挥积极作用。我国开展抗击新冠疫情国际合作，发起新中国成立以来最大规模的全球紧急人道主义行动，向众多国家特别是发展中国家提供物资援助、医疗支持、疫苗援助和合作，展现负责任大国形象。中国坚持绿色低碳，宣布2020年后应对气候变化行动目标，推动各方达成并落实《巴黎协定》，引领国际社会采取积极行动应对气候变化。中国推动制定联合国2030年可持续发展议程并率先发布落实该议程的国别方案。中国积极参与国际反恐合作，派军舰在亚丁湾、索马里海域执行护航任务。中国积极参与网络、极地、深海、外空等新兴领域规则制定，发起并主办首届世界互联网大会，推动建立多边、民主、透明的全球互联网治理体系；积极开展国际反腐败合作，推动构建国际反腐败合作新秩序。中国积极劝和促谈，维护朝鲜半岛和平稳定，引导促成伊朗核问题六方协定，推动南苏丹、叙利亚、乌克兰等热点难点问题政治解决进程。

第三节　独立自主的和平外交政策

一、独立自主和平外交政策的形成和发展

中华人民共和国自从成立以来，一直坚持独立自主的和平外交政策，并根据这一总的基本的外交政策和外交原则，在不同的历史时期针对不同的国际形势发展的趋势和特点，确定并实施了具体的外交战略和具体的外交政策。独立自主的和平外交政策在我国外交工作的实践中不断得到丰富和发展。

（一）独立自主和平外交政策的形成

独立自主是指国家的主权独立，不容许任何外来的干涉与侵犯，每个国家都有权根据自己的实际情况独立自主地处理本国对内对外的一切事务。独立自主是马克思主义的一条基本原则，是中国革命和建设取得成功的一条宝贵经验。中华人民共和国成立前夕，毛泽东、周恩来即将独立自主原则这一中国革命取得成功的基本经验运用到外交领域，阐明了新中国外交的独立自主的基本立场。毛泽东指出：“中国必须独立，中国必须解放，中国的事情必须由中国人民自己作主张，自己来处理，不容许任何帝国主义国家再

有一丝一毫的干涉。"[1] 周恩来也明确指出，新中国外交的基本立场是中华民族的独立自主，任何国家都不能干涉中国内政；我们愿意和一切平等待我之国家合作，不排外，不挑衅，但必须站稳立场，否则就只能倒在外国人的怀里。毛泽东还提出了"另起炉灶""打扫干净屋子再请客""一边倒"三大外交方针。"另起炉灶"就是新中国的人民政府不承认国民党政府同各国建立的一切旧的外交关系，而要在新的基础上同各国另行建立新的外交关系。"打扫干净屋子再请客"就是指新中国必须清理旧中国残留的对外关系遗迹，建立国内的良好环境，以全新的面貌建立、发展同其他友好国家的关系。"一边倒"就是在帝国主义对新生的人民政权实行敌视政策的情况下，中国只能倒向社会主义阵营一边。这三大外交方针，符合中国人民实现国家安全、独立和维护世界和平的根本利益，为独立自主的新中国外交关系奠定了基础。

新中国成立后，面对帝国主义的经济封锁、政治孤立和战争威胁，毛泽东把争取世界局势的缓和、创造一个较长时期的和平的环境，确定为新中国对外工作的首要任务和战略目标。为了实现这一目标，我国迅速与苏联和欧亚各人民民主国家建立了外交关系，十分重视发展与新兴民族独立国家，尤其是邻近的民族独立国家的友好关系。1953 年 12 月，周恩来在会见印度政府代表团时，首次系统地提出了和平共处的五项原则，经过 1955 年的万隆会议，这一原则为许多亚洲国家所接受。这五项原则后来进一步完整地表述为：互相尊重主权和领土完整、互不侵犯、互不干涉内政、平等互利、和平共处。此后我国一直坚持在和平共处五项原则基础上发展同所有国家的友好合作关系。

从 20 世纪 50 年代末开始，面对动荡的国际形势，特别是来自美苏两个超级大国的压力，毛泽东提出了坚持独立自主的原则立场，反对霸权主义，维护中国的民族尊严和利益，维护中国社会主义事业的利益，维护世界和平、民族解放和社会主义事业利益的思想。在这一思想指导下，我国外交政策的重心由"一边倒"调整为反对美苏两个超级大国到处侵略扩张、肆意干涉别国内政的霸权主义政策。同时，逐步确定了对第三世界国家的基本政策和行动纲领。我国政府积极支持民族解放运动、坚持睦邻友好、维护中国的主权和领土完整、维护世界进步与和平的立场，得到了广大亚非拉国家的认同和支持。

进入 20 世纪 70 年代以后，国际局势出现了美苏两个超级大国激烈争夺且美国处于劣势，日本、西欧、第三世界等多种力量迅速发展，世界格局开始由两极向多极发展，特别是由于苏联推行霸权主义政策，构成了对中国安全的直接严重威胁，美国采取主动行动谋求改善对华关系的新情况。面对这些新的变化，毛泽东审时度势，果断地决定打开中美关系的大门，提出联美抗苏的"一条线"的外交战略，即从东边起，日本、中国、欧洲国家、美国，加上同一条线上的第三世界各国，联合努力，共同对付苏联霸权主义。这是我国外交政策上的一次重大战略调整，对缓和我国面临的紧张局势、维护世界和平与稳定、保障中国人民和世界人民的根本利益发挥了重要作用。

（二）独立自主和平外交政策的发展

党的十一届三中全会以后，邓小平审时度势，着眼于国际形势的新变化，立足于我

---

① 中华人民共和国外交部，中共中央文献研究室．毛泽东外交文选．北京：中央文献出版社，1994：90.

国社会主义现代化建设的新需要，对我国的外交战略和对外政策进行了重大调整，提出了一系列重要的外交方针，继承、丰富和发展了毛泽东的外交思想。

20 世纪 70 年代末 80 年代初，国际局势继续发生变化，美苏两个超级大国争夺世界霸权中出现了互有攻守的战略态势，西欧、日本、第三世界等力量进一步发展，独立地发挥着重要的作用。邓小平在做出和平与发展是当代世界的两大问题的重要判断的同时，强调要反对任何形式的霸权主义，维护世界和平，强调我们搞的是主张和平的社会主义。他基于国际形势变化和国内社会主义现代化建设的需要，提出了“在较长时间内不发生大规模的世界战争是有可能的，维护世界和平是有希望的”① 新论断；确立了“谁搞霸权就反对谁，谁搞战争就反对谁”② 的新战略，提出了我国的独立自主政策在新时期具体地表现为不结盟政策的观点；提出了在和平共处五项原则基础上，建立和平、稳定、公正、合理的国际新秩序的思想等。同时，不再公开提及“三个世界”的战略思想，还放弃了“一条线”的对外政策。20 世纪 80 年代末 90 年代初，面对国内政治风波和国际上苏联解体、东欧剧变等严峻的局面，邓小平提出了冷静观察、稳住阵脚、沉着应付、韬光养晦、有所作为、善于守拙和决不当头等一系列对外关系的指导方针，成功地应对了国内政治风波和国际格局变动所造成的重大冲击与严峻挑战，为开创我国外交工作的新局面创造了重要条件。

新世纪新阶段，中国共产党科学把握国际形势发展的总趋势，继承并发展了邓小平的外交思想，继续实行独立自主的和平外交政策。中国坚持在和平共处五项原则基础上全面发展同各国的友好合作。中国将改善和发展同发达国家关系，拓宽合作领域，妥善处理分歧，推动建立长期稳定健康发展的新型大国关系；将坚持与邻为善、以邻为伴，巩固睦邻友好，深化互利合作，努力使自身发展更好惠及周边国家；将加强同广大发展中国家的团结合作，共同维护发展中国家正当权益，支持扩大发展中国家在国际事务中的代表性和发言权，永远做发展中国家的可靠朋友和真诚伙伴；将积极参与多边事务，支持联合国、二十国集团、上海合作组织、金砖国家等发挥积极作用，推动国际秩序和国际体系朝着公正合理的方向发展；将扎实推进公共和人文外交，维护我国海外合法权益；将开展同各国政党和政治组织的友好往来，加强人大、政协、地方、民间团体的对外交流，夯实国家关系发展社会基础。

进入新时代以来，中国坚定奉行独立自主的和平外交政策，始终根据事情本身的是非曲直决定自己的立场和政策，维护国际关系基本准则，维护国际公平正义。中国尊重各国主权和领土完整，坚持国家不分大小、强弱、贫富一律平等，尊重各国人民自主选择的发展道路和社会制度，坚决反对一切形式的霸权主义和强权政治，反对冷战思维，反对干涉别国内政，反对搞双重标准。中国奉行防御性的国防政策，强调中国的发展是世界和平力量的增长，无论发展到什么程度，中国永远不称霸、永远不搞扩张。

独立自主和平外交政策的形成和发展，体现了中国人民热爱和平的真诚愿望和高尚品质，展现了中国共产党人的世界眼光、博大胸怀和外交能力，提高了中国在国际上的

---

① 邓小平．邓小平文选：第 3 卷．北京：人民出版社，1993：127.

② 同①128.

地位，为不断开创我国外交工作的新局面，切实发挥一个负责任的社会主义东方大国的重要作用奠定了重要基础。它得到了世界人民的普遍赞赏，也为我国社会主义现代化建设赢得了有利的国际环境。

二、独立自主和平外交政策的基本内容

独立自主的和平外交政策，是我国外交政策的基本立场，是处理对外关系的根本依据。坚定不移地奉行独立自主的和平外交政策，是中国共产党和中国政府长期以来在外交工作实践中探索出来的基本经验。

（一）独立自主是中国外交的基本立场

独立自主，就是坚持从我国的实际情况出发，依靠自己的力量，同任何国家友好相处，但不容许任何国家损害我国的尊严和主权。独立自主是中国人民经过长期艰苦卓绝的奋斗争取到的根本权利，是中国外交的根本原则，是发展我国对外关系的根本立场。

邓小平明确指出："中国的对外政策是独立自主的，是真正的不结盟。"[①] 独立自主原则作为我国对外关系的基本原则，体现在国家主权上，就是中国的国家主权不容侵犯，主权问题不能讨论，绝不容许侵犯我国主权、破坏我国统一，坚决捍卫我国的独立、主权和领土的完整，绝不屈服于任何外来威胁；体现在处理一切国际事务上，就是坚持从中国人民和世界人民的根本利益出发，根据问题本身的是非曲直来决定我们的态度和对策；体现在国家内政上，就是中国坚持世界上所有国家一律平等，主张各国的事情应由各国人民自己作主解决，世界上的事应由各国商量解决，中国反对以任何形式对中国进行干涉，也绝不会对别国进行干涉。坚持独立自主的原则立场，不仅符合中国人民的根本利益，有利于维护国家的主权和安全，有利于广交朋友，防止受制于人，有回旋余地，在世界上庄重地为我国树立一个爱好和平、制约战争的形象，增强中国在国际舞台上的地位和作用，而且有利于推动世界多极化的发展趋势，保持世界战略力量的平衡，促进世界和平与发展。

改革开放以来，正是由于我国坚定不移地坚持独立自主的根本立场，实行真正的不结盟政策，我们才能在国际风云变幻的情况下，抵御任何外来压力，经受住挑战与考验，使社会主义中国在世界上赢得了信誉、尊重与赞赏，赢得了朋友，取得了外交上的一个又一个伟大成就。

（二）和平共处五项原则是处理国家关系的基本准则

和平共处五项原则，即国与国之间应当互相尊重主权和领土完整、互不侵犯、互不干涉内政、平等互利、和平共处的原则。它是以主权国家一律平等作为根本出发点，对国际关系中首先是双边关系中必须遵循的基本原则进行的高度概括。五项原则是一个有机统一的整体。其中，互相尊重主权和领土完整是先决条件与基础，是构成五项原则的

① 邓小平．邓小平文选：第3卷．北京：人民出版社，1993：57.

核心；互不侵犯、互不干涉内政，是互相尊重主权和领土完整的重要补充，是实施五项原则的保证；平等互利是实现和平共处的政治经济条件；和平共处则是实现前四项原则的出发点和必然结果。和平共处五项原则包含了处理国家之间的政治、经济等各方面关系的原则。

毛泽东指出："五项原则是一个长期方针，不是为了临时应付的。这五项原则是适合我国的情况的，我国需要长期的和平环境。"[①] 周恩来进一步指出，这五项原则"可以适用于全亚洲，甚至全世界各国"[②]，"五项原则的广泛适用，将形成和平和安全的坚固基础，并且将有助于创造和扩大和平地区，从而减少战争的可能，加强全世界的和平事业"[③]。邓小平强调指出，总结国际关系的实践，最具有强大生命力的就是和平共处五项原则。邓小平对和平共处五项原则的丰富和发展主要表现在：一是把和平共处五项原则运用于解决一个国家的内政问题，指出和平共处的原则不仅在处理国际关系问题上，而且在一个国家处理自己内政问题上，也是一个好办法。二是强调处理国家关系应把国家的利益、国家主权和安全放在第一位，而不应该以社会制度和意识形态来画线。任何国家，无论其国家的社会制度怎样，意识形态如何，我们都要同它们在和平共处五项原则的基础上从容地发展关系，包括政治关系，不搞意识形态的争论。三是提出了在和平共处五项原则基础上建立国际新秩序的主张。根据邓小平的指导思想，我国政府明确地提出并坚持了在和平共处五项原则基础上建立和平、稳定、公正、合理的国际新秩序的基本原则。

和平共处五项原则精辟体现了新型国际关系的本质特征，是一个相互联系、相辅相成、不可分割的统一体，适用于各种社会制度、发展水平、体量规模国家之间的关系。和平共处五项原则的精髓，就是所有国家主权一律平等，反对任何国家垄断国际事务。和平共处五项原则摒弃了弱肉强食的丛林法则，壮大了反帝反殖力量，加速了殖民体系崩溃瓦解。和平共处五项原则为和平解决国家间历史遗留问题及国际争端开辟了崭新道路，已经成为国际关系基本准则和国际法基本原则，有力地维护了广大发展中国家权益，为推动建立更加公正合理的国际政治经济秩序发挥了积极作用。

（三）正确处理党际关系的四项原则

政党是当代世界各国普遍存在的一种社会政治现象。政党不仅是国内政治的重要因素，而且是国际政治中的重要力量。政党外交是中国总体外交的一个重要组成部分。如何正确处理中国共产党与各国共产党和其他政党的关系，在过去几十年中，中国共产党既有成功的经验，也有深刻的教训。党的十一届三中全会以后，中国共产党通过总结历史经验，确定了"独立自主、完全平等、互相尊重、互不干涉内部事务"的党际关系四项原则。

独立自主，是正确处理党际关系最根本的原则，是处理党际关系四项原则的核心和

---

① 中华人民共和国外交部，中共中央文献研究室．毛泽东外交文选．北京：中央文献出版社，1994：186－187.

② 中华人民共和国外交部，中共中央文献研究室．周恩来外交文选．北京：中央文献出版社，1990：91.

③ 同②212.

立足点。对于马克思主义政党来说，坚持独立自主原则，就是要本着对本国和本国人民负责的精神决定问题、处理事务，而不是对某个国际中心或外国党负责；就是要独立自主地根据马克思主义和本国国情选择自己国家的革命和建设道路，不照抄、照搬别国党的现成模式和经验；就是各国政党都要有权独立自主地决定自己的主张和施政纲领，独立自主地处理党内一切事务，独立自主地判断党际关系中的是非曲直。

完全平等，就是说各国政党无论历史长短、人数多少、力量强弱、执政与否，都应该完全平等。各国政党之间没有领导与被领导、上级与下级、“老子党”与“儿子党”之分。党的十二大在总结这方面的历史经验时曾指出，我们党吃过自封的“老子党”企图控制我们的苦头。众所周知，我们独立自主对外政策的胜利，就是抵制了这种控制的结果①。

互相尊重，就是说各国政党都有自己的经历，情况千差万别，都有自己的优点和缺点、长处和短处、成就和失误，由于处境不同，各国党对形势和任务的看法不可能完全一致。因此，各国政党应该彼此尊重，承认任何党都有自己的尊严和权利，彼此之间应相互学习，取长补短。

互不干涉内部事务，就是说任何党的内部事务，都应当由自己独立自主地解决，而不能由外国党来包办代替。各国党之间相互交往，相互帮助，但决不能将自己的观点强加于人，干涉别国党的内部事务。

处理政党关系的四项原则，是一个相互联系、密不可分的整体。根据这四项原则，中国共产党在世界各国共产党范围内，不仅改善和加强了与一些党已有的友好关系，而且恢复了同一些党已经中断的关系，并同一些党建立了新的关系；还同许多国家的社会党、社会民主党和工党友好交往，同广大发展中国家不同类型的民族民主政党建立了不同形式的联系和接触。

维护世界和平、促进共同发展，是我国外交政策的根本宗旨。当今世界，和平与发展这两大问题一个也没有解决，和平问题没有解决，发展问题更加严重。中国是世界上最大的发展中国家，是联合国安理会常任理事国，维护世界和平、促进共同发展，是中国对外工作义不容辞的责任。高举和平、发展、合作的旗帜，就要反对霸权主义和强权政治，反对一切形式的恐怖主义，促进世界多极化和经济全球化朝着有利于各国共同繁荣的方向发展，促进发展模式的多样化和国际关系的民主化，同时继续加强同第三世界国家的团结合作，为维护世界和平、促进共同发展做出积极贡献。

阅读书目

1. 毛泽东．关于三个世界划分问题//中共中央文献研究室．毛泽东文集：第 8 卷．北京：人民出版社，1999.

2. 邓小平．中国的对外政策//邓小平．邓小平文选：第 2 卷．2 版．北京：人民出版社，1994.

① 中国共产党第十二次全国代表大会文件汇编．北京：人民出版社，1982：61.

3. 邓小平．和平和发展是当代世界的两大问题//邓小平．邓小平文选：第3卷．北京：人民出版社，1993.

4. 江泽民．共同创造一个和平繁荣的新世纪//江泽民．江泽民文选：第3卷．北京：人民出版社，2006.

5. 胡锦涛．努力建设持久和平、共同繁荣的和谐世界．人民日报，2005-09-16.

6. 习近平．弘扬和平共处五项原则　建设合作共赢美好世界：在和平共处五项原则发表60周年纪念大会上的讲话．北京：人民出版社，2014.

7. 习近平．论坚持推动构建人类命运共同体．北京：中央文献出版社，2018.

8. 习近平．携手同行现代化之路：在中国共产党与世界政党高层对话会上的主旨讲话．北京：人民出版社，2023.

思考题

1. 如何理解和平与发展是当今时代的主题？
2. 如何正确认识世界多极化和经济全球化的发展趋势？
3. 中国为什么要坚持走和平发展的道路？
4. 如何理解人类命运共同体的内涵？
5. 独立自主和平外交政策的基本原则是什么？

第十五章
中国特色社会主义事业的依靠力量和领导核心

中国特色社会主义是一项伟大而又艰巨的事业。完成这一伟大事业，离不开凝聚广大人民群众的智慧和力量，离不开坚持中国共产党的正确领导。人民群众是中国特色社会主义的力量源泉，中国共产党是中国特色社会主义事业的领导核心。党领导人民打江山，守江山，守的是人民的心，坚持和发展中国特色社会主义，必须始终坚定不移地依靠广大人民群众，必须加强和改善党的领导。中国特色社会主义事业的依靠力量和领导核心，从整体上体现了中国特色社会主义事业实践主体的意志和要求。党的二十大指出，全面建设社会主义现代化国家、全面推进中华民族伟大复兴，关键在党。中国共产党作为世界上最大的马克思主义执政党，要始终赢得人民拥护、巩固长期执政地位，必须时刻保持解决大党独有难题的清醒和坚定。

第一节　中国特色社会主义事业的依靠力量

一、依靠全国各族人民建设中国特色社会主义

工人、农民和知识分子是推动我国先进生产力发展和社会全面进步的根本力量；在社会变革中出现的新的社会阶层是中国特色社会主义事业的建设者。建设富强民主文明和谐美丽的社会主义现代化强国，必须紧紧依靠最广大的人民群众。

（一）工人、农民和知识分子是建设中国特色社会主义事业的根本力量

中国特色社会主义伟大事业是全中国人民共同的事业。在当代中国，一切赞成、拥护与参加中国特色社会主义事业的阶级、阶层和社会力量，都属于人民的范畴，都是中国特色社会主义事业的依靠力量。其中，工人、农民和知识分子是人民群众的绝大多数，是中国特色社会主义事业的根本依靠力量，改革开放中出现的新的社会阶层的成员，是中国特色社会主义事业的建设者。

1. 工人阶级是国家的领导力量

我国宪法规定：中华人民共和国是工人阶级领导的、以工农联盟为基础的人民民主专政的社会主义国家。这从根本上决定了党和国家在一切工作中都必须牢牢地把立足点放在依靠工人阶级上。离开了这一条，我们的国家就不成其为工人阶级领导的国家了。

全心全意依靠工人阶级，是我们事业胜利的根本保证。毛泽东指出："人民民主专政需要工人阶级的领导。因为只有工人阶级最有远见，大公无私，最富于革命的彻底性。整个革命历史证明，没有工人阶级的领导，革命就要失败，有了工人阶级的领导，革命就胜利了。"[①] 工人阶级先进性的最根本体现就在于它是先进生产力的代表，它始终站在时代前列，引领着先进生产力和先进生产关系的发展，善于顺应社会前进的潮流不断发展自身的先进性。工人阶级在改革开放中发挥了最重要的推动作用。

改革开放以来，我国工人阶级队伍发生了很大的变化，呈现出许多新的特点：一是队伍迅速壮大，新增加的工人有很多来自进城就业的农民，"农民工"已成为产业工人的重要组成部分；二是素质明显提高，由于教育事业的迅速发展，特别是由于知识分子作为工人阶级一部分的比重不断增长，工人阶级的科学文化素质进一步增强；三是内部结构发生重大变化，随着工人所依存的经济组织所有制形式的日益多样化，在各类非公有制经济组织中就业的职工已占全部职工的一半左右；四是岗位流动加快，职工对单位的依赖性大为减弱，自主性大为增强；五是收入差距有所拉大，不同地区、行业、所有制单位职工收入的增长幅度不一，不同群众之间的收入差距有所扩大。上述变化，没有也不会改变中国工人阶级作为国家主人的地位，工人阶级仍然是社会主义现代化的主要建设者、社会财富的主要创造者、先进生产力的代表者，仍然是人民民主专政国家的领导阶级。

全心全意地依靠工人阶级，就要在政治上保证工人群众的主人翁地位，增强企业的凝聚力和向心力；就要不断加强企业的民主管理，健全以职工代表大会为基本形式的企事业单位民主管理制度，实现职工群众对企业领导及其经营管理的有效监督；就要努力加强职工队伍建设，用中国特色社会主义理论武装广大职工，不断提高广大职工的整体素质，增强职工的科学发展意识；就要加强对职工的社会主义核心价值观教育，增强职工的责任感和使命感，从而更好地发挥工人阶级在社会主义现代化建设中的领导作用。同时，还必须依法保证包括农民工在内的全体职工的合法权益。在全面深化改革、完善现代企业制度和推进城镇化的过程中，党和政府要通过政治的、经济的、法律的、舆论的和行政的手段，切实保障职工的民主权利，充分调动他们的积极性、主动性和创造性，不断满足广大职工日益增长的物质文化需求。广大工人群众也要清醒地认识到自己的职责与使命，发扬识大体、顾大局的优良传统，正确认识和对待改革发展过程中利益关系与利益格局的调整，继续发挥主力军作用，为中国特色社会主义事业做出积极的贡献。

2. 农民阶级是社会主义现代化的基本依靠力量

广大农民历来是工人阶级的天然同盟军，是党的领导和社会主义制度的坚定拥护者。我国的基本国情决定了广大农民群众不仅是中国革命的最广大动力，是革命的主力军，而且是中国特色社会主义事业中人数最多的基本依靠力量。中国特色社会主义事业离不开农民群众的理解、拥护和自觉参与。建设中国特色社会主义，必须继续坚定不移地依靠广大农民群众。

改革开放和社会主义现代化建设不仅符合广大农民的根本利益，而且使他们最早从

① 毛泽东．毛泽东选集：第4卷．2版．北京：人民出版社，1991：1479.

中得到实惠。党的改革开放政策把农民从土地上解放出来，发挥了他们的积极性、主动性和创造性。农民阶级出现了前所未有的变化。一是从事农业生产的人口大大减少，城镇新就业人口的将近一半来自农村，滞留在农村的农民也有一部分逐步地向第二产业和第三产业转移。二是传统农民正向知识型农民转变，从事农业生产的农民在市场经济引导下走上了科技农业、生态农业、市场农业的道路。三是不少农民在进行农业生产的同时从事着其他行业，单一从事农业生产的农民正在减少。四是合作经济中的农民个人和家庭已经拥有了大量的生产资料。农民群众是衷心拥护党的富民政策的。中国共产党正是在这个基础上同广大农民群众建立了具有时代特点的紧密的联系，进一步巩固了工农联盟。

依靠广大农民群众，必须高度关注“三农”问题。农业是我国国民经济的基础，农业、农村和农民问题关系到党和国家事业发展的全局。解决“三农”问题既是一个重大的经济问题，也是一个重大的政治问题。新中国成立特别是党的十一届三中全会以来，党在领导我国改革开放和社会主义现代化建设的进程中，坚持把解决好“三农”问题作为全党工作的重中之重，坚持农业基础地位，坚持社会主义市场经济改革方向，坚持走中国特色农业现代化道路，坚持保障农民物质利益和民主权利，不断解放和发展农村社会生产力，有力地推动了农村经济社会的全面发展。依靠广大农民，调动农民的积极性、主动性和创造性，关系着改革开放和社会主义现代化事业的大局。党的十八大明确提出城乡发展一体化是解决“三农”问题的根本途径，强调要形成以工促农、以城带乡、工农互惠、城乡一体的新型工农、城乡关系。十九大提出，实施乡村振兴战略，强调农业、农村、农民问题是关系国计民生的根本性问题，必须始终把解决好“三农”问题作为全党工作重中之重。二十大进一步指出，全面建设社会主义现代化国家，最艰巨最繁重的任务仍然在农村。农村改革发展的伟大实践，调动了亿万农民的积极性，符合他们的根本利益，也使他们从中得到了实惠，他们衷心拥护建设中国特色社会主义的路线、方针和政策，成为改革开放和社会主义现代化建设的一支重要依靠力量。

3. 知识分子是工人阶级的一部分

科学技术是第一生产力，科学技术的进步主要依靠广大知识分子。知识分子作为中国工人阶级的一部分，作为工人阶级中掌握科学文化较多的一个群体，是社会主义现代化建设的一支重要依靠力量。

十一届三中全会以后，党深刻总结了新中国成立后在对待知识分子问题上的历史经验，拨乱反正，形成了关于知识分子问题的一系列正确的方针政策。强调知识分子是工人阶级的一部分，而且是重要的一部分，这是新时期党的知识分子政策的理论依据。邓小平指出，总的说来，知识分子的“绝大多数已经是工人阶级和劳动人民自己的知识分子，因此也可以说，已经是工人阶级自己的一部分。他们与体力劳动者的区别，只是社会分工的不同”①。“知识分子是工人阶级中掌握科学文化知识较多的一部分，是先进生产力的开拓者，在改革开放和现代化建设中有着特殊重要的作用。能不能充分发挥广大知识分子的才能，在很大程度上决定着我们民族的盛衰和现代化建设的进程。”② 知识分子

---

① 邓小平．邓小平文选：第2卷．2版．北京：人民出版社，1994：89.

② 中共中央文献研究室．江泽民论有中国特色社会主义（专题摘编）．北京：中央文献出版社，2002：253-254.

是工人阶级的一部分，是党对马克思主义关于知识分子理论的发展，其本质意义在于向知识分子提出了坚持工人阶级立场、自觉担负工人阶级历史使命和历史责任的要求。当今世界，知识经济方兴未艾，科学技术突飞猛进，国际竞争愈演愈烈，知识分子的作用越来越突出。知识分子作为人类科学文化知识的继承者、创造者和传播者，作为优秀精神文化产品的生产者，作为先进生产力的开拓者，是经济增长的主要支撑因素，是实施科教兴国战略、推动科技进步和经济发展的生力军，也是社会主义精神文明建设的核心力量，在社会主义现代化建设和社会进步中发挥着特殊的、不可替代的重要作用。中国特色社会主义事业必须紧密依靠知识分子。

依靠知识分子，充分发挥知识分子的作用，关键是要全面贯彻落实党的知识分子政策，在政治上、在业务上充分信任和依靠知识分子，积极改善广大知识分子的工作、学习和生活条件；尊重劳动、尊重知识、尊重人才、尊重创造，重视知识创新、人才开发对经济发展和社会进步的巨大作用，努力营造一个更加有利于知识分子发挥聪明才智、施展自身才华的良好环境。与此同时，知识分子也要在中国特色社会主义的伟大事业中加强学习锻炼，不断提高自己的素质和水平，努力弘扬我国知识分子热爱祖国、求实创新、拼搏奉献、团结协作的精神，同全国各族人民一道，更好地承担起工人阶级的历史使命，为实现中华民族的伟大复兴建功立业，为中国特色社会主义事业的兴旺发达发挥更大的作用。

（二）新的社会阶层是中国特色社会主义事业的建设者

改革开放以来，我国社会关系最受关注的变化，就是出现了民营科技企业的创业人员和技术人员、受聘于外资企业的管理技术人员、个体户、私营企业主、中介组织的从业人员、自由职业人员等新的社会阶层。新的社会阶层是在党和国家改革开放政策的允许下出现的，是在社会主义公有制与社会主义上层建筑主导国家政治经济生活的条件下存在和发展的，他们中的大多数人是从工人、农民、知识分子和干部队伍中分化出来的。

新的社会阶层是改革开放的产物，符合社会主义初级阶段社会生产力发展的要求。公有制为主体、多种所有制经济共同发展的经济制度，为我国新的社会阶层的产生提供了制度基础；生产力的发展和经济结构的变化，导致社会分工的日益精细，为新的阶层的出现提供了更为广阔的职业选择的空间；产业结构的变化则为新的社会阶层的产生提供了契机。新的社会阶层中的广大人员，普遍拥护中国共产党的领导和社会主义制度，拥护党的路线、方针和政策，遵纪守法，热爱祖国。他们勇于开拓，敢于拼搏，通过自己的诚实劳动和合法经营，走出了一条创业之路，为我国的经济和社会发展做出了自己的贡献，其中不少优秀分子以其所作所为赢得了社会的尊重。

改革开放以来形成的新的社会阶层都是中国特色社会主义事业的建设者。祖国富强、人民富裕和中华民族伟大复兴，是全国广大人民群众的共同利益和共同追求。党要在建设中国特色社会主义的总目标下凝聚各种社会力量，加强各个社会阶层的团结，同舟共济、求同存异，妥善处理各个阶层的利益矛盾，领导各社会阶层齐心协力地为建设中国特色社会主义事业而奋斗。中国特色社会主义伟大事业需要全社会各方面的共同努力。党和国家把新的社会阶层中的广大人员作为中国特色社会主义事业的建设者，没有也不会否认工人、农民和知识分子在中国特色社会主义事业中的主体地位。包括知识分子在内的工人阶级和广大农民，始终是推动我国先进生产力、先进文化发展和社会全面进步的根本力量。

二、巩固和发展全国各族人民的团结

中国特色社会主义是我国各族人民的共同事业。全国各民族的团结进步是中华民族的生命所在、力量所在、希望所在。各族人民的大团结具有深厚的历史渊源和广泛的现实基础，过去、现在、将来都是我们能够经受住各种困难和风险的考验、不断胜利前进的重要保证。

1. 建设中国特色社会主义必须依靠各族人民的团结

加强和巩固全国各族人民的团结，不断推进少数民族和民族地区的经济社会发展，是我国社会主义现代化建设的一个重要目标，也是增强中华民族凝聚力、实现中华民族伟大复兴中国梦的必然要求。

巩固全国各族人民的大团结，是建设中国特色社会主义事业的重要保证。建设中国特色社会主义，必须依靠各族人民的团结，发展平等、团结、互助、和谐的社会主义新型民族关系，充分发挥各民族的积极性、创造性。我国的民族问题只有在坚持和发展中国特色社会主义、实现中华民族伟大复兴的历史进程中才能得到正确解决。巩固和发展各民族的团结，关系到国家的统一和边疆的巩固。我国的少数民族大多居住在边疆地区，加强各民族的团结，对保卫国家边疆安全、发展同邻国的友好关系具有十分重要的意义。巩固和发展各民族的团结，关系到社会主义现代化建设的成败和各民族地区自身的发展。民族地区资源丰富，但人口稀少，经济文化落后；汉族地区人口众多，经济、科学文化比较发达。把两者的优势结合起来，不仅能够促进民族地区的发展和繁荣，而且对于推动全国的现代化建设具有重大的战略意义。巩固和发展各民族的团结，又是巩固和发展人民民主专政和安定团结政治局面的一个重要条件。

祖国统一是我国各民族的最高利益。只有我国各民族广大群众都坚持祖国利益高于一切，大力发扬爱国主义精神，以热爱祖国、贡献全部力量建设社会主义祖国为最大光荣，以损害社会主义祖国利益、尊严和荣誉为最大耻辱，共同维护伟大祖国的统一和安全，共同反对一切民族分裂活动，我国各民族团结进步才能具有不可动摇的根基。

2. 坚持和发展中国化马克思主义的民族理论

中国共产党在中国革命、建设和改革的各个历史时期，始终坚持马克思列宁主义的民族观，坚持从我国民族问题的实际出发，不断加强马克思主义民族理论研究和建设，推进马克思主义民族理论的中国化，走出了一条适合中国国情、具有中国特色的解决民族问题的正确道路，形成了一系列关于民族问题的基本理论。

第一，坚持民族平等。民族平等是马克思主义解决民族问题的基本原则和根本政策。中国共产党和中国政府历来主张，各民族不论人口多少，经济社会发展程度高低，风俗习惯和宗教信仰异同，都是中华民族的一部分，具有同等的地位，在国家和社会生活的一切方面，依法享有相同的权利，履行相同的义务，反对任何形式的民族压迫和民族歧视，并把这一主张用法律的形式确定下来。现行宪法规定：中华人民共和国各民族一律平等。国家保障各少数民族的合法权利和利益，维护和发展各民族的平等、团结、互助关系。禁止对任何民族的歧视和压迫，禁止破坏民族团结和制造民族分裂的行为。在中国，任何煽动民族仇视和歧视、破坏民族平等团结的言行都是违法的。经过 70 多年的不懈努力，中国已经形成了一个具有中国特色的、保证民族平等的法律规范体系，各民族的平等权利依法得到保障。

第二，维护民族团结。民族团结是中国处理民族问题的根本原则，是维护国家统一、实现各民族共同发展的根本保证。没有各民族的团结，就没有社会主义祖国的统一、稳定和繁荣。"帝国主义过去敢于欺负中国的原因之一，是中国各民族不团结。"[①] 针对我国民族关系的历史和现状，党反复强调，汉族和少数民族的关系一定要搞好。要把民族团结作为各民族必须共同遵守的一条普遍原则。我国宪法明确规定，禁止破坏民族团结和制造民族分裂的行为。维护民族团结，成为党的民族理论政策最基本的内容之一。在中国，民族团结包括汉族和少数民族之间的团结，各少数民族之间的团结，以及同一少数民族内部成员之间的团结。多年来，国家采取各种措施，努力消除一切不利于民族团结的因素，坚定不移地维护民族团结，努力实现各民族共同团结奋斗、共同繁荣发展的目标。

第三，促进各民族共同繁荣发展。实现各民族的共同发展，是社会主义事业的本质要求，也是党的民族政策的基本出发点和归宿。新中国成立前，民族地区经济发展十分缓慢，几乎没有现代工业，一些地区仍停留在"刀耕火种"的原始农业生产方式，交通、邮电和通信事业更处于十分落后的状态。新中国成立后，国家根据民族地区的实际情况，制定和采取了一系列特殊的政策与措施，帮助、扶持民族地区发展经济，并动员和组织汉族发达地区支援民族地区。在《中华人民共和国民族区域自治法》中，有十条规定了上级国家机关帮助民族自治地方发展的义务。其中包括，上级国家机关应当帮助、指导民族自治地方经济发展战略的研究、制定和实施，从财政、金融、物资、技术和人才等方面，帮助各民族自治地方加速发展经济、教育、科学技术、文化、卫生、体育等事业。国家在制定国民经济和社会发展计划时，有计划、有意识地在民族地区安排一些重点工程，调整民族地区单一的经济结构，发展多种产业，提高综合经济实力。随着近年来中国改革开放的不断深入发展，国家加大了对民族地区的投资力度，加快了民族地区对外开放的步伐，使民族地区的经济发展呈现出新的活力。

第四，实行民族区域自治制度。民族区域自治制度作为中国共产党和中国政府解决国内民族问题的一项基本政策，主要是指：在国家的统一领导下，在各少数民族聚居的地方实行区域自治，设立自治机关，行使自治权，使少数民族人民当家作主，自己管理本自治地方的内部事务。1949 年 9 月召开的中国人民政治协商会议，把我国实行单一制下的民族区域自治作为一项基本国策确定了下来。民族区域自治的确立和实施，为实现民族平等和民族团结提供了制度与法律的保障，也为构建党的民族理论政策体系奠定了坚实的基础。在民族区域自治制度方面，党和国家特别重视民族区域自治的法制建设，

① 中共中央文献研究室．毛泽东文集：第 6 卷．北京：人民出版社，1999：211.

强调要使各民族真正实行民族区域自治。1984 年，六届全国人大二次会议审议通过了《中华人民共和国民族区域自治法》，以基本法的形式把民族区域自治政策固定下来，进一步完善和发展了我国的民族区域自治制度。

第五，保护和发展少数民族文化。中国各少数民族在长期的历史发展中，都形成了本民族独具特色和风格各异的文化。中华人民共和国成立后，中国共产党和中国政府始终把保护与发展少数民族文化作为民族政策的重要内容，并采取了各种切实有效的政策措施，包括：国家尊重少数民族风俗习惯，少数民族享有保持或改革本民族风俗习惯的权利；在社会生活的各方面，政府对少数民族保持或改革本民族风俗习惯的权利加以保护；有计划地组织对各少数民族的文化遗产进行抢救、发掘和整理；大力培养少数民族文艺人才，发展少数民族文艺事业；保护和发展少数民族传统医药等。

中国共产党的民族理论，是党的基本理论的重要组成部分，是马克思主义民族理论中国化的新成果。新中国成立 70 多年的历史证明，巩固和发展民族团结进步事业，必须“以铸牢中华民族共同体意识为主线，坚定不移走中国特色解决民族问题的正确道路，坚持和完善民族区域自治制度，加强和改进党的民族工作，全面推进民族团结进步事业”①。

3. 全面贯彻党的民族政策和宗教政策

在我国，不少民族问题都与宗教问题有关。因此，正确认识和处理民族问题，必须把贯彻党的民族政策与贯彻党的宗教政策联系起来。

第一，全面贯彻党的民族政策，正确处理民族问题。

随着改革开放的不断深入和社会主义市场经济的不断发展，我国经济社会结构发生了深刻变化，各种利益关系更为复杂，各种思想文化相互激荡，这一切必然会对我国的民族关系产生深刻影响。同时，冷战结束后国际形势的变化，民族因素和宗教因素在国际政治中的影响明显上升，各种民族主义思潮和活动趋于活跃，引发了一些国家和地区的冲突与内乱。在这样错综复杂的形势下，党和政府必须坚定不移地全面贯彻执行党的民族政策，切实做好民族工作，不断巩固和发展全国各族人民的大团结，为全面建设社会主义现代化国家、实现中华民族伟大复兴提供重要保证。

新形势下，认真贯彻党的民族政策，必须着眼于党和人民事业发展的全局，深刻认识和全面把握我国民族问题的实际，既坚持和发扬在长期实践中形成的优良传统与成功做法，又根据新形势新任务推进制度创新、工作创新、方法创新，切实把党的民族政策和民族工作部署落到实处，不断取得扎扎实实的工作成效；必须牢牢把握各民族共同团结奋斗、共同繁荣发展的主题，紧紧围绕促进民族团结、实现共同进步的主线，坚持把加快少数民族和民族地区经济社会发展作为解决我国民族问题的根本途径，坚持国家帮助、发达地区支援、民族地区自力更生相结合，不断改善各族群众的生产生活条件，不断提高各族群众的思想道德素质、科学文化素质和健康素质；必须坚持不懈地进行党的民族理论、民族政策和国家民族法律法规的教育，使之为广大干部群众所掌握，增强全社会贯彻落实党的民族理论和民族政策的自觉性与坚定性，使维护民族团结、维护社会

---

①　习近平．高举中国特色社会主义伟大旗帜　为全面建设社会主义现代化国家而团结奋斗：在中国共产党第二十次全国代表大会上的报告．北京：人民出版社，2022：39－40.

稳定、维护祖国统一成为各族人民的共同意志和自觉行动；必须坚持维护法律尊严，维护各族人民利益，依法妥善处理影响民族关系的各种矛盾和问题，依法打击民族分裂主义势力及其活动，坚决反对境内外敌对势力利用民族问题进行的渗透、破坏活动，坚决维护民族团结、祖国统一、国家安全、社会稳定。

第二，全面贯彻党的宗教政策，正确处理宗教问题。

宗教是对相当一部分群众有较大影响的社会现象，在社会主义社会中也将长期存在。中国共产党人是无神论者，不信仰任何宗教，但同时又是历史唯物主义者，以科学的、历史的观点看待宗教。当前，我国社会正处在深刻变革时期，社会结构和社会利益格局复杂变化，人们的思想观念日趋多样，一些人从宗教中寻求心理慰藉，宗教在部分群众生活中的影响有所增强。同时，境外敌对势力利用宗教对我国进行渗透不断加剧。正确认识我国社会存在的宗教问题，关键是要立足于我国的基本国情，充分认识宗教存在的长期性、宗教问题的群众性和特殊复杂性。

全面贯彻党的宗教信仰自由政策，尊重和保护公民的宗教信仰自由权利。这是中国共产党维护人民利益、尊重和保护人权的重要体现，也是最大限度团结人民群众的需要。宗教信仰自由是指：每个公民既有信仰宗教的自由，也有不信仰宗教的自由；有信仰这种宗教的自由，也有信仰那种宗教的自由；在同一宗教里面，有信仰这个教派的自由，也有信仰那个教派的自由；有过去不信教而现在信教的自由，也有过去信教而现在不信教的自由。

坚持依法管理宗教事务。保护宗教信仰自由，并不是要提倡信教，也不是要人为扩大宗教影响，更不是说宗教活动可以不受法律约束。宗教活动是在社会中进行的，必然会涉及社会公共利益和国家利益，必须依法予以管理。宗教必须在宪法和法律的范围内活动，宗教活动不得干预行政、司法、教育等国家职能的实施，不得妨碍正常的社会秩序、工作秩序、生活秩序。

坚持我国宗教中国化方向，积极引导宗教与社会主义社会相适应。我国实行政教分离的原则，任何宗教都没有超越宪法和法律的特权。积极引导宗教与社会主义社会相适应，不是要求宗教界人士和信教群众放弃宗教信仰，而是要求他们热爱祖国，拥护社会主义制度，拥护中国共产党的领导，遵守国家的法律、法规和方针政策；要求他们从事的宗教活动服从和服务于国家的最高利益与民族的整体利益；支持他们努力对宗教做出符合社会进步要求的阐释；支持他们与各族人民一道反对一切利用宗教进行危害社会主义祖国和人民利益的非法活动，发挥宗教在促进社会和谐方面的积极作用。

坚持独立自主自办的原则。这是我国信教群众的自主选择，是我国宗教团体与宗教事务不受外国势力支配和控制的重要保障。坚持独立自主自办的原则，就要坚决抵制境外势力利用宗教进行渗透，坚决打击宗教极端势力，坚决反对和取缔邪教。

三、巩固和发展爱国统一战线

在中国共产党的领导下，团结一切可以团结的力量，结成最广泛的统一战线，是党的一大政治优势，是我们战胜一切困难、夺取革命胜利、进行社会主义现代化建设的重要法宝。

1. 统一战线是中国革命、建设和改革的重要法宝

新民主主义革命时期，中国共产党依靠工人阶级同农民阶级的联盟，联合了城市小资产阶级和民族资产阶级，结成了强大的统一战线，取得了新民主主义革命的胜利。统一战线成为中国革命的三大法宝之一。新中国成立后，统一战线在恢复国民经济、巩固人民民主专政、进行社会主义改造和社会主义建设中，继续发挥着重大作用。进入新时期，统一战线仍然是一个重要法宝，不是可以削弱，而是应该加强，不是可以缩小，而是应该扩大。改革开放 40 多年来，爱国统一战线在建设中国特色社会主义的事业中，在完成祖国统一大业、反对霸权主义、维护世界和平中发挥了重要作用。

在全面建设社会主义现代化国家、全面推进中华民族伟大复兴的进程中，巩固和发展最广泛的爱国统一战线仍然具有十分重要的意义。党的十八大和十九大都强调了巩固和发展爱国统一战线、正确处理一致性与多样性统一的重要性。统一战线是凝聚各方面力量，促进政党关系、民族关系、宗教关系、阶层关系、海内外同胞关系的和谐，夺取中国特色社会主义新胜利的重要法宝。二十大强调指出：人心是最大的政治，统一战线是凝聚人心、汇聚力量的强大法宝。完善大统战工作格局，坚持大团结大联合，动员全体中华儿女围绕实现中华民族伟大复兴中国梦共同奋斗。

2. 改革开放以来爱国统一战线的内容和基本任务

改革开放以来，伴随着阶级关系和中心任务的变化，爱国统一战线的性质和内容也发生了重大变化。统一战线已经发展为由中国共产党领导的，有各民主党派和各人民团体参加的，包括全体社会主义劳动者、社会主义事业的建设者、拥护社会主义的爱国者、拥护祖国统一和致力于中华民族伟大复兴的爱国者的广泛的爱国统一战线。就是说，统一战线已经由过去的“四个阶级”的联盟发展成为“四者”的政治联盟。改革开放以来统一战线仍然包括两个范围的联盟：一是在中国大陆范围内，以爱国主义和社会主义为政治基础的，团结全体劳动者、建设者和爱国者的联盟，这是统一战线的主体和基础；二是在中国大陆范围以外，以爱国、拥护祖国统一和致力于中华民族伟大复兴为政治基础的，团结台湾同胞、港澳同胞和海外侨胞的联盟。这两个方面互相结合，互相促进，构成了一个整体，体现了改革开放以来统一战线空前的广泛性。

改革开放以来爱国统一战线性质的根本变化，使统一战线的任务也发生了深刻变化。其基本任务就是：高举爱国主义、社会主义旗帜，团结一切可以团结的力量，调动一切积极因素，坚定不移地贯彻执行党在社会主义初级阶段的基本路线、基本纲领，为促进社会主义经济建设、政治建设、文化建设、社会建设、生态文明建设服务，为促进香港、澳门长期繁荣稳定和海峡两岸和平统一服务，为维护世界和平、促进共同发展服务。党中央一再强调，统一战线是党的事业取得胜利的重要法宝，必须长期坚持。要高举爱国主义、社会主义旗帜，牢牢把握大团结大联合的主题，坚持一致性和多样性统一，找到最大公约数，画出最大同心圆。

实现爱国统一战线的历史任务，必须加强中国共产党对统一战线的领导。党的领导问题是统一战线中的核心问题，只有坚持中国共产党的领导，才能结成牢不可破的统一战线，统一战线才能有正确的方向、蓬勃的生机和光明的前途，才能发挥它应有的作用。

3. 巩固和发展统一战线的基本政策

政党关系、民族关系、宗教关系、阶层关系和海内外同胞关系，是政治领域与社会领域中涉及党和国家工作全局的重大关系，也是统一战线需要全面把握和正确处理的重大关系。正确认识并采取正确的政策处理这些关系，事关中国特色社会主义建设的全局，事关党和国家的兴旺发达与长治久安。

统一战线要把不同政党、不同民族、不同信仰、不同阶层和生活在不同社会制度下的各方面人士团结、凝聚起来，离不开共同的政治基础和政治原则。一是要始终高举中国特色社会主义伟大旗帜。中国特色社会主义伟大旗帜是当代中国发展进步的旗帜，是全党全国各族人民团结奋斗的旗帜。统一战线只有始终不渝地高举中国特色社会主义伟大旗帜，引导统一战线广大成员在中国共产党领导下坚定不移地致力于全面建设社会主义现代化国家，才能产生强大的凝聚力和感召力，才能形成最广泛的共识。二是要始终坚持增进团结、凝聚力量，围绕中心、服务大局。增进团结、凝聚力量，其根本目的是推动中国特色社会主义事业的蓬勃发展，而只有这一事业不断蓬勃发展，增进团结、凝聚力量的统战工作才能获得强大的物质基础和精神动力。围绕中心、服务大局，就是要紧紧围绕经济建设这个中心，坚持党的“一个中心、两个基本点”的基本路线，为实现社会主义现代化和中华民族伟大复兴服务。三是要始终坚持以人为本。统一战线是做人的工作，必须把以人为本贯彻始终。只有真正做到平等待人、诚恳待人、礼貌待人，尊重和维护统一战线成员的合法权益，努力为他们排忧解难，才能把他们吸引、团结到中国共产党的周围，也才能实行有效的政治引导。这就要照顾好同盟者的利益，对民主党派人士，要充分尊重他们作为参政党在国家政治生活中的地位和作用，努力为他们履行职能创造条件；对宗教界人士和信教群众，要充分尊重他们的宗教信仰和情感；对港澳台同胞和海外侨胞，要充分尊重他们在资本主义制度下形成的生活方式和习惯等。四是要始终坚持发扬社会主义民主。统一战线作为发扬社会主义民主的重要途径和载体，要保证广大统一战线成员享有宪法、法律赋予的各项权利；同时，在统一战线内部，要努力营造民主的空气和氛围，实现互相监督和批评。

第二节　中国特色社会主义事业的领导核心

一、党的领导是中国特色社会主义事业的根本保证

中国共产党的领导地位，是由党的性质和宗旨所决定的，是历史和人民的必然选择。党的十九大将中国共产党领导作为中国特色社会主义最本质的特征、中国特色社会主义制度的最大优势，强调党是最高政治领导力量，党政军民学，东西南北中，党是领导一切的，必须提高党把方向、谋大局、定政策、促改革的能力和定力，确保党始终总揽全局、协调各方。党的二十大强调，全党必须牢记，全面从严治党永远在路上，党的自我革命永远在路上，决不能有松劲歇脚、疲劳厌战的情绪，必须持之以恒推进全面从严治党，深入推进新时代党的建设新的伟大工程，以党的自我革命引领社会革命。

（一）中国共产党的性质和宗旨

政党的性质是一个政党固有的本质属性，是一个政党区别于其他政党的本质特征。一个政党所代表的阶级基础、群众基础不同，它的性质就不同。《中国共产党章程》规定：中国共产党是中国工人阶级的先锋队，同时是中国人民和中华民族的先锋队，是中国特色社会主义事业的领导核心，代表中国先进生产力的发展要求，代表中国先进文化的前进方向，代表中国最广大人民的根本利益。党的最高理想和最终目标是实现共产主义①。阶级性是政党的本质属性，政党的性质是由它所代表的那个阶级所决定的。任何政党都有其阶级基础，代表一定阶级的意志和利益，是阶级的组织者和领导者。中国共产党也不例外。中国共产党从成立之日起，就是中国工人阶级的政党，是中国工人阶级的先锋队。

第一，中国共产党是以中国工人阶级为其阶级基础的党。中国工人阶级是伴随着外国资本主义的入侵和中国民族资本主义的发展而产生与成长壮大起来的。中国工人阶级除了具有世界各国工人阶级的一般优点，还有自己特殊的优点。一是深受帝国主义、封建主义和官僚资本主义的三重压迫，具有坚决和彻底的革命性。二是分布比较集中，易于形成局部强大的战斗力量。三是大部分来自破产农民，便于和农民结成巩固的联盟。中国工人阶级作为近现代中国社会最进步的阶级，一经产生，就代表着先进生产力发展的要求，因而迅速成为中国革命的领导力量。工人阶级的产生和发展是工人阶级政党建立的根本条件。中国共产党就是在马克思主义与中国工人运动相结合的过程中建立起来的。党集中体现了中国工人阶级的特点和优秀品质。

第二，中国共产党是由中国工人阶级中的先进分子所组成的党。中国共产党坚持党的阶级性和先进性的统一，严格按照共产党员的标准发展党员，集合了一大批工人阶级中具有共产主义觉悟的先进分子，成为中国工人阶级的先锋队。中国共产党是由工人阶级中的先进分子所组成的，并不意味着其他阶级出身的人不能入党，更不能说吸收其他阶级中符合入党条件的人加入党组织就会改变党的工人阶级先锋队性质。判断一个政党是什么样性质的党，主要看它的理论和纲领究竟代表哪个阶级的利益。中国共产党的理论和纲领都是代表工人阶级利益的，也是代表最广大人民的根本利益的。

第三，中国共产党是以马克思主义为行动指南的党。政党都是以一定的思想理论为指导而产生的，又都是在一定的思想理论指导下进行活动的。马克思主义作为科学的世界观和方法论，是指导无产阶级实现自身解放的强大思想武器。中国共产党从成立起，就把马克思主义作为党的指导思想。党坚持用马克思主义理论教育和武装全体党员，不仅要求党员在组织上入党，而且要求党员首先在思想上入党，为实现党的纲领和任务而自觉奋斗。中国共产党坚持以马克思列宁主义、毛泽东思想、邓小平理论、“三个代表”重要思想、科学发展观、习近平新时代中国特色社会主义思想作为自己的行动指南，在此基础上制定了维护工人阶级利益的路线、纲领并对正确路线、纲领加以实践，充分表明了其工人阶级先锋队的性质。

① 中国共产党章程．北京：人民出版社，2022：1.

世界各国政党发展的历史表明，任何先进政党在不断增强自己阶级基础的同时，都会注意扩大自己的群众基础，提高其社会影响力。中国共产党之所以能够成为中国工人阶级的先锋队，同时成为中国人民和中华民族的先锋队，是因为：首先，中国共产党从成立起就肩负着消灭阶级压迫和实现民族独立的双重历史使命，并把中国工人阶级的历史命运和人民、民族的历史命运紧密地联系在一起。党为中国工人阶级利益而奋斗，也就是为全体中国人民和整个中华民族利益而奋斗。其次，中国共产党是按照全国各族人民的意愿来执掌国家政权的。中国共产党执政的实质就是领导和支持人民当家作主。这就要求党在任何时候，都要自觉地站在中国人民和中华民族的立场上，掌握好、运用好人民赋予的权力；维护好、实现好、发展好中国最广大人民的根本利益，以及集中体现这种根本利益的国家利益。最后，中国共产党是实现中华民族伟大复兴的“脊梁”。党要担负起把我国建设成为富强民主文明和谐美丽的社会主义现代化强国的崇高历史使命，就要高举共同理想的旗帜，把整个民族的力量凝聚起来，最大限度地调动和发挥一切积极因素，使自己成为中国人民和中华民族的先锋队。

党的宗旨，是指政党一切工作和行动的目的与意图，是政党一切行动的根本出发点和归宿。中国共产党的性质决定了党的根本宗旨是全心全意为人民服务。党除了工人阶级和最广大人民群众的利益，没有自己特殊的利益。把为人民服务作为自己的宗旨，这是中国共产党区别于其他任何政党的显著标志之一。必须坚持人民主体地位，坚持立党为公、执政为民，践行全心全意为人民服务的根本宗旨，把党的群众路线贯彻到治国理政全部活动之中，把人民对美好生活的向往作为奋斗目标，依靠人民创造历史伟业。

（二）中国共产党的领导是历史和人民的选择

历史唯物主义认为，历史发展的客观规律同广大人民的根本利益是一致的，历史的主体是人民，因而历史的选择最终表现为人民的选择。中国共产党的执政地位是经过长期艰巨的革命斗争逐步确立的。没有共产党，就没有新中国，就没有社会主义事业的发展和胜利，这些科学判断，集中反映了党的执政地位是近现代中国历史发展的必然，是人民的选择。

辛亥革命推翻了统治中国 2 000 多年的封建专制统治。其后，中国一度出现了政党林立的局面。许多人真诚地希望，用包括多党制在内的资产阶级民主政治推动中国社会进步，以实现强国富民之梦。然而，其后的事实是，许多政党或沦为封建军阀的附庸，或堕落为追逐名利的工具。多党制的资产阶级民主政治的试行遭受失败。中国共产党成立后，中国政治舞台上主要有三种政治力量，分别提出了三种不同的建国方案，对于近现代中华民族所面临的历史任务也采取了三种不同的态度。

第一种力量是地主阶级和大资产阶级。他们的政治代表先后是北洋政府和国民党统治集团。他们是反动的力量，主张在中国实行大地主大资产阶级的专政，走半殖民地半封建社会的道路。他们对外投靠帝国主义，对内依靠封建主义，这样，他们就站到了人民的对立面，成为中国走向独立和富强的主要的与直接的障碍。他们的建国方案遭到了中国人民的唾弃，他们的政权被人民所推翻。

第二种力量是民族资产阶级。他们的政治代表是民主党派的某些领导人物和若干无党派民主人士。他们是中间力量，主张在中国建立一个西方式的资产阶级共和国。但是，由于他们的软弱和妥协，提不出彻底的反帝反封建的革命纲领。这样，他们就没有能力带领人民扫除发展资本主义的障碍，从而使中国争得独立并臻于富强。他们的建国方案也未能得到人民的拥护。在历史发展的进程中，他们中的多数人转而接受了中国共产党的领导。

第三种力量是中国共产党所代表的工人阶级、农民阶级及其他劳动群众。他们是进步的力量，主张在中国进行新民主主义革命，创建工人阶级领导的人民共和国，并由此走向社会主义。由于共产党具有其他政党所不可比拟的政治、思想和组织优势，只有她的建国方案符合中国历史发展的客观要求，能够完成近现代中华民族所面临的两大历史任务。正是在中国共产党领导下，中国的面貌发生了根本变化，饱受奴役压迫、积贫积弱的旧中国变成了民富国强的社会主义新中国。这是中国人民选择中国共产党领导的根本原因。

在中国近现代历史上，几乎所有的政治力量都在争取群众，宣称自己是人民的代言人。在相当长的时间里，反动统治势力通过其掌握的国家政权和宣传机器，对中国共产党进行了残酷迫害和疯狂污蔑，然而，亿万人民群众最终还是选择了中国共产党的领导，其真实原因是，人民群众对一个政党的认识，不仅是听其言的，更是观其行的。中国共产党一成立，就投入中国人民争取民族独立和解放的斗争，虽然随着形势发展变化，党的具体政策不断有所调整，但是全心全意为人民服务的宗旨贯穿在党的全部实践中。在历史发展的关键时刻，党对人民利益的忠诚和贡献表现得尤为鲜明。在长期的革命斗争中，无数共产党人为了人民的利益，为了民族的强盛，前赴后继，鞠躬尽瘁，写下了气吞山河的历史篇章。只有以全心全意为人民服务作为唯一宗旨的政党及其成员，才能有这样大无畏的英勇奋斗和自我牺牲精神。中国共产党艰苦卓绝的斗争历史表明，共产党人是中国历史上最忠诚、最杰出的爱国主义者，他们为国家独立、民族解放和人民幸福做出了最大的贡献和牺牲。正是在这样的斗争中，中国人民认识了中国共产党，选择了中国共产党的领导。

早在民主革命进行的过程中，毛泽东就反复说明了，中国人民要革命，要建立一个以社会主义为前途的新中国，就必须在中国建立和建设一个马克思主义的无产阶级政党。毛泽东在党的七大政治报告中明确指出："三次革命的经验，尤其是抗日战争的经验，给了我们和中国人民这样一种信心：没有中国共产党的努力，没有中国共产党人做中国人民的中流砥柱，中国的独立和解放是不可能的，中国的工业化和农业近代化也是不可能的。"[①] 在这里，实际上已经有了党是中国革命和社会主义事业的领导核心的思想。此后，他又多次强调，中国共产党是全中国人民的领导核心，没有这样一个核心，社会主义事业就不能胜利。

党的十一届三中全会之后不久，邓小平针对当时出现的否定党的领导地位的错误倾向，明确指出："在中国，在五四运动以来的六十年中，除了中国共产党，根本不存在另外一个像列宁所说的联系广大劳动群众的党。没有中国共产党，就没有社会主义的新中国。"[②] 他反复强调，离开了中国共产党，别的政治力量不可能组织社会主义的经济、政

---

① 毛泽东．毛泽东选集：第3卷．2版．北京：人民出版社，1991：1097－1098.
② 邓小平．邓小平文选：第2卷．2版．北京：人民出版社，1994：170.

治、军事和文化，不可能组织四个现代化。中国由中国共产党领导，中国的社会主义现代化建设事业由中国共产党领导，这个原则是不能动摇的；动摇了中国就要倒退到分裂和混乱，就不可能实现现代化。改革开放40多年的伟大实践充分证明，中国共产党是中国特色社会主义事业的领导核心，中国共产党领导是中国特色社会主义最本质的特征，是中国特色社会主义制度的最大优势。党政军民学，东西南北中，党是领导一切的。

总之，中国共产党的领导地位不是自封的，而是在长期的革命斗争中形成的。中国人民选择中国共产党的领导，是因为中国共产党是为人民服务的，是能够代表广大人民的利益、满足广大人民需要的。党的领导地位是历史和人民选择的结果。

（三）坚持和加强党对社会主义事业的领导

在新的历史条件下，面对复杂多变的国际国内环境，必须坚持中国共产党对社会主义事业的领导。而为了坚持党的领导，又必须努力改善党的领导。坚持和改善党的领导是一个问题的两个方面，具有内在的必然联系。坚持党的领导是改善党的领导的前提；而改善党的领导，说到底又是为了更好地坚持党的领导，如果不能有效地改善党的领导，克服党的领导体制和机制中的弊端，坚持和加强党的领导就难以达到目的。

1. 坚持党对社会主义现代化建设的领导

坚持共产党对社会主义革命和建设的领导，是马克思主义政党学说的一个基本原理。党的领导主要是指政治、思想和组织上的领导。历史和现实反复证明，在中国能够团结和带领全国各族人民实现社会主义现代化建设和中华民族伟大复兴宏伟目标的政治力量，只有中国共产党。党的领导是全面的、系统的、整体的，必须全面、系统、整体加以落实。新时代，坚持党的领导，就是要坚持和加强党中央集中统一领导，发挥党总揽全局、协调各方的作用。

第一，只有坚持中国共产党的领导，才能保证中国特色社会主义的正确方向。我国当前进行的现代化建设始终是同社会主义制度结合在一起的。把我国由一个不发达的社会主义国家建设成为一个富强民主文明和谐美丽的社会主义现代化强国，使社会主义制度的优越性在我国充分体现出来，我国现代化建设的这一战略目标要求我们必须坚持党的领导。

第二，只有坚持中国共产党的领导，才能保持安定团结的政治局面。安定团结和社会稳定是建设中国特色社会主义的前提条件。政局不稳，社会动荡，人心涣散，不可能建设中国特色社会主义。我国的改革开放和现代化建设是在国际国内复杂的形势下进行的。只有在中国共产党的领导下，坚持党的路线、方针、政策，才能正确区分和处理两类不同性质的矛盾，不断巩固和发展安定团结的政治局面，保持社会的稳定，开创中国特色社会主义事业的新局面。

第三，只有坚持中国共产党的领导，才能有效动员和组织广大群众投身到现代化建设事业和改革中来。一方面，加快推进社会主义现代化是人民群众自己的事业，必须广泛地动员人民群众参加，充分发挥他们的聪明才智，而要把人民群众动员起来、组织起来，只有坚持党的领导才能办到；另一方面，以自我革命引领社会革命要解决的问题极其复杂，直接触及各方面的利益，这就必须有党这样一个坚强的领导核心，团结、凝聚广大人民群众，协调和组织各方面的力量。党对强国建设和民族复兴的领导作用，是任何组织和团体都无法替代的。

第四，只有坚持中国共产党的领导，才能应对复杂的国际环境的挑战。当今世界正处于百年未有之大变局之下，各种思想文化相互激荡，各种矛盾错综复杂，国外敌对势力仍然对我国实施“西化”“分化”策略。在这样复杂的国际局势下，只有中国共产党才具备驾驭各种复杂局面的能力，以坚强的政治核心把全国各族人民紧密团结起来，正确应对复杂多变的国际环境的挑战，保证我国真正走独立自主的和平发展道路。

总之，全面建设社会主义现代化国家、全面推进中华民族伟大复兴，关键在党。中国共产党敢于坚持真理，能够正确总结经验，并且在实践中善于依靠党和群众的力量认真纠正自己的错误，这是党区别于其他任何政党的显著标志之一，也是党有力量的表现。

2. 坚持和加强党的集中统一领导

为了坚持党的领导，必须努力加强和改善党的领导，这是中国共产党在自身建设中提出的一个富有远见的指导方针和重要原则。

第一，加强党的领导，是党应对复杂国际形势的需要。进入新时代，虽然和平与发展仍是时代的基本特征，但局部战争和武装冲突此起彼伏，恐怖主义等非传统安全威胁明显上升，天下并不太平。我们正处在世界格局向多极化方向发展的大转折、大过渡时期。同时，经济全球化趋势深入发展，科技进步突飞猛进，区域经济一体化进程加快。我国在面临西方发达国家在国际竞争中经济科技上占优势的压力的同时，还面临着国际上敌对势力在政治、思想、文化等方面的渗透和颠覆。这就要求党必须冷静观察和科学分析国际形势的发展变化，准确把握和自觉运用国际社会发展变化的规律，更好地维护和拓展我国的国家利益，并通过不断改善党的领导，提高应对国内外敌对势力颠覆和破坏考验的能力。

第二，加强党的领导，是党应对社会经济关系新变化、提高驾驭市场经济能力的需要。当代中国正在发生广泛而深刻的变革，全面深化改革对党提出了新的要求，党执政的任务、环境、条件都发生了很大变化，如果不对党的领导方式、工作方法和具体制度加以改进和完善，党就难以适应新的要求。党过去形成的一套领导制度、领导方法和工作作风，有许多是应该继续坚持和发扬的，但有不少却要随着任务、环境、条件的变化而改进和更新。如果墨守成规，不思进取，势必脱离实际，脱离群众，党的领导和战斗力必然受到削弱。

第三，加强党的领导，是党应对我国阶级、阶层关系新变化，巩固党的执政基础的需要。改革开放以来，中国社会的阶级和阶层发生了新的变化，产生了一批新的社会阶层。在新的历史条件下，能否继续赢得工人阶级和广大人民群众的拥护与支持，直接关系到党的执政地位和执政基础是否稳固。党要在建设中国特色社会主义的总目标下凝聚工人、农民、知识分子和各种社会力量，加强各个社会阶层的团结，领导各社会阶层齐心协力地为中国特色社会主义事业而奋斗，就必须不断改善党的领导，以不断巩固自己的阶级基础，扩大自己的群众基础。

第四，加强党的领导，是党应对自身发展变化，加强党的建设的需要。中国共产党经过百余年的发展，已经成为拥有 9 900 多万名党员，执掌全国政权的执政党。随着党的事业的发展，党员队伍的状况也发生了很大变化，面对领导全国人民进行社会主义现代化建设的艰巨任务，党内还有许多不相适应的地方。一些党员干部的思想和能力还不能适应新形势、新任务发展的需要，党要巩固自己的执政地位，就必须不断地改善党的领导，加强党的自身建设，提高执政能力。

总之，就是要通过加强党的领导，完善党的领导体制，改进党的领导方式，增强党的执政能力，达到科学执政、民主执政、依法执政，真正解决好“为谁执政、靠谁执政、怎样执政”的重大问题，为人民执好政、掌好权。

二、推进全面从严治党与全面加强党的建设

党的建设是党所领导的伟大事业不断取得胜利的重要法宝。早在新民主主义革命时期，以毛泽东同志为主要代表的中国共产党人，就把建设一个全国范围的、广大群众性的、思想上政治上组织上完全巩固的无产阶级政党作为一项伟大工程。并在实施这项伟大工程中，积累了许多宝贵经验。十一届三中全会以后，党在推进中国特色社会主义事业不断发展的过程中，又开创了党的建设新的伟大工程，积累了许多新的经验。新时代，党要团结带领人民全面建设社会主义现代化国家、实现中华民族伟大复兴的历史重任，仍然需要进一步把党建设好。党的十八大以来，以习近平同志为核心的党中央创新发展马克思主义党建学说，把全面从严治党纳入“四个全面”战略布局，坚定不移推进依规治党，凝心聚力、直击积弊、扶正祛邪，党的建设开创新局面，党风政风呈现新气象。党的十九大对坚定不移全面从严治党、不断提高党的执政能力和领导水平提出了新的要求。党的二十大进一步强调，落实新时代党的建设总要求，要健全全面从严治党体系，全面推进党的自我净化、自我完善、自我革新、自我提高，使我们党坚守初心使命，始终成为中国特色社会主义事业的坚强领导核心。

（一）改革开放以来加强党的建设的必要性和重要性

改革开放 40 多年来，党的建设取得了重大进步，也积累了丰富的经验。这些经验主要有：清醒认识和准确把握党所处的历史方位，确立符合时代要求的党建总目标，保证党的建设新的伟大工程始终沿着正确方向前进；紧密联系党在社会主义初级阶段的基本路线加强党的建设，坚持党的基本路线、基本纲领不动摇，保证党在政治上的坚强有力；遵循马克思主义认识论的规律，坚持在实践创新中推进理论创新，用理论创新成果武装全党、指导新的实践，永葆党的生机和活力；以党的执政能力建设和先进性、纯洁性建设为主线，着力提高领导科学发展的能力，构建和实施党的建设的总体部署，有效地推进新的伟大工程；紧紧抓住为人民掌好权、用好权这个根本问题，不断加强党的作风建设和反腐倡廉建设，巩固和增强党同人民群众的血肉联系；扩大党内民主，加强民主集中制建设，为激发和凝聚全党的智慧与力量、发挥党的组织优势、完成党的执政使命提供制度保障；围绕中心、服务大局，扎实推进党的基层组织建设，不断增添党的活力，巩固和增强党执政的组织基础。

改革开放 40 多年来党的建设的成绩来之不易，经验弥足珍贵。改革开放既给党注入

了巨大活力，也使党面临着许多前所未有的新问题和新考验。党的十八大指出："新形势下，党面临的执政考验、改革开放考验、市场经济考验、外部环境考验是长期的、复杂的、严峻的，精神懈怠危险、能力不足危险、脱离群众危险、消极腐败危险更加尖锐地摆在全党面前。"[①] 这里讲的"四大考验"和"四大危险"，集中反映了党在新时代仍然会面临诸多前所未有的新情况新问题新挑战，充分说明了全面提高党的建设科学化水平的重要性和紧迫性。

第一，从世情看，以改革创新精神加强党的建设，是中国共产党适应当今时代发展潮流的必然要求。当今的时代，是一个世界多极化和经济全球化深入发展的时代，是一个综合国力竞争日趋激烈的时代，也是一个以改革创新为显著特征的时代。世界范围内兴起的改革浪潮，涉及国家之广泛、涉及领域之全面、改革程度之深刻、持续时间之长久，都是前所未有的。各国政党特别是执政党对自身的执政方式、组织形式和活动方式等改革的力度，也是前所未有的。改革创新是当今时代的潮流，是世界发展的大势。一个政党特别是执政党，如果因循守旧、墨守成规，就必然要落伍甚至被时代淘汰，就会在党与党、国与国的竞争中败下阵来。以改革创新精神加强党的建设，正是中国共产党准确把握时代要求和世界大势的体现。

第二，从国情看，以改革创新精神加强党的建设，是中国共产党更好地领导改革开放和社会主义现代化建设事业的必然要求。改革开放使我国成功地实现了从高度集中的计划经济体制到充满活力的社会主义市场经济体制，从封闭半封闭到全方位开放的伟大历史性转折。改革开放不仅使中国人民的面貌、社会主义中国的面貌发生了历史性变化，也使党的面貌发生了历史性变化。实践证明，改革开放、不断创新，是解放和发展生产力的必由之路，也是增强党的创造力、凝聚力和战斗力的必由之路。面对新形势新任务，党只有通过加强自身建设，才能坚持改革创新，更好地领导科学发展，促进社会和谐，更好地担当起执政兴国、执政为民的历史重任。

第三，从党情看，以改革创新精神加强党的建设，也是适应党的自身发展变化、切实解决党的建设中出现的新矛盾新问题的必然要求。"我们党已经从一个领导人民为夺取全国政权而奋斗的党，成为一个领导人民掌握着全国政权并长期执政的党；已经从一个在受到外部封锁的状态下领导国家建设的党，成为在全面改革开放条件下领导国家建设的党"[②]。党在全国执政的70多年中，取得了举世瞩目的成就，积累了治国理政和加强自身建设的宝贵经验，但这也容易使一些党员、干部产生惰性和脱离群众的倾向；党经受住了改革开放的重大考验，但仍面临着一些新的考验；新党员的数量大量增加，新老干部队伍交替不断进行，给党增添了新鲜血液，也使党的教育和管理任务比过去任何时候都更为繁重；党的建设取得了巨大成绩，为完成党的中心任务提供了坚强保障，但与全党的要求和人民群众的期望还有差距。所有这些，都要求党的建设必须坚持改革的方向，必须弘扬创新的精神，不断研究新情况，解决新问题，取得新进步，使党始终成为中国特色社会主义事业的领导核心，始终站在时代前列。

---

① 胡锦涛．坚定不移沿着中国特色社会主义道路前进　为全面建成小康社会而奋斗：在中国共产党第十八次全国代表大会上的报告．北京：人民出版社，2012：49.

② 江泽民．江泽民文选：第3卷．北京：人民出版社，2006：282.

总之，全党必须居安思危，增强忧患意识，常怀忧党之心，恪尽兴党之责，勇于变革、勇于创新，永不僵化、永不停滞，继续推进党的建设新的伟大工程，确保党在世界形势深刻变化的历史进程中始终走在时代前列，在应对国内外各种风险和考验的历史进程中始终成为全国人民的主心骨，在发展中国特色社会主义的历史进程中始终成为坚强的领导核心。

（二）推进全面从严治党

坚持党要管党、从严治党，是党的十八大做出的重要战略部署，也是十八大以来习近平反复强调的一个重大战略思想。习近平指出："党要管党，才能管好党；从严治党，才能治好党。对我们这样一个拥有八千五百多万党员、在一个十三亿人口大国长期执政的党，管党治党一刻不能松懈。"① 他强调："如果管党不力、治党不严，人民群众反映强烈的党内突出问题得不到解决，那我们党迟早会失去执政资格，不可避免被历史淘汰。这决不是危言耸听。"②

第一，坚持党要管党、从严治党，是党的宝贵经验。毛泽东在总结中国革命胜利的经验时，把党的建设作为三大法宝之一。邓小平也多次强调了在改革开放条件下从严治党的重要性。中国共产党的历史充分表明，我们党之所以能够从小到大、由弱到强，成为世界上最大的社会主义国家执政党，成功地领导中国人民在革命、建设、改革道路上不断取得新的伟大胜利，根本在于始终高度重视加强自身建设，始终坚持党要管党、从严治党，从而为取得事业胜利提供了根本保证。

第二，坚持党要管党、从严治党，是应对国际国内风险考验、完成党的执政使命的客观需要。21 世纪，世情、国情、党情的深刻变化，使党的执政环境更加复杂。党面对的改革发展稳定任务之重前所未有、矛盾风险挑战之多前所未有。只有坚持全面从严治党，做到"为之于未有，治之于未乱"，党才能永远立于不败之地。

第三，坚持党要管党、从严治党，也是保持党的先进性和纯洁性、巩固党的执政地位的必然要求。党在面临执政考验、改革开放考验、市场经济考验、外部环境考验"四大考验"的同时，精神懈怠的危险、能力不足的危险、脱离群众的危险、消极腐败的危险也更加尖锐地摆在全党面前。落实党要管党、从严治党的任务比以往任何时候都更为繁重、更为紧迫。从严治党，关键在治，要害在严。

党的十九大强调，全面从严治党永远在路上。一个政党，一个政权，其前途命运取决于人心向背。人民群众反对什么、痛恨什么，我们就要坚决防范和纠正什么。全党要清醒认识到，我们党面临的执政环境是复杂的，影响党的先进性、弱化党的纯洁性的因素也是复杂的，党内存在的思想不纯、组织不纯、作风不纯等突出问题尚未得到根本解决。党的二十大指出："经过不懈努力，党找到了自我革命这一跳出治乱兴衰历史周期率的第二个答案，自我净化、自我完善、自我革新、自我提高能力显著增强，管党治党宽松软状况得到根本扭转，风清气正的党内政治生态不断形成和发展，确保党永远不变质、不变色、不变味。"③

---

① 中共中央文献研究室．十八大以来重要文献选编：上．北京：中央文献出版社，2014：349－350.

② 同①350.

③ 习近平．高举中国特色社会主义伟大旗帜　为全面建设社会主义现代化国家而团结奋斗：在中国共产党第二十次全国代表大会上的报告．北京：人民出版社，2022：14.

（三）全面加强党的建设

党的十九大提出了以加强党的长期执政能力建设、先进性和纯洁性建设为主线，以党的政治建设为统领，以坚定理想信念宗旨为根基，以调动全党积极性、主动性、创造性为着力点的新时代党的建设总要求。党的二十大进一步强调，要继续落实新时代党的建设总要求，使党始终成为中国特色社会主义事业的坚强领导核心。

第一，坚持把党的政治建设摆在首位。党的政治建设是党的根本性建设，决定党的建设方向和效果。保证全党服从中央，坚持党中央权威和集中统一领导，是党的政治建设的首要任务。全党要坚定执行党的政治路线，严格遵守政治纪律和政治规矩，在政治立场、政治方向、政治原则、政治道路上同党中央保持高度一致，确保党的团结统一。要尊崇党章，严格执行新形势下党内政治生活若干准则，增强党内政治生活的政治性、时代性、原则性、战斗性，用好批评和自我批评武器，持续净化党内政治生态。全党同志特别是高级干部要加强党性锻炼，不断提高政治判断力、政治领悟力、政治执行力，把对党忠诚、为党分忧、为党尽职、为民造福作为根本政治担当，永葆共产党人政治本色。

第二，加强党的思想建设，坚持不懈用习近平新时代中国特色社会主义思想凝心铸魂。思想建设是党的基础性建设。革命理想高于天。共产主义远大理想和中国特色社会主义共同理想，是中国共产党人的精神支柱和政治灵魂，也是保持党的团结统一的思想基础。要把坚定理想信念作为党的思想建设的首要任务，教育引导全党牢记党的宗旨，挺起共产党人的精神脊梁，解决好世界观、人生观、价值观这个“总开关”问题，自觉做共产主义远大理想和中国特色社会主义共同理想的坚定信仰者和忠实实践者。坚持学思用贯通、知信行统一，把新时代中国特色社会主义思想转化为坚定理想、锤炼党性和指导实践、推动工作的强大力量。

第三，完善党的自我革命制度规范体系。坚持制度治党、依规治党，以党章为根本，以民主集中制为核心，完善党内法规制度体系，增强党内法规权威性和执行力，形成坚持真理、修正错误，发现问题、纠正偏差的机制；健全党统一领导、全面覆盖、权威高效的监督体系，完善权力监督制约机制，让权力在阳光下运行；推进政治监督具体化、精准化、常态化，增强对“一把手”和领导班子监督实效；发挥政治巡视利剑作用，用好问责利器。

第四，建设担当强国建设、民族复兴重任的高素质干部队伍。坚持党管干部原则，坚持德才兼备、以德为先、五湖四海、任人唯贤；树立选人用人正确导向，选优配强各级领导班子；坚持把政治标准放在首位，突出把好政治关、廉洁关；加强实践锻炼、专业训练，注重在重大斗争中磨砺干部；加强干部斗争精神和斗争本领养成；完善干部考核评价体系，引导干部树立和践行正确政绩观；抓好后继有人这个根本大计，健全培养选拔优秀年轻干部常态化工作机制；重视女干部培养选拔工作，重视培养和用好少数民族干部，统筹做好党外干部工作，做好离退休干部工作。

第五，增强党组织政治功能和组织功能。严密的组织体系是党的优势所在、力量所在。各级党组织要履行党章赋予的各项职责，把党的路线方针政策和党中央决策部署贯彻落实好，把各领域广大群众组织凝聚好；坚持大抓基层的鲜明导向，抓党建促乡村振兴，加强城市社区党建工作，推进以党建引领基层治理，持续整顿软弱涣散基层党组织，把基层党组织建设成为有效实现党的领导的坚强战斗堡垒；全面提高机关党建质量，推进事业单位、国有企业、金融企业党建工作；加强混合所有制企业、非公有制企业党建工作；加强新经济组织、新社会组织、新就业群体党的建设；注重从青年和产业工人、农民、知识分子中发展党员；落实党内民主制度，保障党员权利，激励党员发挥先锋模范作用。

第六，坚持以严的基调强化正风肃纪。要弘扬党的光荣传统和优良作风，促进党员干部特别是领导干部带头深入调查研究；锲而不舍落实中央八项规定精神，抓住"关键少数"以上率下，持续深化纠治"四风"；把握作风建设地区性、行业性、阶段性特点，抓住普遍发生、反复出现的问题深化整治；全面加强党的纪律建设，督促领导干部特别是高级干部严于律己、严负其责、严管所辖；坚持党性党风党纪一起抓，从思想上固本培元，提高党性觉悟，增强拒腐防变能力。

阅读书目

1. 毛泽东．论联合政府//毛泽东．毛泽东选集：第3卷．2版．北京：人民出版社，1991.

2. 邓小平．坚持四项基本原则//邓小平．邓小平文选：第2卷．2版．北京：人民出版社，1994.

3. 邓小平．建设强大的现代化正规化的革命军队//邓小平．邓小平文选：第2卷．2版．北京：人民出版社，1994.

4. 江泽民．在庆祝中国共产党成立八十周年大会上的讲话//江泽民．江泽民文选：第3卷．北京：人民出版社，2006.

5. 胡锦涛．在庆祝中国共产党成立90周年大会上的讲话．北京：人民出版社，2011.

6. 胡锦涛．坚定不移沿着中国特色社会主义道路前进　为全面建成小康社会而奋斗：在中国共产党第十八次全国代表大会上的报告．北京：人民出版社，2012.

7. 习近平．在党的群众路线教育实践活动工作会议上的讲话//中共中央文献研究室．十八大以来重要文献选编：上．北京：中央文献出版社，2014.

8. 习近平．在庆祝中国共产党成立95周年大会上的讲话．北京：人民出版社，2016.

9. 习近平．决胜全面建成小康社会　夺取新时代中国特色社会主义伟大胜利：在中国共产党第十九次全国代表大会上的报告．北京：人民出版社，2017.

10. 习近平．高举中国特色社会主义伟大旗帜　为全面建设社会主义现代化国家而团结奋斗：在中国共产党第二十次全国代表大会上的报告．北京：人民出版社，2022.

思考题

1. 为什么说工人、农民和知识分子是建设中国特色社会主义事业的根本力量?
2. 如何理解统一战线是中国革命、建设、改革事业胜利的重要法宝?
3. 为什么说中国共产党的领导是历史和人民的选择?
4. 如何理解新时代全面推进从严治党的重要性和必要性?
5. 如何理解新时代加强党的建设的总要求?

后　记

《中国化马克思主义概论》是中国人民大学出版社组编的“新编 21 世纪思想政治教育专业系列教材”中的一部。本教材由东北师范大学当代中国马克思主义研究中心主任、博士生导师田克勤教授主持编写，国内部分进入国家级思想政治教育特色专业建设的高校骨干教师共同参加完成的。2010 年出版第一版、2015 年修订出版第二版。先后参与这两版教材编写和修订的专家是：华中师范大学李良明教授、东北师范大学李彩华教授、东北师范大学李婧教授、西华师范大学王安平教授、浙江师范大学叶山土教授、广西大学韦日平教授、聊城大学张有军教授、广西师范大学汤志华教授、西华师范大学黄元全教授、长江师范学院祝国超教授、西北师范大学温应洲副教授等。2020 年修订出版了第三版，参加该版编写与修订的专家是：东北师范大学李彩华教授、东北师范大学李婧教授、吉林大学韩广富教授、中央财经大学赵付科教授、沈阳师范大学周军教授、北京师范大学刘洪森教授、东北师范大学张泽强副教授。

本次修订工作，主要以党的二十大和《中共中央关于党的百年奋斗重大成就和历史经验的决议》精神为指导，以本教材第三版框架为基础，重点吸收了党中央关于中国化时代化马克思主义特别是习近平新时代中国特色社会主义思想的新认识新观点新论断，并对修订队伍做出适当调整，力求使本教材呈现出适应新时代思想政治教育专业本科教育教学的需要、突出中国化马克思主义理论形态的整体性等特点。

东北师范大学田克勤教授主持本次修订工作，负责全书整体设计和统定稿。具体参与修订的专家及分工是：东北师范大学田克勤教授，总论；东北师范大学李彩华教授，第三、七、十一章；东北师范大学李婧教授，第四、八、十五章；沈阳师范大学周军教授，第五、九、十二章；北京师范大学刘洪森教授，第一、二、十章；东北师范大学张泽强副教授，第六、十三、十四章并协助主编统稿。

本教材在编写和修订过程中，得到了中国人民大学出版社以及东北师范大学和各参编院校有关领导的支持，在此一并表示感谢。编写和修订供全国思想政治教育专业本科生使用的“中国化马克思主义概论”教材，是一项十分严肃的工作，尽管我们尽了很大努力，但仍感有不足之处，恳请同行和读者多提宝贵意见。

编　者

2024 年 9 月

图书在版编目（CIP）数据

中国化马克思主义概论/田克勤，李彩华主编．
4版．-- 北京：中国人民大学出版社，2025.1.
（新编21世纪思想政治教育专业系列教材/张耀灿总主编
）．-- ISBN 978-7-300-33171-3

Ⅰ．D61

中国国家版本馆CIP数据核字第20247TB556号

新编21世纪思想政治教育专业系列教材
总主编　张耀灿
中国化马克思主义概论（第四版）
主编　田克勤　李彩华
Zhongguohua Makesi Zhuyi Gailun

出版发行	中国人民大学出版社		
社　　址	北京中关村大街31号	邮政编码	100080
电　　话	010－62511242（总编室）		010－62511770（质管部）
	010－82501766（邮购部）		010－62514148（门市部）
	010－62515195（发行公司）		010－62515275（盗版举报）
网　　址	http://www.crup.com.cn		
经　　销	新华书店		
印　　刷	北京市鑫霸印务有限公司	版　　次	2010年7月第1版
开　　本	787 mm×1092 mm　1/16		2025年1月第4版
印　　张	20.5插页1	印　　次	2025年1月第1次印刷
字　　数	465 000	定　　价	59.00元

教学支持说明

（教学课件）

中国人民大学出版社政法分社秉承“出教材学术精品，育人文社科英才”的出版宗旨，多年来，出版了大批高质量的法学、教育学、政治学、政治理论公共课教材和学术著作。

我们为本教材制作了相应的 PPT 教学课件，任何一位采用本书作为授课教材的教师均可免费获得该课件。为了确保该课件仅为授课教师获得，烦请您填写如下材料，并将相关信息通过 E-mail 发送给我们，我们将在收到相关信息后通过 E-mail 给您发送该课件。欢迎您加入我们的 QQ 群（全国政管教师交流二群，群号为 648117133），或登录我社官方网站（www. crup. com. cn），注册并认证成为教师会员，以获得更好的服务。

我们的联系方式：
地址：（100872）北京市中关村大街甲 59 号文化大厦 1202 室
中国人民大学出版社政法分社
电话：（010）62515383　62514775（传真）
E-mail：ggglcbfs@vip. 163. com

兹证明__________大学/学院__________院/系__________专业__________学年第__________学期开设的_______________课程，采用中国人民大学出版社出版的______________________________（书名、作者）作为本课程教材。授课教师为__________，授课班级共______个、学生______人。授课教师需要与本书配套的教学课件。

联 系 人：____________________________
通信地址：____________________________
邮　　编：____________________________
电　　话：____________________________
E-mail：____________________________

系/院主任：__________（签字）
（系/院办公室章）
______年_____月_____日